中国博士后科学基金面上资助项目（2017M612249）
聊城大学博士科研启动基金项目（321051519）

中国运河水神

胡梦飞　著

山东大学出版社

图书在版编目(CIP)数据

中国运河水神/胡梦飞著.—济南:山东大学出版社,2018.11
ISBN 978-7-5607-6244-9

Ⅰ.①中…　Ⅱ.①胡…　Ⅲ.①大运河—神—信仰—研究—中国　Ⅳ.①B933

中国版本图书馆 CIP 数据核字(2018)第 288616 号

责任编辑:张瑞
封面设计:张荔

出版发行:山东大学出版社
社　址　山东省济南市山大南路 20 号
邮　编　250100
电　话　市场部(0531)88364466
经　销:新华书店
印　刷:济南新科印务有限公司
规　格:720 毫米×1000 毫米　1/16
16.75 印张　274 千字
版　次:2018 年 11 月第 1 版
印　次:2018 年 11 月第 1 次印刷
定　价:48.00 元

前　言

中国大运河由隋唐大运河、京杭大运河、浙东运河三部分组成，流经北京、天津、河北、山东、河南、安徽、江苏、浙江 8 个省市，全长 2700 公里(含遗产河道 1011 千米)，是世界上开凿时间较早、规模最大、线路最长、延续时间最久的运河。2014 年 6 月 22 日，中国大运河在第 38 届世界遗产大会上获准列入《世界遗产名录》，成为中国第 46 个世界遗产项目。京杭大运河是中国大运河的主体部分，也是通常意义上我们所说的“大运河”。它北起北京，南达杭州，流经北京、天津、河北、山东、江苏、浙江 6 个省市，全长 1700 余公里。作为沟通我国南北地区的交通大动脉，京杭大运河对于维护封建王朝的统治、促进沿岸城镇的发展以及南北经济的文化交流，都起到了极为重要的作用。由于运河水神主要盛行于明清时期，故本书所探讨的“运河”主要指的是元明清以来的京杭大运河。

中国运河文化是运河区域人们在长期社会实践中创造的物质和精神财富的总和，是中华民族文化大系中南北地域跨度大、积累时间长、内容丰富多彩的区域文化。按照其类型，我们可以将其分为大运河物质文化(包括河道、闸坝、堤防、驿站、码头、榷关、桥梁、城镇等)和大运河非物质文化(包括文学、民俗、技艺、戏曲、音乐、舞蹈、武术等)。如果说区域物质文化、制度文化只是物化半物化的、浮在社会表层的文化现象，那么精神文化则是深层次的、最能代表区域文化本质属性的文化现象。在众多非物质文化元素中，又以水神信仰为主体的精神文化最具代表性。

明清时期京杭运河区域不仅是一条繁荣的商品经济带，同时也是一条密集的水神祭祀带，祭祀各种水神的庙宇和祠堂遍布运河沿线的城镇和乡村。水神信仰的种类和对象十分庞杂，其中既有金龙四大王、黄大王、妈祖、宋礼、白英等人格神，也有龙神、河神、泉神等自然神。此外，还有大禹、真武、三官等上古名人和神话人物以及镇水铁牛、龙形镇水兽、镇水宝剑等灵物信仰。河漕治理的现实需要、运军和商人的跨区域流动，促进了水神信仰的传播和盛行。频发的水旱灾害及其产生的严重威胁，也使得人们在灾害来临时，不得不求助于水神。水神信仰的主体涉及皇帝、河漕官员、漕军运丁、商人商帮、普通民众等社会群体，官方和民间共同推动了信仰的传播和发展。作为运河文化遗产的重要组成部分，至今在运河沿岸仍保留着众多水神庙宇及其遗迹。很多庙宇及其遗迹被评为全国重点文物保护单位，成为当地乃至全国著名的旅游景点。对其开展相关研究，无疑可为当前运河文化遗产保护和旅游资源开发提供历史借鉴。

运河水神信仰作为运河民俗文化的重要组成部分，曾经对明清国家的河漕治理活动以及沿岸社会民众生活产生了深远的影响。晚清以后，随着运河淤塞、漕运废止，水神信仰失去了其存在的社会基础，水神庙宇及其祭祀活动也逐渐销声匿迹，难觅其踪。近代以来，由于西方科学理念的传播以及政府的移风易俗活动，使得包括水神在内的神灵信仰活动在相当长的历史时期内被视为愚昧、迷信的代名词。2014 年 6 月，大运河成功申遗后，有关运河文化遗产的保护和开发逐渐引起社会各界的重视，但是，相比物质文化遗产，有关运河非物质文化遗产保护的形势却不容乐观。运河沿岸众多民俗信仰、戏曲音乐、文学艺术、民间技艺等非物质文化遗产面临着日趋走向消亡的窘境。在很多地方，人们往往重视对看得见的河道、闸坝、码头、城镇等物质文化遗产的保护，而对较为抽象、不易看到的运河非物质文化遗产则缺乏关注；研究运河民俗的相关著作对水神信仰的介绍也大多一笔带过或言之不详。本书的编纂无疑可以在一定程度上弥补这一缺憾。本书力求兼顾学术性和通俗性，在普及运河水神知识的同时，阐述神灵信仰与运河文化的关系。由于涉及地域广阔，再加上信仰种类众多，限于本人的能力和水平，书中难免存在诸多问题和不足，还望方家和读者给予批评指正。

胡梦飞

2018 年 9 月

目录

第一章 运河行船敬大王

明清时期京杭运河区域是当时社会变迁最为剧烈的地区，运河在促进沿岸地区经济发展的同时，繁忙的漕运和频繁的治河活动也导致了水神信仰的盛行，为运河区域民间信仰增添了新的元素，成为京杭运河区域社会变迁的重要表现。清人朱寿镛《敕封大王将军纪略》一书记载了与黄河、运河有关的6位"大王"及64位"将军"。6位"大王"分别是：金龙四大王（南宋文人谢绪）、黄大王（河南偃师人黄守才）、宋大王（明工部尚书宋礼）、白大王（明汶上老人白英）、朱大王（清河道总督朱之锡）、栗大王（清河道总督栗毓美）。这6位"大王"的庙宇在运河沿线区域都有分布，其中又以金龙四大王和黄大王信仰最为盛行。

一、金龙四大王崇拜

金龙四大王崇拜来源于对南宋文人谢绪的神化。金龙四大王，名谢绪，南宋诸生，杭州钱塘县北孝女里（今浙江杭州市余杭区良渚镇安溪村）人，隐居在安溪下溪湾。谢绪兄弟四人，因其排行第四，读书于金龙山，故称"金龙四大王"。据说他是宋理宗皇后谢道清之侄，其先祖为东晋太傅谢安。其祖父名谢达，字明远，业儒，屡试不中，隐居林泉，殁后显灵，吓退金兵，阻挡虎豹，托梦开井，敕封广应侯、淮浙提举。明成化《杭州府志》记载祭祀谢达的灵惠庙在钱塘县西北孝女北管下墟：

神姓谢，讳达，业儒，屡游场屋不利，退隐林壑间，殁而显灵。宋建炎初金虏犯境，乡民彷徨，忽闻空中金鼓声现，旗旌振耀，显露谢公神号，金虏退遁，乡民赖焉，邻境屡有虎豹，不入其境。咸淳庚午元夕，乡民梦神云今岁当大旱，宜先开井浚源。夏秋果旱，赖井灌田成熟。自后，旱潦祈祷辄应。乡耆状于两浙运司，以闻赐额，至今子孙奉祠，灵响不衰。[①]

《东山世系图》系谢氏之宗谱，由明谢钝纂修，清谢家福订补，现存清光绪十年(1884年)刻本。据该族谱记载，始祖谢衡世居河南太康，西晋太康年间，官至国子祭酒，典午南渡，迁会稽始宁东山(今浙江上虞)。该族谱亦将谢绪视为谢达之孙，对其事迹作了详细记载：

祖名达，宋敕封广应侯；伯名孟英，敕封五道十一相公；父名仲武，敕封司徒十三相公；叔名季略，敕封横充五相公。余弟兄四人，长名纲，善驾云致雨；次名纪，善制水往来；次名统，善兴风扬沙……太祖惊醒，遂传旨敕封纲为云仙一相公，纪为水仙二相公，统为兴风三相公，以绪为建功之首，查号金龙，因敕封金龙四大王，祖父伯叔又加追封焉。[②]

据成化《杭州府志》记载，我们可以看出，谢达是安溪下墟湾地方神灵，成化年间以前，与谢绪并无关系。谢达、谢绪同祀一庙的记载，出现于明代中期以后。万历《钱塘县志》记载灵惠庙："在孝女北管下墟，宋祀谢达、谢绪，旱涝祈祷辄应。"[③]明中期，官方多次掀起打击民间淫祠的运动。弘治元年(1488年)，礼部尚书周洪谟上书云："凡宫观祠庙，非有功德于民者，不合祀典，俱令革去。间有累朝崇建，难于辄废者，亦宜厘正名号，减杀礼仪，庶尽以礼事神之心。"[④]作为地方神的谢达虽有官方"敕封"和保护乡民的"灵应"传说，但仍存在被官方取缔的风险。金龙四大王谢绪为国家崇祀的黄河与运河之神，为逃避官方的打击，

---

① (明)陈让等修，(明)夏时正等纂：成化《杭州府志》卷三五《坛庙》，见《四库全书存目丛书》第175册，齐鲁书社1996年版，第481页。

② (清)仲学辂：《金龙四大王祠墓录》卷一《传志》，见《丛书集成续编》第59册，上海书店出版社1994年版，第669页。

③ (明)聂心汤等：万历《钱塘县志·纪制·庙》，《中国方志丛书·华中地方》192号，(台北)成文出版社1975年版，第273页。

④ (明)俞汝揖编：《礼部志稿》卷八四《神祀备考》，见文津阁《四库全书》第198册，商务印书馆2005年版，第508页。

谢氏家族主动将谢绪纳入谱系，借以提高家族的地位，增强信仰的正统性和合法性。①

金龙四大王的原型谢绪经历了由人到神的神化过程。最早记载谢绪生平事迹的是南宋遗民吴县徐大焯的《烬余录》：

谢绪，会稽人，秉性刚毅，以天下自任。咸淳辛未，两浙大饥，尽散家财振给之。知宋祚将移，构望云亭于金龙山祖陇，隐居不仕。作《望云亭》诗云："东山渺渺白云低，丹凤何时下紫泥。翘首夕阳连旧眺，谩看黄菊满新谷。鹤闲庭砌人稀迹，苔护松荫山径迷。野老更疑天路近，苍生犹自望云霓。"未几，国亡，绪北向涕泣，再拜曰："生不报效朝廷，安忍苟活。"即草一诗云："立志平夷尚未酬，莫言心事付东流。沦胥天下谁能救，一死千年恨未休。湘水不沉忠义气，淮淝自愧破秦谋。苕溪北去通流塞，留此丹心灭寇仇。"吟毕赴水死。②

由以上记载我们可以看出，此时谢绪还只是一个有气节的文人形象，并非宋室外戚、重臣之后。

谢绪的形象真正由文人转化为水神，是在明代。明人徐渭（1521～1593 年）年所撰《金龙四大王庙碑记》云：

王姓谢，名绪，宋会稽诸生，晋太傅安之裔也。祖达，某有兄三人，曰纪，曰纲，曰统。王最少，行第四，居钱塘之安溪，后隐金龙山白云亭。……元末，我太祖与元将蛮子海牙战于吕梁，元师顺流而下，我师将溃，太祖忽见空中有神披甲执鞭，驱涛涌浪，河忽北流，遏截敌舟，震动颠撼，旌旗闪烁，阴相协助，元师大败。太祖异之，是夜梦一儒生披帏语曰："余为宋会稽谢绪也，宋亡赴水死，行间相助，用纾宿愤。"太祖嘉其忠义，诏封为金龙四大王。金龙者，因其所葬地也；四大王者，从其生时行列也。自洪武迄今，江淮河汉四渎之间，屡著灵异。③

清康熙年间，由福建侯官人陈梦雷（1650～1741 年）所编辑的大型类书《古今图书集成》对谢绪由人到神的经过亦作了详细的记载：

谢绪，达之孙也。元人外啮，谢太后中制于权奸，绪以戚畹，故恚尤切，

---

① 参见褚福楼：《明清时期金龙四大王信仰地理研究》，暨南大学 2010 年硕士学位论文，第 12～13 页。

② （元）徐大悼：《烬余录・甲编》，巴蜀书社 1993 年版，第 265 页。

③ （明）徐渭：《徐渭集・补编・金龙四大王庙》，中华书局 1983 年版，第 1298 页。

建望云亭于金龙山巅，读书其中。……太后北辕。叹曰："生不能图报朝廷，死当奋勇以灭。"作诗自悼，书讫赴水死。水势汹涌高丈许，若龙斗状，尸为不充，颜色如生，人咸异之。元末，预梦于乡人曰："吾饮恨九泉百余年，今幸有主，越数日，黄河北徙，其验也。汝辈当归新主。明春吕梁之战，吾其助之。"丙午春，黄河北徙，九月，明太祖取杭州。丁未二月，傅有德与贼大战吕梁，见金甲神人空中越马横槊擒贼，众大溃。成祖议海道不便，复修漕运，凡河流淤塞，力能开之，舟将覆溺，力能拯之，神之显著于黄河特甚。嘉靖中，奉敕建庙鱼台县。隆庆中，遣兵部侍郎万恭致祭，封金龙四大王。①

此外，《茶香室丛钞》《杭州府志》以及文人笔记《通俗编》《陔余丛考》《九曜斋笔记》《矩斋杂记》等著作中均可见到有关谢绪由人到神的转变过程及历代朝廷对其敕封的记述。

通观明清官方史料和文人笔记中有关金龙四大王事迹的记载，无非都是谢绪是宋室外戚、重臣之后，元末徐州吕梁洪大战时，曾骑马披甲助阵，协助明军大败元军之事。首先，据学者考证，谢绪是被钱塘安溪谢氏家族主动纳入谢氏家谱，所以并非外戚、重臣之后。② 其次，谢绪在吕梁洪"显灵"助战的说法带有明显的神话色彩，显系民间传说，多为当时文人和民众伪造。考察《明太祖实录》正统《彭城志》、成化《杭州府志》等史料，徐州吕梁洪、钱塘安溪均无明太祖敕封之事或敕建金龙四大王庙宇的记载。有关金龙四大王"显灵"徐州吕梁洪的传说，直到明代嘉靖、万历年间才出现。这显然是后人附会之词，无非是想通过对谢绪形象的改造，以达到获得官方认可的目的。

明代以前并无专门的运河水神和漕运保护神。明朝定都北京，漕运成为封建王朝的经济命脉，"三月不至，则君相忧；六月不至，则都人啼；一岁不至，则国有不可言者"，真可谓"倚漕为命矣"③。明代京杭大运河全长 1500 余公里，漕船航行其上，会遭遇诸多险阻，其中主要有江面风险、湖泊风险、黄河之险、徐州洪和吕梁洪之险、山东段运河过闸之险。漕粮运输过程中难免会遇到诸多艰难险

① (清)陈梦雷等辑：《古今图书集成·博物汇编·神异典》卷二七《西读河水之神部·纪事》，中华书局 1986 年版，第 60087 页。

② 参见褚福楼：《明清时期金龙四大王信仰地理研究》，暨南大学 2010 年硕士学位论文，第 10～13 页。

③ (清)傅维鳞：《明书》卷六九《河漕志》，《四库全书存目丛书·史部》第 38 册，齐鲁书社 1997 年版，第 697 页。

阻，运河水神的出现成为一种必需。“自吕梁、徐州以达临清，凡两岸有祠，皆祀金龙四大王之神。”①金龙四大王庙多建于黄河、运河沿岸，“其后拥护漕河，往来粮艘，惟神是赖”②。明代前期，徐州黄河、运河交汇。由于借黄行运，黄河的溃决泛滥对漕运构成了严重威胁，再加上徐州洪、吕梁洪两处险段的存在，使得当时的徐州成为漕运最为艰难、河道治理最为频繁的地区。无论是肩负治河、理漕重任的河漕官员，还是从事漕粮运输的漕军、运丁，都对河神和漕运保护神信仰有着强烈的需求，故金龙四大王首次“显灵”在徐州吕梁洪并不是偶然。

正统、景泰年间为明王朝的多事之秋，外有蒙古入侵，明英宗君臣陷入敌手；内有黄河为患，阻断漕河命脉。继任的景泰皇帝在屡派要员治河不力的情况下，只好在虔诚崇祀黄河之神的同时，求助于曾经“显灵”助战的金龙四大王。自明初会通河开通，黄河的冲决泛滥给山东的漕运河道带来极大的威胁，每次黄河决口几乎都会导致张秋以南运道的阻塞，因而明朝中后期，朝廷治理漕河的重心大多在张秋至徐州之间。在每次实施治河保运的工程时，朝廷都少不了祈求金龙四大王的庇佑。明英宗正统年间，黄河在金龙口溃决，冲垮阳谷境内的护漕大堤，漫曹州、濮州、东昌，冲张秋，溃寿张沙湾（今河南台前县夹河乡沙湾村），坏运道，张秋一段运河浅塞不通，漕粮北运受阻。朝廷派大员前往治河，久无成效。景泰二年（1451 年），朝廷特敕山东河南巡抚、都御史洪英与王暹协力治河，“务令水归漕河”。二位重臣来到张秋附近的沙湾，筹划调度，指挥治河，但因水流湍急，又溃决已久，决口随堵随溃，难以奏效。无奈之下，洪英与王暹只好上疏，力陈沙湾河道久溃难治，流急浪险，“石铁沉下若羽，非人力可为”，请求皇上允许“设斋醮符咒以禳职”。景泰帝别无良策，又治河心切，只得命工部尚书石璞前往治理，并加河神封号。景泰三年（1452 年）五月，河流渐渐微细，沙湾堤始成。于是，加封石璞太子太保，并于黑洋山、沙湾新建河神庙，每年春、秋二祭。景泰四年（1453 年）正月，河复决新塞口之南，“以沙湾累修累决，诏加封河神为朝宗顺正惠通灵显广济大河之神，命巡抚山东、刑部尚书薛希琏以太牢祭之”③。景泰四年（1453 年）四月，决口乃塞。五月，大雷雨，沙湾北岸复决，运河水入盐河，漕舟尽阻。七月，沙湾再次决口，“水皆东注，以致运河无水，舟

① （明）王琼：《漕河图志》卷六《碑记》，水利电力出版社 1990 年版，第 266 页。

② （清）翟灏著，陈志明编校：《通俗编》卷十九《神鬼》，东方出版社 2013 年版，第 351 页。

③ 《明英宗实录》卷二二六“景泰四年二月乙未条”，台北“中央”研究院历史语言研究所校印，1962 年，第 4931 页。

不得进者过半”[①]。景泰六年(1455年),“自沙湾抵临清,皆淤塞不通”[②]。为消弭沙湾河患,敕建“感应祠”,祭祀大河之神,“其左祀护国金龙四大王及平浪侯晏公、英佑侯萧公,以春秋二仲及起运、运毕凡四祭,北河郎中主之”[③]。到景泰七年(1456年),景泰帝又听从左都御史徐有贞的建议,将金龙四大王从感应祠陪祀的角色中超拔出来,另建“金龙四大王祠”于沙湾,单独祭祀。沙湾的金龙四大王专祠是官方记载的山东运河区域出现的第一座漕河神庙。从这时起,金龙四大王就被纳入国家正祀之中。

随着明代中后期黄河水患的日益加重,金龙四大王的崇祀也更加盛行。嘉靖年间,皇帝敕令在山东运河重镇鱼台建庙奉祀谢绪;隆庆六年(1572)六月,派兵部侍郎万恭前往鱼台致祭,正式敕封河神谢绪为“金龙四大王”。与此同时,山东运河沿岸的城镇和乡村也陆续出现了许多地方官府和民间修建的金龙四大王庙,对漕运之神的崇拜由官方普及民间。

清朝继承了明朝崇奉金龙四大王的传统,且有过之而无不及,将官方对金龙四大王的崇奉推至顶峰。顺治二年(1645年),“诏封河神为显佑通济金龙四大王,命河臣致祭”[④]。金龙四大王从此被纳入国家祀典,成为清代国家正祀之神。康熙二十三年(1683年)南巡视察江南堤工,至桃源县众兴集,遣翰林院掌院学士孙在丰祭河神金龙四大王。[⑤] 康熙三十九年(1700年),加封金龙四大王为“显佑通济昭灵效顺金龙四大王”[⑥]。康熙四十三年(1704)时,“宿迁等县黄河金龙四大王庙皆入春秋祀典”[⑦]。乾隆十六年(1751年)南巡,遣刑部侍郎钱陈群致祭于宿迁西堤金龙四大王庙。乾隆二十二年(1757年),“加封金龙四大王为显佑通济昭灵效顺广利安民金龙四大王,建庙于江南徐州府”[⑧]。乾隆四十二年(1777年),因陶庄开放引河工成,“命建河神庙,岁以春秋致祭”[⑨]。乾隆以

---

① 《明英宗实录》卷二三一“景泰四年七月壬午条”,第5064页。

② (清)张廷玉等:《明史》卷八三《河渠一·黄河》,中华书局1974年版,第2017页。

③ (明)谢肇淛:《北河纪》卷八《河灵纪》,景印文渊阁《四库全书》第576册,(台北)商务印书馆1986年版,第711页。

④ 赵尔巽等撰:《清史稿》卷一二六《河渠一·黄河》,中华书局1976年版,第3716页。

⑤ 参见《清圣祖实录》卷一一七“康熙二十三年十月辛亥条”,中华书局2008年版,第5册,第4068页。

⑥ (清)昆冈等修,(清)刘启端等纂:光绪《钦定大清会典事例》卷四四五《礼部·群祀》,《续修四库全书》第805册,上海古籍出版社2002年版,第107页。

⑦ 《清圣祖实录》卷二一五“康熙四十三年正月甲戌条”,第6册,第5124页。

⑧ (清)昆冈等修,(清)刘启端等纂:光绪《钦定大清会典事例》卷四四五《礼部·群祀》,第109页。

⑨ (清)嵇璜等:《皇朝文献通考》卷一六《群祀考下·直省专祀》,景印文渊阁《四库全书》第634册,(台北)商务印书馆1986年版,第364页。

后，嘉庆、咸丰、同治、光绪年间又先后10余次对金龙四大王进行加封。同治十一年(1873年)奏准："金龙四大王加封已至四十字，嗣后即以四十字为限，续有灵应，由各该督抚另行酌办。"[1]光绪元年(1875年)奏准："金龙四大王封号，前定以四十字为限，今钦奉谕旨，照加封天后成案办理，即于四十字之外，再加封为显佑通济昭灵效顺广利安民惠孚普运护国孚泽绥疆敷仁保康赞翊宣诚灵感辅化襄猷溥靖德庇锡祐金龙四大王，以示优崇。"[2]至光绪五年(1879年)，金龙四大王最后的封号为"显佑通济昭灵效顺广利安民惠孚普运护国孚泽绥疆敷仁保康赞翊宣诚灵感辅化襄猷溥靖德庇锡佑国济金龙四大王"。按照清代典制，神灵封号到40字便不再加封，金龙四大王的封号竟达44字之多，由此可见清朝官方对金龙四大王信仰的重视。

明清时期，宿迁境内先后建有5座金龙四大王的庙宇。民国《宿迁县志》记载，宿迁县金龙四大王庙在城西南，明知县宋伯华建；康熙二十四年(1685年)，河道总督靳辅改建于城西南堤上，有敕祭文。另外3座大王庙：一在中渡口，一在东关，一在小杨庄。[3] 除以上4座庙宇外，皂河龙王庙祭祀的主神也是金龙四大王。在这5座金龙四大王庙宇中，以城西南运河东岸的金龙四大王庙和皂河龙王庙最为有名。

宿迁城西南金龙四大王庙始建于明代隆庆年间。据万历《宿迁县志》记载，金龙四大王庙在新治西南。隆庆五年(1571年)，兵备道冯敏功、知县宋伯华督工，耆民刘鳌等建，春、秋二仲月致祭，住持陈惟忻。[4] 清康熙二十四年(1686年)，河道总督靳辅改建，庙内有康熙皇帝的敕赐祭文。康熙《宿迁县志》卷四《典礼志·祠庙》记载：

> 隆庆辛未，兵备冯敏功、知县宋伯华建。万历辛卯灾，参政郭子章、知县聂铉重建。万历丙申，知县何东凤重修。入本朝，圮于河，康熙二十四年，总河靳辅捐资委原任宿迁丁艰、知县胡天龙改建于城西南堤上。大殿五间，勇南王张将军、九龙将军配祀，东廊房五间，西廊房五间，东西耳房各二间，戏楼三间，东西二门。御制看河阅工诗碑亭一座，门楼一座，红围墙

---

① (清)昆冈等修，(清)刘启端等纂：光绪《钦定大清会典事例》卷四四六《礼部·群祀》，第121页。

② (清)昆冈等修，(清)刘启端等纂：光绪《钦定大清会典事例》卷四四六《礼部·群祀》，第123页。

③ 参见严型、冯煦等修纂：民国《宿迁县志》卷四《营建志·坛庙》，《中国地方志集成·江苏府县志辑》第58册，凤凰出版社2008年版，第423页。

④ 参见(明)郭大伦、(明)陈文烛等修纂：万历《淮安府志》卷六《学校志·祠庙》，《天一阁藏明代方志选刊续编》第8册，上海书店出版社1989年版，第898页。

一周，前木栅一周，木坊三座，影墙一座。[①]

皂河龙王庙，原称“敕建安澜龙王庙”，位于江苏省宿迁市西北约20公里处的皂河镇。皂河原是发源于山东郯城县墨河的支流，向南流入京杭大运河，因水底土色发黑而得名。皂河镇的形成及发展与清康熙年间靳辅开凿皂河有密切关系。《清史稿·河渠志》载：“康熙初，粮艘抵宿迁，由董口北达。后董口淤塞，遂取道骆马湖。湖浅水面阔，纤缆无所施，舟泥泞不得前，挑掘舁送，宿邑骚然。”[②]针对这一情况，康熙十九年（1680年），时任河道总督靳辅“创开皂河四十里，上接泇河，下达黄河，漕运便之”[③]。皂河一带亦因此成为南北漕运要道，逐渐形成市集，称为“皂河集”。清道光年间，曾任河南道直隶州判的卢盛芝回到家乡后，在集市周围筑圩防寇，遂有“皂河镇”的由来。

皂河龙王庙建立的具体时间，有多种说法，较为普遍的说法是康熙二十三年（1684年）。民国《宿迁县志》记载安澜龙王庙在县西北皂河镇，康熙中建，雍正五年（1727年）奉敕重修。[④] 皂河龙王庙内保存有一块康熙六十年（1721年）的重建火神庙石碑。碑文云：“里中父老云戊子季春……公昏夜鼓棹黄河，自徐邳□□□见岸上仪从甚多，八座鼓吹，如人间贵官，询之曰火德星君□□□盖下一长吏□□□，天将明，旌旗冉冉入河神庙门，公遂登岸入庙，惟见火神遗像在焉。”[⑤]河神庙创建时间虽不可详考，但却表明康熙六十年（1721年）之前此地就已有规模较大的河神庙宇。雍正五年（1727年），负责重修庙宇的河道总督齐苏勒亦在其奏疏中云：“臣酌估修建金龙四大王庙一事，臣谨查江南黄河一带所建龙王庙宇甚多，或地处沮洳，或庙貌狭小，均不足以壮观瞻，惟宿迁县西皂河之庙地势高阜，四面宽敞，庙貌轩昂，且介于黄、运两河之间，与朱家口相近。”[⑥]由此可见，皂河龙王庙为原来的河神庙所改建，是重修，而非新建。这也表明最晚在雍正五年（1727年）以前，皂河境内就已有河神庙宇的存在。

皂河集龙王庙的重修与雍正年间的“河清祥瑞”有关。众所周知，黄河因泥

---

① （清）张尚元纂：康熙《宿迁县志》卷四《典礼志·祠庙》，《上海图书馆藏稀见方志丛刊》第41册，国家图书馆出版社2011年版，第141页。

② 赵尔巽等：《清史稿》卷一二七《河渠二·运河》，第3773页。

③ 赵尔巽等：《清史稿》卷一二七《河渠二·运河》，第3773页。

④ 参见严型、冯煦等修纂：民国《宿迁县志》卷四《营建志·坛庙》，《中国地方志集成·江苏府县志辑》第58册，第424页。

⑤ 碑存皂河龙王庙内，笔者曾亲阅此碑，碑文由宿迁当地学者王晓风先生提供。

⑥ 《世宗宪皇帝殊批谕旨》卷二《朱批齐苏勒奏折》，见文津阁《四库全书》第143册，商务印书馆2005年版，第40页。

沙含量高，水为黄色，水色变清极为罕见，故清代官方多将黄河水清视作盛世吉兆。雍正四年（1726年）十二月初九至雍正五年（1727年）正月初四日，官员奏报，陕西、河南、江南、山东四省境内1000公里的黄河清澈见底。“河清”事件发生后，雍正皇帝除遣官祭祀江南清河、河南武陟河神庙外，还敕令重修江南宿迁县皂河河神庙。由于皂河旧有庙基，重修较之新建开支较少。皂河庙修成时，虽然规模与河南武陟河神庙相同，但耗银仅三千九百九十九两。皂河龙王庙修成后规模宏大，齐苏勒奏称：“大殿添新补旧，复加修整，并改造大门、仪门、配殿，廊房外面通砌围墙，修造钟鼓楼以及建立牌坊，盖造东西道院。”①所需费用由户部动用内帑抵销。此外，因淮徐道康弘勋在睢宁工次堵筑漫口时“屡见神明显佑”，“陡遇工险，随祷辄应”，愿捐家资三千两酬神，“以一千五百两交付江南宿迁县，以一千五百两交浙江钱塘县”，在庙宇附近购置田产“以备朝夕香火、不时修葺之用”。② 对此，雍正帝批复曰：“庙宇工程出于朕之诚意，毋庸捐助置买田地以为香火之资，康弘勋既有此愿，自属可行。”③

据庙内雍正八年（1730年）所立《龙王庙祀田碑》记载，龙王庙共有祀田17顷之多。笔者在对宿迁皂河龙王庙进行考察时，曾亲眼看到这块石碑，石碑已残缺不全，碑文亦模糊不清，但祀田数量及立碑时间仍可辨识。据长期研究皂河龙王庙的当地学者王晓风先生介绍，龙王庙的日常管理由僧人负责，他幼年时曾听庙内最后一任住持戒明和尚讲述，庙中僧人俱来自承德避暑山庄，属佛教密宗，不忌荤腥。这种说法还有待考证，但庙宇日常管理由僧人负责，当确信无疑。

明清时期漕运、河工关系国计民生。皂河龙王庙处黄、运之间，又是雍正皇帝敕建，乾隆继位之初就极为关注。乾隆元年（1736年）八月，发布上谕：“朕即位元年，仰荷神明默佑，数处重大工程俱各循流顺轨，共庆安澜，朕心不胜感庆，理宜虔修祀典以答神贶。”④乾隆亲自撰写祭文发往皂河庙祭祀，其《御制皂河龙王庙碑文》云：

我皇考世宗宪皇帝配天永命，康乂寰区亿宁，百神丕福于群黎兆姓，方望所及，秩祀惟虔，越若川泽灵祇默赞元化、大庇生民、孚应显著者，咸命有

---

① 《世宗宪皇帝殊批谕旨》卷二《朱批齐苏勒奏折》，见文津阁《四库全书》第143册，第40页。

② 《世宗宪皇帝殊批谕旨》卷二《朱批齐苏勒奏折》，见文津阁《四库全书》第143册，第44页。

③ 《世宗宪皇帝殊批谕旨》卷二《朱批齐苏勒奏折》，见文津阁《四库全书》第143册，第44页。

④ 中国第一历史档案馆编：《乾隆朝上谕档》第1册“乾隆元年八月二十四日条”，中国档案出版社1998年版，第116页。

司增饰庙貌，用昭崇德报功、礼神惠民之至意。……惟河工、漕运二者，皆国家大政。黄河经数千里，东入海，而淮徐适当其委，是民命之所讬也。吴越荆楚之粟岁漕以实天庾，踰淮涉河而达于京师，是民力之所出也；曩者皇祖圣祖仁皇帝廑念河漕，銮舆临幸神谟，指授万世永赖，皇考励精宵旰，庶绩咸熙。转漕河防尤关睿虑，至诚所积，格致幽显，神功默相，岁庆安澜，崇构增新，衹申昭报。朕闻之民者，神之主也。帝王承天子，明神受职于天，惟以庥佑生灵，彰造化之功用，感召之理，一诚而已。《书》曰至诚感神，又曰享于克诚，《传》曰民和而神降之福事，神保民无二道也。我皇考德洽纮埏，仁渐海宇，而勤恤民隐，诚求保赤之忱，孜孜弗释，克享天心，以是为怀柔百神之本。朕寅奉丕基，蒙声福祉，民物殷阜，神人协和，惟是顾谓民嵒，对越上帝，殚精诚以崇实政用。继我皇考之盛烈毖祀，上下达于馨香，明灵洋洋，永孚惠我黎庶，朕敢夙夜敬勉，以拜神无疆之赐。[①]

在碑文中，乾隆皇帝除阐述漕运、河工的重要性以及重修皂河龙王庙的经过以外，用大量篇幅歌颂其祖父康熙、父亲雍正治理河漕的丰功伟绩。不仅如此，乾隆六次南巡，五次取道皂河，诣庙拈香祭祀，且每次都赋诗一首。乾隆以后，皂河龙王庙仍为官方所重视。道光十九年(1839年)七月，又颁匾额“福靖灵波”，对联云：“普佑功昭黄运靖，广敷瑞应雨风。”

皂河龙王庙建筑群，布局严整，规模宏大，轴线分明，左右对称。中轴线上建筑物主次有序，错落有致。自南向北，主要由戏楼、山门、怡殿、龙王殿、灵官殿、禹王殿等建筑组成。最南端为古戏楼，额枋上悬挂“奏平成”鎏金匾一块，上下门悬有“阳春”“白雪”金匾各一块。该戏楼主要作为一年一度的初九庙会及皇帝驾临时看戏之用。古戏楼向北，为青砖铺设的宽阔广场，广场两边有两根2米高的木质神杆(俗称“旗杆”)，神杆两边有相对应的“河清”“海晏”牌楼。广场北侧是山门，亦称“禅殿”。禅殿大门的两旁，置放2尊皇家石狮，其中雄狮重2.8吨，雌狮重2.76吨。山门正门的正上方，有青砖镶嵌着乾隆皇帝御笔题写的7个镏金大字“敕建安澜龙王庙”和一方“乾隆御笔”印。

过山门进入第一道院落，中心位置是乾隆皇帝下旨建造的御碑亭。碑亭正中耸立着一通5米高的御碑，碑首的正面镌刻“圣旨”二字，碑身正面刻有圣旨全文，主要内容记叙了康熙、雍正皇帝修建庙宇的缘由和经过。碑身的背面刻

① 严型、冯煦等修纂：民国《宿迁县志》卷一《宸翰志》，《中国地方志集成·江苏府县志辑》第58册，第390～391页。

有乾隆二十二年(1757年)第二次下江南时所题写的御笔诗文。碑身、碑首的两面分别镌刻有乾隆二十七年(1762年)、三十年(1765年)、四十五年(1780年)、四十九年(1784年)诣庙时所题写的御笔诗文。在御碑亭的两旁,建有钟、鼓二楼。

御碑亭的北面是怡殿。位于中轴第一道院和第二道院的相交处,殿内供奉杨、柳、杜、孟四大将军坐像,分别持鞭、锤、斧、蛇。神灵名称及有关其形象的描述主要来自戒明和尚和当地老人的回忆,至于四大将军究竟指的是谁,已无从考证。第二进院落是整体建筑的中心院落,其主体建筑是"龙王殿",又称"大王殿",殿内供奉的即是庙宇的主神金龙四大王谢绪。龙王殿两侧为是东、西配殿,东殿供奉"五湖神",西殿供奉"四海一井神",十尊神像皆手捧笏板,列次伺拜金龙四大王。第三进院落为灵官殿和东西庑殿,灵官殿东西侧分别供奉韦陀、灵官二神,其中韦陀为佛教神灵,灵官为道教神灵,从中可以看出佛教和道教对水神庙宇的影响。灵官殿后为禹工殿,供奉上古水神大禹,是整座庙宇中最高大的建筑。

皂河龙王庙虽名为龙王庙,但祭祀的主神为金龙四大王谢绪,而非传说中的龙王。雍正五年(1727年),河道总督齐苏勒在其修庙奏疏中云:"金龙四大王,姓谢名绪,系浙江钱塘县下墟里人……本籍祠墓乃灵爽之所凭依,况河神诩戴,圣朝屡多显应。"[①]乾隆元年(1736年)御制碑文亦记载:"江南宿迁县之皂河庙祀显佑通济昭灵效顺黄河之神由来久矣。……而祠宇岁久日圮,弗称祀典,爰允河臣之请,特发帑金鼎新神庙,经始于雍正五年五月内,落成于是年十一月。"[②]这些都说明皂河龙王庙中祭祀的是金龙四大王谢绪。

皂河庙祀河神金龙四大王,何以庙名为"安澜龙王庙"?实际上,金龙四大王信仰与传统佛教、道教中的四海龙王、五方龙王信仰有着明显不同,但在明末清初已有混称现象。乾隆二十二年(1757年)四月,乾隆皇帝阅视徐州孙家集河工,因"河溜刷深,神明默佑",令地方官建河神庙于云龙山之北,并加封号为"显佑通济昭灵效顺广利安民金龙四大王之神",而庙名亦称"惠佑龙王庙"。清人徐树丕《识小录》云:"金龙四大王,姓谢,即亡宋时谢太后子姓也。……世误传

① 《世宗宪皇帝殊批谕旨》卷二《朱批齐苏勒奏折》,文津阁《四库全书》第143册,第40页。

② 严型、冯煦等修纂:民国《宿迁县志》卷一《宸翰志》,《中国地方志集成·江苏府县志辑》第58册,第390～391页。

为龙神者，非也。”[①]此外，中国古代社会宗教观念淡薄，一庙多祀情况甚多。皂河龙王庙除主祀谢绪外，庙中还供奉有大禹、五湖四海的诸水神以及杨、柳、杜、孟四大将军等神灵。庙中水神众多，“龙王”则成了对司水众神的泛称，而金龙四大王为北方河道尊神，名称中有“龙王”二字，被官方和民间当作龙王亦不足为奇。

清咸丰五年(1855 年)，黄河在河南兰考铜瓦厢决口，于山东张秋夺大清河入海，苏北黄河逐渐淤废。由于河患的解除，河神金龙四大王信仰亦在民间逐渐消亡。虽然相关仪式存留，但信仰内容已发生改变。金龙四大王治河保漕的功能已不再符合民众的需求，金龙四大王信仰逐渐被当地民众改造为与农业生产息息相关的龙王崇拜。笔者前往皂河镇考察时，据当地民众称，在每年正月初八、初九、初十这三天皂河镇都有庙会，届时商贾云集，热闹非凡，但当问及庙祀主神时，或云“东海龙王”，或曰“大王老爷”，而不知有“金龙四大王”。

除官方的推动外，文人、谢氏宗族对金龙四大王谢绪事迹的颂扬亦推动了信仰的扩展。中国古代社会儒家思想占据统治地位，基于维护封建统治的需要，儒家的“忠孝节义”观念受到历朝统治者的推崇，士绅阶层和普通民众对儒家思想也给予高度认可。经过文人改造之后的谢绪，成为忠义的“化身”，这无疑也是其信仰传播和盛行的重要原因。明朝奉行儒教原理主义的祭祀政策，极为重视人格神生前的义行，明初被列入王朝祀典的人格神几乎都是先帝、明王、忠臣、烈士之类。明中期以来，儒教原理主义祭祀观念更为盛行，原本属于忠臣、烈士的人格神迅速走强。[②] 金龙四大王的人物原型谢绪忠于宋室，于南宋灭亡之际投水而死，属于忠义之士，谢绪在吕梁洪之战中“显圣”大败元军的传说更突出了其忠义形象，迎合了儒教原理主义祭祀政策。在儒教原理主义的影响下，金龙四大王谢绪的忠义形象得以推广。

明代著名文学家、书画家徐渭在其《金龙四大王庙碑记》中用大量篇幅歌颂谢绪的忠义形象：

> 自洪武迄今，江淮河汉四渎之间，屡著灵异。商舶粮艘，舳舻千里，风高浪恶，往来无恙，佥曰王赐，敬奉弗懈。各于河滨建庙以祀，报赛无虚日。

---

① (清)徐树丕：《识小录》卷四《金龙庙诗》，《丛书集成续编》第 89 册，上海书店出版社 1995 年版，第 1074 页。

② 参见朱海滨：《祭祀政策与民间信仰变迁——近世浙江民间信仰研究》，复旦大学出版社 2008 年版，第 187～188 页。

九月十七日为其诞辰，祭赛尤盛，非王忠义之气昭昭耿耿，光融显赫，而能然乎？嗟夫！宋社既屋，于今已数百年矣，铜驼荆棘，故宫茂草，而王之神灵独磊磊落落，常在天地间。生而忠义，殁为神明，与文山、叠山诸公并垂不朽可也。宋末谢皋羽翱为文丞相客，丞相殉国，皋羽每哭之恸，竟死，其忠义至今犹传诵之。王之忠义，不减皋羽，而姓氏湮没，行事尤不概见。其敬畏而奉祀之者，徒以其为江河之神，于风涛汹涌中死生呼吸，仰其庇佑而然耳。夫岂知其忠义而崇奉之欤！①

《西湖二集》是明代一部短篇平话小说集，刊行年代大概是在明末崇祯年间，作者署名周清原，共34卷，每卷一篇，所叙故事均与杭州西湖有关。该书大部分取材自《西湖游览志余》《皇明从信录》《情史》《剪灯新话》《南村辍耕录》等书，且用大量篇幅宣扬"忠孝节义""因果报应"观点。《西湖二集》卷二九《祖统制显灵救驾》云：

世上人不知道金龙四大王的出迹之处，略表白一回，多少是好。话说这位大王姓谢，单讳一个绪字，是晋太傅谢安次子琰之裔也。住于台州，一生忠孝，谢太后是他亲族。……看官，你道这位大王死了百年，不忘故主之恩，毕竟报仇雪耻，尽数把这些躁揭狗驱逐而去，辅佑我皇家，你道可敬不可敬！②

文人笔记、文集中有关金龙四大王事迹的大量记载，成为传播金龙四大王信仰的重要载体。明人刘荣嗣《简斋先生集》云："前从夏镇见金龙四大王碑记，是姚现老笔序，其义不仕元及国初显应事甚悉，顾未知其为晋太傅裔也，得大作为之爽然。"③清人陆陇其《三鱼堂日记》亦云："（夏镇）又有金龙四大王庙极壮丽，有姚公希孟碑文，大略言：'金龙四大王，余初以为必龙神，及观朱平涵相国所著《涌幢小品》载神事甚详。'"④清人彭孙贻《客舍偶闻》载："长江大河之上，金龙四大王之神最为显赫，予意以为称金龙必神物之长，水族者也。及读庙碑乃知神为宋诸生，浙东人，姓谢氏，兄弟四人。"⑤大运河沿岸留下了大量碑刻，往来

① （明）徐渭：《徐渭集·补编·金龙四大王庙》，第1298页。

② （明）周清源：《西湖二集》卷二九《祖统制显灵救驾》，浙江文艺出版社1985年版，第545～546页。

③ （明）刘荣嗣：《简斋先生集》卷二《文选·与陈眉公》，《四库禁毁书丛刊·集部》第46册，北京出版社2000年版，第406页。

④ （清）陆陇其：《三鱼堂日记》卷一，《续修四库全书·史部·传记类》第559册，上海古籍出版社1996年版，第465页。

⑤ （清）彭孙贻：《客舍偶闻》，《续修四库全书》第1175册，上海古籍出版社1996年版，第426页。

于大运河上的文人深受影响，而文人又将谢绪事迹付诸诗文，推动了信仰的扩展。

宋末元初人徐大焯《烬余录》记载谢绪为会稽（今浙江绍兴）人，家世不详。明代中后期，谢绪被塑造成安溪谢氏的祖先神。据学者考证："安溪谢氏迁自浙江台州，始迁祖或是谢长一，明代安溪谢氏追述始迁祖时可能攀附到谢达一支，谢绪被附会为谢达之孙，被纳入安溪谢氏谱系。"[①]安溪谢氏宗族为宣扬祖先神迹，增强家族信仰的正统性和合法性，在祭祀、祠墓维修等方面不断寻求官方支持。康熙年间，河神谢绪第十七世裔孙谢裕高请求官方重修祠庙，其《请修祠墓呈文》云：

先神金龙四大王，姓谢讳绪，晋太傅文靖公讳安之三十一世孙也。宋末生于钱塘孝女北乡，痛宋室倾覆，赋诗二首，投苕水而殁，附葬金龙山祖茔，附祀宋敕建灵惠祠，郡邑志乘，昭然可考。……先神生葬所在，僻处乡隅，庙倾像毁，坟墓荒芜，裕高等子孙中落，力难修理。窃念先神，忠等屈原，功追神禹，司河源之通塞，祠民社以无虞，扶危定倾，猝然立应，是以四百万国储，七省漕艘，悉倚先神为系命。凡舟航南北者，望空且为祭赛。况先神生身之乡耶，如岳武穆、于忠肃诸公，凡有功前代者，无不立庙。而先神功绩著于兴朝，护佑及于军国，今祠宇荆榛，丘垄倾颓，伤心惨目，仁孝同哀。……为此驰吁大宗师，轸念神功……酌委官员，修葺祠墓，以崇祀典，以妥先灵，则河漕永奠，军国呈瑞。[②]

安溪谢氏宗族与官方共同将安溪塑造成金龙四大王祖庙所在。康熙三十五年（1696 年），安溪谢氏宗族参与杭州北新关金龙四大王行祠的修建，敖福合《修建金龙四大王祠墓募疏》云："今诸绅士同其后裔更择于北关水口创建行宫，则烟火万翕，舳舻千里，漕艘行商，咸得以时申虔祷，皆知神灵所栖而加焉。"[③]许延邵《募建金龙四大王行殿引》亦云："钱塘谢生名崧高者，获请于当事，祠墓并建，更募建行宫于北新关，次而吾邑，故友行之。令侄谢生，名天荷，令孙谢生，名廷恩，合志以光祖烈。集其宗人，奔走从事，后先不怠。"[④]乾隆二十八年（1763 年），杭州漕帮于嘉兴府石门县建金龙四大王庙，"适有王之二十四世孙谢掌纶

---

① 参见褚福楼：《明清时期金龙四大王信仰地理研究》，暨南大学 2010 年硕士学位论文，第 12～13 页。

② （清）仲学辂：《金龙四大王祠墓录》卷三《杂录》，《丛书集成续编・史部》第 59 册，第 684 页。

③ （清）仲学辂：《金龙四大王祠墓录》卷二《祠墓》，《丛书集成续编・史部》第 59 册，第 673 页。

④ （清）仲学辂：《金龙四大王祠墓录》卷二《祠墓》，《丛书集成续编・史部》第 59 册，第 673 页。

持画像募修复墟祠，僧曰此地正拟造庙，盍留像以垂久远”[①]。钱塘安溪谢氏宗族在一定程度上推动了金龙四大王信仰在运河沿线区域的传播。

明清时期，官方对金龙四大王崇敬有加，其主要目的是保障运道、漕运的畅通无阻，维系封建王朝统治的经济命脉。而对生活更无保障的下层百姓而言，他们祈祷于金龙四大王，则不仅是舟船漕运之安，更多地加进了自己内心企盼平安富足的渴望。因而，在北方运河沿岸地区，到金龙四大王庙进香行礼的人就不只是朝廷百官、漕运兵丁、船夫舟子，举凡农夫、商贾、工匠乃至城乡妇孺都对其顶礼膜拜。

天启六年(1626 年)，任总督漕运的苏茂相在其《淮安清口灵运碑记》中记载了金龙四大王和张将军“显灵”漕运之事：

> 春，茂相奉玺来董漕务。五六月间，南旱北霪，淮势弱，黄挟雨骤涨，倒灌清江浦、高宝之墟。久之，泥沙堆淤，清口几为平陆，仅中间一泓如线，数百人日挽不能出十艘。茂相大以为恐。或曰“金龙四大王最灵”，因遣材官周宗礼祷之。是夜水增一尺，翌日雨，复增一尺，雨过旋淤。茂相曰：“非躬祷不可。”闰六月二十有五，率文武将吏诣清口，祷于大王及张将军神祠。……越五日，为七月朔，晨气清朗，已而凉风飕飕，阴云翁郁。不移时大雨如注，达夕不歇。初二日，雨如之，河流澎湃，停泊千余艘，欢呼而济淮，遂强能刷黄。迄秋，粮艘尽渡无淹者，众始诧河神有灵。[②]

督办漕运官员及运河沿线地方官员重视金龙四大王护佑漕运的神职功能，为祈佑漕运畅通，官员虔诚祀神。临清运河有水浅之患，易致漕船搁浅，当地官员多祭祀金龙四大王，祈祷水源充足，以求漕运畅通。乾隆二十七年(1762 年)十月，新任山东通省运河兵备道陆燿上任后的首要之事是祭祀金龙四大王，其《告金龙四大王文》云：

> 惟神秉忠贞之节，殁有余荣，着赫濯之威，功成利济。黄流劈箭，每偕河伯以分猷运道，衔舻聿送天庾而效顺。自中河以达漳卫，行地中者千里有奇；从宋代以迄今，兹戴神庥者万年无厌。某钦承宠命，受任监司泉源，则南北分流，须濬洸沂之脉，堤岸则东西并筑，冀安齐鲁之氓。顾以短策而

---

① (清)余丽元等修纂：光绪《石门县志》卷四《祠祀》，《中国地方志集成·浙江府县志辑》第 29 册，上海书店出版社 1993 年版，第 682 页。

② (明)宋祖舜修，(明)方尚祖纂，荀德麟、刘功昭、刘怀玉点校：天启《淮安府志》卷十九《艺文志一》，方志出版社 2009 年版，第 823 页。

御长途，实恐贻讥负职，苟获天时而洽人事，益昭降鉴无私，用布丹忱，敬祈显佑，谨告。[①]

乾隆《德州志》记载祭祀金龙四大王的河神庙有两处：除北厂外，西关河上又有一庙，明嘉靖中兵备道赵时春建。德州北厂大王庙，建于顺治七年（1650年），葺于乾隆二十二年（1757年），里人马大宾立石叙始末。道光十五年（1835年）夏，山东督粮道[②]、华亭（上海松江区旧称）人张祥河在其所作《重修德州金龙四大王庙碑记》中云：

王之功在河漕，历数百年，人咸钦其灵异，慑其灵威，感其灵佑呵护，而或未知王之平生，则纪载者阙如。……至我朝顺治、康熙间，叠奉敕封显佑通济昭灵效顺金龙四大王，载在祀典。余督漕山左，每岁冬，送军船出临闸，守冻则拜神于临清庙中，而闸外北厂之庙间一展谒。乙未春，谋于德卫备弁等重加修葺，自五月鸠工，至闰六月告蒇。立石纪事，综神平生，俾妇孺成知。神之生而为儒、为忠臣，死而有功德于民。至我德州一隅，则固日在庇荫之下，有徼神之福历久弗渝者也。[③]

道光五年（1825年）十月，漕船回空至武城县搁浅，“秋汛已逝，源微流弱，水浅舟胶。捞浅，则大不胜其寒沍也；起剥，则船既回空，无物可起矣；守冻，则来年正供必于是船以起运。尺水不波，一筹莫展，弁若丁有束手已耳”[④]。至隆冬之初，陡然长水，漕运得以畅通。为酬谢神灵，漕运总督讷尔经额、下河通判萧以霖等主持重修大王庙：

临清以北，抵直隶界，河神各庙均极狭隘，未足以伸展拜之。诚惟此庙基向称宏敞，总漕讷帅以连年漕运倍速于往昔，感昭灵迹，因诣庙伸谢忱，敬献以额曰“洪庥广济”。又倡捐银，令于此增式廓焉，并谕督漕诸观察及各卫所，合捐银四百九十两……越十月而工竣。[⑤]

李绂（1675～1750年），字巨来，号穆堂，江西临川荣山镇人，清代著名政治

① （清）陆燿：《切问斋集》卷九，《四库未收书辑刊》第10辑第19册，北京出版社2000年版，第381页。

② 官名，掌督运漕粮。明代置于各省，十三布政司各一员；清置于漕运各省，江南二人，山东、河南、江西、浙江、湖南、湖北各一人。

③ （清）王赠芳等修，（清）成瓘等纂：道光《济南府志》卷六八《艺文四》，《中国地方志集成·山东府县志辑》第3册，第491页。

④ （清）万秀芳纂修：道光《武城县志续编》卷十四《艺文下·记》，《中国地方志集成·山东府县志辑》第18册，第479页。

⑤ （清）万秀芳纂修：道光《武城县志续编》卷十四《艺文下·记》，《中国地方志集成·山东府县志辑》第18册，第479页。

家、理学家和诗文家。雍正元年(1723 年),时任兵部右侍郎的李绂奉命赴山东催攒漕船,其《漕行日记》载:

> 初十日早至梁王城,其地有金龙四大王庙,湖南二帮粮艘停泊庙前,结彩棚合两舟演剧……因昨晚停舟避风,值大雷电,舟缆皆断,掣出四舟,其一竟破,水手等恐惧,故赛神以禳之。……访闻向来粮船至济,俱停泊金龙四大王庙前演剧祭神,旗丁借此耽延,装卸货物,水手则利其饮食酣嬉,诡言神威显赫。……催漕员弁畏执其咎,虽他处严催,至此地则不敢禁也。[①]

从事漕粮运输的运丁、水手以祭祀金龙四大王为借口滞留,从事贸易、娱乐,延误运期,而负责催攒的官员亦不敢阻拦。

漕运官兵也是金龙四大王信仰的重要群体。漕运官军负责国家漕粮的运输,常年往返于运河之上,涉江过河,艰险无比,难免有漂溺、沉没之患,故建庙祀神,祈求保佑。《金龙四大王碑记》云:“至我国家长运特仰给于河,而役夫皆兵,沙梗风湍,岁以为患,四百万军储舳舻衔尾而进,历数十里始达京师。缘是漕储为命脉,河渠为咽喉,兵夫役卒呼河神为父母,蔑不虔戴而尸祝之。”[②]丹徒、石门金龙四大王庙均为漕军、运丁创建。光绪《丹徒县志》记载,丹徒县金龙四大王庙“在城西西津坊关帝庙左……万历末,运军及商贾建庙江口”[③]。嘉兴府石门县金龙四大王庙“在甘露庵左,即靳公祠故址,国朝康熙初,运丁公建,久圮。乾隆二十八年,复醵金重建,别建靳公祠于左”[④]。镇洋县金龙四大王庙“在水仙庙西,漕运官军祀之。乾隆六十年,镇海军更建长春桥东,二卫遂分祀”[⑤]。常州府无锡县西门外坝后建有金龙四大王庙,“每岁粮船将发,祭于此而后行”[⑥]。乾隆《杭州府志》云:“凡舟行黄河者神应如响,宿迁、吕梁及凡有漕运之

---

① (清)李绂:《穆堂别稿》卷十七《漕行日记一》,《四库禁毁书丛刊补编·集部》第 87 册,北京出版社 2005 年版,第 6～10 页。

② (清)仲学辂:《金龙四大王祠墓录》卷二《祠墓》,《丛书集成续编·史部》第 59 册,第 676 页。

③ (清)何绍章、(清)冯寿镜等修纂:光绪《丹徒县志》卷五《庙祠》,《中国地方志集成·江苏府县志辑》第 29 册,凤凰出版社 2008 年版,第 120 页。

④ (清)许瑶光修,(清)吴仰贤等修纂:光绪《嘉兴府志》卷十《坛庙》,《中国地方志集成·浙江府县志辑》第 12 册,上海书店出版社 1993 年版,第 305 页。

⑤ 王祖畬纂:民国《镇洋县志》卷二《营建·坛庙》,《中国地方志集成·江苏府县志辑》第 19 册,凤凰出版社 2008 年版,第 15 页。

⑥ (清)陈梦雷等辑:《古今图书集成·方舆汇编·职方典》卷七一六《常州府祠庙考》,中华书局 1986 年版,第 14189 页。

地并立庙。"[①]山东运河段多闸坝，过闸是最为危险及困难的事情。临清会通、南板、新开三闸俱建有金龙四大王庙。《清门考源》记载漕帮："粮船至三大闸时，先在大王庙内焚香唱戏谢神。人集如山，百官照料，而后过闸。过闸船由下而上，非神功不能做到安渡危境。"[②]

万历四十五年(1617 年)，杭州右卫指挥使蔡同春参与邳州直河口金龙四大王庙的重建，其《金龙四大王庙记》云：

> 直河一口，乃襟喉之要区，官旌至此，必割羊酹酒，击鼓扬旌，惴惴焉乞灵于神。……旧有金龙四大王祠，往为洪涛所啮，沧桑屡变，迁徙不常，神无依焉。同春承祖爵，岁乙卯，部浙杭右卫之运，历睹险危，即密祷而默祈。丙辰，谬转上江，有夏镇之役，信宿而过，未遑展敬。丁巳，适奉漕台唐公简委直河催督，驻扎其地。六月，觅祠虔告，里人毛氏偕道流已新其址于故祠之左。鸠材经始，神之庙像尚需法身未就，遂捐俸值若干金，命工装像，刻期落成，以酬夙绩。[③]

乾隆二十八年(1763 年)，杭州漕帮于嘉兴府石门县建金龙四大王庙，清人鲍祖干《重建金龙四大王庙记》记载：

> 石门县朔义门外甘露庵之左，即戴星别署、明靳公祠基地。康熙初年，杭四帮漕艘建王庙九间于此，久而庙圮，其地皆甘露庵僧代掌。乾隆二十八年，杭四帮首事郭际丰等与慧庵僧德超谋复建庙，适有王之二十四世孙谢掌纶持画像募修复墟祠，僧曰此地正拟造庙，盍留像以垂久远，遂承慨允。德超以十二金谢之，重为裱糊供奉。是年，杭四帮六十船公鸠银三千六百两，江宁各布商贸易于石者，乐助银六百余两，遂议恢旧址，估值与甘露庵僧立约，建大门五间，正殿五间，前两厢楼上下各三间，后堂楼上下前后各五间，两厢楼上下各三间。又左建靳公祠，大门三间，堂三间，后屋三间，计四载工竣。[④]

尤侗(1618～1704 年)，字展成，一字同人，苏州府长洲(今江苏苏州)人，明末清初著名诗人、戏曲家。漕帮挽运途中艰险不断，过闸尤甚。其所作《西堂诗

---

① (清)郑澐修，(清)邵晋涵纂：乾隆《杭州府志》卷八三《忠臣》，《续修四库全书》第 701 册，上海古籍出版社 2002 年版，第 236 页。

② 陈国平：《清门考源》，(台北)文海出版社 1974 年版，第 220 页。

③ (清)仲学辂：《金龙四大王祠墓录》卷二《祠墓》，《丛书集成续编·史部》第 59 册，第 693 页。

④ (清)余丽元等修纂：光绪《石门县志》卷四《典礼志·祠祀》，《中国地方志集成·浙江府县志辑》第 26 册，上海书店出版社 1993 年版，第 168 页。

集·打闸行》云：

唧唧复喧喧，群呼打闸门。　　　　闸门百尺逆流涌，榜人遥望已色动。

大船贾勇独当头，小船排比相接踵。持篙牵缆众工急，估客家奴争助力。

前者鞠躬若角奔，后者背负仍屹立。忽然入口破浪开，两崖滚滚闻鸣雷。

水吞石啮舟鬪急，欲行还却几徘徊。旗竿乱飐金鼓震，鹢首昂然竟前进。

逸如疋马骤脱缰，猛似三军齐陷阵。侧身一卸千丈强，掉头曳尾气洋洋。

顷刻苍黄诚交急，此时轻快亦莫当。双篷高挂櫂歌起，沆漭黄河秋色里。

鱼龙踊跃大王风，烟光澹荡灵妃雨。船头鸡豕赛河神，长年泥饮清河春。

却话闸口风波恶，岸上翻忧舟中人。老夫大笑此何畏，平地风波惊十倍。

起歌小海木肠儿，搔首青天同一醉。[①]

过闸时需纤夫、水手齐心协力，稍有不慎即会翻船。漕船过闸时，漕军多祀金龙四大王以求平安。时人所作《漕河曲》云：

一帮挽过闸流干，闭闸粘封醵酒钱。醉待上流谁放闸，迟迟水到教开船。

……

沿河桀阁祀河神，揭口黄旗逐节新。河下忽传粮艇至，梨园北曲自然陈。

佣奴散发忽称狂，罗拜金龙四大王。讦说某时新水至，千船霍霍刃猪羊。[②]

宿迁东关金龙四大王庙内供奉有靳辅塑像，因时常显灵，护佑漕运，故倍受往来漕军的崇祀。嘉庆三年(1798 年)三月，靳辅曾孙、松江府押运通判靳光寰在其所作碑记中记载：

宿迁县城外东南圩运河之西岸，有金龙四大王庙。中供大王像，左供张老爷像，右供先曾祖文襄公像，旁列侍者二人。庙之建不知起自何时，而文襄公像则江西各帮官丁塑以供奉者。相传康熙年间，江西粮船渡黄时已深夜，遇风几危，莫知所向。遥望前船桅上有灯，仿佛总河靳字，随之行，始得入中河口。前船与灯倏皆不见，因塑像于庙中以报德。嗣后，乾隆四十七年间，河水盛涨，庙之山门前殿尽付洪流，惟文襄公像屹然不动，人惊异之。水退后，遂移于后殿，即今之奉龛所也。凡此异迹灵应，钟吾父老至今犹津津乐道之。……粮艘官丁庙貌以崇之，塑像以传之，百余年来有如一日。寰仰承先泽，备员粮运，每年押运北上，入庙瞻依，焚香肃拜，敬念先人

① (清)尤侗:《西堂诗集》卷一《打闸行》,《续修四库全书》第 1406 册,上海古籍出版社 2002 年版,第 563 页。

② 陈光熙编:《明清之际温州史料集》,上海科学院出版社 2005 年版,第 378 页。

之遗泽孔长，而襄之年年督运安流，免致陨越者，皆仰赖文襄公之庇佑。[①]

在整个漕运过程中，漕军、运丁是漕粮运输的主要从事者，不但要从事繁重的体力活动，还要面临诸多的艰难险阻，承受漕船倾覆或漕粮漂没的风险。相对漕运官员借酬神以报功，漕军、运丁崇祀水神的原因比较单纯，更多的是从祀神活动中获得心理上的慰藉。

自明朝前期，金龙四大王被朝廷敕封为漕河之神后，其崇拜迅速由官方扩展至民间，成为北方运河区域的又一新的神祇。受黄河、淮河、运河纠结泛滥之害最深的苏北、鲁南一带，成为这一新兴信仰传播的中心。明朝中后期，这一带官方和民间竞相修建的大王庙，遍布各沿运城乡和码头，山东运河城镇的庙祀之风尤为浓烈。

济宁天井闸北岸有金龙四大王庙，建时不详，庙宇宏阔壮伟，成为南来北往各色人等争相谒拜之处。据明朝大学士陈文（1405～1468 年）的《重建会通河天井闸金龙四大王庙碑》记载：

> 济宁州城南东去五十步有闸，曰“会源”……国朝因之，更名“天井”。凡江浙、江西、两广、八闽、湖广、云南、贵州及江南、直隶、苏、淞、常、镇、扬、淮、太平、宁国诸郡军卫有司，岁时贡赋之物，道此闸趋京师，往来舟楫日不下千百。旧有金龙四大王庙，凡舟楫往来之人皆祈祷之以求利益，岁久颓毁。前总督漕运右参将汤公节俾州卫官属及郡之义士捐资以更新之。经始于正统戊辰十月三日，至腊月而庙成。三间五楹，高二丈一尺，广三丈四尺，深二丈三尺。视旧庙基址规模益宽广，壮丽数百倍矣。……予时总督浙江粮饷七十余万石，载巨舫凡四千具，经是闸，感神荫相得以天虞，于是谒庙而拜焉。……予历观自吕梁、徐州以达临清，凡两岸有祠，皆祀金龙四大王之神。[②]

从这篇碑记可以看出，济宁在明朝是山东运河南端的第一大码头，早在正统以前就有金龙四大王庙，因岁久塌颓，督漕官员募资修葺。可见，济宁的大王庙要早于朝廷在景泰年间敕建于沙湾的“金龙四大王祠”。重修后的庙宇，比旧庙壮丽宽广“数百倍矣”；每天经过此闸此庙的舟楫，“日不下千百”，朝拜者众多，烟火极盛。清乾隆年间，文人杭世骏的《济宁竹枝词》专门描述此庙：“金龙祠近浪

---

① 晁剑虹：《幸存的康熙宿迁御文碑刻》，《长江文化论丛》第 9 辑，南京大学出版社 2013 年版，第 224 页。

② （明）谢肇淛：《北河纪》卷八《河灵纪》，景印文渊阁《四库全书》第 576 册，第 716 页。

潜消，郭外条条白板桥。”[①]当时的金龙四大王庙在今解放桥东，背依运河，大殿三间五楹，殿高7米，宽11.3米，进深7.7米。殿中塑有高2米、顶盔披甲、紫袍金身、手持“钢鞭”、夹苎干漆彩塑的金龙四大王坐像。任城区安居镇的金龙四大王庙，也建在古运河旁。着以金色的“金龙四大王庙”庙额及庙前额题“三义流芳”四个红色大字的木制牌坊，航行于运河之上的船家远远就可看到；庙里的戏楼则常常锣鼓喧天，吸引着粮艘商船靠岸系缆。

在山东运河北段的临清，金龙四大王庙至少有三座。据现有资料看，最早的一座金龙四大王庙出现于明万历年间。明万历三十二年（1604年），杭州商人闻濂等在汶河南岸的旧窖口渡创建了“大王庙”，供奉“金龙四大王”，“壮伟可观”。[②] 随之山西商人也集资修建了金龙四大王庙，现藏于临清市博物馆的一块万历四十六年（1618年）的碑文称：“敕封金龙四大王……威镇江河津流，率土敷储运保商舟，神功浩荡不容复赘，凡我西晋贸易闽赣者，咸荷顺风以护送，而大江、鄱阳毫不为患，信仁圣之庇佑焉。”为答谢金龙四大王的“庇佑”，晋商们“捐资助金皆乐施，不假他募”，修成“大殿三楹，而殿之上又宗其楼焉……灿然壮观”[③]。碑记中没有记载此庙的具体位置，只记载了侯尚人、樊希贤等捐资人的姓名。

临清砖闸东由金龙四大王庙，创建时间不详，顺治、康熙、雍正年间多次重修。顺治十三年（1656年），临清知州郭鄤为了求雨灌麦和漕船顺利通过临清，赴金龙四大王庙中祈祷“获应”，并带头捐资重修大王庙。州人王介锡在《重修大王庙碑记》中记载：

> 北地土高风燥，旱干即水涸，漕艘衔而至，胶滞不前，则必烦挑濬之役。农夫废其业以从事于畚锸，而岸不加阔，流不加溢，致督漕使者催符如雨，当事者于炎风烈日之下弗获休息，疾声相呼，篙者殚厥力，櫂者焦厥杓，牵挽者汗流浃背厥肤，徒有仰天嗟叹。……戊戌夏，郡侯郭公来牧兹土，正当来年将登，需甘雨，公虔祷之，立应。独河涩如故，公乃斋戒而告于神。……不逾期，澜翻浪涌，增尺有半，舳舻千计，汩汩然顺流无留行矣。[④]

---

① 济宁市政协文史资料委员会编：《济宁运河文化》，中国文史出版社2000年版，第424页。

② 参见（清）王俊等修纂：乾隆《临清州志》卷十一《市廛志》，参见临清市人民政府编：《临清州志》，山东地图出版社2001年版，第472页。

③ 临清博物馆藏《新建金龙四大王神庙》碑文拓片，参见王云：《明清山东运河区域社会变迁》，人民出版社2006年版，第279页。

④ （清）於睿明修，（清）胡悉宁等纂：康熙《临清州志》卷四《艺文》，《稀见中国地方志汇刊》第9册，中国书店1992年版，第162页。

康熙十四年(1675年),山西茶商韩四维等又在卫河西浒的广济桥旁边创建了一座大王庙,州人董上新作《广济桥西岸大王庙记》云:"茶船至清源(指临清),或更舟而北,或舍舟而陆,总以输运西边,西边之人仰赖惟殷,是以诸商皆乐于修建王庙,非众力辐辏亦不能告成事。"[①]另据民国《临清县志》记载,在临清卫河南水门内还有一座"龙王庙",建于"清初","祀宋人谢绪,封金龙四大王"。[②]临清是会通河北端的重要漕运码头,被称为"南北之要冲,京师之门户",客商云集,舳舻连樯,对水运的依赖程度很高,故临清与济宁一样,崇信金龙四大王之风颇盛。

聊城有两座金龙四大王祠庙,其中一座是与关帝庙合而为一的聊城山陕会馆。该会馆坐落于运河西岸,大殿奉关公,南殿祀火神,北殿奉祀的水神就是金龙四大王。2000年,聊城山陕会馆管理处工作人员在清理、维修北大殿墙壁时,在西墙上发现了一块镶嵌于墙体的《金龙四大王行略碑》,碑文详载了谢绪由人到神的经过(见附录)。聊城东关运河西岸有一著名的官驿——崇武驿,驿北的运河东岸有一座大王庙。嘉庆《东昌府志》记载,大王庙在东关馆驿前河岸。咸丰年间,清廷曾下令在"临清、东昌、河南正阳关,并祀金龙四大王",这种官方正祀不可能在商人会馆中进行,此处应是官方祭祀金龙四大王之所。聊城市文物工作者在进行文物调查时,曾于聊城闸口桥运河东岸东关街北邻发现一通清同治年间的《重修东昌大王庙碑》。清同治十三年(1874年)九月,东关大王庙动工修缮,工程完工后,立此碑以示纪念。碑文详细记载了重修大王庙的原因和经过:

> 郡城东关旧有大王庙,赫声濯灵,屡著神异。咸丰五年,河决铜瓦厢,由利津入东海,河运久废。同治四年,吴仲宣漕帅创议试行,因回空有阻,五年,遂加办转运。九年,捻逆平,踵行前策,船到张秋伏汛已过,复添陆运。凡舟车之烦费,官吏之辛勤,有难以殚述者。十年春,太守程君奉宪檄董运事,默祷于神,至诚感格。四载以来,遇有骇浪惊涛、停淤搁浅,无不化险为夷,风帆顺利。圣天子锡类酬庸,叠颁宸翰,而庙堂湫溢,又年久失修,实不足以炳耀天题,仰答神贶。太守慨然拟加丹艧并拓地基,商之江安道宪薛公、总运赵君、上河通守瑞君、聊城大令王君,咸韪其说,共捐俸廉。于

① (清)王俊等修纂:乾隆《临清州志》卷十一《市廛志》,第473页。

② 参见张自清修,张树梅、王贵笙纂:民国《临清州志·建置志·宗教类·寺观》,《中国地方志集成·山东府县志辑》第95册,凤凰出版社2004年版,第102页。

是，鸠工庀材，刻日兴筑，重修庙貌，大启神光，并于正殿之后添建广厦三间，楹角同新，观瞻益肃。[①]

运河的流经使得张秋镇成为商贾云集的商业中心。明朝崇祯年间，西商朱元运、梁儒英联合众商在张秋修建了宽敞的金龙四大王庙，后经明清之际兵燹，圮于战火。清康熙年间，山西人张孝和陕西人陈良策慕乡梓前贤之善举，带头捐资重修张秋金龙四大王庙，众商响应，庙貌焕然一新。寿张主簿马之骦《重修金龙四大王庙碑记》云：

张秋镇当会通之中，天庾御衣之龙舸，王师国旅之艨艟，朝士通人之鹢首游洄街尾，如络如织，莫不祈望神庥以资利济。……旧有祠，肇自明崇祯中，为西商朱元运、梁儒英鸠同里众商鼎建，规模故宏敞，榱题埏埴，故藻丽坚致。迄今阅三十余年，数罹兵燹，不无毁伤剥蚀矣。兹晋人张孝、秦人陈良策观桑梓之前猷，动缁食之继好，尽己捐金，鼓人成玉，爰有众商齐登进步，共效合力，遂致堂构尊严，廊庑婉美，垣墉表卫，门屏扬辉。[②]

山东运河南端的峄县有三座金龙神庙，俗名“大王庙”：一在台庄运河北，创建无考，雍正八年（1730 年）圮于水，嘉庆七年（1802 年）重建；一在韩庄湖口北；一在丁庙闸月河内，俱道光初年重建。[③] 从台儿庄到丁庙闸仅数十里，就建有三座崇祀金龙四大王的庙宇。隆庆元年（1567 年），朱衡等人开凿南阳新河，为酬神报功，在鱼台县南阳镇建新河水神庙。朱衡《鱼台县新建金龙四大王庙记》叙述了鱼台县金龙四大王庙修建的原因：

嘉靖四十四年乙丑八月十七日，工部以黄河水决沛县，横截运道，弥漫数百里题请。先帝忧之，命举才望大臣往治。时臣衡以吏部侍郎擢南京刑部尚书，将行，会推河道工部尚书，命抵济宁，议开新河。越丙寅九月九日，河通，漕舟悉达京师，行次德州，先帝下谕，问奉敕命建庙鱼台新河堤上，以答神庥。不数月而工成，因识其缘起于石。[④]

明清两朝山东运河区域的金龙四大王崇拜经历了由官府到民间、由客商到土著的过程，成为一种十分突出的共同信仰。

---

① 聊城中国运河文化博物馆藏同治十三年（1874 年）《重修东昌大王庙碑记》。

② （清）林芃重修：康熙《张秋志》卷十《艺文志》，《中国地方志集成·乡镇志专辑》第 29 册，江苏古籍出版社 1992 年版，第 121～126 页。

③ 参见（清）王振录等修，（清）王宝田等纂：光绪《峄县志》卷十《祠祀·坛庙》，《中国地方志集成·山东府县志辑》第 9 册，第 123 页。

④ （清）仲学辂：《金龙四大王祠墓录》卷四《外录》，《丛书集成续编·史部》第 59 册，第 692～693 页。

金龙四大王崇拜在山东运河区域兴起之后,迅速向南北传播,明清时期的野史、笔记中对北方各地盛行金龙四大王崇拜的现象有很多记载。如明人谢肇淛《五杂俎》云:“北方河道多祀真武及金龙四大王。”[①]清人黄钧宰《金壶七墨》中称:“金龙四大王,‘北方舟子皆敬之’。”[②]清人赵翼《陔余丛考》也指出:“江淮一带至潞河,无不有金龙四大王庙。”[③]清末小说《二十年目睹之怪现状》载:“这顺、直、豫、鲁一带,凡有河工的地方,最敬重的是大王。况且这个金龙四大王又是大王当中最灵异的。”[④]由此可见,从明朝后期起,北方各濒河城镇对金龙四大王的供奉极为兴盛,金龙四大王崇拜已深入民心,谢绪成为大运河和黄河上的船工和漕运者虔诚供奉的首位水神,因而被民众推崇为“北方河道尊神”。在北方民众的心目中,金龙四大王的身份主要是漕运之神,同时又兼是黄河以及北方各大小河流的水神。凡有河水之处,几乎都有金龙四大王崇拜。

济宁是京杭运河的漕运咽喉,东有汶、泗环绕,西有大湖浩邈,水系发达,居民多从事渔业及水上运输,故金龙四大王崇拜盛行。此地不仅有出现最早的“金龙四大王庙”,庙貌巍然,每日进香者络绎不绝,而且济宁人渐渐地把大王神变成了自己的乡土神,每到一地经商建会馆,总会在会馆中供奉金龙四大王。从明朝中期起,随着运河的畅通和漕运的兴盛,济宁商品经济迅速繁荣,济宁商人势力也迅速崛起。清代前期,济宁商帮已能在晋商、徽商、洞庭商等强手如林的商场上占据一席之地。他们经商的足迹遍及运河的通都大邑,金龙四大王崇拜也随之蔓延开来。在四处经营的同时,济宁商人把盛行于家乡故土的金龙四大王崇拜传播到大江南北。康熙年间,济宁布帛商到江南布业重镇盛泽立足经商,集体捐资修建了济宁会馆,会馆正殿供奉金龙四大王神像,故当地人把济宁会馆称作“大王庙”。这座大王庙,成为以后百余年间联结济宁商人的精神纽带,从乾隆到嘉庆年间,又先后五次重修,每次都有众多山东商人捐资,而且修建所用的砖、瓦、木料及工匠,皆从家乡远道运来,足见济宁商人势力在吴江之盛。康熙六十年(1721 年)九月,《敕封黄河福主金龙四大王庙碑记》云:“吾江邑向无大王庙,其有于盛湖滨者,则自济宁州诸大商始。盖盛湖距县治五六十里,

---

① (明)谢肇淛:《五杂俎》卷十五《事部三》,《续修四库全书》第 1130 册,上海古籍出版社 2002 年版,第 1819 页。

② (清)黄钧宰:《金壶七墨》卷八《金龙四大王》,《续修四库全书》第 1183 册,上海古籍出版社 2002 年,版第 116 页。

③ (清)赵翼:《陔余丛考》卷三五《金龙大王》,商务印书馆 1957 年版,第 761 页。

④ (清)吴趼人:《二十年目睹之怪现状》,山东文艺出版社 2016 年版,第 325 页。

为吾邑巨镇，四方商贾，云集辐辏。所建神祠不一，而惟大王一庙，尤为巨丽。……其庙制也，一仿北地祠宇，凡斧斤、垩墁以及雕绘诸匠，悉用乎北。……而济宁之大商，因盛湖诸亲友，鱼书还往，时时晋谒……独济宁诸商贾，尤敬且信。”①

地近京畿的天津有济宁商人建立的济宁会馆，它坐落于城北崇福庵，供奉金龙四大王。除盛泽镇外，江南的许多重要城镇都有四大王庙和祭祀活动，在上海的老闸和新闸各有一座金龙四大王庙，香火甚盛，苏州河里的船户及船运商在开船、停船时，都要至此祭神，求神保佑行船安全。南京的船户每年都要举行金龙四大王出巡赛会。据《金陵杂志》记载，当地大王会“神是黄河福主金龙四大王。此会主事为水旱两西门外船户为多，每年于九月间，例出巡一次”②。太湖流域的宜兴盛产紫砂陶器，销往沪、宁、浙、皖、鲁等地时多用船运，业此者主要是苏北船帮，他们在鼎山镇河道中建了一座金龙四大王庙，往来拜祭，以祈平安。检诸《江南通志》《浙江通志》《河南通志》《山西通志》《西湖游览志》等史籍可以发现，在徐州、宿迁、淮安、南京、镇江、常州、无锡、苏州、杭州、开封、北京、天津等地都有金龙四大王庙的存在。

在传播国家祭祀理念的同时，地方官员建庙祀神，亦可借助修建庙宇、祭祀神灵等活动扩大官方与地方社会的互动交流。万历十九年(1591 年)，参政郭子章督漕至宿迁，见当地金龙四大王庙破败不堪，次年再至时便与宿迁地方官员及民众重修庙宇，其所撰《宿迁县金龙四大王祠记》云：“予复至，捐金倡之，于是诸漕艘道祠飨神者争醵金焉。宿迁令南城聂君摄金倡之邑，于是钟吾、下相、环郭内外商民入祠飨祠者争醵金焉。”③

东光县马头镇运河东岸建有金龙四大王庙。咸丰二年(1852 年)，知县李宗城《重修河神庙记》记载：

> 余于辛亥秋来守此土，邑有河神庙在西门外河口，守令春秋致祭。余敬谨瞻拜，见其庙宇倾颓，神像剥落，恻然有重修之志。考诸邑乘，凡创修年岁及重修几次阙如也。庙之后殿为吕祖祠，旧有碑文，而字迹磨减不复存。其存者康熙六年数字，迄今已一百八十余年矣。夫河神专司水利，呵

---

① 王国平、唐力行主编：《明清以来苏州社会史碑刻集》，苏州大学出版社 1998 年版，第 529～530 页。

② 徐寿卿撰，卢海鸣点校：《金陵杂志·续集》，南京出版社 2013 年版，第 152 页。

③ (清)张尚元纂：康熙《宿迁县志》卷十一《艺文志》，《上海图书馆藏稀见方志丛刊》第 41 册，第 232 页。

护生灵，任其庙貌不修，可乎？爰偕绅商同议重修。其时，河厅任君尔会，与余有同志，旋卸篆，未竟其功。后任余君承恩，踵而行之，余为倡捐俸银若干，而官绅富户踊跃赞成，鸠工庀材，不数月而庙貌新焉。[①]

杭州北新关有金龙四大王庙，光绪年间重建。俞樾在其所作《杭州重建北新关水口金龙四大王庙记》中描述了此次重修庙宇的经过：

神姓谢，讳绪，钱塘安溪下墟里人，宋理宗谢太后族侄也。……下墟里故有神庙，而杭之人以其僻远，瞻礼非便。康熙中，建行殿于北新关水口，其地阛阓骈坒，舳舻辐凑，居民行旅罗拜其庭，若节春秋，敬承祀事，楹桷有赫，俎豆维虔，神歆其祀，民蒙其福。庚申、辛酉间燬于兵燹，赪廊碧殿，荡为瓦砾，祠倾像毁，过者尽蠹然。永康应敏斋方伯时寓武林，谋于城中缙绅、先生及里父老，即旧址而重建焉。众议允谐，群力咸集，地故米市，按斛集赀，积微成巨，鸠工庀材，不日而成，材美工巧，有加于昔。落成之后。灵瑞咸臻，邮签津鼓，遯被休嘉，船车楫马，靡不利赖。[②]

金龙四大王信仰的扩展对明清文学作品产生了影响，为明清小说、戏曲等文学作品的创作提供了素材。如《西湖拾遗》云："如今先说金龙四大王的出迹。这位大王姓谢，单讳一个绪字，是晋朝太傅谢安次子琰之裔也。住于台州，一生忠孝大节，谢太后是他亲族。"[③]《女仙外史》曰："原来雷一震溺死之时，共有壮士二百余人，英魂不泯，在江底昼夜呼号，要寻仇家索命。适金龙四大王巡游，见一班忠义之士，遂问了首将姓名，命为驾下前部呼风使者。"[④]《钧天乐》云："小圣乃黄河之神金龙四大王，便是玉帝钦差侍御史，巡察水府，先到黄河须索走一遭。"[⑤]文学创作吸收民间盛行的金龙四大王信仰，对金龙四大王的再次塑造又进一步推动了信仰的传播。

官方对金龙四大王的崇祀，完全是基于保障漕运、维系国计民生的政治经济利益的需要。而在民间，百姓则祈望从对金龙四大王的祈祷中得到多方面的保护，举凡河决洪涝、久旱不雨、渔业不丰、冰雹伤稼、生老病死等等，都会以祭

---

① （清）周植瀛修，（清）吴浔源纂：光绪《东光县志》卷五《经政志·祀典》，《中国地方志集成·河北府县志辑》第45册，上海书店出版社2004年版，第116页。

② （清）俞樾：《春在堂全集》第4册，凤凰出版社2010年版，第485～486页。

③ （清）陈树基辑：《西湖拾遗》卷三《登金鳌神兵救驾》，上海古籍出版社1985年版，第387页。

④ （清）吕熊：《女仙外史》第六十二回，大众文艺出版社2002年版，第633页。

⑤ （清）尤侗：《钧天乐》第二十三出《水巡》，见《续修四库全书》第1175册，上海古籍出版社2002年版，第614页。

祀的方式向金龙四大王祈愿。[①]《扬州画舫录》卷三记载雍正年间，贫穷舟子陈周森因母病重，到金龙四大王庙中祈祷，梦中得神示，割肝疗母疾，母子皆愈。[②]明代小说《醒世姻缘传》中描写了主人翁夫妇不和，薛素姐恨狄希陈背己再娶，由济宁南下沿运河追讨至淮安大王庙，在大殿切齿诅咒丈夫，求金龙四大王兴风翻船，淹死狄希陈的情节。[③]《聊斋志异》中还有金龙四大王之女幻化成人形，为某生解危济难，终偕优游的故事。[④] 可见在沿运民众心目中，金龙四大王神是百求百应的，使得金龙四大王崇拜有了更为深厚的社会基础。

金龙四大王还有掌管水上生死、鼓舞军队士气的功能。袁枚在其所作《子不语》一书中记载：

> 萧十洲参戎致政归养，舟泊巫峡。是夜，梦有若差官状者持令箭骑马沿江问："孰是萧大老爷舡？"跃入舡头，喘犹未定，怀中取出公文一角，面书"金龙四大王封"六字，随押七犯跪旁，请判"斩"字。……判讫，遂押众犯而去。公梦觉，心恶之。次晨，大雾弥江，公戒勿解缆。巳刻，向其母太夫人闲话间述前梦未竟，忽有一只上水货船触石撞沉，呼救甚惨。乃急命舟子捞救，仅救起三客，业僵死矣。[⑤]

清人周世澄在其《淮军平捻记》中记载了河神"显灵"鼓舞士气一事："四月二十二日，黄水陡长数尺，灌入运河，炮船鼓棹如飞，直通德景，军中已异其事。闰四月，河神敕封金龙四大王，见于长江水师提督黄翼升舟中，有野夫识之，顷刻各营传遍，士气百倍。"[⑥]

船工、水手、渔民也是金龙四大王信仰的重要群体。船工和水手常年往来于运河之上，时常面临人员、货物漂溺的危险，于是多祭祀神灵，以求人身安全，航运顺利。渔民信仰金龙四大王，则为祈求神灵保佑他们渔获丰收，满载而归。遍布运河沿岸地区的金龙四大王庙宇为他们提供了重要的祭祀场所，在一定程度上满足了他们的祭祀需求。明清时期淮安地区金龙四大王信仰盛行，天妃闸金龙四大王庙尤为著名。清人方文《金龙四大王歌》云："行人舟至黄河滨，无不

---

① 以上内容参见王云：《明清时期山东运河区域的金龙四大王崇拜》，《民俗研究》2005年第2期。

② 参见（清）李斗撰，汪北平、徐雨公点校：《扬州画舫录》卷三，中华书局1960年版，第76页。

③ 参见（清）西周生：《醒世姻缘传》第八十六回，华夏出版社1995年版，第716～717页。

④ 参见（清）蒲松龄：《聊斋志异》卷十《五通》，人民文学出版社1998年版，下册，第1410页。

⑤ （清）袁枚：《子不语》卷二十《代神判断》，重庆出版社2005年版，第231～232页。

⑥ （清）周世澄：《淮军平捻记》卷十，《近代中国史料丛刊》第5辑第42册，（台北）文海出版社1967年版，第236页。

祭赛黄河神。但知金龙四大王,不知大王何如人。我来淮右天妃闸,庙中歌舞尤杂遝。巡观壁间有石刻,蒋生作传董公跋。”①清人孙枝蔚《谒金龙四大王庙》云:“客子预愁天妃闸,舟人齐拜大王庙。”②金龙四大王是民间航运业的保护神,与船工、水手的日常生活密切相关,故他们对金龙四大王的祭祀极为虔诚。清人钱泳《履园丛话》记载:“舟人于柁楼祀金龙神甚虔,芳容亦早晚焚香稽首,祷求默助。半月余,竟达里门。”③除虔诚祭祀外,船工、水手还在庙旁及船上举办迎神赛会,以此祈神保佑或酬谢神灵。清人纪庆曾《泊彭口闸闸右有金龙四大王庙》云:“古庙临流半夕阳,短垣衰草接虚堂,舟人岂识忠臣意,锣鼓船头赛大王。”④渔民同样是信仰金龙四大王的重要群体,至今微山湖、洪泽湖等地的渔民仍保有每年九月十七日祭祀金龙四大王的风俗,俗称“大王会”。

金龙四大王信仰在运河沿岸民众中间也颇为盛行,而且形成了特有的风俗习惯和祭祀活动。《儒林六都志》记载:“(当地)如岁旱有蝗,各村演戏祈神,驱之尤验。……至于湖船鱼[illegible],则祀金龙四大王,以其为湖神也。”⑤杭州北关湖墅镇米业发达,商人和民众经常演剧酬神。《湖墅小志》云:“西粮泊桥之北,有金龙四大王庙在焉。……国朝乾、嘉、道、咸四朝以来,湖墅米业甚盛,凡酬神演剧皆在乎此。”⑥清人魏标《湖墅杂诗》云:“江淮贩米泊粮帮,争赛金龙四大王。台下人观蜂拥至,乱弹新调唱滩簧。”⑦《苏州旧闻·龙王返驾》记载了当地民众祭祀淮安漕帮所携“龙王”之事:“淮阴清江浦船帮时都停泊在阊门外吊桥湾南童梓门,某日有船携来龙王,仅长尺许,盘于盆中,实一小蛇耳。金龙四大王庙僧人接入供奉,演剧娱神,热闹一时。”⑧无锡杨市镇北湖村有金龙四大王庙,建于清末,农历九月十七日为节场,演社戏两本,演戏时,半只戏台须搭在水中。⑨ 常

① (清)方文:《嵞山集·北游草》(中册),上海古籍出版社 1979 年版,第 573 页。

② (清)孙枝蔚:《溉堂集·续集》(中册),上海古籍出版社 1979 年版,第 769~770 页。

③ (清)钱泳:《履园丛话》卷五《景贤》,《续修四库全书·子部·杂家类》第 1139 册,上海古籍出版社 1995 年版,第 85 页。

④ (清)纪庆曾:《叠翠居文集》,《丛书集成续编》第 193 册,(台北)新文丰出版公司 1989 年版,第 263~264 页。

⑤ (清)孙阳顾、(清)曹翠亭增纂:《儒林六都志》上卷《风俗》,《中国地方志集成·乡镇志专辑》第 11 册,江苏古籍出版社 1992 年版,第 722 页。

⑥ (清)高鹏年:《湖墅小志》卷一,载孙忠焕主编:《杭州运河文献集成》,杭州出版社 2009 年版,第 393 页。

⑦ (清)魏标:《湖墅杂诗》卷上,载孙忠焕主编:《杭州运河文献集成》,第 483 页。

⑧ 王稼句点评:《苏州旧闻》,古吴轩出版社 2003 年版,第 209 页。

⑨ 参见朱小田编著:《吴地庙会》,南京大学出版社 1994 年版,第 81 页。

州新北区大王庙坐落在罗墅湾镇南，建于清光绪年间，坐西朝东，为硬山式砖木结构，共三进：前面一进共九间，南为四大金刚佛像，中为观音菩萨佛像，北为土地菩萨；中间一进五间为黄河福组殿，正中为金龙四大王塑像；最后一进为二层木楼，上为藏经楼，下为僧侣起居室。大王庙落成后，每年农历九月十七日这一天，由船商筹款，开坛纪念，称为“行会”。[①] 皂河龙王庙会是数百年来皂河及其周边地区群众自发参与的一项民间祭祀民俗活动。自清代以来，每年的农历正月初八、初九、初十这三天，为宿迁皂河龙王庙庙会之日。其中，正月初八为焰火日、初九为正祭日、初十为朝山日。届时民众纷纷前来敬香祭神，祈求风调雨顺，河水安澜。宿迁及周边地区的行商坐贾、民间艺人也纷至沓来，云集皂河。庙会上既有曲艺、杂技、民俗表演等文化展示活动，也有各种生产资料、生活用品的买卖交易活动，人山人海，盛况空前。庙会风俗几百年来从未中断，一直沿袭至今。

金龙四大王崇拜的盛行对沿岸地区民众心理也产生了重要影响。河漕官员和沿岸民众往往将黄运险工中出现的金色小蛇视为河神金龙四大王的化身，加以隆重祭祀。清人黄钧宰《金壶七墨》载：“（金龙四大王）化身常为金色小蛇，故曰金龙。北方舟子皆敬之，见有金蛇方首者游泳而来，必以朱盘奉归，祀以香火，可保一方吉安。南河每岁以安澜故，演剧赛神，居民辄见神来，供奉高座上，杂书戏目进之。”[②]治河官民认为筑堵黄河决口时，金色小蛇的出现是河工顺利的预兆，故对其礼敬有加。

薛福成（1838～1894年），字叔耘，号庸庵，江苏无锡宾雁里人，出身于书香门第、官宦之家，近代散文家、外交家、洋务运动的主要领导者之一。他在其所作《庸庵笔记》一书中记载：

> 同治甲戌，河决贾庄，山东巡抚丁稚璜宫保亲往堵塞。以是年冬十二月开工，颇见顺手，而大王、将军绝不到工。至光绪乙亥二月间，险工叠出……十七日，栗大王至；越日，党将军至；又明日，金龙四大王至。……金龙四大王长不满尺，降至将军有三尺余者；又如金龙四大王金色，朱大王朱

① 参见常州市新北区政协文史委员会、常州市新北区社会事业局编：《新城文迹》，凤凰出版社2012年版，第135页。

② （清）黄钧宰：《金壶七墨》卷八《金龙四大王》，《续修四库全书》第1183册，上海古籍出版社2002年版，第116页。

色，栗大王栗色，皆偶示迹象，以著灵异。[①]

郭则沄(1882～1946年)，字蛰云、养云、养洪，号啸麓，祖籍福建侯官，生于浙江台州。清光绪二十九年(1903年)进士，官至浙江温处道、署理浙江提学使；入民国后，曾任国务院秘书长，交游至广，是清末民初政坛的活跃人物。其《洞灵续志》一书对山东东昌府当地官民祭祀河神“大王”“将军”的风俗进行了详细记载：

> 河神有所谓大王、将军者，皆曾膺封锡，载在祀典。金龙四大王，谢姓名绪，南宋人也，化身为金色小蛇，尤著神异，沿河各处多立祠奉之。东昌祠中兼奉神乩，香火特盛。每神降，则张筵演剧，优者进出目，大王作蛇身蜿蜒纸上，至某剧立点其首，则传谕曰：“大王点某剧矣！”又或盘旋于椽烛之上，不近火亦不避人。光绪中，东昌河决，堤工久未合，主者忧之，则虔祷于神。某日，大王降乩云：“诘旦杨四将军有事于河。”次日，将军果降，其化身则一蛙也。[②]

晚清著名小说家吴趼人在《我佛山人笔记》中记载了他在天津当地看到的水师官兵供奉“金龙四大王”之事：

> (光绪)辛卯入都，出天津，访友于水师营。见营兵肃队，奏军乐，乐止，寂然无哗，问：“何故？”曰：“供金龙四大王也，大王昨日来，今供于演武厅。”问：“可观乎？”曰：“可！第宜肃穆耳。”导至厅，厅外立披执者七八人，植立屏息，目不少瞬，若木偶然。登厅，则黄幔高悬，巨烛二，香焚炉中，掀幔以进，得方几一，上设漆盘，盘中一小蛇踞焉。审之，无异常蛇，惟其首方，如蕲州产。……时李文忠督直隶，委员来拈香，神辄附于营卒，数其无礼。文忠闻之，乃亲至谢过云，此其百索而不可解者！[③]

上述这些记载反映了金龙四大王崇拜对当时官民心态影响之深刻。

通过考察明清时期金龙四大王崇拜在运河区域的形成、发展及传播过程，我们可以发现以下几点：一是这种崇拜主要是由于运河漕运的长期维持才产生的。二是谢绪由人鬼变成神灵，是由明清政府和沿运民众的共同造神运动完成的，完全是为了满足人们与河、湖、雨、涝有关的某些心理需求而出现的。三是

① (清)薛福成：《庸庵笔记》卷四《述异·水神显灵》，《续修四库全书》第1182册，上海古籍出版社2002年版，第688～689页。

② 郭则沄著，栾保群点校：《洞灵小志·续志·补志》，东方出版社2010年版，第214页。

③ (清)吴趼人：《我佛山人笔记》，《近代中国史料丛刊》第860册，(台北)文海出版社1972年版，第17页。

金龙四大王信仰具有很强的流动性，漕军运丁、商人商帮成为信仰传播的重要媒介。这种民间信仰的互相影响和交融，成为京杭运河区域一种前所未有的社会文化现象。

二、灵佑襄济黄大王

黄大王信仰是明清时期黄运地区比较有代表性的河神之一，其地位和影响力仅次于当时官方倡导的金龙四大王。黄大王，原名黄守才，明万历三十一年(1603 年)出生于河南偃师岳滩镇王庄村，自幼天资聪颖，思维敏捷，后潜心研读历代治水方略，著有《禹贡注疏大中讲义》《治河方略》等书。乾隆三年(1738 年)，在河东河道总督白钟山等人的奏请下，敕封其为“灵佑襄济黄大王”。此后，嘉庆、道光、同治年间不断对其进行加封。至光绪五年(1879 年)，黄大王的封号为“灵佑襄济显惠赞顺护国普利昭应孚泽绥靖普华宣仁保民诚感黄大王”。因其具有平息水患、护佑航运等功能，故黄大王信仰在黄、运沿岸地区极为盛行。黄大王信仰起源于民间，民间文人在对其形象进行改造之后，使其逐渐符合官方信仰的要求，后经官员奏请，皇帝敕加封号，最终被纳入国家祀典，由民间信仰升格为官方信仰。在众多河神中，黄大王信仰的形成及传播最具有代表性，成为官民互动的重要典范。

明清时期黄大王信仰产生的社会原因，一方面是由于自古以来的黄河水患频仍，特别是在清朝，河务是清政府的主要工作之一。据有关数据表明，自清顺治元年(1644 年)至乾隆八年(1743 年)的 100 年间，黄河河南段决溢 40 次，平均 2.5 年一次。除黄河之外，黄河支流如伊、洛、沁等河流也经常会泛滥成灾。灾害作为一种客观存在必然要反映到人们的头脑中来，并通过社会实践对人们的心理和行为产生影响。对灾难的恐惧使人们急于寻求神灵的庇佑。另一方面，黄河水运的艰辛，也是催生黄大王信仰的主要因素。伊、洛河作为黄河支流，水运极为便捷，历史上曾长期作为重要的水运通道。据史书记载，汉武帝时，每年由洛河漕运到长安(今陕西西安)的粮食多达 400 万～600 万石。隋唐时期，偃师作为东都洛阳的门户，水运相当繁荣。当时，从偃师乘船东至渤海，南达苏杭，北抵涿郡(今北京一带)，西至长安，后来，随着国都的迁移，政治环境的变化，伊、洛河水运逐渐萧条，但是水运事业作为一个行业，并没有因此而停滞不前，水上航运事业仍在不断发展。明中期以后随着商品经济的发展与全国市场网络的初步形成，三门峡以下河道及其支流伊河、洛河、沁河部分河道的水运得以逐步发展并达到了相当规模。明嘉靖年间，晋商在往来的必经之地怀庆府河内县清化镇创建了金龙四大王庙。之所以是河神庙，据碑刻记载是因为往来航运多赖河神保佑。[①] 可见在明嘉靖年间，黄河航运在商品流通中就已经占有一席之地。据《孟县志》记载，清末民初，孟县协兴居的粮食全都通过船只从山西柳林运来。直到民国年间，黄河航运在商品流通中一直发挥着重要作用。洛阳至巩县神堤，为洛河的主要航道，可常年通行木帆船。到民国时期，巩县、偃师、洛阳等地的民船仍然很多，装载 3～5 吨的小型木帆船常装运商货往来于高崖与神堤之间。有时载重 10 吨的较大木帆船也结帮由黄河顺流而下，远达济南、青岛、烟台等地。[②] 黄河运道泥沙淤积，礁石暗布，行船务必小心谨慎。为祈求平安，水手船工们往往需要有一个精神寄托，作为航运保护神的黄大王信仰应运而生。

在黄大王之前，金龙四大王才是国家正祀，被注入政治意志的谢绪才是官方承认的正统河神。河神黄大王属于民间造神的范畴，终究不是由国家机器承认的自上而下的信仰体系，所以在其发展的过程中不免遭到来自官方的各种排挤与打压。雍正《湖广通志》记载："程之试，黄冈人，万历己酉乡举，历官开封同知，理河务，有浚筑功。河神旧祀金龙大王，忽有诡称黄大王者，触之谴责立至，群肖像奉之。总河命试往验，试以绳缀像颈拉仆之，投其庙而神不灵。"[③]可见，当时官方对黄大王信仰持抵制态度。然而在重重压制之下，黄大王信仰却奇迹般地进行了重塑，以自身的改造来适应国家机制的要求。在此过程中，黄守才与明王府之间的亲密关系得到强调，黄守才堵塞决口、息波安澜的功能逐渐被强化，黄守才的形象也被塑造成儒者。这些改造与重塑确实为黄大王的被肯定加分，但是归根结底，黄守才本身的治水才干是其从一个普通人慢慢转化为河神的基本原因，而官方最终承认他的正祀身份，也与其自身所拥有的特质关系密切。

首先，强调黄大王与上层统治者之间的联系。黄大王传说中十分突出的一点就是他与官方亲密关系的展现。作为一个从民间兴起的地方性河神，要想得

---

① 参见程峰、程谦：《博爱清化镇金龙四大王庙及其戏楼碑刻考述》，《焦作大学学报》2012 年第 3 期。

② 参见李留文：《河神黄大王：明清时期社会变迁与国家正祀的呼应》，《民俗研究》2005 年第 3 期。

③ （清）迈柱等监修，（清）夏力恕等编纂：雍正《湖广通志》卷一二〇《杂纪》，景印文渊阁《四库全书》第 534 册，第 955 页。

到统治阶级的承认与接纳，他需要进行各种重构与创新，以便迎合统治阶级的需要。黄大王信仰的传承者们为此付出了不懈努力，他们不但将黄大王与河督之间的交往事件推上台前，极力渲染河督求教于黄大王治河之事的情节，更加不遗余力地借助统治阶层的力量，让黄大王和上层贵族有了紧密的联系。《黄大王家谱》记载：

路王捕鱼于外，天雨水溢，路网恐惶，策黄冬裳而至奏曰：无恙！理舟至岸，安然无事。……崇祯八年，一时值洛、谷交溢，漂村舍，入城急至福王府。王太守副镇闻黄子通水性，求命洛令敦请退水之策。黄子曰：某处洛水若何，某处谷水若何，二水立退，福王召黄子入宫，待以殊礼。盘桓数十日，方送黄子归偃，且厚赐金帛、封官爵，黄弗受。①

明末李自成水淹开封时，黄大王还曾协助周王出城。《敕封大王将军纪略》一书记载："王四十三岁，流寇决河灌汴京，水浸城不没者三尺，王急摄周王出城送南京，卯时起程，巳时回偃，计二时往返六千里。"②这种与官方形成的关系网使得黄大王信仰的推广变得更加容易，也为黄大王信仰最终能够进入国家正祀做出了推进性的贡献。

其次，强化黄大王堵塞决口、平息水患的功能。《敕封大王将军纪略》一书记载：

王三十四岁，伊、洛交溢，漂没村社，邑令登门求退水之策。王手一指，河水立退，官民感德，因建庙油房庄。……王四十二岁时，封邱金龙口溃，水北流，粮道淤塞，工部侍郎周公堪赓治之，费金数十万无补，亲身赴偃，敦请王至。乘舟使人持柳条数枝，插决口。三日后，水归故道，粮道遂通。……顺治七年，怀庆府沁河溢，石堤将颓，官民大恐。守道佟、总镇麻檄邑令刘敦请。王不就道，但赐黄符一张，命焚水滨，波涛顿息。③

为了突出黄大王的河神地位，《敕封大王将军纪略》还记载了一件黄大王利用河夫党住平息水患之事：

顺治二年，金龙口冲开，钦命工部侍郎修之，限二月工竣，费万金未告成。闻王名，遂檄鲁邑令敦请求策。王至，令点河夫，内有一人名党住者，

---

① 黄氏家族续修：《黄大王家谱》，1993年，第8、9页，转引自李留文：《河神黄大王：明清时期社会变迁与国家正祀的呼应》，第210～211页。

② （清）朱寿镛编：《敕封大王将军纪略》（不分卷），南京图书馆藏光绪七年（1881年）刻本。

③ （清）朱寿镛编：《敕封大王将军纪略》（不分卷），南京图书馆藏光绪七年（1881年）刻本。

王留之，曰："是人将为神。"命送百金于其家，捲党住于埽中入水。少顷，见一蓝手如箕出水面，官民怖恐，请王视之，叱曰："封汝将军之职，随班侍直。"手即隐，堤工告成。①

"党柱"与"挡住"同音，取堵住决口之意。这一故事在沿黄地区广为流传，党柱死后成为黄大王的随班将军，更增强了其治水的威力。民间信仰皆渴望能够进入国家祀典，获得更大的影响力。民间社会通过对黄大王形象的重新塑造，使其更为符合官方的需要，服务于国家对黄河的治理，以此来求得国家的认同和信仰的合法化。

为了宣扬黄大王的神迹，民间还增加了黄大王开泉降雨、助民防寇、寻财救人等功能。《敕封大王将军纪略》记载：

王二十四，游天台山，时天旱泉竭，农民告艰，王指地开取泉水一曲，至今利赖。……王三十九岁，柳园河口商人失金急流，寻之不得，几欲自尽。人令求王，指示其处，金果全获，无有遗失。……王三十九岁，流寇劫掠，将抵洛偃，居民咸恐，荷担而立，莫知所向。王令避河北楼子营，男妇数万趋之，后果无事。……顺治八年，杞县大旱，吏民赴偃敦请。王至，沐手焚祝，顷刻甘霖大沛，人特为建庙。②

儒家思想在中国古代社会中具有举足轻重的地位，对中国人的思想观念有着深刻影响，从传说故事中我们不难看到儒道思想对黄大王形象塑造所起的作用。黄大王自幼开始学习儒家经典，接受儒家思想教育，儒家思想中的"仁"在黄大王的身上体现得淋漓尽致。《敕封大王将军纪略》记载："王幼失怙恃，未读书，迨四十后于书无所不通。儒生求讲经书者，王皆为开发大义，微显阐幽，多注家所未到，于是四方请业，履满户外。"③他之所以成为一个备受人们喜爱和推崇的"活河神"，就是因为其自身极为优秀的才德以及强烈的社会责任感。在治水方面，他为社会做出了巨大的贡献，同时还根据自己的经验撰写了《洪范九畴九河图》《禹贡注疏大中讲义》，为后来的治河留下丰富的经验借鉴。

中国传统民间信仰无一不受道教思想的影响。民间在对黄大王传说塑造过程中接受了道家思想的浸染，为黄大王的身世传说加入了浓厚的道教色彩。《敕封大王将军纪略》记载：

① （清）朱寿镛编：《敕封大王将军纪略》（不分卷），南京图书馆藏光绪七年（1881年）刻本。
② （清）朱寿镛编：《敕封大王将军纪略》（不分卷），南京图书馆藏光绪七年（1881年）刻本。
③ （清）朱寿镛编：《敕封大王将军纪略》（不分卷），南京图书馆藏光绪七年（1881年）刻本。

王生明神，多著灵迹，谨述数条以志其略。王生方岁余，幼兄相携东阡嬉戏，失足坠井。兄涕泣归，告率家人往视，王在井坐水面上，两手拍舞嬉笑无恙。男妇见者喜跃惊异，因共出之远近，相传以为神。王三岁，父母俱逝，育于母舅刘。王六岁，随舅在船，偶触舅，舅怒，舅叱之。王投洛流深处，舅急入捞救不得，众多怨舅者。舅愧恨拯求，自辰至申，临流雪涕。忽见王从上流里许水中出，衣襦不湿。王七岁，浴伊水浦，捕野鹤乘之，飞登缑山巅，徘徊良久，复驾野鹤归浴所，乡人聚观焉。[1]

从婴孩时入水不濡，到逐渐年长时画图困船、模拟堵堤、画符退水，再到年老时驾鹤回家、收服猛龙，这些传说都证明道家思想对黄大王信仰无时无刻地潜移默化。儒家正统思想与道家本土宗教的介入，不仅为黄大王传说增添了不一样的光彩，使得它更为可信、更具神奇色彩，而且对黄大王信仰的广泛传播产生了极为有力的促进作用。

随着黄大王信仰在民间的广泛传播，供奉他的庙宇也逐渐开始出现。黄大王曾经治理沁河泛滥，他还在世时，“怀庆人为立生神主于城北回龙庙”。顺治八年(1651年)，杞县发生旱灾，人们请黄大王去祈雨，果然求得大雨，杞人也为他立了生庙。雍正六年(1728年)，信众在偃师王庄为他建庙。雍正十二年(1734年)，陈留曲兴集建庙曰“大王坛”。经过民间对黄大王传说的改造，黄大王的形象日益符合统治者的愿望和要求，其信众逐渐增多，社会基础也在不断扩大。基于治河和社会控制的需要，来自民间的黄大王逐渐为官方所认可和接纳。

乾隆三年(1738年)二月，时任河东河道总督白钟山，河南巡抚尹会一奏请朝廷加封黄大王：

窃查开封府陈留县黄河堤北向有河神观宇，嗣后移建堤南观内供奉黄大王神像，灵显昭著，有万人感应碑序可据。雍正十三年间，经前督臣王士俊因观宇倾圮，恭折具奏，钦奉世宗宪皇帝谕旨特命动帑兴修，重新庙貌，以佑河工。现在正殿供设河神二尊，一为金龙四大王，一为黄大王，诚圣朝崇德报功之盛典也。前据陈留县绅衿士庶及沿河州县等以金龙四大王久膺封号，而黄大王尚系民间称呼，未经受封，纷纷呈请。复饬确查去后，兹据布政司详称，黄大王，名守才，字英杰，河南府偃师县人，神资天赋，异秉

[1] (清)朱寿镛编:《敕封大王将军纪略》(不分卷)，南京图书馆藏光绪七年(1881年)刻本。

性成，退水退沙，片言立验，祷泉祷雨，奇迹多端，保冲塌之长堤，工程底定；复河流于故道，商旅奠安；既昭伟绩于生前，复显神功于身后。且近日黄河水势日渐南趋，最关紧要，连年以来，河工平稳，实由圣德昭孚，神功默相，似应俯顺舆情，请加封号，并造具事实，确册详请前来。①

白钟山、尹会一的奏折附片《黄大王事实》称："黄大王故后，康熙十八年黄河塌陷，省城大堤损去三十里，危险异常，巡抚董国兴赴庙祈祷。未几，河水退落，给匾立碑，人遂呼为黄大王。"②

由以上内容可知，康熙十八年（1679 年）时，祭祀黄大王的河神观就已经存在，而且官方对黄大王的态度已逐渐发生了变化，清初经过重塑的黄大王虽未被纳入国家正祀，但已经作为民间杂祀而允许存在。康熙十八年（1679 年），河南巡抚董国兴赴庙祈祷就是有力的说明。此时的黄大王其实已经为官方和民间所共祀。雍正十三年（1735 年），河神观倾圮，皇帝亲下谕旨，动用国库银两加以重修，同时对国家正祀中的河神系统加以调整，由以前金龙四大王一神独尊，改为黄大王与金龙四大王并祀。至此，黄大王已完全为官方所接纳。然而同为河神，金龙四大王久膺封号，而黄大王尚未受封，在沿河各州县绅衿士庶的纷纷呈请下，白钟山、尹会一"俯顺舆情"向朝廷提出请封的奏折，由此黄大王最终正式进入了国家正祀。乾隆三年（1738 年），敕封"灵佑襄济黄大王"，岁祭以农历十二月十四日。乾隆八年（1743 年），礼部颁发祭文云，兹值诞辰之吉，例展修祭之仪。乾隆四十二年（1777 年），开封建黄大王庙。乾隆四十五年（1780 年）二月，奉旨为修坟种树，于其子孙内择一人为奉祀生，世传勿替。道光八年（1828 年）四月，以"利漕"奏请悬挂匾额，加封"显惠"。道光十一年（1828 年）五月，以"利漕"加封"昭应"，是为"灵佑襄济显惠昭应黄大王"。此后，同治、光绪年间又先后十余次对其进行加封，至光绪五年（1879 年），黄大王的封号为"灵佑襄济显惠赞顺护国普利昭应孚泽绥靖溥化宣仁保民诚感诚感黄大王"。

清朝官方除对黄大王敕加封号外，对黄大王后代也给予厚待。《皇朝文献通考》卷一〇六《群祀考下》记载："乾隆三年，加封河南灵佑襄济之河神。臣白钟山疏言：陈留河神观所祀黄大王，神姓黄，名守才，堰师人，祷泉祷雨皆著灵应，请加封号，春秋致祭，从之。至（乾隆）四十五年，大学士阿桂奏豫省河神最

① 《奏为俯顺舆情请敕赐河神封号事》，《宫中档朱批奏折》，东河总督白钟山、河南巡抚尹会一，乾隆三年二月十七日，档号：04-01-05-0006-004。

② 李留文：《河神黄大王：明清时期社会变迁与国家正祀的呼应》，《民俗研究》2005 年第 3 期。

著灵佑襄济之神，请于其子孙中赏给奉祀生一人，得旨允行。”[1]乾隆四十五年(1780年)二月，内阁奉上谕：“据阿桂等奏，豫省河神最着灵验者，为灵佑襄济大王，从前已受敕封，拟为修坟种树，并请于其子孙中赏给奉祀生一人。……着照所请，灵佑襄济大王交该抚荣柱于其子孙内择一人作为奉祀生，世传毋替。”[2]

随着黄大王进入国家正祀，在官方的倡导和推动下，黄、运沿岸地区纷纷建立了祭祀黄大王的庙宇，旧有河神庙宇中也加入黄大王神像。据不完全统计，仅其故里偃师市境内就有27座。嘉庆二十年(1815年)，敕建江南黄大王庙为“灵佑观”。相传其“化身”为黄色，黑鳞纹，红斑之蛇，头亦黄，仅两旁为黑，身长22厘米。清人俞正燮《癸巳存稿》卷十三《黄大王传》记载：“今清江浦南临清堰，东有黄大王庙，曰灵佑观。神每见，托形小蛇，喜观优，偏好河南罗罗腔。每出见，则人立竿于盘，置盘案上，蛇蟠竿翘首听戏，凡神见皆然。”[3]但是，我们也应该看到，相比官方崇祀已久的金龙四大王，黄大王地位较低，在官方所建河神庙宇中多处于从祀和陪祀的位置。道光《济宁直隶州志》记载，河神总祠在东小门外运河岸上南池右侧，“康熙六年，总河杨茂勋建，题请敕封。庙内中祀为金龙大王，像左有英猷侯萧公，像右为顺天王晏公像，并敕封，又有灵佑襄济黄大王牌新设。今祠中又有朱大王像，敕封朱大王镇东侯，杨四将军镇西侯，九龙将军镇南侯，张将军镇北侯及柳将军神位，总河杨茂勋有记”[4]。

黄大王被列入河神体系之后，对清代国家的河漕治理活动产生了深刻影响，崇祀河神成为河漕官员应对河患和漕运险阻的重要手段。乾隆六年(1741年)，秋汛泛滥，郑州、中牟交界处首当其冲。上南河同知罗光临率众排洪，水患最终得以平息。洪灾过后，罗感神佑之恩，修建了金龙四大王、黄大王庙，并立碑纪念。道光十一年(1831年)五月，洪泽湖水涨，“为从来所未有，较之道光四年堰圩失事时，尚大至二尺三寸，不但重运经行，逆流涉险，深恐难达天庾，而淮、扬两郡形居釜底，闾阎时切恐惶，兼之黄水若不递落，则清黄高下无多，即灌塘亦难得手”。万般无奈之时，两江总督陶澍、漕运总督张井多次至黄大王祠及风神庙中虔诚祈祷，“敬述我皇上轸念河湖，勤恤民隐之至意，以冀仰荷神庥”。

---

① (清)嵇璜等:《皇朝文献通考》卷一〇六《群祀考下》，景印文渊阁《四库全书》第634册，第362～363页。

② (清)昆冈等修，(清)刘启端等纂:《钦定大清会典事例》卷四四五《礼部·群祀》，第110页。

③ (清)俞正燮:《癸巳存稿》卷十三《黄大王传》，辽宁教育出版社2003年版，第412页。

④ (清)徐宗幹修，(清)许瀚纂:道光《济宁直隶州志》卷五《秩祀志》，《中国地方志集成·山东府县志辑》第76册，凤凰出版社2004年版，第240页。

“每当危险万分之际，即风平浪息，或忽转东南，堰、盱一万七千余丈之长堤竟得保全，两郡民生俱各安帖，而河水亦复递落，清水得以畅出，重运顺轨渡黄，毫无阻滞。凡属官弁军民，无不同声感颂，以为皆赖我皇上诚敬昭虔、神祇灵佑之所致。”①

淮安段运道黄运交汇，为漕运、河防关键之地，夏、秋常虞泛滥，冬、春又患浅涸。杨家庄，又称“杨二庄”“杨庄”，今为淮阴区王营镇的杨庄村与淮闸村一带，因临近古泗口，历来就是交通枢纽、兵家必争之地。清康熙开挖下中河东移运口后，杨家庄成为南漕 400 余万石必经的漕运襟喉。为此，清廷在此设中河主簿、厘捐局、清安汛等职官机构。淮安杨庄有黄大王庙，光绪二年(1876 年)，漕船行此受阻，时任漕运总督文彬诣庙祈祷获应，奏请颁发匾额，以答神庥：

> 上年各间，底水极小，本年漕船开行，仅敷浮送。逮至挽抵杨庄，适山东筑坝挖河，微山诸湖之水不得下注，水势自渐消落。始犹勉强推移，继则尺寸难进。计算东省挑工约须四十余日方竣，运河无来源，涸可立待。若使重载米船浅搁十日之久，船身必致受伤，而数百船胶滞一处，风火、盗贼之变既难保。……(奴才)目击情形，焦灼万分，当即恭诣各庙祈祷，屡霈甘霖。旋据督运各员暨各管厅汛报称河水渐长，黄大王“化身”涌现，(奴才)率属迎于庙中，竭诚默祷，自此河水遂定，得以筑坝养船。亟四月十一日，东省启放湖口坝，各船遂得前进，行抵邳、泇之滩上地方，大王“化身”又现，灵贶昭然，群情欢忭。伏查南河崇祀大王久征灵应，今当漕船失水危急之际，获保无虞，仰荷神灵之佑助，咸由圣德之感孚相应，吁恳颁发匾额一方，(奴才)敬谨摹制悬挂杨庄庙内，以答神庥。②

光绪五年(1879 年)六月，以河神“显应”，赐山东张秋镇黄大王庙匾额曰“式扬利泽”，并加黄大王封号曰“诚感”。③

明清时期黄、运沿岸地区严重的黄河水患和频繁的河工使得河神信仰极为盛行。在众多河神信仰中，以黄大王信仰最具有代表性。“黄大王者，以生人当河神，其事类仙释事迹，因其为河神，故附此。细观诸记载，黄守才实明末清初

---

① (清)陶澍：《陶澍全集》卷三四《奏疏二·江督稿》，岳麓书社 2010 年版，第 381 页。

② 漕运总督文彬：《奏为杨庄庙河神显灵请颁发匾额事》，《录副奏折》，光绪二年五月二十一日，档号：03-7073-009。

③ 《清德宗实录》卷九七“光绪五年六月甲子条”第 53 册，第 56166 页。

一精通治水之道者，民间神其术，又以种种神迹附会之，遂由平民生而成神矣。”[①]黄大王信仰早期由船工水手所创造，其兴起与沿黄地区严重的河患和发达的水路运输密切相关，民众的现实需求是其在民间得以盛行的主要原因。早期的黄大王信仰不仅未得到官方的认可，还曾遭到官方的打压。经过地方士绅对其形象的改造之后，黄大王信仰才逐渐被官方认可，并被纳入国家正祀，实现了其由民间杂祀到官方正祀的转化。黄大王信仰从民间杂祀到国家正祀经历了民间和官方频繁的互动，从黄大王信仰的产生到民间士绅对其形象的改造，再到官员奏请、皇帝敕封，从中我们也可以看出明清时期河神信仰形成及演变的普遍规律，黄大王信仰因而也成为官民互动和力量博弈的重要典范。

三、船家、渔民敬大王

在航运技术不发达的古代，为保障水上运输、生产的安全，人们只有寄希望于神祇的保佑。除金龙四大王谢绪外，山东运河区域民众还供奉黄大王（河南偃师人黄守才）、张大王（济宁人张有年）、白大王（明代汶上老人白英）、朱大王（清代河道总督朱之锡）、栗大王（清代河道总督栗毓美）等水神。随着时间的推移，人们往往把不同颜色的小蛇、大蛇当作“大王”“将军”的“化身”，而敬之如神灵。中国自古相传“龙”能治水，四海之中有龙王，江湖河泊有龙神。但“龙”究竟是什么样子，从未有人见过，而蛇则称为“小龙”，和画中之龙颇有相似，不知何人异想天开，散布“蛇”即是“龙”，是河神化身的谣言，以讹传讹，把蛇代龙，龙蛇不分，而敬起蛇来。虽然死去的这些人成了“大王”或是“将军”一类的河神，但是人们毕竟不曾得见，与之前活在人们想象观念之中的虚幻的神灵并无差别，于是沿岸或沿湖一带的百姓把他们对河神的崇拜和祭祀，落实到他们能够看得到的物体身上，最终他们选定了与水有密切关系的水蛇。于是，水中或岸边的蛇便成了大王或将军等河神的“化身”。

运河沿岸的居民、船民和帮会多敬“大王爷”，沿运乡镇多有船民捐建的大王庙。这些船帮每月初一、十五早升晚落大王旗，遇难祈求大王保佑。升大王旗多在年三十晚上。旗大多为长方形红旗（也有白旗）。一人边升边唱，其他人则道“好”。“一龙旗，二凤旗……”但只升到一半即停。到半夜时，再升到2/3

---

① 宗力、刘群：《中国民间诸神》，河北人民出版社1986年版，第374～375页。

的高度，年初一早晨再升到旗杆顶。一直到年初五中午才降旗。过春节时，敬大王更为船家和帮会的一大仪式。“大王爷”是何物？据说是一种短于7寸（约0.23米）的小蛇，蛇头呈方形，常在雾天、阴天跟着拖把上船，只有这样的尺寸、在这个时期上船的蛇才被称为“大王爷”。“大王爷”上船也是船家的一大喜事。船家发现后，即用一个洁净盘子把“大王爷”请上去，并用马灯罩子罩起来，然后敲锣打鼓，烧香放炮，手捧“大王爷”，乘着划子到邻近船上告知，各船纷纷捐献香表。最后，众船家跟随上大王庙去“送大王”。传说，在送大王时，如在大王旁喊“大王爷换袍”，就可以看见大王爷变为黑色、红色或花色。

一般等大王“挂红”后，即开始敬大王。在船头摆上香案，将红公鸡、鲤鱼、猪头（包括4个蹄和1条尾巴，代表整猪）等供品放进一个铜盆里，另供有馒头、蜡烛。穷困船家在敬大王时，多用鸡蛋、豆腐、槽头肉等物作供品，又称为“小三牲”。聊城船帮多备有大锣，敬大王时，敲三遍锣，每敲一遍就停一下放一个大炮仗。敬大王后为图吉利，不再行船。吃完早饭后，将“船头无浪行千里”“舵后生风送九万程”上、下两联分别贴在前挡浪和后挡浪上，将三个写在红纸上的“福”字贴在船头、三个写在绿纸上的“禄”字贴在船后。正舱外贴“抬头见喜”，内贴“进门生财”。有的舱门则贴“开门看到河中宝，吊桶打起四方财”。商船上还把船上大桅、二桅（两根）、缆绳柱称为“四位将军”。大桅上贴“大将军八面威风”，二桅上贴“二将军挂印封侯”和“三将军随后听令”，缆绳柱贴上“四将军一路平安”。

台儿庄的船民称大王为“大王老爷”。因为大王老爷主管河道，船民便在每月初一、十五摆供敬祭。供品是一只红公鸡，一整头猪（一般用一个猪头、四个猪蹄、一个猪尾巴代替整猪），一条大鲤鱼以及若干水果、点心等。在船头进行跪拜仪式时，备齐供品及酒、黄表纸、香烛，然后在船头将红公鸡杀死，让鸡血沿船头流入河水中。流在船头的鸡血不许清洗，据说这样可以消灾辟邪；然后上香、磕头、烧黄表纸，用酒围着黄表纸划一个圆圈，再把点心、水果掰下少许扔到燃烧的黄表纸中，这叫“破供”；最后祷告、许愿。①

传说微山县船民敬的大王是张有年的化身。张有年在京为官，奉诏到黄河堵决口。黄河缺口总也堵不上，他的女儿想到一个办法——吹箫，吸引来了很多民工。女儿说：“不能白听，来听箫的听完要跳下去堵口子。”结果，跳一个，死

① 参见高建军编著：《山东运河风俗》，济南出版社2006年版，第270页。

一个，还是堵不上。皇上又下诏："堵不上决口，张有年拿头来见。"张有年于是脱下官袍，摘下顶戴花翎，纵身跳了下去。决口堵上了，张有年再也没上来，尸体向上漂了50里，最终成为河神。

济宁任城区也敬张大王，但关于张大王的传说跟微山有所不同。在济宁城郊任城区的沿运各乡镇，张大王的神话传说可谓家喻户晓、妇孺皆知：张大王原是天上的一条小白龙，专管兴云布雨，一次因误传龙王旨意，错降天雨，被罚至民间，降生于济宁张姓人家，名讳有年。有年自幼聪颖非凡，长大成人，很快步入仕途，后官至河道总督，政绩卓越，廉政爱民，上受皇上赏识，下受百姓拥戴。一次，在治理黄河水患时，他虽尽力堵决，但多次无成。在束手无策、万分紧急的时候，忽听河中传出声音曰："有年下河入水绝世，方能无患。"在千钧一发之际，有年毅然舍身跳入水中，果然水位急剧下降，在众人努力抢救之下，溃堤很快得以修复，从而拯救了一方黎民百姓。之后，地方上报皇上，封张为河中之王。自此，人们就称他为"张大王"了。说也奇怪，济宁一方土地再未遭受大的自然灾害，旱涝皆收。又不知何年何月，曾有金乡李姓雌性黑龙出于妒意，时常兴风作浪，危害济宁一带，欲以洪水相淹。张大王便与黑龙展开了殊死搏斗，一怒之下将黑龙尾巴斩掉一截，追其逃往关外（东北），济宁方得安宁。至今，每遇风雨冰雹相侵之时，群众便会说："秃尾巴老李儿走娘家来啦。"①

事实上，张大王并非小白龙转世，而是一位廉政爱民、深受人民群众尊敬爱戴的英雄人物。据道光《济宁直隶州志》记载：

> 张有年，字瑞书，号沁园，父宏基，生子三，有年其季也。生而颖异，读书敦行。乾隆戊子，举乡榜；己丑，成进士，除户部陕西司主事。悉心勾稽，事无丛脞，迁郎中，京察一等记名，旋任河南河陕汝道。方抵任，值陕西运麦石协济豫省，督理裕如，官民称便。捐俸修召南书院，人文振兴；稽察开归等处赈务，核实给放，饥民无失所。时河溢祥符，承调赴工，相机剔弊，不希容，不避怨，事赖以济。辛丑秋，万锦滩涨漫，复奉檄调。濒行，洒泣别。亲抵工后，并力兴筑，劳苦倍前，而神采弥厉。冬十一月，青龙岗口门合龙。越日，复漏，水急，率众舁土镶压。夜过半，堤面渐裂，埽兀兀动。有年指挥知故，从者掖之使避，叱曰："朝廷亿万帑，百姓亿万命，争此一刻，吾身值几何呼！"上益亟，埽溃，身随以殉。迟明，善泅者觅尸不可得。阅数日，嗣子

① 高建军编著：《山东运河风俗》，第273页。

善保具衣冠殓焉。事闻，为恻然，赐祭葬，恤荫如制。伊洛间民皆辍业致哀，建祠以祀之。①

自此张大王的神话故事愈传愈奇，越传越广。因此，济宁及周边州县人们敬大王的习俗就广泛流传开来。

济宁任城区对张大王视若有求必应的神灵，异常崇拜，多年来一直传承着“请大王”“谢大王”的习俗。“请大王”习俗，即每逢久旱不雨、运道缺水之时，上至官宦士绅，下到黎民百姓，都到大王庙焚香祝祷，祈求降雨，并许愿若降透雨，于庙前唱大戏三日；若久涝淫雨，善男信女亦要到大王庙祷告，请大王保佑雨过天晴、稼禾丰收。每当“大王”驾临之时，人们要行“接大王”大礼。人们见到状似花蛇、头呈方形且上有纹饰若“王”字的“大王”，便速往大王庙告之，由庙里的住持或神汉、巫婆，带领善男信女前往迎接。仪式相当隆重：首先，在木制长方形盒盘上覆黄表纸(亦有用大红色纸者)，铺以纯净黄沙，众人焚香跪拜顶礼之后，将其捧入沙盘，请至大王庙内供奉。然后，神汉或巫婆据“大王”在沙盘中爬行之印痕，翻译成文字词句及其行雨或放晴的时间，并能预告吉凶祸福。仪式过后，由庙会会首手托盒盘，众人敲锣打鼓将“大王”送归附近河中。②

所谓“谢大王”，就是在“接大王”仪式以后，如果降透雨或久涝放晴，就会认为“大王”显灵，会首便带领众人，一边为大王庙扎彩披红，一边于庙前高搭戏台请戏班唱戏 3 天，以示感谢之情。善男信女纷至沓来，持香带供前往大王庙顶礼还愿；曲艺杂耍、商贾小贩多来凑趣，其场面之大、景象之热闹不亚于一般庙会。

微山县的船家渔民所敬大王，除张大王外，还有金龙四大王和黄大王，但微山湖居民供奉的“黄大王”和黄河沿岸地区有所不同。在当地流传着有关黄大王成神的传说：有一个叫黄守才的朝廷命官，专门负责运河上的漕运。一次，路过微山湖时，忽然狂风骤起。朝官为保护漕粮，被大风卷进湖里溺水而死。玉皇大帝为表彰这位朝廷命官的忠心耿耿及对社稷平安所做的贡献，封他为“大王”，专门管理微山湖水域。船家渔民认为金龙四大王、黄大王都是水里的神，因此立在庙堂受祭的大王神像都是右手持剑，指使“风雨婆婆”呼风唤雨，护佑航行顺利；左手执鞭，负责为湖里渔民打鱼时赶鱼。大王有如此功能，是船家渔民免遭风浪火难、多得渔获的保障，自然就是船家渔民首先要敬的神了。

---

① 参见(清)徐宗幹修，(清)许瀚纂：道光《济宁直隶州志》卷八《人物四》，《中国地方志集成・山东府县志辑》第 76 册，第 594 页。

② 参见济宁市政协文史资料委员会编：《济宁运河文化》，中国文史出版社 2000 年版，第 307～308 页。

不同地区人们敬大王的方式与时间不同。敬大王按规模分为“大敬”和“小敬”。大敬，即由一帮（村）或数帮（村）船家渔民联合起来举行盛大祭祀仪式。这种形式也称“打喜神会”或“打生产会”。时间一般在农历的三月三或中秋节前后。会址由会头决定，会头一般由德高望重的人担任，有时也由不同帮（村）中德高望重的人轮流担任或抓阄担任。所需经费，由会头到各家各户筹集，或由知名人士捐赠。会场若设在陆地，就搭起帐篷；若设在货帮船上就让几只大船连环扎起，形成一个较大的场地。附近有大王庙的，就把大王的塑像请到香案上；远离大王庙的，就请上一张大王的神像；没有像的，写上大王的神牌位供在桌上。①

在请供微山湖大王的同时，也请微山湖大王的“同行”洪泽湖的“马大王”、骆马湖的“张大王”光临。香案正中供微山湖的大王，马、张大王左、右作陪，“邀鱼大士”“赶鱼童子”立两侧护驾。香案上的供品规格等级也要上档次：整黑猪一头，整白羊一只，还有鲤鱼、红公鸡、五色果子、新鲜水果，有的还用整牛（整牛头，头后插一牛尾）。会场上插上彩旗，请上端鼓腔（因祭祀端供时演唱此曲调，故又称端供腔）艺人。在祭祀之前，端供者均换上专用服装，涂抹好各种脸谱，扮成生、旦、净、丑等角色。②

祭祀由会头（首）主持。祭祀开始，先焚香烧纸，燃放鞭炮，奏乐，会头、端供腔艺人、船家渔民长幼依次跪拜磕头。会头口述祭词，参加人附和。祭词念毕，每人按照自己的愿望进行祷告，内容大多是祈求大王降福、保佑全家平安之类的话。待各自祷告后，鞭炮再鸣，统一磕头，整个仪式结束，全体参加人员退场。这时，化妆成生、旦、净、丑的端鼓腔艺人们手持羊皮端鼓登场，边敲边唱边舞，腔调粗犷豪放，娓娓动听。先唱《百神赴号》，再唱《刘文龙赶考》《张郎休妻》《魏征斩小龙》《张秀英打嫁妆》等。若会场设在船上，唱至高潮时，水性好的端供腔艺人就扔下一根黄粗苇或高粱秸，从船上跃入水中，把粗苇（高粱秸）夹于腿中好似骑马，双脚“踩水”，双手挥舞，边行边唱，绕货帮船驰骋一周或数周。周围几里，甚至十几里的船帮和陆地居民纷纷驾舟或徒步前来，人山人海，如市如堵，无不骇异。大王会通常定为三天，有时五、七天方才停止。③

小敬，是指船家渔民，各家各户，无统一组织，每年进入农历腊月二十以后，

---

① 以上参见济宁市政协文史资料委员会编：《济宁运河文化》，第 309 页。

② 参见刘玉平、高建军主编：《运河文化与济宁》（下册），中国社会出版社 2012 年版，第 444 页。

③ 参见高建军编著：《山东运河风俗》，第 277 页。

就开始在自家的船上或主房上敬大王。首先把大王神像“请”到家中(忌说“买”),放到神位上,桌上摆放买来的五色果品,五碟核桃,五个大红苹果,五个馒头(馒头顶上点红点),倒上三五盅白酒,墙上挂金黄纸元宝、红鞭炮;再点上香,点燃红蜡烛。供晶摆齐,主人除令一人在外面燃放鞭炮外,全家由年长者领头作揖、磕头、祷告:“大王老爷,我们全家老小给您烧香磕头了,请大王老爷保佑我家老幼平安、吉祥。下湖多逮鱼,逮大鱼,逮好鱼;行船不遭大风大浪,遇凶化吉,万事如意。”自摆上供品起,祭拜每天早晚各一次,一直持续到正月初三。正月初一,要先把出锅的前三碗饺子,摆上供桌,请大王爷“享用”。正月初三祷告完后,恭恭敬敬地取下大王神像和元宝、火鞭。燃放鞭炮的同时,跪着烧掉元宝、神像,称作“送大王”。送大王后,桌上的供品就可以按长幼分食了。中华人民共和国成立后,“大王会”不再举行。但时至今天,一些老船民心里却仍然有一个“大王”存在。每到“大王”的祭日(三月三或八月十五日),或逢年过节,或遇到什么天灾人祸、不顺心的事,随时随地便上香向大王祷告,祈求平安。现在不少船家船舱里或陆居的主房里仍供奉着大王爷的神像。①

洪泽湖沿岸渔民也有祭祀水神的风俗。洪泽湖渔民最崇敬的水神,有金龙四大王、三大王、七大王、耿七公、渔王三奶奶等,都是渔民、船民心目中的图腾和救星,起航、迎汛、张网、下簖等都要焚香叩拜。最隆重的是渔民春秋两次大王会的祭典。上(西)河帮渔民将大船并拢设水坛,下(东)河帮渔民在岸边搭神棚设地坛,均由巫师神头(又叫“坛头”“水童子”)任主祭。画菩萨和若干大王像,做龙旗、旌幡,神台上整猪整羊、公鸡、鲤鱼及各色果品一应俱全,燃大香巨烛,神头化符念咒,跳大神,划血刀,一帮或几帮渔民排成一个水上会场,行跪拜大礼,敬神后,开席饮酒,迎接丰收鱼汛。然后,演唱端鼓戏中五般(部)文(巫)书中的龙王(大王)戏,渔家男女老少聚会3~5天,醒神又娱人。“醒神”就是请金龙大王保佑渔家丰产,大王会就是生产大会。湖上渔民对水神大王的崇敬可谓虔诚至极。至今,洪泽湖沿岸的渔民仍保留有农历九月十七日举行大王庙会的风俗。②

① 参见高建军编著:《山东运河风俗》,第277~278页。

② 笔者曾于2015年1月14日前往淮安市洪泽区考察。据当地68岁的史有银老人介绍,每年农历九月十七日,洪泽湖渔民都会举行“大王会”,会场前摆有大王像,由弹头艺人进行表演。弹头分红山教和青山教两种,会期长达三天三夜。但由于资金不足等原因,近两年的“大王会”没有按期举行,延续数百年的“大王会”有面临消亡的危险。

第二章 慈航普渡赞妈祖

妈祖又称“天妃”“天后”，其信仰产生于宋代的福建沿海地区，是历代船工、海员、旅客、商人和渔民共同信奉的海神。相传妈祖名林默，又称“默娘”，诞生于北宋建隆元年(960 年)农历三月二十三日，宋太宗雍熙四年(987 年)九月初九逝世。因林默娘救世济人，泽被一方，被朝廷赐封，沿海人民便尊其为海神，立庙祭祀。妈祖起初只是区域性的民间海神崇拜，后因社会经济、政治、文化等方面的因素而迅速传播，最终成为全国性的海神和历朝历代国家祭祀的对象。2009 年 10 月，妈祖信仰入选联合国教科文组织人类非物质文化遗产代表作名录。

一、妈祖信仰起源及传播

关于妈祖的身世，由于时间久远，民间传说很多，便有了不同的说法：明人张燮《东西洋考》称：天妃是福建莆田湄洲屿人，五代时闽都巡检林愿的女儿，生于后晋天福八年(943 年)，宋雍熙四年(987 年)升化，后身着朱衣往来海上，邑人视为神灵。《古今神灵集成·神异典》则称：天妃为五代闽王时，都巡检林愿之第六女，母王氏。生于宋太平兴国四年(979 年)三月二十三日。生时地变紫，有祥光异香。生而通悟秘法，预知吉凶之事。长能乘席渡海，乘云游岛屿间，人呼为“神女”。雍熙四年(987 年)二月二十九日升化，常着朱衣飞翔海上，里人祠之，要雨就雨，要晴就晴。明末清初的文学家魏禧所著《魏叔子文集》中收录的《扬州天妃宫碑记》云：天妃是五代闽王时都巡检林愿的第六女，生于北宋元祐八年(或太平兴国四年)，生有灵异，自幼通晓秘术，可以预测祸福。成年后没有许配人家，常常乘席渡海、驾着祥云遨游岛屿，人称“龙女”。后于北宋雍熙四年(也有说是景德三年或绍兴十五年八月六日)乘坐一朵红云飞升而去。后来，经常有人看到她穿着红衣在海上飞翔，乡民为之建庙奉祀。这些关于妈祖身世的记载，大同小异，只不过在其出生时间上分歧略大。根据民间举行祭典的时间和民俗学家的考证，目前多认定妈祖名林默，福建莆田湄洲人，都巡检林愿第六女，生于北宋建隆元年(960 年)，卒于雍熙四年(987 年)。

《天妃显圣录》由明末清初湄洲天妃庙住持僧照乘等人历经数十年编纂完成，主要内容包括序文、历朝显圣褒封二十四命、历朝褒封致祭诏诰、天妃降诞本传、显灵事迹等。现今存世有关天妃(妈祖)信仰的录书与志书主要有《天妃显圣录》《天后显圣录》《昭应录》《敕封天后志》《天上圣母源流因果》等，但这些录书和志书均以《天妃显圣录》为依据增删修订而来。由此可见，《天妃显圣录》的重要性。《天妃显圣录》中有《天妃诞降本传》一章，详细记载了天妃(妈祖)的身世来历：

> 天妃，莆林氏女也。始祖唐林披公，生子九，俱贤。当宪宗时，九人各授州刺史，号九牧。林氏曾祖保吉公，乃邵州刺史蕴公六世孙州牧圉公子也，五代周显德中为统军兵马使。时刘崇自立为北汉，周世宗命都点检赵匡胤战于高平山，保吉与有功焉。弃官而归，隐于莆之湄洲屿。子孚承袭世勋，为福建总管。孚子惟悫讳愿，为都巡官，即妃父也。娶王氏，生男一，名洪毅，女六，妃其第六乳也。二人阴行善，乐施济，敬祀观音大士。父年四旬余，每念一子单弱，朝夕焚香祝天，愿得哲胤为宗支庆。……宋太祖建隆元年庚申，三月二十三日方夕，见一道红光从西北射室中，晶辉夺目，异香氤氲不散。俄而王氏腹震，即诞妃于寝室，里邻咸以为异。父母大失所望，然因其生奇，甚爱之。自始生至弥月，不闻啼声，因命名曰“默”。幼而聪颖，不类诸女。甫八岁，从塾师训读，悉解文义。十岁余，喜净几焚香，诵经礼佛，旦暮未尝少懈。婉娈季女，俨然窈窕仪型。十三岁时，有老道士玄通者往来其家，妃乐舍之。道士曰：“若具佛性，应得渡人正果”。乃授妃玄

微秘法。妃受之，悉悟诸要典。十六岁，窥井得符，遂灵通变化，驱邪救世，屡显神异。常驾云飞渡大海，众号曰“通贤灵女”。越十三载，道成，白日飞升，时宋雍熙四年丁亥秋九月重九日也。[①]

妈祖信仰的产生与金龙四大王的信仰有很大的不同。金龙四大王是由官府率先提倡和竭力营造而成为神，然后普及民间的；妈祖信仰则反之，它首先产生、流传于民间，然后得到官方的认可，才渐渐传播开来。[②] 妈祖首次有史记载为国家所承认，赐予庙额，纳入正祀之列，是在北宋宣和五年(1123 年)，也是北宋朝廷为祠庙赐额、封号最频繁之时。《历代神仙通鉴》称：“(宋宣和中)遣路允迪使高丽，中流作风，诸船皆溺，独路舟有神灯降于樯杪，飘忽二千余里，胶泊一岛。询土民是何神庙，民曰：女贞，莆田人，本朝都巡检林愿之女，生而神灵，能预言人祸福，矢心履救。殁后，乡人立庙于湄洲之屿。允迪至庙祭之，遂获安济。奉使回奏，敕授‘灵应夫人’。”[③]《古今图书集成》引《莆田县志》称：“宣和癸卯，给事中路允迪使高丽，中流震风，八舟七溺，独路所乘，神降于樯，安流以济。使还奏闻，特赐‘顺济’庙额。”[④]绍兴二十年(1150 年)，廖鹏飞在其所作《圣墩祖庙重建顺济庙记》中叙述了其原因：“越明年癸卯(1123 年)，给事中路允迪使高丽，道东海，值风浪震荡，舳舻相冲者八，而覆溺者七，独公所乘舟，有女神登樯竿，为旋舞状，俄获安济。因诘于众，时同事者保义郎李振，素奉圣墩之神，具道其详。还奏诸朝，诏以‘顺济’为庙额。”[⑤]自首次赐额之后，妈祖以其灵迹昭著，不断受到朝廷加封，自绍兴二十六年(1156)十月封“灵惠夫人”后，又封为“灵惠昭应夫人”“灵惠昭应崇福夫人”“灵惠昭应崇福善利夫人”“灵惠妃”“灵惠助顺妃”“灵惠助顺显卫妃”等七次。后据宋人丁伯桂《顺济圣妃庙记》《咸淳临安志》元人程端学《灵济庙事迹记》等史料记载，其后又加封为“灵惠助顺显卫英烈妃”“灵惠助顺嘉应英烈妃”“助顺嘉应英烈协正妃”“灵惠助顺嘉应慈济妃”“灵惠嘉应协正善庆妃”“灵惠显济嘉应善庆妃”，加封的原因是妈祖御寇、抗旱、疗疫等均有功于民。南宋后期频繁的加封，一方面彰显了宋廷对妈祖神的承认，借由赐额、封号的方式将妈祖纳入了国家祭祀体系，但另一方面则凸显了南宋国运

① (明)僧照乘：《天妃显圣录・天妃诞降本传》，转引自徐祖望：《妈祖信仰史研究》，海风出版社 2007 年版，第 25～26 页。

② 参见李泉、王云：《山东运河文化研究》，齐鲁书社 2006 年版，第 277 页。

③ (明)徐道：《历代神仙通鉴》卷十九，河北人民出版社 1987 年版，第 394 页。

④ (清)陈梦雷等辑：《古今图书集成・博物汇编・神异典》卷二八《海神部・汇考一》，第 60093 页。

⑤ 蒋维锬、郑丽航辑纂：《妈祖文献史料汇编・碑记卷》，中国档案出版社 2007 年版，第 1 页。

之衰败，只能更多地寻求于神灵的护佑。①

元代的海上贸易更为频繁，特别是由于运河不畅，南粮北运改用海道，因此也继承发扬了前代褒扬天妃的做法。元朝定都北京之后，军队、官民所需粮食主要仰赖江南供应。由于运河年久失修，河道阻塞，漕舟不通，粮食供不应求。自至元十九年(1282 年)朱清、张瑄海运试航成功后，漕运由河运改为海运。漕运之重要，海道之艰险，使妈祖作为海神得到了官方极大的关注与重视，其加封天妃的原因主要和漕粮海运有关。元代因倚重海运，故极为重视对天妃的崇祀。“至元中，以护海运有奇应，加封天妃神号积至十字，庙曰‘灵慈’，直沽、平江、周泾、泉、福、兴化等处皆有庙。”②因海运漕粮顺利抵达直沽，英宗至治元年(1321 年)五月和至治三年(1323 年)二月，两次遣使祀海神天妃。“文宗加封‘灵感助顺福惠’，赐额‘灵慈’，皆以漕运危险，立见显应故也。”③元代对妈祖的加封均强调其“海神”的职能，几乎每次加封赐额都与妈祖护海、护漕之灵有关。终元一代共 5 次敕封，使天妃的封号多达 20 个字。

明清时期是妈祖信仰发展的重要时期。基于军事活动、漕粮海运等原因，明代 2 次、清代 15 次对天妃进行加封。④ 至同治十一年(1872 年)，天后的封号为“护国庇民妙灵昭应弘仁普济福佑群生诚感咸孚显神赞顺垂慈笃佑安澜利运泽覃海宇恬波宣惠导流衍庆靖洋锡祉恩周德溥卫漕保泰振武绥疆嘉祐天后”，达 64 字之多。至此，封建王朝对妈祖的崇奉可谓达到了顶峰。官方的倡导使得民间的妈祖信仰也步步升温，“凡军营、漕运之所，江海河汉之滨，悉崇奉之”⑤。

由于在地理位置上更靠近福建，京杭大运河浙江、江苏段妈祖信仰的传播要早于北方。京杭大运河的南方起点杭州，早在宋代就建有杭州艮山顺济圣妃庙。⑥ 咸淳《临安志》卷七三记载，顺济圣妃庙“在艮山门外。考之庙记，神本莆田林氏女，数著灵异。……开禧、宝庆一再创建。又有别祠在候潮门外萧公

---

① 参见郑丽航:《宋至清代国家祭祀体系中的妈祖综考》,《世界宗教研究》2010 年第 2 期。

② (清)陈梦雷等辑:《古今图书集成・博物汇编・神异典》卷二八《海神部・汇考一》,第 60094 页。

③ (清)陈梦雷等辑:《古今图书集成・博物汇编・神异典》卷二八《海神部・汇考一》,第 60094 页。

④ 郑丽航在其《宋至清代国家祭祀体系中的妈祖综考》(《世界宗教研究》2010 年第 2 期)一文中认为,明代有确切史料记载的只有永乐七年(1409 年)一次敕封,洪武五年(1372 年)并无加封之举,“昭孝纯正孚济感应圣妃”之封号当为洪武帝还百神初封之衍义。

⑤ (明)田汝成:《西湖游览志》卷二一《北山分脉城内胜迹》,浙江人民出版社 1980 年版,第 234 页。

⑥ 参见蒋维锬编校:《妈祖文献资料》,福建人民出版社 1990 年版,第 19 页。

桥"①。吴自牧,生卒年未详,浙江钱塘人。其所作《梦粱录》记载,顺济圣妃庙"在艮山门外。又行祠在城南萧公桥及候潮门外瓶场河下市舶司侧。……其妃之灵著,多于海洋之中,佑护船舶,其功甚大,民之疾苦,悉赖帡幪"②。田汝成,生卒年未详,字叔和,浙江钱塘人,嘉靖五年(1526年)进士,曾任南京礼部祠祭司郎中、福建提学副使等职。其所作《西湖游览志》卷十九记载:"(顺济圣妃庙)在艮山门外。其神林氏,莆田人,公而贾淑,殁遂为神,士人祀之白湖。宋宣和五年,赐庙额曰'顺济'。绍兴间,建庙于此,封'灵惠夫人'。绍熙三年,改封'灵惠妃'。庆元四年,加'助顺'。敕曰:'古以女神列祀典者,若湘水之二妃,北阪之陈宝,西宫之少女,南岳之夫人,以至丁妇、滕姑,莫不庙食。夫生不出闺门,而死乃庙食百世,此其义烈有过人者矣。朕惟望舒耀魄,其名月妃,川祇静波,其名江妃。尔之封爵,既曰妃矣,增锡美号,被之轮奂,崇大褒显,以永厥祀。'"③杭州西湖天后宫建于明初,田汝成《西湖游览志》卷二一记载,天后宫"在孩儿巷北,洪武初兴建,名号不见经史。窃意宇宙间至尊者天,有帝象焉;地为之配,有后象焉;其次,水为大,有妃象焉,故崇其号曰'天妃'。而军营漕运之所,江海河汉之滨,悉崇奉之"④。明万历三十三年(1605),兵部武选清吏司员外郎、里人黄克谦所撰《重修杭州右卫左所天妃宫记》云:"天妃为清河正神,载在祀典。欲利涉者,罔不尸而祝之,社而稷之,此宫之所由建也。吾杭有两卫,前卫隶西北,后卫隶东南。……神所栖也,凡卫所戎伍之职当挽漕者,建天妃宫以崇祀之。"⑤

江苏在中国漕运史上地位重要,自从隋炀帝开凿大运河以来,江苏一直处于漕运中枢,是漕粮的重要产地及转运中心。漕运给江苏留下了丰厚的文化遗产,船民求生存的精神支柱——妈祖信仰也早已与江苏沿海、沿江、沿河百姓结下了不解之缘。在京杭大运河中经济发达的苏州,早在北宋后期,妈祖信仰就已传入。⑥ 南宋时,平江府又建有灵慈宫,或称"天妃庙",系章氏家庙改置。明

① (宋)潜说友:咸淳《临安志》卷七三《祠祀三》,景印文渊阁《四库全书》第490册,(台北)商务印书馆1986年版,第748页。

② (宋)吴自牧:《梦粱录》卷十四《外郡行祠》,浙江人民出版社1980年版,第131页。

③ (明)田汝成:《西湖游览志》卷十九《南山分脉城外胜迹》,浙江人民出版社1980年版,第214页。

④ (明)田汝成:《西湖游览志》卷二一《北山分脉城内胜迹》,第234页。

⑤ (清)丁午:《城北天后宫志·附录》,详见孙忠焕主编:《杭州运河文献集成》第3册,杭州出版社2009年版,第262-263页。

⑥ 详见陈国灿、鲁玉洁:《南宋时期圣妃信仰在两浙沿海的传播及其影响》,《浙江学刊》2013年第6期;《古今图书集成·苏州府祠庙考》亦记载天妃宫:"在北寺东,宋元间创,元泰定四年敕建。明嘉靖二十二年又敕赐重建。"

洪武《苏州府志》记载，灵慈宫“在郡北中路桥，即宋章楶家庙，子孙因权要侵其地，遂献于官以建庙，而移家庙于侧”[①]。苏州原有宋建妈祖庙，元代海道都漕万户府设在平江路（即苏州），乃因旧庙太狭小，不便于官方进行大规模祭祀，故请旨敕建新庙。黄向《天妃庙迎送神曲》：“泰定四年春正月，海道都万户府初建天妃庙。……先是，因前代之旧，寓祠于报国寺庑下，偃陋喧湫，弗虔展谒。府帅赵公贵莅事，长帅迷的失剌公及诸佐贰谋用克协，得地九亩，购而营之。”[②]

至顺四年（1333 年）九月，时任翰林修撰、同知制诰兼国史院编修官宋褧在其《平江天妃庙题名记》中云：“至顺四年（1333 年）七月廿四日，皇帝在上都御大洪禧殿。丞相臣奏：‘海道都漕运万户府，岁以舟若干艘，转输东南民租三百万石有奇。由海不旬日达京师者，几数十年，飓风不作。斥冥顽不灵之物以避，皆护国庇民广济福惠明著天妃之力。’”[③]明人陈仁锡在其所作《重修天妃宫记》中详细论述了重修苏州天妃宫的原因：

> 天历以回七日之扬风，济百千之运艘，益封“灵慈宫”。至于今，即海运罢而祀妃不绝，有以也。……洪武、永乐之间，挽七十万石于辽于燕，会通河行，始罢。或谓浙西东濒海一带，由海十日可至，神之听之，当何如也？且天津、登莱既有泛舟之役矣，辽民在海岛，义而事奴者，神何以活之？黠骜倡乱，神何以殛之？顷，八闽屡报擒斩，意莆、泉神所出游，乃秦晋、二东、曹濮间相率陈兵，驱之入海，即上首功，什宵旰矣。[④]

江苏太仓刘家港（今江苏太仓东浏河镇）的繁荣，与天妃信仰密切相关。元代漕运以海运为主，元世祖忽必烈开辟通海之道，将江南粮食海运到大都。从元至元十九年（1282 年）起，大批江南粮食从刘家港起航出海，运往北方。到天历二年（1329 年）近 50 年间，每年从刘家港通过海道运往北京的粮食数量呈逐年增加的趋势。从开始时的每年 4 万多石，逐步增加到每年十几万石、数十万石、100 多万石、200 万石，最高达 352.2 万石。据《大元海运记》记载：“至顺元年（全国官本船）为率用船总计一千八百只，昆山州太仓刘家港一带六百一十三只。”[⑤]这说明当时全国漕运粮船的 1/3 都集中在刘家港。刘家港因此成为闻名海外的通商大港。当时人们祈求海神妈祖庇护，祭祀天妃成为舟船出海的头等

---

① 蒋维锬编校：《妈祖文献资料》，福建人民出版社 1990 年版，第 55 页。

② 蒋维锬、朱合浦主编：《湄洲妈祖志》，方志出版社 2011 年版，第 222 页。

③ 李修生主编：《全元文》第 39 册，凤凰出版社 2004 年版，第 336 页；蒋维锬、郑丽航辑纂：《妈祖文献史料汇编·碑记卷》，第 20 页。

④ 蒋维锬编校：《妈祖文献资料》，第 140 页。

⑤ 梁二平、郭湘玮：《中国古代海洋文献导读》，海洋出版社 2012 年版，第 92 页。

大事。据《太仓港史话》记载，仅太仓历史上就拥有5座天妃宫(娘娘庙)，它们分别是“浏河天妃宫、周泾天妃宫、新镇天妃宫、浮桥娘娘庙、七丫娘娘庙”①。由于长期依赖通过海运向京畿地区输送粮食等生存资源，元朝政府对海上航运的安全极为重视，也因此对宋以来民间即已信奉的航海保护女神极为尊崇。《元史·祭祀志五》云：“凡名山大川、忠臣义士在祀典者，所在有司主之。唯南海女神灵惠夫人，至元中，以护海运有奇应，加封天妃神号，积至十字，庙曰灵慈。直沽、平江、周泾、泉、福、兴化等处，皆有庙。皇庆以来，岁遣使赍香遍祭，金幡一合，银一锭，付平江官漕司及本府官，用柔毛酒醴，便服行事。祝文云：‘维年月日，皇帝特遣某官等，致祭于护国庇民广济福惠明著天妃。’”②“周泾”指太仓周泾天妃宫，当时昆山州治在太仓。从《元史》这段叙述来看，周泾天妃宫在元代时期曾名列于由皇帝钦遣大臣祭祀的全国主要天妃宫行列，可见其重要性。

位于长江与运河交汇处的镇江也建有天妃庙，元人俞希鲁所纂至顺《镇江志》记载，镇江天妃庙“在竖土山东，旧在潮闸之西。宋淳祐年间，贡士翁戴翼创于此，太学博士李丑父为记。……至顺三年，僧德焕募众重修”③。李丑父(1194～1267年)，初名纲，字汝砺，更字艮翁，号亭山，莆田人，端平二年(1235年)进士。历邵武军司户、福州通判、太学博士兼沂王府教授、太府寺丞、著作郎、权礼部郎官、湖南提举等职。在其所作《灵惠妃庙记》中，他论述了祭祀天妃的原因：

> 妃为莆明神，庙于京江之湄，且十余年，迁于江口土山龙津之西侧。淳祐辛亥闰十月既望，越一日壬申经始。京口距莆三千里，祭不越望，山川犹然，况钟山川之奇，为人之神乎？……妃既有功于此，亦宜食乎此。孟子之论，有一乡一国之士，又有天下之士，乌可以地之相去为疑？金、焦之间，龙君水府所宫，妃之庙于此又宜。浙、闽、广东南皆岸大海，风帆浪舶焉依，若其所天。比年辇下江潮为患，赖妃竞弭，尹厘以闻，今皆不书，独志其江淮间事。……仆与翁皆妃邑子，且诺于京口七年矣。既书岁月，又系以诗，俾歌以侑食焉。④

淮安位于京杭大运河中段，明清时期的淮安是黄河、淮河、运河的交会处，为商旅必经的咽喉要道。永乐年间京杭运河重新贯通后，淮安因其处于南北咽喉，成为重要的漕运枢纽。光绪《淮安府志》记载了漕运兴盛时的淮安：“秋夏之

---

① 王宏刚、王海冬、张安巡等：《新时期的民间信仰》，黑龙江教育出版社2013年版，第153页。

② 蒋维锬编校：《妈祖文献资料》，第54页。

③ (元)俞希鲁：至顺《镇江志》卷八《神庙》，江苏古籍出版社1990年版，第335、337页。

④ (元)俞希鲁：至顺《镇江志》卷八《神庙》，第336页。

交，西南数省粮艘衔尾入境，皆停泊于城西运河，以待盘验，车挽往来，百货山列，河督开府清江浦，文武厅营星罗棋布，俨然一省会。”[①]数量众多的官员、漕军、客商、船工、水手云集淮安，在淮安黄运沿岸建立起众多祭祀各种水神的庙宇和祠堂，以满足不同社会群体的祭祀需求，其中就有专门祭祀天妃的祠庙。天启《淮安府志》记载当时的淮安府城内有天妃宫三处：“一在府学西，郡城西南隅万柳池中；一在新城大北门内，一在清江浦。”[②]清河县天妃庙名惠济祠，光绪《清河县志》记载，惠济祠“在运口，乾隆志云即天妃庙，在新庄闸口，明正德三年建。武宗南巡，驻跸祠下。嘉靖初年，章圣皇太后水殿渡祠，赐黄香白金，额曰‘惠济’。雍正五年，敕赐天后圣母碧霞元君”[③]。

徐州、淮安等地由于黄、运交汇，水患频发，妈祖被人们赋予了防洪护堤、护佑漕运的职能，因而被官方和民间视为河神。明代淮安府城天妃庙称“灵慈宫”。大学士杨士奇在其《敕赐灵慈碑记》中记载：“永乐初，平江伯陈公瑄奉命率舟师，道海运北京，然道险所致无几。……遂作祠于淮之清江浦，以祀天妃之神，盖公素所持敬者。凡淮人及四方公私之人有祈于祠下，亦皆响应。守臣以闻，赐祠额曰‘灵慈宫’，命有司岁有春秋祭祀。”[④]徐州沛县境内有10座天妃行宫，多建于明代。由于沛县为明代黄运水患严重、治河活动频繁之地，且无福建商人参与创建天妃庙宇的记载，故笔者推断，沛县天妃行宫所祀天妃神其神职亦为河神。

目前，有关位于京杭大运河终点——北京的天妃信仰最早的记载是来自明景泰五年（1454年）丘濬的《重修京都天妃宫碑记》。碑文记载：

> 迨我太宗文皇帝建国幽燕，初资海道以馈运，继又造巨舰，遣使通西南夷。乃己丑之岁，诏中贵郑和，建宫祠神于南京之仪风门。太常少卿朱焯赍祝，封神为‘护国庇民妙灵弘仁普济天妃’。京师旧有庙在都城之巽隅大通桥之西，景泰辛未，主持道士丘然源援南京例，请升为宫。然规制尚存其旧，弗称宫之名也。成化庚子，然源乃募财鸠工，拓大而一新之。[⑤]

---

① （清）孙云锦修，（清）吴昆田、（清）高延第纂：光绪《淮安府志》卷二《疆域·形势》，《中国地方志集成·江苏府县志辑》第54册，第26页。

② （明）宋祖舜修，（明）方尚祖纂，荀德麟、刘功昭、刘怀玉点校：天启《淮安府志》卷九《典礼志·庙祀》，第469页。

③ （清）胡裕燕等修，（清）吴昆田等纂：光绪《清河县志》卷三《建置·坛庙》，《中国地方志集成·江苏府县志辑》第55册，第864页。

④ （明）杨宏、（明）谢纯撰，荀德麟、何振华点校：《漕运通志》卷十《漕文略》，《淮安文献丛刻》（一），方志出版社2006年版，第291页。

⑤ 蒋维锬编校：《妈祖文献资料》，第74页。

在北京通州也有天妃庙的分布。据乾隆《通州志》记载，通州建有2座天妃宫："一在州北门内，始建无考，明崇祯十三年修；一在州北门外。"[①]此外，明清以来福建在北京设立会馆有25所，也多供奉妈祖神像。

妈祖信仰产生于福建，运河沿线区域的妈祖神在兼有海神、河神等职能的同时，亦被福建商人视为乡土神灵，因而运河沿线区域众多闽商会馆都兼有妈祖庙宇的功能。自从会馆制度出现以后，福建商帮会馆就成为传播妈祖信仰的重要媒介。福建商人外出经商，为了维护本地区或同行商业的利益，在全国许多城镇建立会馆或公所，并且供奉妈祖神像，这对妈祖信仰的传播起了推波助澜的作用。

在明代，福建商人就已在外地出资兴建了一些天妃宫。如扬州的天妃宫，清人魏禧所作《扬州天妃宫碑记》记载："扬州古无祀天妃者，相传明中叶闽沽客泛海遇飓风，舟落大洋，众饥渴欲死，仰见天空际有神女见，知为天妃也，群泣拜而迹之。……于是，醵金造宫于邗水之上。"[②]据学者统计，明清时期我国沿海、沿江地区计有商帮会馆兼天后宫105座。[③] 其中创建最早的是苏州的福建会馆，在胥江西岸夏桥南，明万历四十一年(1613年)，福建商人集资建，一名"三山会馆"。[④] 运河沿线的嘉兴、苏州、宿迁、桃源等地都有兼有福建会馆功能的天妃庙宇。光绪《嘉兴府志》记载，嘉兴县天后宫"在南十三庄北称字圩，明崇祯间创建，兼称'福建会馆'，为寄厝旅之所"[⑤]。民国《吴县志》记载，苏州城内天后宫共有8处：一在胥江西岸夏驾桥南，明万历四十一年(1613年)，福建商人集资建，名"三山会馆"。清康熙三十五年(1696年)，闽人刑部侍郎郑重暨浙江巡抚李馥拓地重建。康熙五十九年(1720年)，奉敕列入祀典，岁以春秋致祭。一在阊十一都二十二图小石晖桥，康熙间，漳州士商公建。一在阊十一都二十八图雁宕村，康熙间，泉州商人公建。一在阊十一都二十三图南濠王家港，宁波商人公建，名"浙宁天后宫"。一在阊二十二图南濠新巷北，名"邵武天后宫"，创建无考。一在阊二图南濠姚家街内，康熙间，兴化士商公建，名"兴安天后宫"。一在

① (清)高天凤修，(清)金梅纂：乾隆《通州志》卷二《建置志·坛庙祠宇》，华东师范大学图书馆藏稀见方志丛刊第18册，国家图书馆出版社2005年版，第320页。

② (清)阿克当阿修，(清)姚文田等纂：嘉庆《重修扬州府志》卷二五《祠祀一》，《中国地方志集成·江苏府县志辑》第41册，第401页。

③ 参见蒋维锬：《清代商帮会馆与天后宫》，《海交史研究》1995年第1期。

④ 参见曹允源、李根源等修纂：民国《吴县志》卷三三《坛庙祠宇一》，《中国地方志集成·江苏府县志辑》第11册，第494页。

⑤ (清)许瑶光修，(清)吴仰贤等纂：光绪《嘉兴府志》卷十《坛庙》，《中国地方志集成·浙江府县志辑》第12册，第262页。

阊二十八都五图上津桥上塘街汀州商人公建，名“鄞江天后宫”。一在阊二十八都五图上津桥东上塘街，康熙四十七年（1708年），潮州商人公建，雍正四年（1726年），增建楼阁。雍正十一年（1733年），增建关帝庙，名“潮州天后宫”。[①]

宿迁天后宫，又称“娘娘庙”，系福建会馆，坐落于宿迁新盛街北首。民国《宿迁县志》记载，天后宫“即福建会馆，在新盛街”[②]。会馆坐西面东，清初福建商贾从海道到宿迁经商，为求神佑，于雍正年间建天后宫，供奉海神天后娘娘，此间亦作福建闽人会馆。清乾隆二十年（1755），闽人商贾发达，财力雄厚，购买地基重建天后宫。腰殿建有戏楼，两侧有看楼，戏楼斗拱飞檐，前檐柱上雕有倒爬狮子，栩栩如生。每逢海神天后娘娘祭日，闽人或欢度佳节，或会商大事，都会邀请戏班演出。1928年，天后宫内办闽人子弟小学，房舍遂紧，演出乃停。后因战事频繁，且缺人照管，日渐冷落。1977年，因宿迁机床厂兴建宿舍楼之需，戏楼遂被拆除。[③]

泗阳天后宫，俗称“妈祖庙”，始建于清康熙年间。民国《泗阳县志》记载，泗阳县天后宫“在众兴镇西骡马街，规模宏敞，殿宇辉煌，系闽商会馆”[④]。天后宫主体建筑分前后两幢，临街面（骡马街）的叫“前庙”，前庙东西两壁分别雕刻镶嵌“河清”“海晏”；后面的称“大殿”，规模宏敞，殿宇辉煌。据说建造时，设计、用料、施工者皆为外地人，但建筑艺术、砖石雕塑、小瓦檐廊却都展现了闽南文化的特色。大庙落成，人们顶礼膜拜三天，可谓盛极一时。[⑤] 闽商会馆建设的意义更在于闽商以其乡土的凝聚力来实现他们在商界争夺市场、维护共同利益的目的。会馆会定期或不定期地举行一些聚会和沿袭家乡习俗的庆典活动。平时，会馆还为同乡人提供经济帮助，解决临时住处，甚至帮助调解矛盾或诉讼，与其他会馆成员进行经济上、事业上的横向联系。另外，会馆还会举办一些社会公益活动，如不定期地请戏班子到会馆唱戏，以丰富会馆成员的文化生活等。天后宫的前殿前，过去就曾建有大戏台。[⑥]

福建商人之所以在会馆内奉祀天妃神，是因为其具有“崇乡祀而联乡谊”的

---

① 参见曹允源、李根源等修纂：民国《吴县志》卷三三《坛庙祠宇一》，《中国地方志集成·江苏府县志辑》第11册，第494页。

② 严型、冯煦等修纂：民国《宿迁县志》卷四《营建志·坛庙》，《中国地方志集成·江苏府县志辑》第58册，第424页。

③ 参见《江苏戏曲志》编辑委员会：《江苏戏曲志·淮阴卷》，江苏文艺出版社1999年版，第322页。

④ 李佩恩修，张相文、王聿望纂：民国《泗阳县志》卷十三《建置志·坛庙》，《中国地方志集成·江苏府县志辑》第56册，第331页。

⑤ 参见郑习文、李相法主编：《爱我泗阳》，中国矿业大学出版社2004年版，第140页。

⑥ 参见郑习文、李相法主编：《爱我泗阳》，第142页。

特殊作用。“天下通都大邑，滨江濒海，商贾辐辏之区，客是地者，类皆建设会馆为同乡聚晤所。而吾闽之建是馆者，又必崇以宫殿，祀天后其中，盖隆桑梓之祀，亦以(天)后拯济灵感，江河之舟楫往来，冀藉沐神庥也。”①清代苏州城内有泉州、漳州、三山诸会馆，因馆内皆祭祀天后妈祖，亦称“天后宫”。清人陈万策《泉州天后宫记》载：“圣天子既定海外，鲸波永恬，市舶大通，吾闽之物产群萃于吴阊，风帆往来无虚日月。自阊门外之南濠，率皆粉榆之客，衣冠济楚，比屋相望，而吾乡尤盛矣。越二纪，吾郡人思立一馆以为会聚、讲礼之所，且以海舶南北上下，利涉以安，是惟天后之庥，其弗可以忘，乃购地于南濠之南曰雁宕村，而经营焉。”②余正健《三山会馆天后宫记》载：“今天后之灵能使海波不惊，风帆无恙，远人无涉险之虞，商艘有安澜之乐，其德于斯民者不亦大哉！况斯宫之建，不特为答神贶而资游览，且以敦乡谊、讲礼让，夫谁曰不可？”③黎致远《汀州会馆天后宫记》载：“夫同井之谊，期于共相亲睦，今以全汀八邑之广，人各异业，居各异地，一旦聚集于此，涣者萃之，疏者亲之，雍如穆如，皆不啻若至戚耶！余三十年宦游四方，乡人士罕识其面，亦得以藉此一叙，恍若素知，然则会馆之设，宁可忽乎哉？”④由此可见，会馆内祭祀天后妈祖，在增进乡谊、扩大交往方面发挥了重要作用。共同的乡土信仰使得福建商人紧密团结，更容易在商业竞争中处于有利地位。

二、淮安清口惠济祠的历史变迁

在淮安众多妈祖神庙中，最为有名的当属清口惠济祠。惠济祠建于正德三年(1508年)，初为泰山行祠，奉祀碧霞元君。碧霞元君，又称“泰山女神”，全称“东岳泰山天仙玉女碧霞元君”，民间俗称“泰山娘娘”“泰山奶奶”“泰山老奶奶”。明清时期碧霞元君信仰达到鼎盛，上至帝王皇室，下到普通民众无不崇祀碧霞元君。由于其影响日益扩大，崇祀碧霞元君的庙宇也从泰山扩展到全国各地。惠济祠就是在明代中后期民间碧霞元君信仰迅速普及、全国各地纷纷建立泰山行宫的大背景下建立的。

---

① 吴海清修，张春简纂：民国《建宁县志》卷六《祀典》，《中国地方志集成·福建府县志辑》第40册，上海书店出版社2000年版，第601页。

② (清)姜顺蛟、(清)叶长扬修，(清)施谦纂：乾隆《吴县志》卷一六《艺文》，《中国地方志集成·善本方志辑第1编》第37册，凤凰出版社2014年版，第371页。

③ (清)姜顺蛟、(清)叶长扬修，(清)施谦纂：乾隆《吴县志》卷一六《艺文》，第371页。

④ (清)姜顺蛟、(清)叶长杨修，(清)施谦纂：乾隆《吴县志》卷一六《艺文》，第373页。

目前可见有关惠济祠最早的文献记载是嘉靖二十七年(1548年)淮安知府刘良卿所撰的《惠济祠碑》。碑文曰:“淮为畿辅要冲,而清口又淮之襟咽,洪流千里,星赴电逝,盘束于两涯之间,其据地险而系人心,盖势然也。正德初,有道士袁洞明者,始卜地河浒,建泰山行祠,凡公私之待济者祷焉。岁在己卯,武皇帝南巡狩,止跸祠下,顾瞻久之。逮今上龙飞,圣母章圣皇太后过淮,复有黄香、白金之赐。已而复奉圣旨,赐额曰‘惠济祠’。于是士女香灯,远近和会,舳舻荐献,大严于旧,威灵庙貌赫然矣。住山道士张真海以神庥之遐畅而国典之逾隆也,益募众构阁为朝真之所,又以为创迹。”[①]嘉靖三十三年(1554年),翰林院编修严讷所撰《敕赐惠济祠碑记》曰:“边淮有惠济祠,相传正德间道士袁洞明方图所以妥神灵者,而会有巨木浮淮而来,若为神所赐,祠之建盖于是乎始。皇帝既嗣位,章圣皇太后遣赐金币,而道士缪道鉴者遂以拓建钟鼓诸楼。乃嘉靖丁酉,而住持张真海等又因募建镇淮之阁,皇帝赐今额焉。”[②]

嘉靖《清河县志》记载惠济祠在新庄闸河口,正德三年(1508年)始创。“武宗南巡,与皇后亲至其上。嘉靖初,敕赐额曰‘惠济’,仍春秋祭焉。”[③]《古今图书集成·淮安府祠庙考》记载,惠济祠“在旧新庄闸口,明正德三年建,武宗南巡止跸祠下,顾瞻久之。嘉靖初,章圣皇太后过此,赐黄香礼献之,敕赐额曰‘惠济祠’”[④]。乾隆《淮安府志》记载,惠济祠“在旧新庄闸口,明正德三年建。武宗南巡,驻跸祠下。嘉靖初年,章圣皇后过此,赐香帛。祠额曰‘惠济’”[⑤]。乾隆十七年(1752年),潘荣陛《惠济祠碑》记载:“惠济祠即旧天妃庙,中有铁鼓,又名‘铁鼓寺’,实为泰山圣母之行祠也,建自明正德三年。”[⑥]光绪《清河县志》记载,惠济祠“在新庄闸口,明正德三年建,武宗南巡,驻跸祠下。嘉靖初,章圣皇太后水殿渡河,赐黄香、白金,额曰‘惠济祠’。雍正五年,敕赐天后圣母碧霞元君。……庙有铁鼓,又名‘铁鼓祠’,邑人汪之藻有《天妃庙赋》”[⑦]。

---

① 淮阴区政协文史资料委员会编:《淮阴金石录》,《淮阴区政协文史资料》第14辑,(香港)天马出版有限公司2004年版,第120～121页。

② (明)吴宗吉修,(明)纪士范等纂:嘉靖《清河县志》卷四《词翰》,《原国立北平图书馆甲库善本丛书》第294册,国家图书馆出版社2014年版,第46页。

③ (明)吴宗吉修,(明)纪士范等纂:嘉靖《清河县志》卷三《祀典·祠庙》,《原国立北平图书馆甲库善本丛书》第294册,第34页。

④ (清)陈梦雷等辑:《古今图书集成·方舆汇编·职方典》卷七四八《淮安府祠庙考》,第14463页。

⑤ (清)卫哲治等修,(清)叶长扬等纂,荀德麟等点校:乾隆《淮安府志》卷二六《坛庙》,方志出版社2008年版,第1297页。

⑥ 淮阴区政协文史资料委员会编:《淮阴金石录》,《淮阴区政协文史资料》第14辑,第122页。

⑦ (清)胡裕燕等修,(清)吴昆田等修纂:光绪《清河县志》卷三《建置·坛庙》,《中国地方志集成·江苏府县志辑》第55册,第864页。

从以上史料我们可以看出，惠济祠的前身是道士袁洞明创建于明代正德三年(1508 年)的泰山行祠，庙宇利用水上漂浮而来的巨木修造而成，供奉的是泰山圣母碧霞元君。因为庙中藏有旧铁鼓，民间又称之为“铁鼓祠”或“铁鼓寺”。正德十四年(1519 年)，明武宗朱厚照南巡走运河水路；十一月，从徐州南下过清口，曾在祠下驻跸。嘉靖初年，明世宗朱厚熜生母章圣太后在此渡淮河北上，赐予该祠黄香、白银，道士缪道鉴利用这笔资金增建了钟鼓楼。嘉靖十六年(1537年)，赐祠名为“惠济祠”。嘉靖年间，主持道士张真海募集资金，增建镇淮阁，使之成为一座名祠。

清代是妈祖信仰发展史上一个非常重要的阶段，妈祖信仰的普及与清朝官方的倡导和推动密不可分。整个清代，对妈祖大加褒封，将妈祖由“天妃”晋封为“天后”，并列入国家祀典，使之更为神圣。惠济祠的妈祖信仰对惠济祠发展与兴盛同样有着重要影响。明代正德年间此祠初建时名为“泰山行祠”，所奉之神无疑为碧霞元君。从嘉靖年间开始，惠济祠主神碧霞元君已经兼有护佑河漕的特殊职能，与天妃类同。从明末开始，惠济祠逐渐融入天妃崇拜。“至晚在明末天启年间，清口惠济祠已经被同时视作天妃庙，两位女神的祠宇在此混为一体。在清代，天妃甚至凌驾于碧霞元君之上，惠济祠一度以‘天妃庙’见载于史册。”①

从康熙年间开始，淮安清口惠济祠基本上被当作崇祀天妃的庙宇，碧霞元君反而不被官方提及。康熙、乾隆二帝南巡期间，亲自临祠致祭，均认为自己祭祀的神灵为天妃。另从文献记载来看，清代淮安地区碧霞元君崇拜与天妃信仰混合的情况不止惠济祠一处。光绪《清河县志》记载，清河县碧霞宫“在玉带河北，祀天后之神，旧为城隍庙，乾隆中改祀。咸丰元年，库道法良增建。按：碧霞元君，太山之神，而俗以天后当之，亦为小误”②。明代后期以来，惠济祠逐渐由碧霞元君庙变身天妃庙，其原因除了信仰混杂的大背景之外，与惠济祠所在清口的地理位置也有直接关系。钦定《南巡盛典》记载：“惠济祠在淮安府清河县，祠临大堤，中祀天后。……其神福河济运，孚应若响。祠前黄淮合流，地当形胜，为全河枢要。国朝久邀崇祀，我皇上临幸，升香荐帛，礼有加焉。”③

惠济祠福河济运，屡著灵应，不仅成为庇佑人们航行安全的精神寄托，也承载着皇帝的临幸、褒奖和敕封。皇帝不仅诏令地方官员春秋致祭，列入祀典，康

---

① 贾珺：《灵祠巍焕，飞阁凌空——淮安府清河县惠济祠历史、格局、祀神及御园仿建始末考略》，《中国建筑史论汇刊》2013 年第 1 期。

② (清)胡裕燕等修，(清)吴昆田等修纂：光绪《清河县志》卷三《建置·坛庙》，第 864 页。

③ (清)高晋等编修：《钦定南巡盛典》卷八四《名胜》，景印文渊阁《四库全书》第 658 册，(台北)商务印书馆 1986 年版，第 324 页。

熙、乾隆皇帝还亲临瞻礼，焚香荐帛，虔诚致祭。康熙皇帝即位以后，极为重视漕运及河工。从康熙二十三年到四十六年（1684 年～1707 年），康熙帝先后六次南巡，每次南巡，必到清口。康熙帝在详细巡视河工之余，亦多次临幸祠下，虔诚奉祀。光绪《清河县志》记载：“国朝康熙中累封天后。”①不仅如此，康熙帝还曾于康熙三十八年（1699 年）第三次南巡时带领 7 个皇子奉孝康章太后谒祠。雍正、乾隆、嘉庆皇帝也都崇奉惠济祠，对惠济祠的褒封与敕赐更是达到无以复加的程度。雍正二年（1724 年），加封惠济祠主神为“天后圣姥碧霞元君”，并下旨重修庙宇。②《钦定大清一统志》记载：“惠济祠……本朝雍正二年重修，敕封天后圣佬碧霞元君。”③潘荣陛《惠济祠碑》记载：“惠济祠即旧天妃庙，……我世宗朝因时显庇河漕，敕封天后，鼎新殿陛，经历河臣时崇报享。”④

惠济祠于清乾隆年间达于鼎盛。《淮阴风土记》记载：“乾隆十六年，高宗南巡，建行宫于祠左，因命重修惠济祠，仿内庭坛庙样式，火珠耀目，飞阁凌空，虽在郊原而有皇居之美。”⑤是年二月，乾隆帝奉孝圣皇太后南巡，视察了惠济闸和高堰石堤河工并瞻谒惠济祠，命重加焕饰；同年六月撰写了《御制重修惠济祠碑文》。碑文曰：“清江浦之涘，神祠曰惠济，鼎新于雍正二年，灵贶孔时，孚应若响，过祠下者，奠醴荐牢，靡敢弗肃。乾隆十有六年，朕巡省南服，瞻谒庭宇，敬惟神功庥佑，宜崇报享，命有司焉鸠工加焕饰焉。”⑥最直接的文献依据是参与工程的官员潘荣陛于乾隆十七年（1752 年）九月撰写了《惠济祠碑》。碑文记载：“乾隆十六年春，圣驾南巡，建行殿于祠左，清跸诣瞻，拈香肃拜，特命宫保海大司农仿内府坛庙规制，谕两淮盐政、淮关监督及内工干员董率其事，动支公帑，鸠工庀材，一律启造宫殿楼阁，换覆黄瓦。又于返銮之六月御制诗文匾联，亲洒宸翰颁赐，宫保高相国敬谨勒石悬奉，光昭祀典。经始于十六年秋八月，讫止于十七年秋七月。荣陛等敬从襄事，叨列陪员，恭睹龙章璀璨，庙貌一新，不胜庆幸。”⑦由此可知，乾隆十六年（1751 年）二月，令两淮盐政、淮关监督等官员主持惠济祠的扩建工程，八月动工，次年七月完工。江南河道总督高斌将乾隆皇帝

① （清）胡裕燕等修，（清）吴昆田等修纂：光绪《清河县志》卷三《建置·坛庙》，第 864 页。

② 另一种说法为雍正五年（1727 年），光绪《清河县志》记载：“雍正五年，敕赐天后圣母碧霞元君。”

③ （清）穆彰阿、（清）潘锡恩等纂修：《大清一统志》卷九四《淮安府二·祠庙》，《续修四库全书》第 614 册，上海古籍出版社 2002 年版，第 542 页。

④ 淮阴区政协文史资料委员会编：《淮阴金石录》，《淮阴区政协文史资料》第 14 辑，第 122 页。

⑤ 张煦侯著，方宏伟、王信波整理：《淮阴风土记》，方志出版社 2008 年版，第 368 页。

⑥ （清）高晋等编修：《钦定南巡盛典》卷二四《天章·御制文》，第 431 页。

⑦ 淮阴区政协文史资料委员会编：《淮阴金石录》，《淮阴区政协文史资料》第 14 辑，第 122 页。

所赐御笔诗文刻石勒碑，立于祠中，此碑至今幸存。

此后，乾隆皇帝又分别于乾隆二十二年（1767 年）、乾隆二十七年（1762 年）、乾隆三十年（1765 年）三次南巡，在视察河工、督理漕运的同时，必亲临祠下，瞻礼上香，虔诚致祭，并屡次颁赐御笔所书匾额楹联，先后以“惠济祠”为题作了 6 首七律诗。对此《钦定大清一统志》记载：“乾隆十六年翠华南巡，御赐《重修惠济祠碑文》。二十二年、二十七年、三十年、四十五年、四十九年六次临幸，并有《御制惠济祠诗》，赐匾四、联四，旁建行殿，御赐匾二、联二。”①不仅如此，乾隆皇帝还将惠济祠列入祀典。乾隆五十三年（1788 年）十月，内阁奉上谕：“前因派往台湾官兵渡洋稳顺，仰庇神庥，特于天后封号上加‘显神赞顺’四字，并令在莆田湄州本籍祠宇春秋致祭，以彰灵感。今清口惠济祠供奉天后神像，屡著灵应。本年河流顺轨，运道深通，自应一体特着明禋，以光祀典。着交翰林院撰拟祭文发往，于春秋二季令地方官虔诚致祭。并着李奉翰将新加封号四字敬谨增入神牌，俾河工永庆安澜，益昭灵贶。”②乾隆皇帝对惠济祠的尊崇，使得清代官方对妈祖的崇祀达到顶峰。

嘉庆十七年（1812 年）六月，嘉庆帝敕谕两江总督百龄崇诣惠济祠查明建筑设计规制和神牌、封号字样等，在绮春园内依原样建惠济祠一座，以便就近祭祀，保证南北漕运安全。“朕敬礼神祇，为民祈福，大内及御园多有供奉诸神祠宇，每遇祈报，就近瞻礼，以伸诚敬。惟水府诸神，如天后、河神向无祠位，凡遇发香伸敬之时，皆系望空展礼，遥抒虔悃。今拟于御园内添建祠宇，着百龄亲赴清江浦，于崇祀各神如天后、惠济龙神，素昭灵应，载在祀典者，将神牌、封号字样详缮具奏，俟庙宇落成，照式虔造，以迓神庥。”③御园惠济祠的建成，标志着清代对妈祖的崇奉已基本完备或定型。御园由绮春园、圆明园、长春园构成，惠济祠在绮春园内。绮春园位于圆明园、长春园之南，是嘉庆帝长年园居的主要处所之一，惠济祠是其中一处著名建筑。1860 年，该园毁于英法联军兵火时，惠济祠与宫门区、庄严法界、湛清轩、绿满轩等少量建筑尚得以幸存。直到 1900 年八国联军入侵，整座绮春园彻底毁于战火，惠济祠亦未能幸免。

清口惠济祠经历了清朝上半叶的尊崇，从道光以后因漕运转衰、运道淤塞而逐步淡出朝廷的视野。至民国中叶，惠济祠仍然有房屋 99 间半，规模宏大，

---

① （清）穆彰阿、（清）潘锡恩等纂修：《钦定大清一统志》卷九四《淮安府二·祠庙》，第 542 页。

② （清）昆冈等修，（清）刘启端等纂：光绪《钦定大清会典事例》卷四四五《礼部·群祀》，第 110～111 页。

③ 中国第一历史档案馆编：《嘉庆道光两朝上谕档》第 17 册“嘉庆十七年六月初七日条”，广西师范大学出版社 2000 年版，第 201 页。

气象峥嵘，香客如云。民国年间，学者张煦侯（1895～1968年）在其《淮阴风土记》中记载了当时的惠济祠：

> 入山门，即睹左右两碑亭，黄瓦覆之，盖不待扪读，已知其为十全老人之七言诗矣。碑亭形状富丽，黄瓦露盖，殆如金伞，美术上至有价值。大殿之前有门，金书“碧霞元君祠”五字，门穹而深，故有“无梁殿”之名。正殿奉天后圣姥像，相传为泰山之女，所谓碧霞元君也。神仙谱系难明，考证纷然，可不具论。……闻每届岁朝及四月七日，例有庙会，故四壁烟熏火燎，不辨丹漆。寝宫在殿后篆香楼上，有座像、睡像，座像在正中，两旁贴子满壁。……睡像在房内，金容如病，妆台如洗，殊不胜寒俭之态。再后为三清阁，地高风烈，在夏季则为纳凉佳处，两河帆影，三闸涛声到此可以完全领取，惠济之胜，亦至此而穷。①

惠济祠在为明清官方提供祭祀场所的同时，也在一定程度上满足了当地民众的祭祀需求。惠济祠主要由无梁殿、篆香楼、三清阁、山门牌楼等建筑组成。惠济祠内的天妃娘娘有坐像和睡像，每年农历三月二十三和九月初九，篆香楼上的天妃睡像、起坐、卧寝，都会有运河、洪泽湖船户、渔民烧香还愿，为其更衣净身，更换妆台净桶、棉被罗帐等物。“至20世纪40年代前，每届岁朝（大年初五）及农历四月八（初八、十八、二十八）、六月六、七月半和九月九日，惠济祠例有庙会，百艺结集，特别是正月朝庙会更是当时淮阴绝无仅有的一大盛会。”②民国以后，历经水灾、战乱，惠济祠日渐倾颓，最后不幸在“文化大革命”时期被彻底摧毁，全部建筑荡然无存，只剩下一通乾隆御碑。目前惠济祠遗址和周围的石工遗迹已得到局部的考古发掘，成为大运河沿岸文化遗产的重要组成部分。

淮安清口惠济祠始建于明正德年间，初为碧霞元君行祠，后逐渐演变成为天妃祠庙。清代是惠济祠发展的兴盛时期，在对惠济祠内所祀天妃进行敕赐和褒封的同时，康熙、乾隆皇帝还曾多次亲临祠下，虔诚致祭。除此之外，乾隆皇帝还把其列入国家祀典，定期进行祭祀。嘉靖年间，为方便祭祀，更是在圆明园中仿建惠济祠。乾隆、嘉庆年间对惠济祠的崇敬和重视，也将清代对天妃妈祖的崇祀推至顶峰。清口为黄、淮、运交汇之地，为治河行运关键之所在，治河、导淮、济运三策，群集于此，其重要的地理位置是清朝统治者崇祀惠济祠的主要原因。由清口惠济祠数百年的沧桑变化，我们也可以看出国家治河政策对区域社会的深刻影响。

---

① 张煦侯著，方宏伟、王信波整理：《淮阴风土记》，第368页。

② 徐业龙：《论淮安清口惠济祠的妈祖信仰及其遗产价值》，《莆田学院学报》2010年第6期。

三、山东运河区域的妈祖信仰

妈祖信仰传播到山东，有两条路线：一条是海路。山东半岛有数千里的海岸线，自古以来沿海渔民就信仰龙王为海神。自元世祖起，漕粮北运改由海路，每年都有数百万石漕粮由东南经东海、黄海绕山东半岛进入渤海湾运抵直沽、京师。山东沿海的密州、胶州、登州等都是重要的海运码头和物资转运口岸。在官方海运业兴起的同时，民间的海上贸易更乘时而起，特别是到清康熙中叶海禁开放以后，山东沿海地区贸易迅速发展，与闽广一带的贸易规模大增。随着闽广船舶的大规模到来，山东沿海与东南沿海的联系加强，福建一带的妈祖信仰便也随之传播到山东。到清朝后期，妈祖崇拜已成为胶东民间的一种普遍的文化现象。沿海主要航海码头、重要渔港，甚至较大的渔村都建有天后宫，像长山群岛就有6座天后宫。没有天后宫的小岛上，渔民就在村子路边，用三块石板搭个小庙，俗称"三块庙"，以代替天后宫，供渔民随时拜祭。而每年谷雨新渔季开始时，渔民们都要在天后宫举行隆重的祭海仪式，以求渔业一年的平安和丰硕，这种习俗直至今天仍在山东沿海渔民中流传。由此可见，妈祖信仰对山东沿海民众影响之深远。明清时期，胶东沿海与鲁西运河区域之间水陆交通便利。胶东商人时常往返于内地与沿海之间，将南方输入的糖、纸、丝、磁等货物贩往内地，又将内地所产豆类、豆油、干果、生猪、茧绸等转运江南或辽东。久而久之，由闽广沿海路传到山东半岛的妈祖信仰，便以这些往来于山东运河区域和东部沿海港口的商人为媒介传播到了鲁西一带。①

另一条路线是河路。由江南沿运河北上的南方漕帮及商船，也是妈祖信仰在山东运河区域传播的重要载体。永乐年间，明政府为避海运风涛漂没之险，大力疏浚京杭运河，从此，明清两代绝大多数时间漕粮北运京师避海路而改走运河，这使得数万名江南、湖广、浙江一带的漕运官军常年往返于运河之上。而山东境内的运河由于水源短缺及地势高低悬殊的原因，多筑闸坝以控制水位，故而闸坝林立，向来以"闸漕"著名。从济宁至临清数百里间，有数十座船闸，漕船驶入山东后，行进速度最慢，有时为了等候过闸，船队要等上数天甚至十数天。因而，山东沿运码头众多，漕丁滞留时间也最长，再加上北上贸易的福建商人与商船的穿梭往来，大运河在向北方输入江南物资的同时，也必然吸纳、携带

① 参见李泉、王云：《山东运河文化研究》，第280页。

了某些东南地区的文化因子北上而来，妈祖信仰传入山东运河区域，也就是自然而然的了。[①]

山东运河区域的妈祖庙宇最早出现于德州。据明人王权《天妃庙记》云："德州旧无天妃庙，庙初立无文记岁月，天顺庚辰、成化辛丑两新之。"[②]这说明德州早在明天顺四年(1460 年)以前就有了妈祖庙宇。据现有资料推测，德州的天妃庙最早应在永乐、宣德年间出现，至天顺初年已破败，于是天顺四年(1460 年)时重修，之后又经过 20 余年，至成化十七年(1481 年)再次重修。嘉靖三十四年(1555 年)，天妃庙又因岁月侵蚀，"栋宇垣壁复圮坏"，于是德州的耆老联络邑人共同捐资扩建："乡耆宋君谬辈，相与捐金结社，为乡人倡，以图增置而侈大之。已而，施者云委良材、坚甓，用罔弗备，工役遂举。正殿仍四楹，两庑仍各六楹，夹仪门创二庑殿，东偏益一宅，与西偏神室相直。门廊寝室倍壮于旧，庙貌鼎新，观者肃然起敬焉。"[③]嘉靖年间的这次重修，是德州民众的自发行为，且捐资甚重，说明妈祖信仰在明朝前期已为当地民众所普遍接受。

到清代，德州的驻防旗人武状元昌伊苏，在道光年间自台湾总镇任满返归德州时，于海上遇风浪求天妃得转安，便在德州北厂修建天后宫。光绪年间，昌伊苏后人又将这座庙移至城内大营东街，并建神殿供奉天妃。据民国《德县志》卷四记载：

> (天后宫)旧在北厂运河东岸，清道光间，本邑驻防旗人、武状元昌伊苏自台湾总镇任旋里后建。近因年久圮废，其后人移像于城内大营东街其住宅南园，另建神殿供奉。按《旧志》载："天妃庙，在南回营西。"《长河志籍考》载："有天妃庙云，在南关，已废。考天后海神，名亦称天妃，宋福建莆田人林愿第六女，幼而神异，兄商海上……屡显灵应于海上，泛海者皆祷祀之。明永乐中封天妃，立庙于京师，后晋封天后。"[④]

据《长河志籍考》记载："南关有天妃庙，神林氏，莆田人，生而灵淑，能乘席渡海，云游岛屿。历加封号，敕曰：'古以神女列祀典者，若湘水之二妃，北阪之陈宝，西宫之少女，南岳之夫人，以至丁妇圣姑，莫不庙食。夫生不出闺门而死

---

① 参见李泉、王云：《山东运河文化研究》，第 281 页。

② (清)王道亨修，(清)张庆源纂：乾隆《德州志》卷十三《艺文》，《中国地方志集成·山东府县志辑》第 10 册，凤凰出版社 2004 年版，第 374 页。

③ (清)王道亨修，(清)张庆源纂：乾隆《德州志》卷十三《艺文》，《中国地方志集成·山东府县志辑》第 10 册，第 374 页。

④ 李树德修，董瑶林纂：民国《德县志》卷四《舆地志·祠庙》，《中国地方志集成·山东府县志辑》第 12 册，凤凰出版社 2004 年版，第 110 页。

祀百世,此其义烈有过人者。'元至元中,以护海运有奇应,加封'天妃'。洪武初,复有护海运舟之功;自永乐后海运既罢,卫河已通,州人祀之。"[①]据此推知,天妃庙建于永乐罢海运、卫河开通后。关于该庙的地点,康熙《德州志》与乾隆《德州志》的记载不同:前者说在南关,后者说在"南回营西"。南回营的得名不详,大概是与北回营相对而言的。康熙、乾隆《德州志》的建庙地点的区别,可能是记载的角度、名称不同,都是在德州城的南部无疑。

与德州南北相对的济宁州,也是妈祖信仰影响颇深的地区。济宁天后宫又名"海神庙""天妃宫",位于在大闸口桥迤东,运河北岸街路北,大致位置在今太白广场东侧得月楼旁。清乾隆三十一年(1766 年),河东河道总督李清时奏请建立,并于次年请御题庙额"灵昭恬顺"。乾隆三十二年(1767 年)五月,李清时在奏折中云:"窃照济宁城旧有天后殿宇,规模不大,设像奉祀,灵应昭然。臣因庙宇倾颓,曾经略为修整。前因三月间在天津行宫面恳圣恩赏其匾额,以隆祀典,仰蒙皇上御书'灵昭恬顺'四字颁赐悬挂。臣随照式钩摹,制就匾额,送至天后庙内,择吉于五月初七日悬挂正中。"[②]此庙共两进院落,天后殿前有山门,殿后院内建有梳妆楼。清末,漕运终止,香火冷落,庙宇渐趋残破。民国时期,济宁县当局为了保护殿内的 5 尊明代珍稀彩绘泥塑造像,要求地方商家如有志愿出资修缮庙宇、保护好塑像者,即可在这里设店营业。结果,由泰盛酱园马姓承担,拆除了山门,改建为店面 3 间,另外还整修了天后殿,将 5 尊明代塑像都进行了开光,并用红漆木栅围护。对后院三开间的梳妆楼修整后,用作该店库房,可以说该店为地方上完成了一项功德。1947 年 7 月,解放战争中,此庙连同大闸口运河北岸街以及土山儿市场,全部被国民党军整编 72 师纵火焚毁,片瓦无存。此外,济宁城北关外东北,还有一座天妃阁,当地人也称"天仙阁",俗称"奶奶阁"(今有奶奶阁街),"为谒岱通衢,持香顶礼者岁无虚日"[③]。

除此之外,山东运河区域还有一些不称天妃庙或天后宫的庙宇也供奉妈祖。如张秋"显惠庙",因弘治七年(1494 年)塞河决口,改镇名"安平",同时皇帝下诏在镇上建庙,祠祀天妃、龙王、真武、大王诸神,赐额"显惠"。关于张秋显惠庙中所祀神灵,史料中有两种描述:《北河纪》《北游录》均记为东岳、北极、文昌,而《明英宗实录》《清续文献通考》则记载祭祀的是真武、龙王、天妃诸神。张天

① 出叟:《长河志籍考》卷八,《丛书集成初编》第 3144 册,商务印书馆 1936 年版,第 55~56 页。

② 蒋维锬、朱合浦主编:《湄洲妈祖志》,方志出版社 2011 年版,第 229 页。

③ (清)徐宗幹修,(清)许瀚纂:道光《济宁直隶州志》卷五《秩祀志》,《中国地方志集成·山东府县志辑》第 76 册,第 253 页。

瑞在其《重修显惠庙纪略》中对这二者的差异给出了解释:“东西庑以祭祀河神之当祭者像二十。”[①]这里虽未具体记述这20种河神各自为何者,但应该是当时人们所认为的有保河之功的神灵。显惠庙中一开始可能供奉有天妃神,但在当时的官民看来,妈祖作为海神,其护佑漕运的职能相比专门的河神具有很大的局限性,神灵在当地只能受到负责漕运的官员或往来福建商人的祭拜,普通百姓对它祭拜的兴趣不大,这就导致了妈祖信仰不能在当地扎根和发展,以至于随着张秋镇漕运地位的下降,它很快就销声匿迹了。

明代所建显惠庙早已湮没无闻。2015年4月(梅月),当地民众在其旧址上捐资重建庙宇,亦名“显惠庙”。2015年12月,笔者前往张秋镇考察时发现,当地民众在显惠庙前立有一通石碑。碑文记载:“据传明朝年间,张秋镇京杭大运河戊己山处有一漩涡,过往船只皆被吞没,显惠闻知,驱身堵住,从此过往船只平安通行,百姓为其建庙供奉。由于年深日久,庙宇无存,如今单位和个人捐款重建显惠庙,故刻碑铭记。”后列有捐资人姓名及捐资数量。庙中供奉有一尊女神塑像,当地百姓均称其为“显惠奶奶”,而非明清史料中所记“天妃”。

山东运河南端的峄县亦有天后宫,又称“天后圣母宫”,位于城东南30公里的台庄闸。清朝初年,由福建商行集资兴建,建成后成为福建会馆。咸丰三年(1852年),复由福建士商重修。[②] 在整个清代,天后宫香火旺盛,不仅是福建商人的精神家园,而且是过往船家朝拜妈祖的圣地。不幸的是,这座神圣的庙宇毁于1938年的战火。今天重建的天后宫,建筑面积为1508平方米,为二进庭院格局,有正殿、配殿、前后厢房、戏楼、钟鼓楼及附属建筑80余间,是一处闽南特色鲜明的建筑群。

还应注意的是,在山东运河区域的各州县几乎都设有碧霞元君祠,本来这类元君祠是专门供奉泰山女神——碧霞元君的。在山东民间,碧霞元君又称“泰山娘娘”,主祛病消灾和多子多福,因而广受崇信,尤其是妇女到娘娘庙上香、还愿等十分普遍,明清小说《金瓶梅》《醒世姻缘传》及《三言》中多有描述。从明朝中期起,山东运河区域的碧霞元君崇拜出现了与天妃崇拜合而为一、相互融合的趋势。这一方面是因为下层百姓不能细辨由南方传入的天妃女神身份,将其视同泰山娘娘一样掌管人间祸福的女性(母性)神祇而加以膜拜,显示出中国民间信仰功利主义的本质;另一方面,明朝崇祯年间,朝廷曾公开下诏敕

① (明)谢肇淛:《北河纪》卷八《河灵纪》,景印文渊阁《四库全书》第576册,第717页。

② 参见(清)王振录等修,(清)王宝田等纂:光绪《峄县志》卷十,《中国地方志集成·山东府县志辑》第9册,第123页。

封天妃为“天仙圣母青灵普化碧霞元君”，又封为“青贤普化慈应碧霞元君”，这样的封号则更加剧了山东民众将天妃和泰山碧霞元君混为一神，共同崇祀。因而明清时期山东运河区域遍布各地的碧霞元君庙、娘娘庙，有许多也同时供奉天妃。[①] 德州的天妃庙也曾被当地人当作泰山元君庙，正如明人王权所记：“吾境多泰山元君祠，谒天妃庙者恒以元君视之。”[②]济宁城北的天妃阁，也是由于处在北上泰山为东岳大帝和碧霞元君进香的路当口，因而信众极多，烟火极盛，以至于“持香顶礼者岁无虚日”[③]。可见，在鲁西一带，尽管正式冠名天妃庙的庙宇不多，但天妃崇拜却深入民间，融入了当地民众的日常精神生活之中。除了当地百姓的崇祀，沿运河城镇中福建商人建立的会馆也奉天妃为正神。在峄县的台儿庄，就有福建商人建立了“天后圣母宫”，并于咸丰年间重修。

其实，妈祖形象不只是在德州“变样”了，在山东以及其他地区也都发生了“变样”。如在环渤海一带，明末毛文龙在庙岛建立了天妃庙，在砣矶岛建立了娘娘庙，分别供奉妈祖之大妹、二妹。而在妈祖的身世传说中，妈祖是“季女”，已经排行最小，何来的这二位妹妹？但至今在砣矶岛等地方仍流传着这一说法，并称砣矶岛娘娘庙与庙岛妈祖庙（现在特指显应宫）是平等而非隶属关系。这说明妈祖信仰北传之后，不仅形象“变样”了，而且面目全非，似乎另成一体了。即使在北方有“女皇”之盛誉的碧霞元君信仰，在其传播过程中也不可避免地要接受当地信仰文化的改造。如距碧霞元君信仰发祥地很近的东平县、梁山县一带，也盛传碧霞元君尚有二妹的传说：碧霞元君在泰山，为大姐；青蛔堆女神是其二妹，梁山县城北的土山女神是其三妹，据说都非常灵验。这说明，一种信仰文化一旦离开自己的本土，在其传播过程中就不可能不与异地信仰文化发生互动关系，适者生存，最后形成了信仰多元互融、共存的和谐局面。有时候这种互动现象，会以“兼职”他神职能的形式表现出来，如妈祖在内地，从海神而“兼职”“河运之神”“生育神”等。因此，妈祖信仰在德州、山东，乃至整个北方地区传播时的“变样”，是极其正常的一种文化现象，这也是山东地区妈祖信仰传播的重要特征。[④]

---

① 参见李泉、王云：《山东运河文化研究》，第 284 页。

② （清）王道亨修，（清）张庆源纂：乾隆《德州志》卷十三《艺文》，《中国地方志集成·山东府县志辑》第 10 册，第 374 页。

③ （清）徐宗幹修，（清）许翰纂：道光《济宁直隶州志》卷五《秩祀志》，《中国地方志集成·山东府县志辑》第 76 册，第 253 页。

④ 参见闫化川：《妈祖信仰的起源及其在山东地区传播史研究》，山东大学 2006 年博士学位论文，第 113 页。

就目前所能见到的资料而言，我们可以看出：第一，妈祖信仰传入山东运河区域应比当地金龙四大王信仰出现的时间要早。据德州人田雯记载，德州信仰天妃，始于永乐后，“自永乐后，海运既罢，卫河已通，州人祀之，其有观于永济渠与南关外，腊月八日祭”[①]。这说明天妃信仰在明朝前期就已随运河传入了德州。第二，山东运河区域的妈祖信仰既有官府的倡导，也有民间自发的崇拜。张秋的显惠庙和济宁的天井闸天妃宫均为官方所建，并由官府致祭；而德州天妃庙、济宁城北的天妃阁以及福建商人会馆，则完全是民间自发的信仰行为。正是由于来自社会上层和下层的共同的文化心理认同，才使这种来自遥远南海边的外地民间信仰能够在山东运河区域扎根落户，融入当地的社会文化之中。[②]

四、天津的妈祖信仰

天津的诞生与发展都与漕运有着密切的关系，自元代实行漕粮海运以来，天津才逐渐成为一个重要的漕运码头，其妈祖信仰的出现及传播亦直接得益于海运的盛行。光绪《重修天津府志》记载，天津境内的天后宫共有10余处：“一在东门外，元朝建，明永乐元年重建，正德十年，参将杨节重修。……一在陈家沟，一在丁字沽，一在盐水沽，一在贺家口，一在葛沽，一在泥沽，一在东沽，一在前辛庄，一在后尖山，一在秦家庄，一在城西如意庵南，一在大直沽。”[③]据学者考证，天津出现时间最早的天后宫有两处：一处在大直沽，一处在直沽（今东门外天后宫）。[④] 民国《天津县新志》则记载天津城内的天后宫有两处：“一在大直沽东岸，一在直沽西岸，皆元建。史云‘泰定三年作天妃宫于海津镇’，即在直沽者也；其在大直沽者，至元年建，泰定间被火重修。时称东、西庙。每岁海运驶至海滨刘家港，省臣、漕臣斋戒卜吉于天妃灵慈宫，谓东庙也。其后东庙废而西庙存，加封天后圣母，列入祀典，今名天后宫。”[⑤]

大直沽位于海河出海口之东岸，最初只是个产盐的地方，居民不多。迨到

---

① 田雯：《长河志籍考》卷八，《丛书集成初编》第3144册，商务印书馆1936年版，第55页。

② 参见李泉、王云：《山东运河文化研究》，第285页。

③ （清）沈家本等修，（清）徐宗亮等纂：光绪《重修天津府志》卷三四《经政八·祀典》，《中国地方志集成·天津府县志辑》第2册，上海书店出版社2004年版，第30页。

④ 参见桂慕梅：《民俗学视野下的天津天后宫女神崇拜研究》，载色音主编：《民俗文化与宗教信仰》，知识产权出版社2011年版，第101页。

⑤ 天津市地方志编修委员会编著：《天津通志·旧志点校卷》（中册），天津社会科学院出版社2001年版，第1053页。

元初，才在这里建立了海运漕粮转运中心，并创建了天妃庙。后来因位于海河西岸的小直沽也建造了一座天妃庙，于是大直沽之庙便被俗称“东庙”。大直沽天妃灵慈宫是天津最古老的寺庙，它建立的具体年代难以确定，比较集中的说法有至元(1264～1294 年)和延祐(1314～1320 年)两种。① 大直沽天妃宫自建庙以来，可谓多灾多难：元泰定年间毁于火，朝廷发官帑重修；元至正十一年(1351 年)增筑基地，高 8 尺有余，盖瓦级砖，为之一新；至明初，复“因其古庙而扩大之”；弘治时，“又敕命重修而更新之”。万历六年(1578 年)，本邑周得水等人重修，起工于春三月，讫工于夏五月。东庙的官方地位直至晚清也未改变。同治四年(1865 年)，五口通商大臣崇厚奏请颁赐天津大沽口天后神位匾一面。光绪十二年(1886 年)，直隶总督李鸿章再次奏请颁赐天津大沽口匾额。此庙在光绪二十六年(1900 年)庚子之变中毁于兵燹，后虽复建 3 间大殿，然于 1950 年拆毁。

危素(1303～1372 年)，字太朴，一字云林，元至正间任经筵检讨，曾参与《宋史》《辽史》《金史》的修纂，后迁翰林学士。入明后，官至弘文馆学士，与宋濂同修《元史》。元至正十一年(1351 年)，危素在其所撰《河东大直沽天妃宫碑记》中记载了天妃宫修建的原因和经过：

> 护国利民广济福惠明著天妃祠，吴僧庆福主之。泰定间，弗戒于火，福言于都漕运万户府，朝廷发官帑钱，使更作焉。嗣庆福者，二人。始吴僧智本主六年，以至正十一年圆寂；众请主西庙僧福聚来继其任。然东庙素卑下，潮汐渐湿，栋宇摧坏。会覃怀逯公鲁，鲁以海道万户督运，行海中，所乘舟触山石，几覆，乃亟呼天妃。俄火发于桅，若捩其舵。遂得免。请于朝，加神封号。福聚具以修庙告，逯公以文书至户部，监察御史海岱刘公真，工部郎中鲁郡白公守中，文章以达中书，发钱八百五十十缗。命下，大都路达鲁花赤高昌公以京府务繁，不遑躬莅工役，属同知都州事脱欢庸责其成。因增筑基地，高至八尺有余，盖瓦级砖，为之一新。②

任天祚，生卒年未详，天津卫人，隆庆五年(1571 年)进士。在其所作碑文的落款中，得知其字槐庭，号云津道人，曾以兵部武库清吏司主事一职镇守山海关。明万历六年(1578 年)，任天祚在其所作《重修敕建灵慈宫天妃碑记》中详细

① 元人危素所撰《河东大直沽天妃宫碑记》仅记重修而未记创始之年，明万历年间任天祚所作《重修敕建灵慈宫天妃碑记》云：“传至延祐，兹大直沽，乃古建天妃灵慈宫。”《畿辅通志》据清雍正《天津县志》曰：“灵慈宫，在府河东，元至元年建。”

② 李修生主编：《全元文》第 48 册，第 366～367 页。

论述了崇祀妈祖的原因：

神毓秀于闽，显化于湄。先朝感其灵异，代代褒封，曰夫人，曰天妃，十五余更。是时雨旸疫疠，舟航危急无祷不应，故陆行舟载，若或使之，莫不祀奉其神焉；而巍然焕然，保治世于无虞，感人心于冲漠，不特一时一处已也；传至延祐，兹大直沽乃古建天妃灵慈宫。我国初，岁取东南之粟以实京师，以天下至险莫过于海，天下至计莫重于食，海运边储，舟航无虞，神之阴佑默相者万万也，乃因其古庙而扩大之，立人以奉祀。①

天津东门外天后宫，原名“天妃宫”，俗称“娘娘宫”，始建于元泰定三年(1326 年)，明永乐元年(1403 年)重建。②《元史·泰定帝本纪》：“泰定三年七月甲辰，遣使祀海神天妃。八月辛丑，作天妃宫于海津镇。”③这是有史可考的关于天津天后宫最早的记录。④ 清康熙《天津卫志》记载天妃宫：“在本卫城东河边，元朝建，明永乐元年重建；正统十一年，参将杨节重修。”⑤雍正《畿辅通志》亦云：“天妃宫，在东门外，《元史》泰定三年作天妃宫于海津镇，即此。”⑥庙宇建筑在旧城东门外迤北的海河西岸，坐西向东，面朝海河，因而被俗称“西庙”。其地又正处古之三岔河口迤南，元代南北海运航线开通后，在此建筑码头，作为粮船和货船卸载和交易的场所。元延祐三年(1316 年)，因取“海滨津渡”之意，升直沽寨为海津镇。此后，这里便成为天津最繁华的港口市集和朝拜中心。此庙虽历经沧桑，但风采依旧。1985 年，天津市人民政府拨款全面整修，并以天后宫为中心新辟古文化街区，现已成为天津市区亮丽的风景线之一。

天津东门外的天后宫，天津人俗称“娘娘庙”，位于海河西岸古文化街中心位置，是天津市区现存最古老的庙宇，它与福建莆田湄洲妈祖庙、台湾北港朝天宫并列为“我国三大妈祖庙”。天后宫从东向西依次为戏楼、天后宫广场、幡杆、

---

① 蒋维锬编校：《妈祖文献资料》，第 108 页。

② 天津史学界对于东门外这座天后宫具体的初建时间有两种看法：一说在元至十六年(1279 年)，一说在元泰定三年(1326 年)。历史上东门外的天后宫现在被称为“天津天后宫”。虽然目前还没有更多的证据为天后宫初建的年代下定论，但天津天后宫建于元代这一观点已在学界形成共识，并且现在天后宫的工作人员对外声称的初建年代也是 1326 年。(详见桂慕梅：《民俗学视野下的天津天后宫女神崇拜研究》，色音主编：《民俗文化与宗教信仰》，知识产权出版社 2011 年版，第 101 页)

③ (明)宋濂：《元史》卷三十《泰定帝本纪》，中华书局 1975 年版，第 672 页。

④ 色音主编：《民俗文化与宗教信仰》，知识产权出版社 2011 年版，第 101 页。

⑤ (清)薛柱斗修，(清)高必大协纂：康熙《天津卫志》卷三《寺观宫庙》，载来新夏主编：《天津通志》(上)，南开大学出版社 1999 年版，第 68 页。

⑥ 蒋维锬、朱合浦主编，莆田湄洲妈祖祖庙董事会编：《湄洲妈祖志》，方志出版社 2011 年版，第 176 页；嘉庆《重修一统志》记载天后宫：“在天津县东门外小直沽，元泰定三年八月作天妃宫于海津镇，即此。本朝乾隆四十九年修，嘉庆七年重修；(嘉庆)十三年，仁宗睿皇帝巡奉天津，御书额曰‘垂佑瀛壖’。”

正门、前殿、正殿、凤尾殿、藏经阁，两侧有钟鼓楼、配殿和回廊。前殿和正门之间有普济泉等三口水井，据传说是天后娘娘为保一方平安镇住海眼留下的遗迹。以前还有井水售给游客，味道清洌甘甜，现已加盖保护起来了。戏楼、广场和幡杆均在天后宫正门之外，为过去祭祀天后的场所。广场在过年等时候会有大量卖吊钱窗花的摊位聚集，非常热闹，戏楼有时也会启用。天后宫前殿祭祀天后仪仗的护法神，正殿祭祀天后，塑像周边有记录妈祖生平的壁画以及仪仗；凤尾殿在正殿后身，祭祀净瓶观音、滴水观音和渡海观音。

前殿是天后宫最早的山门，为面阔三间的过堂殿。前檐正中门额“三津福主”，上款书“康熙十三年岁次甲寅春任正月”，下署“整饬天津副使加六级关中薛柱斗谨献”。殿内是祭祀天后仪仗的五尊护法神像，中间为王灵官，两侧为千里眼、顺风耳、加恶和加善，他们均为天后驾前仙班里的神将。正殿的神龛里，天后圣母慈眉善目，仪态端详，凤冠霞帔。她的左右立着四彩衣侍女，其中两人手执长柄扇遮护天后，另两人一个捧宝瓶，一个捧印绶。神像前的供桌上摆满了香客们供奉的月饼、苹果、绢花等。抬头向上可见三块匾额：中间一块写着“垂佑瀛壖”，意为赐福沿海；两旁分别写着“盛德在水”“万里波平”。转身右看壁上，还有一块引人注目的新匾，上写“四海同光”。这是 1991 年 9 月，台湾北港朝天宫董事长曾蔡美佐赠给天津天后宫留念的匾额。凤尾殿位于正殿后方，殿内祭祀的是净瓶观音、滴水观音和渡海观音。观音崇拜在民间较为普及，自宋代就有“家家弥勒佛，户户观世音”的说法。观音和妈祖都是具有除恶扬善、消灾祛疫、护佑万家的神灵，又是我国最具亲和力的女性神祇，深得百姓爱戴。总体来说，天津天后宫无论是其建筑艺术风格，还是石雕、木雕、诸神雕塑、书法、壁画，都衬托着天津天后宫的悠久历史和深厚的文化底蕴。① 天后宫左、右配殿陪祀其他民间信仰中的神灵有祭祀天后仪仗中药王、四海龙王、财神、关羽、斗姆及北斗星君(六十太岁)，这些是崇拜范围较广的，除此之外还有天津本地的民间信仰，如王三奶奶、白老太太、挑水哥哥、马王爷、土地、魁星等。

妈祖信仰还在天津衍生出带有浓厚地域特色的“皇会”风俗。天津皇会原称“娘娘会”或“天后圣会”，民间口传源于元明时期，文字记载是从清康熙四年(1665 年)开始的。乾隆年间，“娘娘会”因其规模宏大受到皇帝嘉奖，由此改称“皇会”并流传至今。同治《续天津府志》载，每年三月二十三日“天后诞辰，预演百会，俗呼为皇会，十六日曰送驾，十八日曰接驾，二十、二十二两日辇驾出巡，

① 参见秦贝臻编著：《护航天使：妈祖信仰与妈祖文化》，北方妇女儿童出版社 2015 年版，第 105～110 页。

先之以杂剧，填塞街巷，连宵达旦，游人如狂，极太平之景象”[①]。光绪《重修天津府志》载：“三月二十三日天后圣诞，预演百会，俗呼为皇会。……天津皇会之盛，致远近闻传，数百里内乘船来者麟集河下，官府尝出示预禁，以故大会数年一出，即每年从简举行，商民集费，男女肆游，亦属漫无禁制。”[②]天津皇会是天津民间极为隆重的民俗活动。它最初是为祭祀妈祖诞辰而举行的庆典仪式，随着天津社会经济文化的发展，逐渐演化成一种独特的将神祇崇拜、宗教信仰、问医求子、祈福还愿、赛会演剧、男女游观、会亲访友、社会交往、城乡商品交换等活动集一体的庙会形式。[③]

天津皇会的会档（种类）分为三类：一是服务性质的，如扫殿会、净街会、请驾会、梅汤会等。二是仪仗性质的会，如门幡会、太狮会、广照会、宝鼎会、接香会、日罩会、灯罩会、銮驾会、华辇会、护驾会、灯亭会、鲜花会等。三是以各类乡村民间花会为基础的表演，涉及内容相当广泛。皇会内容丰富多彩，包括杠箱、鲜花、法鼓、门幡、秧歌、提炉灯、大乐、高跷等40多种表演，融聚了天津民间各种技艺的精华，可谓“百戏云集”。[④] 皇会的热点主要集中在“接会”和“花会”。所谓“接会”，也称“截会”，即人们为了更久地欣赏民间文艺团体的演出，在沿街的两侧搭上看棚，请来亲友在棚内等待观看。当歌舞队伍来到时，搭看棚的人家便将自己的名帖送给花会的会首，并向会首问候平安，道一声“辛苦”之类的谢词后，请会首在此看棚前表演。会首将自己的帖子再送给看棚主人，摇动手中旗帜，花会就会在看棚前演出。看棚的主人一般为富商，除了享乐之外，他们接会的目的还有提高自己的声誉方面的内容，如同今天的广告效应。据载，清代的一些富商为了操办皇会，竟有人出重金置办仪仗，雇人来比赛歌舞技艺，还有亲自扛抬亭座和辇舆的。通常看棚前只有一班花会，但也有数班花会进行比赛的，胜者多获赏。赏物一般为天津的名点心“八大件”之类的食物。胜者用茶挑接赏物，茶挑的表演同样精彩。一般茶挑的表演者为花会接收赏物的挑夫，多为受过训练的青年男子。他们的肩上放着一条两头挂着食盒的扁担，扁担的两端饰有红绒球和龙头等物，随着步伐的退退进进闪动着，而不用手扶。这些挑夫多为光头，上穿毛蓝褂，挽起两袖，围上竹布围裙，下穿黑鞋白布袜，非常灵

---

① （清）吴惠元修，（清）蒋玉虹、（清）俞樾纂：同治《续天津府志》卷四《学校・附祠庙》，《浙江图书馆藏稀见方志丛刊》第1册，国家图书馆出版社2011年版，第419页。

② （清）沈家本等修，（清）徐宗亮等纂：光绪《重修天津府志》卷二六《舆地志八・风俗》，《中国地方志集成・天津府县志辑》第1册，第538页。

③ 参见林国良主编：《妈祖文化简明读本》，海风出版社2014年版，第179页。

④ 参见林国良主编：《妈祖文化简明读本》，第180页。

巧，给人以滑稽之感。当然，各个花会和北京妙峰山朝顶花会一样要在演出之前到有关场所报名，便于庙会中各花会演出秩序的管理安排。民间花会在看棚前演出，成为庙会的重要内容，花会表演者多来自天津附近的城镇和乡村，有被人包办的，也有自发组织起来的。[①] 所谓“花会”，实际就是各种民间娱乐形式的集中展示，包罗杂泛，法规无定。既有耍幡、飞镲等杂耍，也有雅乐、什不闲之类乐器演奏，还有花亭会、游西湖等戏曲片段。而像扫殿、净街会等名为“一道会”，其实只是一种造声势的仪仗形式，并无技艺表演。另外，虽号称“七十几道会”，但实际上是把重复的种类也以独立的一道计算在内。如法鼓、吹会、高跷、重阁等都有重复，统计的是数目而非种类。[②] 天津皇会的会期为九天，从农历三月十五日起，至二十三日妈祖诞辰日止，其中十六日、十八日、二十日、二十二日俱有花会展演。

花会展演场景宏大，十分精彩，路线贯穿天津卫的城里城外。首先是天后娘娘出巡，先后三次。第一次是三月十六日（农历，下同），为天后归宁日，人们身着彩衣，抬着天后塑像。由天后宫起驾，经宫南街、袜子胡同进东门，再经鼓楼东出西门，至如意庵驻跸，享受人间香火。十八日，再由如意庵起驾，途经针市街、估衣街、锅店街、宫北大街返回天后宫。第二次出巡是三月二十日，由天后宫起驾．经宫北大街、锅店街、估衣街、北大关，过北门经鼓楼北再鼓楼南，出南门至闸口，由南斜街折回。第三次出巡是三月二十二日由天后宫起驾，路线与第一次相同，只是当日即行还宫。以上三次出巡，所经过的地方人山人海，热闹非常。三次出巡之后才开始隆重的迎神赛会，时间安排在三月二十三日天后诞辰这一天。来自城区及周边村庄的一道道花会，总数有70余道，如节节高、渔家乐、杠箱、飞镲、秧歌、高跷、旱船、小车会、什不闲、花亭会、法鼓、雅乐、鹤龄、宝辇、提灯、扫台等等，一道接一道，一直到深夜。[③] 现收藏在国家博物馆的《天津天后宫行会图》绘于清代，共画有人物5000余人、白马8匹、圣母銮驾5乘，各种执事灯、扇、伞、旗、阁、塔、亭、乐器等共计4000余件，可见盛大壮观的天津皇会确有皇家气势，远非一般庙会能比。[④]

民间花会最显眼的是“中幡会”。一只中幡重约50公斤，高有2丈，幡宽1米左右，红底花边，在幡顶上端饰有旗、伞、铃等物，由一壮汉用嘴或肩顶起，甚

---

① 参见高有鹏：《中国庙会文化》，上海文艺出版社1999年版，第397页。

② 参见甄光俊：《甄光俊戏剧文汇》，天津古籍出版社2013年版，第151页。

③ 参见甄光俊：《甄光俊戏剧文汇》，第151页。

④ 参见林国良主编：《妈祖文化简明读本》，第179～180页。

至有人将整个幡抛起后，再用头部、肩部接住。这是所有花会中演技难度最大的一项。其他如由数十人抬起的2丈多高的抬阁，有身轻如燕的爬竿，有身披狮皮在地上翻滚或在桌子上跳跃的狮子会，有儿童扮演的鹤龄会和八仙会等。节节高会由8人肩上各站立一个幼童，分别演出一些戏曲如《白蛇传》《错中错》《辛安驿》《一两漆》《戏牡丹》《探亲家》《逛花灯》等，那些幼童分别站在许仙、吕洞宾、油匠等戏曲人物的身上。花鼓会的8位青年男女，扮演《水浒传》故事，边舞边唱。跨鼓会打起震天的大鼓，与文武童子摆成的"天下太平"等图案相辉映。杠箱会扮演皇家宝物在路上被人劫走的故事，有问有答，插科打诨，令人捧腹大笑。这些花会早在清代咸丰年间就已存在，晚者在中华人民共和国成立后始出现，如一些具有新意的劳动舞蹈。皇会的花会由以往的娱神渐渐向娱人转变，不断增加新的内容进行改造，如花音法鼓会、金音法鼓会、东园法鼓会等法鼓会的"耍钹""耍铙""飞钹""飞铙"，以及大乐会、拾不闲会、高跷、秧歌和扫街会、门幡会、太狮会、报事灵童会、鲜花会、灯扇会、提灯会、花瓶会、请驾会、华盖会、銮驾会等，各演神技，令人眼花缭乱。①

历史上的皇会并非一年举办一次。从光绪中叶开始，皇会次数逐年减少。进入民国以后，军阀割据连年混战，皇会就更难组织。1936年，天津举办了民国历史上的最后一次皇会，此后停办。1994年，在天津民俗博物馆和广大信众的共同努力下，纪念妈祖诞辰的仪式及皇会花会展演等民俗活动开始恢复，此后规模逐年扩大，内容不断丰富。直到2001年举办"首届中国·天津妈祖文化旅游节"后，这数百年的民俗文化得以正式延续。2008年，天津皇会被列入《第二批国家级非物质文化遗产名录》。②

---

① 以上参见高有鹏:《中国庙会文化》，第398页。

② 参见林国良主编:《妈祖文化简明读本》，第180～181页。

第三章 风调雨顺拜龙王

龙神信仰在中国由来已久，民间广为崇奉。龙在传说中是有麟角须爪的神兽，具有由多种动物组合而成的复杂特征，这在史料中有很多记载。如东汉许慎《说文解字》记载："龙，鳞虫之长，能幽能明，能细能巨，能短能长，春分而登天，秋分而潜渊。"[①]宋人罗愿在《尔雅翼·释龙》载："龙，角似鹿，头似驼，眼似兔，项似蛇，腹似蜃，鳞似鱼，爪似鹰，掌似虎，耳似牛。"[②]《渊鉴类函》卷四三八引《会编世传》："画龙有九似之论，谓自首至膊，膊至腰，腰至尾，相停也；九似者，角似鹿，头似驼，眼似兔，项似蛇，腹似蜃，鳞似鱼，爪似鹰，掌似虎，耳似牛。"[③]古人因不能完全掌握自然规律，认为龙能行云布雨，影响旱涝灾害。因此，最晚从汉晋以来，民间就开始有祭祀龙神的风俗，主要目的体现在祈福求雨、风调雨顺、保证庄稼丰收和治理水患等生产生活方面，这主要是由于中国是一个农业大国决定的。

---

① (东汉)许慎著，李兆宏、刘东方解译：《说文解字全鉴》(第2版)，中国纺织出版社2014年版，第232页。

② 向柏松：《图说中华水崇拜》，中国水利水电出版社2015年版，第142页。

③ 向柏松：《图说中华水崇拜》，第142页。

一、龙神信仰的形成及发展

龙王的来源有二：一是印度佛教的传入，二是中国人崇龙心理和尊王心理的交融互渗。[①] 从龙王称谓的出现、龙王形象的形成到龙王神职的扩大、龙王庙宇的修建，我们可以明显看到其受佛教文化影响的痕迹。相传释迦牟尼降生时，曾有名为迦罗和郁加罗的两位龙王兄弟为佛祖沐浴净身，一个在左边洒温水，一个在右边洒冷泉。在《过去现在因果经》里，浴佛的龙王成了难陀和优难陀，他们“于虚空中，吐清净水，一温一凉，灌太子身”。天众、龙众、夜叉、干达婆、阿修罗、迦楼罗、紧那罗、摩侯罗迦等“天龙八部”也在空中作天伎乐，歌唱赞颂，烧香散花，抛撒天衣、璎珞，“缤纷乱坠，不可称数”。鸠摩罗什翻译的《妙法莲花经》里，龙王共有八位，分别是难陀龙王、跋难陀龙王、婆伽罗龙王、修吉龙王、五德义迦龙王、阿那婆达多龙王、摩那斯龙王、优钵罗龙王。宋代画家张胜温作《法界源流图》，画了其中的六位(缺摩那斯龙王和优钵罗龙王)。这六位龙王都是人间王者的形状，穿袍蹬靴，携侍带眷，衬以天云海水。唐代翻译的《华严经》中，龙王增至十位，名称也不同于上述八位。他们分别是一毗楼博叉龙王、二娑竭罗龙王、三云音妙幢龙王、四焰口海光龙王、五普高云幢龙王、六德义迦龙王、七无边步龙王、八清净色龙王、九普运大声龙王和十无热恼龙王。另外，还有“五龙王”“七龙王”“八十一龙王”“一百八十五龙王”之说。中国民间文学中所言龙王、龙宫之事，如龙王的呼风唤雨职能、龙宫多宝等几乎全受到了佛经故事的启发，在其演绎的过程中，文人们充分发挥想象，冲破佛教文化的桎梏，创造了众多充满人格化的龙王形象。[②]

龙王与道教关系密切。道教形成于东汉末年，它是在中国上古原始宗教的基础上吸收了春秋战国时期阴阳五行说和升仙思想发展而来的，上古的鬼神观念和龙的观念都为道教所摄取。在上古神话中，龙是通天神兽，是升仙的坐骑。道教对此说全盘继承，神仙以龙为脚力。道教的法术中有一种为“乘峤”，即乘坐神兽飞行于空中，与神仙往来，所乘的龙称为“龙峤”。据道教经典说，乘龙者游洞天福地，一切邪魔精怪都不敢侵犯，无论到那里，都会有神祇出迎。早期的道教，尽管承认龙的施云布雨功能，却只是拿它当脚力使用，直到后来佛教将龙

① 参见庞进：《呼风唤雨八千年——中国龙文化探秘》，四川教育出版社1998年版，第68页。

② 参见庞进：《呼风唤雨八千年——中国龙文化探秘》，第69页。

神据为己有的时候，才醒悟过来，大力争抢龙神，奉为龙主。[①] 这主要缘于早期道教与佛教的激烈竞争，这种竞争主要体现在两个方面：一是双方争相拉拢封建君主以取得政治上的支持；二是尽量附和民众心理，取得民众的认同。[②] 所以当佛教关于龙王的内容日益渗入中国文化之中产生社会影响后，道教就奋起直追了，不仅把道教中的龙也附会为王，而且后来居上，名目的繁多超过了佛教，其主要有四海龙王，东海敖广、南海敖闰、西海敖钦、北海敖顺，五方龙王青帝、赤帝、白帝、黑帝、黄帝等数百位龙王。上古原始宗教的龙虽有神性，但并不占地盘，但道教的龙王均有守土之责，诸天有龙，四海有龙，五方有龙，三十八山有龙，二十四向有龙，以至于凡是有水的地方，无论湖海河川，还是渊潭池沼以及井、泉之内都有龙王驻在。[③]

佛、道两教争相对龙宣传，刺激了民间对龙的崇拜，传统的龙也由神兽变成了神，于是使大江南北无处不存在龙王。[④] 从隋唐开始，随着佛教、道教的盛行，佛、道中龙王的神话传说逐渐与早期民间的龙王信仰糅合在一起，龙王信仰在民间的广泛传播，也逐渐引起了封建统治者的重视。唐玄宗时，诏祠龙池，设坛官致祭，以祭雨师之仪祭龙王。宋太祖沿用唐代祭五龙之制。《宋会要辑稿》记载："京城东春明坊五龙祠，太祖建隆三年，自元武门徙于此，国朝缘唐祭五龙之制，春秋常行其祀。先是熙宁十年八月，信州有五龙庙，祷雨有应，赐额曰'会应'，自是五龙庙皆以此名额云。"[⑤]徽宗大观二年(1108 年)十月，诏封天下五龙庙为王爵，青龙神受封"广仁王"，赤龙神受封"嘉泽王"，黄龙神受封"孚应王"，白龙神受封"义济王"，黑龙神受封"灵泽王"。[⑥] 元朝初年，又以五方为次，诏封五龙神为"东灵侯""西宅侯""中静侯""南平侯""北宁侯"。明清两代帝王也有加封龙王的举措。明朝初年，下诏将五龙王神的前代封号撤去，改封为"东海之神""南海之神""北海之神""西海之神"。顺治二年(1645 年)，加封运河神为"延庥显应分水龙王之神"，令河道总督致祭。[⑦] 雍正二年(1724 年)，敕封四海龙神，东曰显仁，南曰昭明，西曰正恒，北曰崇礼，均遣官赍祭文香帛，交该地方官

---

① 参见刘明金主编：《海洋文化巡礼》，人民日报出版社 2012 年版，第 80 页。

② 参见沈泓：《龙图天下：民间美术中的龙图腾溯源》，中国财富出版社 2013 年版，第 20 页。

③ 参见刘明金主编：《海洋文化巡礼》，第 80～81 页。

④ 参见刘明金主编：《海洋文化巡礼》，第 81 页。

⑤ (清)徐松辑：《宋会要辑稿》第 1 册，中华书局 1957 年版，第 465 页。

⑥ 参见(清)徐松辑：《宋会要辑稿》第 1 册，第 465 页。

⑦ 参见《清世祖实录》卷二二"顺治二年十二月甲辰条"，第 3 册，第 1688 页。

致祭。[1] 官方的倡导和肯定，反过来又推动了龙王信仰在民间的传播。各地的江、河、湖、海、泉、闸、坝等凡是有水之处皆有祭祀龙王的或大或小的庙宇，龙王信仰十分广泛。随着龙文化的形成以及龙神信仰的普遍，龙王被赋予更多的神职。明清时期龙王除了行云布雨之外，又增添了诸如行保障船安全、防洪护堤等职能，而这些神职在运河区域颇为常见。

二、江南运河区域的龙神信仰

《古今图书集成·杭州府祠庙考》记载，杭州府城水神庙在宝月山，祀"水德之神"，其上为龙神祠，万历二十五年（1597 年），郡民姚世明募建，以厌火患，庙中有金龙泉。[2] 雍正《浙江通志》记载，龙神庙在瑞石山，雍正五年（1727 年），遣官赍送龙神像于浙江，敕封"福越滋农龙王"，总督李卫建祠于大观台旧址，后建风伯雨师亭，岁时祈祷必应，有司崇祀特虔。[3] 自从大观台有皇帝御赐的龙王神像后，每年元宵灯会时，杭城内外的所有龙灯，必须先到这里"开光"，在龙的白眼球上画出黑眼珠，才能在锣鼓声中蜿蜒下山，上街游行，成为杭州灯会最盛处，大大推动了吴山上城隍庙街、山下城隍牌楼直街的灯会的发展。金志章的《武林踏灯词》写其实况。其一云："画鼓声喧百面雷，烛龙惊起上春台。游人尽道开光好，争向龙神庙里来。"其二云："绣额珠帘夹道周，繁华从古说杭州。星球万点银箫沸，金地山前彻夜游。"[4]由此可见，当时灯会之盛。

嘉泽庙，又称"水仙庙"，旧在钱塘城外二里，号"钱塘湖龙君"。董嗣杲《西湖百咏》云："水仙庙，在水月园西，庙创（后）梁大同年间，号'钱塘龙君庙'。钱氏继请额，穹碑尚存。乾道中重建，宝庆间，郡守别建苏堤上。"咸淳《临安志》云："水仙庙，在西湖三桥北。此即别建之庙也。水仙王庙，一名嘉泽庙，旧在孤山路，祀钱塘湖龙君。（后）梁大同中建，唐咸通中，刺史崔彦曾修。"[5]吴越时，封其为"广润龙王"，宋累封为"渊灵溥济侯"。清康熙四十二年（1703 年），康熙南巡御书"平湖秋月"匾额，建亭其处，徙庙于亭后，庙毁，改建马公祠。雍正五年

---

① 参见（清）嵇璜等：《清通典》卷四四《礼·吉四》，景印文渊阁《四库全书》第 642 册，（台北）商务印书馆 1986 年版，第 536 页。

② 参见（清）陈梦雷等辑：《古今图书集成·方舆汇编·职方典》卷九四七《杭州府祠庙考》，第 16195～16196 页。

③ 参见（清）丁丙：《武林坊巷志》第 2 册，浙江人民出版社 1986 年版，第 728 页。

④ 傅伯星：《杭州街巷见闻录》，杭州出版社 2007 年版，第 300 页。

⑤ （清）姚礼撰辑，周膺、吴晶点校：《郭西小志》，浙江工商大学出版社 2013 年版，第 104 页。

(1727年),总督李卫改为莲池庵,仍祀"嘉泽龙王",以复水仙故迹,并供大士于祠后。黄龙祠在钱塘门外扫帚坞,宋淳祐间建,以祷雨有应,封"灵济侯",赐祠额曰"护国",明洪武七年(1373年)重建。万历《杭州府志》记载,黄龙祠为南宋淳祐年间建,以祷雨有应,封"灵济侯",赐祠额曰"护国龙祠"。洪武七年(1374年):"夏旱,监司郡守致祷祠下,三日大雨。是年冬,命通判下佐于旧址建祠题额。"①清康熙八年(1669年),杭州知府嵇宗孟祷雨祠前之潭,甘霖倾澍,重为题额,并作诗纪之。1918年,黄龙祠改为罗浮山黄龙观杭州分院,之后由广东籍道士构筑假山瀑布、回廊亭阁并雕琢龙头、吐泉入池。由于黄龙洞道观环境清雅宜人,始成为杭州新的知名景观。②

苏州府长洲县灵济庙,所祀为白龙神。因宋代绍兴二十九年(1159年)四月乡人祈雨有应,而被封为"灵济庙"。同治《苏州府志》记载:

> 灵济庙在阳山澄照寺,祀白龙神。初庙在山巅,宋太平兴国中,移建于山南曹巷。熙宁九年,又迁于此;绍兴二十九年,赐今额。乾道四年,封龙母为"显应夫人",后又屡封龙神为"忠烈昭应广惠灵丰公",龙母为"显正孚顺圣善妃",绍定中重建。元元贞二年,参政张暄重修。明宣德五年,知府况钟重修,金幼孜记,仍额灵济。弘治三年,知府孟俊重修;嘉靖四十一年,知府徐节重修。国朝给白墡税十两为修葺资,咸丰十年毁;同治十二年,巡抚张树声重建,以祷雨感应,奏请封号,敕加"普惠"二字。③

吴宽(1435～1504年),字原博,号匏庵、玉亭主,世称匏庵先生,南直隶长洲(今江苏苏州)人,明代名臣、诗人、散文家、书法家。弘治三年(1490年),入夏不雨,他应苏州知府孟俊之请,撰写《重修阳山白龙神庙记》:"公(苏州知府孟俊)以农事为忧,曰:'国家粮饷多仰给是郡,使禾槁不收,非民无以为食,其何以免征敛之苦乎?'乃七月朔,斋沐已,率僚属行祷庙中,未至,而雨远近沾足,民皆欢然。"④

中国古代社会以农为本,农业生产的丰歉很大程度上取决于降雨是否调和。苏州为东南财税重地,也是江南漕粮的主要输出地,其农业生产的丰歉无论对于封建王朝,还是当地民众都具有重要意义。明万历年间,邑人顾时在其

---

① 王国平主编:《西湖文献集成》第21册《西湖山水志专辑》,杭州出版社2004年版,第409页。

② 史及伟主编:《杭州历史文化丛覃》,中央文献出版社2006年版,第623页。

③ 参见(清)李铭皖、(清)谭钧培等:同治《苏州府志》卷二七《坛庙祠宇二》,《中国地方志集成·江苏府县志辑》第8册,第138页。

④ (清)李光祚修,(清)顾诒禄等纂:乾隆《长洲县志》卷三三《艺文三》,《中国地方志集成·江苏府县志辑》第13册,第431页。

《龙柏亭记》中记载：

夫吴为东南重地，田赋甲天下，民之食地力者亦夥支于他郡，赖三时之耕，以赡一岁之需。百谷之所仰而生成者，雨泽也，可乏绝哉？万历乙巳夏六月，丰隆屏迹，蓱翳潜踪，零陵之石不飞，天河之豨莫浴，不雨者逾月，则山泉竭，川泽涸，金欲流，石为铄，赤卤千里，望之若燔，民皆疾首蹙额，悲啼载道，莫可谁何。济南王公奉天子命，榷关税驻吴，目击时灾，乃曰："东南财赋所出，国用赖以足，无禾则无租，何以给大司农之征？且百万生灵嗷嗷待哺，无禾则无食，何以立生民之命。"乃为之斋戒，徒步祷于群望以及龙母祠。……王使君祷于六月甲子，丙寅遂雨；己巳，白龙横亘阳山之巅者弥时，庚午福雨，壬申又雨，七月一日癸酉，霈雨祁祁，甘霖遍三吴矣。……于是，田悉有秋，上得以输国家之租，下得以全生民之命，使君其大有造于吴哉！①

到清代，当地只要遇到旱情，官府或乡人必至庙祷雨。雍正六年（1728 年），雍正皇帝下诏特赐牌匾，并令地方官员专建龙神庙。同治年间，因祷雨有应，重建龙神庙。乾隆四十年（1775 年），苏州境内大旱，江苏巡抚萨载（？～1786 年）率下属虔诚步祷。因祷雨有应，事成之后，萨载率属官隆重祭祀，并作文以记之，以酬谢神灵呵护之功。其《龙母神道碑记》云：

苏城西北有万安山，即俗呼为"阳山"，山之麓有"龙母冢"，冢前有寺曰"白龙寺"。……凡遇岁旱，祈祷即应。……己卯、壬午两岁夏苦不雨，田苗将槁，是时，大中丞陈公两次步祷于庙，均得雨泽，因将庙就新，里人、尚书沈文悫公作文志其事。……今年夏，苏郡亢旱，农民望余情殷，余抚斯土，心甚忧之，乃率属步祷于神，而屡祈屡应，辄得甘霖大沛，岁获有秋。……事成，率同苏州布政司增福、按察司龙承祖、苏巡粮道朱奎扬、苏州府知府孔传炣、长洲县知县姚其旋、原署长洲现任娄县知县张履观、元和县知县纪澄中、吴县知县杨宜崙等，备具牲醴，报以馨香。自兹后，民无水旱，年谷顺成，神之呵护于斯土者，正是无穷，是不可不勒诸贞石，以垂示来兹者咸尊祀之勿替云。②

张树声（1824～1884 年），字振轩，安徽合肥人，廪生出身，清末淮军将领，历任道台、按察使、布政使、巡抚、总督、通商事务大臣等职。同治十二年（1873 年），担任江苏巡抚（驻节苏州）。同年五月不雨，越闰六月至七月，祟祷之方殆

① （清）凌寿祺撰，钦瑞兴点校：《浒墅关志》卷十《寺观》，广陵书社 2012 年版，第 172～173 页。

② （清）凌寿祺撰，钦瑞兴点校：《浒墅关志》卷十《寺观》，第 173 页。

尽，张树声在其所作《重修阳山灵济龙神庙记》中记载："或以阳山灵济庙龙神征应告，爰命按察使应君宿戒祷焉。未及首涂，即沾霡霂，比及神所，嘉澍继降，凡兹既种，农功得施，岁靳有收，弗即大匮，官吏谋畲神贶，以庙之久坏也，易而新之。"①

中国古代的龙神，虽名称各不相同，但其主要职能仍然是行云布雨。官方祈雨和民间祈雨的根本不同就在于官方祈雨的仪式性更强，不仅严格服制和礼仪，而且在祈雨的各个环节都有相关的疏文，用恳切的言辞传达着民间的旱情和对神灵的虔诚。祈雨文通过极具煽动性的话语，拉近了官民之间的距离，在大旱时节，强化了民众对国家的认同。

三、扬州的龙神崇拜

扬州地处江淮之间，大运河纵贯南北，境内河湖众多，历史上就是水神崇拜极为盛行的地区。江都龙祠在瓜洲镇，明人唐顺之撰有《重修瓜洲龙祠记》。②民国《江都县续志》记载江都县境内有龙王庙五处：一在南门城外官河南岸，一在白塔河河东北首，一在杭家集，一在瓜洲镇八港屯船坞，一在三岔河。③ 民国《甘泉县续志》记载甘泉县境内有龙王庙七处：一在赞化宫内西偏，同治十年(1871年)，运使方濬颐建；一在城西七里甸，乾隆年间由游击白云上、知府刘炳先相继修葺；一在广储门外，嘉庆四年(1799年)，由运使曾燠建；一在邵伯官河上岸，濒邵伯湖；一在邵伯河下岸，濒艾陵湖。④ 民国《宝应县志》记载龙王庙有七处：一在南门外，明洪武十九年(1386年)建，清康熙十九年(1680年)，知县徐䝟重修。一在黄埔闸，一在城南十里河堤上，一在黄埔镇，一在黄城沟，一在黎城，一在传寺郑家圩。此外，宝应县境内还有龙神祠、龙女庙、五龙王庙等。⑤ 嘉庆《重修扬州府志》记载仪征县惠泽龙王庙有三处：一在五坝，一在沙漫洲口，名

---

① (清)李铭皖、(清)谭钧培等：同治《苏州府志》卷三七《坛庙祠宇二》，《中国地方志集成·江苏府县志辑》第7册，第138页。

② 参见(清)阿克当阿修，(清)姚文田等纂：嘉庆《重修扬州府志》卷二五《祠祀一》，《中国地方志集成·江苏府县志辑》第41册，第401～402页。

③ 参见钱祥保修，杜邦杰等纂：民国《江都县续志》卷十一《祠祀考》，《中国地方志集成·江苏府县志辑》第67册，第542页。

④ 参见钱祥保修，桂邦杰纂：民国《甘泉县续志》卷十一《祠祀考》，《中国地方志集成·江苏府县志辑》第44册，第411页。

⑤ 参见戴邦桢、赵世荣修，冯煦等纂：民国《宝应县志》卷二《寺观》，《中国地方志集成·江苏府县志辑》第49册，第34页。

“开江龙王庙”；又有龙王庙在三都黄阜漾，即“彭蠡小龙祠”。其中，小龙祠富有神奇色彩，有小龙盘旋几案，朱鳞大鬌，目赫赫有异光，“喜则俯首摇尾，稍可玩弄，稍怒则摇撼坤关，翘海摧岳而后已。所以舣舟而祷者袂相属焉”[①]。此外，还有九龙将军庙、白龙庙等。

高邮五龙祠，又称“五龙王庙”，在州治北10公里处的清水潭上。该庙始建于何时已不可考，但在宋嘉泰间由郡守吴铸重建；明洪武元年(1368年)，由知州黄克明重立。嘉庆《高邮州志》记载：“其地堤岸旧时最易溃决，故祠祀之。”[②]曹叔远(1159～1234年)，字器远，初名叔遐，南宋浙江瑞安曹村人。绍熙元年(1190年)进士，历官国子学录、涪州通判、工部郎、袁州知府、太常少卿、礼部尚书、徽猷阁待制等职。曹叔远在其所作《五龙王庙记》中写道“(清水)潭之左，旧有五龙祠，岁时牲祭”，说明该庙建庙时间较早。对于建庙原因，《五龙王庙记》亦有详细记载：

> 高邮，古望县，皇朝重兵宿京师，倚东南六路赋入，于是东淮转漕之责最天下，高邮始为郡矣。漕河自真扬道江北，趋楚盱眙入淮，沿河而堤，延袤六百余里。高邮治当其中，运输淹速，系堤修废，郡重事无先焉。郡西界天长，凡濠、滁上流诸水，至天长合聚演迤，浸为巨泺，所谓三十六湖者，往往皆由郡左有入漕河。清水潭在郡北二十里，尤为受水要害处。雨潦时至，湖流自西出，荡冲激奔，堤不能支，始纵水所啮，汇为潭。堤因潭为偃月，回曲盘礴，流赖少缓。然潭以东，地势益倾陊，里俗号称“下河”，倘堤稍弱，又不支，则潭溃东注，湍怒愈甚，舟冒而过之，或漂沦莫测也。[③]

因此，村民每年到五龙祠用牲口祭祀，乞求神灵保佑，以保船只安全通过，成为保障堤防安全的精神支柱。宋室南渡以后，漕运之事重在江浙，放松了对高邮运河堤防的治理，“五龙祠亦浸废矣”。

清水潭堤段从高邮城北10公里处的马棚湾到清水潭南端，长约3.3公里，是里运河大堤上极易发生溃决的险要地段。五龙王庙建在高邮清水潭上，由于南宋初年黄河夺泗入淮，自宋元以后清水潭一带就水患频发。南宋嘉泰三年(1203年)十月，高邮大雨，清水潭决口，郡守吴铸塞之。这是清水潭堤段形成后有史料记载的最早的一次决口。明清两代清水潭决口更为频繁，水患也更为严

---

① (清)阿克当阿修，(清)姚文田等纂：嘉庆《重修扬州府志》卷二五《祠祀一》，《中国地方志集成·江苏府县志辑》第41册，第418页。

② (清)杨宜仑修，(清)夏之蓉、(清)沈之本纂：嘉庆《高邮州志》卷一《坛祠》，《中国地方志集成·江苏府县志辑》第46册，第79页。

③ (清)刘文淇著，赵昌智、赵阳点校：《扬州水道记》卷三《高邮运河》，广陵书社2011年版，第68页。

重。万历十九年(1591年)夏,“暴风霪雨,淮湖涨,清水潭决,山阳堤决,平地水深丈余。冬十月,湖淮复涨溢,决邵伯堤五十余丈,高邮南北闸俱冲,大水泛滥”[①]。清代初年由于经过40多年的战乱,堤防失修,水患严重。从顺治十五年(1658年)至康熙二十一年(1682年),苏北淮河下游地区连续25年发生洪水。康熙元年(1662年),开高堰周桥闸,淮水大泄,东入运河,高邮清水潭决口尤巨。康熙八年、九年、十年、十一年、十二年、十五年,高邮清水潭连续决口,东西一片汪洋,风起则怒浪掀天,寒至则坚凌冻结,淮安府山阳、盐城,扬州府高邮、宝应、江都、泰州、兴化等七州县农田尽沉水底,民房漂荡,男男女女流亡10余年,沉舟、死人不计其数。[②] 康熙十五年(1676年)五月,“大霪雨,清水潭复决高邮、江都东堤,凡决数十处,汪洋六百余里,水及民屋檐,民系舟屋角,穿屋为穴,出入其中。耕牛无托足地,白金五钱易一牛,被灾之惨,是年为最”[③]。

继明洪武元年(1368年)知州黄克明重修之后,历代地方志中有关五龙王庙的记载大多语焉不详。在长达数百年的时间里,五龙王庙虽然受到地方官民的崇祀,但却始终未被纳入国家祀典。清同治五年(1867年),因在当年堵筑清水潭决口的过程中,神灵曾“化身”佑助,故在河工告竣后,时任两江总督的李鸿章等人奏请为五龙王庙敕加封号、颁赐匾额,五龙王庙才正式被纳入国家祀典。李鸿章在其奏疏中对五龙王庙的由来和变迁情况进行了详细考证,对我们了解五龙王庙的发展具有重要意义。其奏疏云:

> 检查《高邮州志·祀典》,祠目列有五龙祠。又《坛祠志》内载:“五龙祠即五龙王庙,在州治北十里清水潭上。宋嘉泰间,郡守吴铸重建。明洪武元年知州黄克明重立。其地堤岸旧时最易溃决,故祠祀之等语。”又《艺文志》有宋人曹叔远《五龙王庙记》一篇,极言神之有功于河防。随饬丁日昌等追寻陈迹,于清水潭镇迤东地方,有庙三楹,额题“古龙王寺”。询之土人,即五龙祠也。上供龙王五位,中坐五龙将军,庙宇虽渐就剥落,而神像巍然,是古龙王寺即《州志·祀典》所载之五龙祠毫无疑义。[④]

同治五年(1867年)六月,高邮湖水势盛涨,东堤岌岌可危,于六月二十七日、二十八日先后启放车逻、南关等坝之后,水势也未见消落,东西两岸皆漫塌过水。二十九日,清水潭迤南二闸之墙被水冲卸,带塌堤身,决口长186丈(620

① 戴邦桢、赵世荣修,冯煦等纂:民国《宝应县志》卷五《食货志·水旱》,《中国地方志集成·江苏府县志辑》第49册,第71页。

② 参见徐炳顺:《扬州运河》,广陵书社2011年版,第244页。

③ 戴邦桢、赵世荣修,冯煦等纂:民国《宝应县志》卷五《食货志·水旱》,第73页。

④ 顾廷龙、戴逸主编:《李鸿章全集·奏议二》,安徽教育出版社2008年版,第593页。

米)。里下河平地水深丈余,田庐被淹殆尽,人畜漂溺无数。高邮邑人谈人格《清水潭决纪事》诗云:“准拟今年秋,高廪与云齐。支祁忽肆虐,一饱纵鲸鲵。……可怜千万村,浊浪迷高低。富家得船去,余劫归犬鸡。贫者不及迁,汨没如凫鸥。”①结果4名官员(其中道员、同知、千总、标协各一人)以“疏于防范”的罪名被撤职,漕运总督吴棠也被“交部议办”。南河总督张之万会同两江总督李鸿章相机堵塞,并奏派两淮盐运司丁日昌就近督办,扬州候补知府程国熙副之,于当年十一月初十日兴工,经一月余方合拢。同年十二月十八日,李鸿章与张之万联合奏请为五龙王庙敕加封号、颁发匾额,以答神庥:

> 据丁日昌等禀称,此次填堵工程,因旧日西堤全行冲塌,南北有深塘四处,是以圈向外越,除旧涸出。从前旧石工筑做坝基前,尚有口门二百九十丈,深恐隆冬严寒,有误工作,即有碍来年春耕,当赴北坝头大王庙内虔诚叩祷,十月二十八日正在踊跃进占,忽见神龙显应,方头秃尾,四足五爪,直至坝头。询据黄河船户云,系五龙将军。当即延奉大王庙内,逾时不见。而自此风日晴和,波恬浪静,进占得占,不五旬而合龙。……臣等查清水潭为扬河著名险要,《州志》言之甚详。而五龙王显应昭垂,自宋代已有灵异。正月此大工填堵,复蒙神驾降临,得以合龙迅速。虽神之姓氏文献无征,而五龙祠名目传之久远,助顺效灵,足奠民生而资捍卫。除饬丁日昌于通工告竣后修复庙宇外,相应请旨敕加封号,立匾额一方,颁发悬挂,以答神庥而昭诚敬。②

清朝政府最终采纳了李鸿章等人的建议。光绪《再续高邮州志》记载:“同治五年,清水潭漫工堵合,总督李鸿章、漕督张之万请旨加封并匾额一方,奉旨钤出‘显应’二字,又钦颁‘德普安流’匾额。”③

四、山东运河区域的龙神信仰

山东地处黄、运交错地带,复杂的地形和频发的水患,使之成为治黄保运的关键地区,各种治河工程繁多,因此,龙神信仰极为盛行。济宁五龙宫在州城东南隅一天门,明万历年间修建,乾隆五十年(1785年)重修。道光十七年(1837

① 徐炳顺:《扬州运河》,第323页。

② 顾廷龙、戴逸主编:《李鸿章全集·奏议二》,第592~593页。

③ (清)金元烺、(清)龚定瀛修,(清)夏子阳纂:光绪《再续高邮州志》卷二《典礼志·祀典》,《中国地方志集成·江苏府县志辑》第47册,第71页。

年)，总河栗毓美再次重修。井泉龙庙在城南隅扁担街，顺治三年(1646年)、道光十九年(1839年)两次重修。鱼台县龙王庙在县城东关外郭堤上；嘉祥县龙王庙在县城北门内，春秋仲月与风云雷雨山川坛同日祭祀。雍正五年(1727年)，叠加封号，州县立庙著为祀典。金乡县龙神庙在县城北门外，由明知县高魁建。滋阳县龙王庙在东关黑风口，明嘉靖间知县李芝茂重修。泗水县龙神庙在县城东门里路北。

东平州戴家庙闸龙王庙，正德八年(1513年)建，万历年间重修。明人傅光宅《重修龙王庙碑记》在介绍龙王庙重修原因的同时，极力宣扬龙之功德，论述祭祀龙神的重要意义：

> 龙之神灵其飞腾变化，利泽寰宇，不可测识矣。况龙而有王，又神力功德为群龙主，其呼吸为风云，喜为雨露，怒为雷霆，行为江河，止为渊海，尤非可为拟议者。……故国家江河之侧各有敕建庙宇，其民间私建者尤重良，以龙王功德利泽在人间者无量也。……是举也，于祀神可以明敬；于泽物，可以明仁；于捐财，可以明义；于绳武，可以明孝。……余于司城有兄弟之雅，故因记其事，而广其意焉。[①]

聊城、德州也有龙王庙的分布。嘉庆《东昌府志》记载聊城的龙王庙三座："一在城内万寿观西，一在崇武驿北河东岸，一在李海务闸西。"另有一座龙神庙"在城东南，龙湾西岸，原名杨公祠，乾隆五十五年改为龙王庙"[②]。东阿龙神庙在城南二里许，正殿三间，抱厦三间，东厢房三间，前大门一间，缭以周垣，外有戏台一座。明洪武八年(1375年)，东阿龙王庙建于城北八里许大河口东岸；万历三年(1575年)，知县白栋将其由大河口移至城南二里许，额曰"灵惠祠"；康熙六年(1667年)，知县郑廷瑾捐修；乾隆三十二年(1767年)，知县李大纯重修。[③] 徽宗大观二年(1108年)十月，诏封天下五龙庙为王爵，青龙神受封"广仁王"，赤龙神受封"嘉泽王"，黄龙神受封"孚应王"，白龙神受封"义济王"，黑龙神受封"灵泽王"。夏津县境内共有3座五龙王行祠，"祀五方龙神，知县王民正建祠祀，一在城西南二十里；又一在城东南三十里马颊河龙湾之侧，明天顺间知县

① (明)谢肇淛：《北河纪》卷八《河灵纪》，景印文渊阁《四库全书》第576册，第719～720页。

② (清)嵩山修，(清)谢香开等纂：嘉庆《东昌府志》卷十一《秩祀上》，《中国地方志集成·山东府县志辑》第87册，凤凰出版社2004年版，第188页。

③ 参见(清)李贤书修，(清)吴怡等纂：道光《东阿县志》卷八《祠祀志》，《中国地方志集成·山东府县志辑》第92册，凤凰出版社2004年版，第85～86页。

薛正建;又一在城北七里屯,创建无考。所在祷雨履验。岁时致祭”[①]。在这3座龙神庙中,以五龙堂村“五龙王祠”祈雨最灵,凡有乞求,无不时雨滂沱,屡试不爽。此外,当时东昌府的堂邑、博平、清平等地也建有龙女庙、龙母宫等龙神祠庙。由此可见,龙神是明清时期山东运河沿岸最为普遍供奉的水神。

在汶上县南旺镇,有一座分水龙王庙,是山东运河之上乃至运河全线最为集中祭祀众多水神的古建筑群,祭祀龙王、禹王、金龙四大王、晏公、萧公、宋礼、潘叔正、白英等。分水龙王庙具体坐落在汶上县南旺镇的汶水入运处。元代开凿京杭运河,南旺作为大运河的“水脊”,成了阻碍运河畅通的难题。明朝初期,工部尚书宋礼和汶上民间水利家白英经过勘察,在戴村筑坝遏汶,实施了南旺分水枢纽工程,使汶水西行,从南旺入运,六分北流,以济漳、卫;四分南流,以济淮、泗,而漕运畅通。后建龙王庙于分水处,故称“分水龙王庙”。

万历《汶上县志》记载分水龙王庙在南旺湖上:“汶水西注分流于此,国初敕建,春秋秩祀。”[②]天顺二年(1458年),工部主事孙仁对南旺分水龙王庙进行了重修。大学士许彬在其所作《南旺分水龙王庙记略》中记载了此次重修分水龙王庙的原因及经过。据碑文记载,时任工部分司主事的孙仁在上任后,看到分水龙王庙“庙貌倾圮”,慨然对治水主簿魏端言曰:“自吾奉命以来,堤防坚固水不患者,虽人之力,实神之惠也。今庙貌不称,何以妥灵?”[③]便于隆庆六年(1572年)六月,派遣总理河道兼都察院右佥都御史万恭致祭于分水龙王之神:“兹者漕河横溢,运道阻艰,特命大臣总司开濬,惟神职司水道,捍患御菑,式用遣官备申祭告。端望监兹重计,纾予至怀,急靖洪澜,佑成群役,俾运储以通济,永康阜于无疆。”[④]万历九年(1581年),工部主事马玉麟再次对龙王庙进行重修,其《重新分水龙王庙记》记载了此次重修分水龙王庙的原因:“国家岁漕五百万石给京,仰赖会通一河,而南旺仅以汶、泗、诸泉之水供五百万石之运,微神力孰能保障于无虞也。”[⑤]可见明代河漕官员重修和祭祀庙宇的主要目的是治运和保漕。从中我们也可以看出,南旺分水龙王庙与运道、漕运关系密切。

---

① (清)方学成修,(清)梁大鲲纂:乾隆《夏津县志》卷五《典礼志·秩祀》,《中国地方志集成·山东府县志辑》第19册,凤凰出版社2004年版,第86页。

② (明)栗可仕修,(明)王命新纂:万历《汶上县志》卷二《建置》,《中国地方志集成·山东府县志辑》第78册,第156页。

③ (明)栗可仕修,(明)王命新纂:万历《汶上县志》卷八《艺文》,《中国地方志集成·山东府县志辑》第78册,第222页。

④ (明)谢肇淛:《北河纪》卷八《河灵纪》,景印文渊阁《四库全书》第576册,第713页。

⑤ (明)谢肇淛:《北河纪》卷八《河灵纪》,景印文渊阁《四库全书》第576册,第721页。

清朝官方对南旺分水龙王庙的崇祀相比明朝有过之而无不及。乾隆皇帝六次南巡，每次都在分水龙王庙留下诗篇。如乾隆十六年(1751年)第一次南巡题诗赞曰："清汶滔滔来大东，自然水脊脉潜洪。横川僢注势非午，济运分流惠莫穷。人力本因天地力，河功诚擅古今功。由于大功原无巧，穿凿宁知禹德崇。"乾隆二十二年(1757年)第二次南巡题诗曰："五汶挟来二百泉，到斯分注籍天然。南流水作北流水，上溜船为下溜船。必有欢呼称顺势，可忘筹划赖前贤。崇祠像设祈昭佑，漕运功惟万古宣。"乾隆二十七年(1762年)第三次南巡题诗曰："流酾运河各北南，千秋通运借神权。分水固在谋成巧，地脊仍因势自然。但使万民资利赖，允宜一已致诚虔。近年流弱刚浮漕，补救绸缪意更悬。"乾隆四十五年(1780年)第五次南巡又题诗曰："地脊原来南北分，老人能识果超群。水增斯借疏宣伙，河复何须议论纷。天下本无事如此，明神赖有佑诚云。御舟由是顺流下，登岸应抒瞻拜勤。"①

山东及济宁、汶上的河漕官员也多次对龙王庙进行重修。康熙《续修汶上县志》记载分水龙王庙："明初建，康熙十四年，运河厅叶(方恒)重修。康熙五十五年，山东巡抚蒋陈锡、运河厅徐(湛恩)、知县闻元炅重修。"②乾隆三年(1738年)九月，时任东河总督白钟山会同山东巡抚法敏等人重修南旺分水龙王庙。此次重修始于乾隆三年(1738年)二月二十二日，落成于七月二十日，共花费帑金六千九百八十余两。道光八年(1828年)，时任东河总督严烺目睹分水龙王庙年久失修，残破不堪，于是会同漕运总督纳尔经额对分水龙王庙进行重修。道光九年(1829年)六月，工程完工。光绪十九年(1893年)，在时任东河总督许振祎、山东运河兵备道白耆安的倡导下，再次对龙王庙进行重修。此次重修共用银一千四百余两，虽数额不大，但捐资人却涵盖山东境内所有与运河有关的官员。

清朝灭亡后，分水龙王庙逐渐废弃。民国成立后，开展"废庙兴学"运动。1935年，当地政府建立了"政教合一"的南旺乡村学校，代行区级政权，校址设在分水龙王庙。1966年秋，在"破四旧，立四新"运动中，庙内大量文物被毁坏。1967年春，龙王庙大殿前建筑精巧的"戏楼"被拆掉，碑碣被拉倒20余座。1969年春，汶上县城以建化肥厂用木料为由，拆掉南旺龙王庙大殿。禹王殿、宋公

---

① 山东省汶上县志编纂委员会编：《汶上县志》，中州古籍出版社1996年版，第633页。

② (清)闻元炅纂修：康熙续修《汶上县志》卷一《建置》，《中国地方志集成·山东府县志辑》第78册，凤凰出版社2004年版，第250页。

祠、文公祠、观音阁、关帝庙、蚂蚱神庙等建筑也因年久失修，无人管理，多失原貌。① 2006 年 6 月，南旺分水龙王庙被公布为第六批国家重点文物保护单位。2010 年 9 月，包括南旺分水龙王庙在内的南旺分水枢纽工程遗址被列入“全国首批考古遗址公园”立项名单。2011 年，被评为“全国考古十大发现”之一。2012 年 6 月，大运河南旺枢纽考古遗址公园举行奠基仪式。2013 年 12 月，南旺分水枢纽遗址被列入国家文物局公布的“第二批国家考古遗址公园”名单。2014 年 6 月，中国大运河成功申遗，南旺分水龙王庙遗址被列入《世界文化遗产目录》。

南旺分水龙王庙始建于明朝永乐年间，至清代不断增建，渐渐形成了众庙集聚的建筑群，它包括龙王庙大殿、戏楼、禹王殿、水明楼、宋大王祠、白大王祠、关帝庙、观音阁、莫公祠、文公祠、蚂蚱庙及和尚禅室等 10 余处院落。龙王庙大殿建于明永乐年间，宋公祠、白英祠建于明正德七年(1512 年)，禹王殿和水明楼建于清康熙十八年(1679 年)五月至十九年十月，莫公祠建于清嘉庆年间(1796～1820 年)，观音阁建于清道光十一年(1831 年)，蚂蚱神庙建于清咸丰八年(1858 年)。建筑年代不一，风格样式各异，却布局协调，院落交错，堪称明清庙宇建筑的大观园。运河上南来北往船舶上的游宦商贾、船工贩夫，也无不泊船系缆，登岸祭拜者络绎不绝。每逢农历三月十五日香火古会，来庙的善男信女更是摩肩接踵，如潮如涌。② 至今在当地还流传着众多有关分水龙王庙的传说。

龙王庙建筑群位居运河右岸，4 座大门直冲运河，气势恢宏。龙王庙建筑群周围数百米处，耸立着 4 座土山，均高约 60 米，向庙群作朝拱之势，称为“四山拱卫”。滔滔汶水由东向西迎面而来与大运河呈“丁”字形交会，为避汶水冲击，沿岸建有坡高 4 米、长约 220 米的石驳岸，有 4 处台阶直通大门；台阶两侧，官商民人可在此下船拾级而上，有 8 个巨型石雕水兽兀立岸边，作盘卧状；石石驳岸下竖有 12 根石桩，用以挽缆船只。隔河相望，汶河北岸土山上的望湖亭，亭中设有石几、石凳，游人可以坐在亭内弈棋、纳凉、憩息。迎河而建的庙群大门，气势恢宏，巍然壮观，门楼三楹，宽 10 米。大门外建木结构牌坊，两层飞檐，造型美观，悬匾额三块，右为“海宴”，左为“河清”，中为“左右逢源”，为清代浙闽总督汶上人刘韵珂所书。③ 进入庙群大门可见，院中偏左有古槐一株，粗约两围，

---

① 参见山东省文物考古研究所等单位编著：《汶上南旺：京杭大运河南旺分水枢纽工程及龙王庙古建筑群调查与发掘报告》，文物出版社 2011 年版，第 338 页。

② 参见高建军编著：《山东运河民俗》，第 269 页。

③ 参见刘玉平、贾传宇、高建军编著：《中国运河之都》，中国文史出版社 2003 年版，第 213 页。

高大茂盛,蓬蓬然如伞盖,树荫遮得大半个院落。而最惹眼的则是龙王庙大殿,大殿始建于明永乐年间,红墙绿瓦,朱门屏风,飞檐斗拱,斜山站角,风铎悬坠,四梁八柱,雕梁画栋。殿内塑有神像22尊,正中塑龙王坐像,高约3米;龙王像前左右屏立2尊站像,一持“印玺”,一持“圣旨”;再前塑一木刻站像。左边靠后墙有漳漕河督大王和金龙四大王泥塑坐像;右边靠后墙塑晏公、萧公坐像。靠山墙两侧,各塑站像4尊,有风神、雨神、雷神、闪神、雹神等,各持自家法器,服饰有别,神态各异;右前角和左前角塑有“土地爷”和“运河指挥”坐像及4尊站像,雕工精巧,栩栩如生。一入殿门,便有“劈流神勇”匾额高悬,正中上方则悬“广济分流”“疏流利运”“庥被汶泗”三面匾额,两边是“总制分流”“广济群生”等匾,殿内共悬匾额30面,均为明清两代官绅名家所书。①

龙王庙大殿左侧有钟鼓楼,右边为字纸楼。字纸楼无梁无椽,纯砖瓦结构,上书“敬惜字纸”4字,此楼专为焚烧字纸用。大殿前方便是戏楼,上悬“大舞咸池”匾额,匾下为木制月窗,门呈棱形,雕刻细腻玲珑。戏楼底层便是大门走道。

由龙王庙大殿依次向左,便是禹王殿和水明楼。禹王殿内塑有禹王像,神态自然,穆如清风。殿前楼台,宽18米,长25米,高4米,正中开拱券式过道,装有门扉,从运河上岸登阶,入禹王殿必经此门。台上建歇山式水明楼,清人乔松年题写匾额“水明楼”,楼前檐亦有3匾,左为“四山朝拱”,右为“二水分流”,中间是“银汉分光”。雕栏石案,朱阁绿柱,倘凭栏远眺,运河逶迤,汶水滔滔,帆樯如林,舟楫如梭,令人心旷神怡。水明楼下西侧,有假山一座,奇石磊磊。旁立御碑亭,亭内碑石,是清乾隆帝六次南巡过南旺分水龙王庙的赋诗碑。②

再左是宋公祠,是纪念明朝工部尚书、治运专家宋礼的建筑。灰墙灰瓦,朴实庄严。正殿中塑有宋礼雕像;两侧偏殿,各有一尊配享塑像:一为济宁州同知潘叔正,一为汶上农民水利专家白英。三人治运功高盖世,因此自宋公祠建成后,明清两代官绅文人慕其治漕功勋卓著,专程拜谒,或路经顺便瞻仰,作文赋诗,至今还有“宋家的河,白家的泉,潘家的闸”的故事歌谣流传。白英虽为一介草民却胜朝官无数,人们纪念他的祠堂,傍宋公祠而建,被称为“白老人祠”,因其又于清雍正四年(1726年)被敕封为“永济神”和光绪五年(1879年)敕封为“白大王”,故又称“永济神祠”和“白大王庙”。白大王庙始建于明正德七年(1512年),有垣墙和大门一座,三楹殿内塑有白英像。此外,还有莫公祠、蚂蚱

---

① 参见山东省文物考古研究所等单位编著:《汶上南旺:京杭大运河南旺分水枢纽工程及龙王庙古建筑群调查与发掘报告》,第14页。

② 参见刘玉平、贾传宇、高建军编著:《中国运河之都》,第214页。

神庙、关帝庙、观音阁等建筑。因南旺扼运河咽喉，事关漕运重责，因此清朝专门在南旺设立了汶上县南旺分县，县衙就设在龙王庙群观音阁后面，衙门还设文训、武训、河标营、操标营，并设置了张公书院和南旺义学等。这些建筑与龙王庙群浑然一体，更增添了南旺分水龙王庙建筑群恢宏气势。[①] 可见，分水龙王庙是一处融汇了多种文化内涵的古建筑群。

夏津县城东南 15 公里马颊河龙湾之侧有五龙王祠，由知县薛正于明天顺年间修建而成。薛正，字子贞，陕西华亭人，于天顺二年(1461 年)来任夏津知县，是一位政绩卓著、颇多善政的地方官。他“刚果有为，一毫不取”，兴利除弊，多有建树。每当他“秩满”(任期届满)，百姓便上书挽留，于是连任九年，至“秩满当代”时，百姓复又“疏于朝留之”，于是又任五年，而卒于官。百姓感戴其恩泽，便“肖像于城隍庙之侧以祀”，并镌“德政碑”以记其徽德善政。薛正勤于政事，经常巡方问俗，四处巡察，曾多次到马颊河畔五龙堂一带，对“龙湾”甚为熟悉，龙湾之奇妙更是了然于胸，所以亲自主持修建了“五龙王行祠”，并与县衙僚属共同签名镌石，树碑祠侧，以永纪念。他还将“龙湾”列为“夏津八景”之一，称为“龙湾烟雨”，并与教谕钟士永撰写诗篇赞咏“龙湾”。2011 年 5 月 18 日，五龙堂村支部书记岳兴荣带领群众平整土地时，于地下 3 米处掘得古碑一通，长 172 厘米，宽 79 厘米，厚 20 厘米。碑之阴阳均刻有文字。碑阳额篆为“创建五龙王祠碑记”，碑文为小楷。碑阴镌有七言律诗、绝句 10 首。碑镌于明天顺五年(1461 年)七月，迄今已有 550 年的历史。碑文为县儒学训导(教谕之副手，辅佐管理教化、学校等政务)江濂(直隶枣强人，举人，天顺年间来任夏津训导)所撰。篆额(以篆体书写碑额)由安定县(址在甘肃境内，邻接陕西)儒学训导宋玉执笔。书丹(用朱砂在碑上抄录碑文)系出自本县庠生(县儒学生员，俗称秀才)张明(字视远，天顺壬午科举人，后任寿昌知县)手笔。立碑人以知县薛正为首，其次有县丞(知县佐贰官)李祯(直隶深泽人，监生，成化间任夏津县丞)，主簿(知县属官，典领文书事务。时设两名主簿，一管河务，一管马政)李斌、张名，典史(知县属官，职掌文移出纳、捕盗等)侯昌(其籍贯等情志书未载)。碑上文字由禹城人王凤镌刻。

由碑文可知，知县薛正对龙神降雨之灵应颇为赞叹，于是偕诸僚属暨邑之缙绅士大夫，各捐己俸，命工鸠材，兴建五龙王祠。江濂《创建五龙王祠碑记》记载了此次修建庙宇的原因和经过：

① 参见刘玉平、贾传宇、高建军编著:《中国运河之都》，第 215 页。

五龙王祠违邑治三十里许，河名曰"漯川"，土风庞厚，河势旋绕。薛侯于政暇，率诸僚寀循行阡陌，以察民风。适至其地，有乡耆逆诸道而告曰："此间龙潭，深昧不测。天时阴雨，云雾氤氲，有龙见焉。故每岁风雨适时，年谷丰登，屡获其惠。"公闻其言，遂历览之。触目感怀，形诸言曰："龙以渊为宅，非陆地之可居。兴云致雨，粒我蒸民，非淫祠之可比。睠维旧址，非有渊薮不便神栖，河源汪洋，龙湾颇得其胜，曷若徙于此焉?"乃借僚寀暨邑缙绅大夫各捐俸资，命工鸠材，经始厥功，越三月告成，藻绘轮奂，金碧交辉，足以耸人观瞻，而将其诚敬矣。①

中国古代以农为本，且社会生产力水平低下，天旱时，往往只能依靠求雨，故祈雨成为地方官员的一项重要政事。由于龙神有兴云布雨的功能，故祈雨首重龙神，"重神所以重农，重农所以重民，重民所以重天下国家也"②。地方官员之所以如此热衷于修建龙神庙宇，无非是想借此传达自己重视农业、体恤民生、以民为本的施政理念，以达到教化民众、维护社会稳定的目的。

龙王信仰由来已久，在民间有坚实的信仰基础，随着交流发展又逐渐融合了地方文化的特质。张秋镇北海子村龙王庙位于村子的最北部，红木门，门匾书写"北海龙王故里庙"，庙前一对威武的石狮子年代久远，可惜的是石狮子的头部都已不完整。听村上老人说，这是在"文化大革命"的时候被砸毁的。推开厚重的木门，方方正正的院落出现在眼前，龙王庙坐北面南，飞檐拱背，青砖灰瓦，屋背脊上的古石兽，依旧活灵活现。对着正门的是龙王塑像，高大威严，两虾兵蟹将站立左右。龙王塑像前，摆着香案，东、西两墙挂有龙王的事迹。庙的西面竖着 3 通碑刻，自东向西分别是《垂范后世碑》《以龙治水碑》《功德无量碑》。

这座龙王庙供奉的是黑龙神，当地人称之为"秃尾巴老李"，至今仍流传着许多与之相关的故事传说。很久以前，张秋运河东面戊己山下住着一户李姓人家，老两口近 50 岁才有了一个孩子，生下来像是一条黑蛇，丈夫抓过一张铁锨铲了过去，那物仿佛一抖，化作一道金光而去，只留下一截尾巴。那天晚上下了一夜透雨，把干渴的麦苗浇了个够。当李家的新闻传开后，人们才恍然大悟：李家生的是一条黑龙，晚上的及时雨就是它带来的。后来人们才知道，黑龙藏到

① （清）方学成修，（清）梁大鲲纂：乾隆《夏津县志》卷十《艺文志》，《中国地方志集成·山东府县志辑》第 19 册，第 179～180 页。

② （清）方学成修，（清）梁大鲲纂：乾隆《夏津县志》卷十《艺文志》，《中国地方志集成·山东府县志辑》第 19 册，第 180 页。

了村东的潭坑里。潭中黑龙见百姓困苦不堪，便大发慈悲之心，每于春秋干旱时发大水入运河，人们引水灌溉，年年五谷丰登。当地财主“白眼狼”见碱滩变良田，便贿赂官府，占为己有。从此潭中便常听到黑龙的叫声，它在为百姓抱不平。百姓们纷纷持供品到岸边祷告。有一天“白眼狼”也到潭边看热闹。但见波涛翻滚，天空阴云四合，金光闪处，一条黑龙跃出水面，伸爪提住“白眼狼”腾空而去。人们仰视天上，只见点点污血落下，从此便不见了“白眼狼”的踪影。黑龙为民除霸后，便一路风雨雷霆下了东北。在东北，黑龙在山东人的帮助下战胜了白龙，占据了一条大江，人称“黑龙江”。但它并没忘记生身父母和善良的乡亲，一到大旱之时，它就从东北挟风带雨而来，为家乡解除旱情。如有山东人在江中捕鱼行船，黑龙便格外加以保护，至今江中各种船只起航时，还习惯先问一声有没有山东人，而船中水手或乘客即便都不是山东人，也争相回答说“有”。据传如此便可保证航程中一帆风顺，平安无事。[①] 这个在当地流传已久的故事，将明代山西移民和始于清顺治年间的山东人闯关东的史实结合起来，赋予了龙王降雨之外的另一种地域亲情。这个龙王与保运的龙王故事大相径庭。在民间，龙不仅具有降雨的功能，而且是有情有义的神灵，更具有亲切感，也更容易被人们认同。

五、微山湖渔民的龙神崇拜

千年来，民间一直有一种俗信：玉皇大帝主宰着人间的一切，龙王是玉皇大帝的使臣，天朝的“水官”主宰天下的风调雨顺、旱涝灾害。在济宁，清咸丰之前每年正月都有“龙王出巡街市”的大型活动。平日里南方漕船过济宁时，船上人都要靠岸去龙王庙祭祀，届时高抬祭品，鼓乐齐鸣，彩旗飘扬，观者如潮。特别是微山湖区的船家渔民，身家性命、衣食住行都与水休戚相关。因此，他们对龙王的祭祀甚为虔诚。祭龙王的活动，在微山县一直延续到 1966 年。[②]

旧时微山县境内所建的龙王庙，多数规模不大，大者十几平方米，小者四五平方米；有青石结构的，也有砖木结构、砖木石结构的。庙里大多塑有人格化龙王坐像，白脸膛儿，黑胡子，身穿带龙鳞的衣裳。塑像高矮视庙大小而定，一般高 50～70 厘米，两边各有一个站班。也有的没有龙王像，只供龙王的神位。龙

---

① 参见阳谷县地方史志编纂委员会编：《阳谷县志》，中华书局 1991 年版，第 489 页。

② 参见高建军编著：《山东运河民俗》，第 278 页。

王神位前设有石香炉，供香客奉香祭祀。①

敬祭时间是约定俗成的：正月初七至正月十五集体大敬，小敬则在腊月二十六至正月初六。届时香客自发地到龙王庙祭祀，敬祭之仪礼与敬大王大致相同。除大、小敬之外，还有求雨避灾敬、起草敬、还愿敬、日常敬等。

求雨避灾敬是遇到旱涝灾害时对龙王老爷的大敬。大敬时，离龙王庙近的村庄、船帮都在龙王庙前搭棚拜祀。场合程序与正月十五前大敬基本相同，只是祷告内容有所变化：天旱盼龙王降雨，涝灾盼龙王停雨。进行完基本程序，如请龙王施雨，便将龙王塑像请出庙外，放在绑有耩杆的圈椅上，于圈椅之上再插些鲜柳条，搭成乌篷状，由 2 名有经验的青壮年抬着，前面鸣锣开道，旗、锣、伞、扇随行；后边 20 多名十几岁的男孩打着蜈蚣旗，组成浩浩荡荡的队伍走街串巷。每到一处，掌锣者大声呐喊："祭龙王爷求雨喽！"这时船帮或村庄的百姓就会自发或由长者组织，鸣放鞭炮迎接。全帮（村）百姓迎面烧香、磕头，请龙王行雨。有过经历的老太太会从家中端出水来，洒在路上，以示"龙王显灵"。有一年，鲁桥镇祭龙王的人群走至前不着村、后不着店的枣林村北坡时，龙王爷"显灵"了，顿时乌云密布，雷雨大作。祭龙王的大队人马纷纷扒下衣服给龙王盖上，摘下草帽给龙王戴上，才使龙王爷免遭"粉身碎骨"之灾。微山岛一带的渔民则有一种特别的风俗，他们认为龙是位孽神。所以，每年正月十五蒸的豆面龙灯，到"二月二龙抬头"时，要用刀剁碎，掺入饭中吃掉。不然，俗信会有灾。遇有龙卷风时，还会甩动锚链以震慑兴风作浪的孽龙。②

如果村民远离龙王庙敬龙王，就在自己帮（村）前搭好香棚，将龙王像请于棚中，设上香案，供上整猪、整羊。一名通晓神道、穿上龙袍、头扎黄巾、腰系红布扮演龙王的神汉站在香案之上，祭祀人员全部下跪，磕头祷告。至祷告声高、乐队狂奏、鞭炮齐鸣时，"龙王"站起，口中念念有词，手舞足蹈，或"发布命令"呼风唤雨，或"下达指示"差使诸龙收回行雨令。此后，扮演龙王的卸下"龙妆"，揭下后墙上的龙王神像，在祭祀人员再叩三个响头后，将龙王像烧掉，以示恭请龙王回东海龙宫。如敬祭后不久便下雨或停雨，就再请戏班唱大戏三五日，答谢龙王。③

"起草敬"是微山湖渔民敬龙王的一项特殊内容。起草也叫"起神草"，是微山湖渔民创造的一种原始捕鱼方法。湖里的鱼有一种习性，每到冬季来临，这

① 参见高建军编著：《山东运河民俗》，第 278 页。

② 参见高建军编著：《山东运河民俗》，第 279 页。

③ 参见刘玉平、高建军主编：《运河文化与济宁》（下册），第 447 页。

些怕冷的鱼儿就纷纷来到菰蒋草丛栖身越冬。当地老渔民认为,鱼的这种习性不是鱼自身就有的,而是龙王逼迫它们这么做的,是龙王爷为了渔民多逮鱼,把鱼赶到菰蒋草丛来的。因此,为了多捕鱼,捕大鱼,捕好鱼,渔民在起草前就得先敬龙王爷,龙王好多给赶鱼;起草后还要"送龙王爷"。如若起的鱼多、大、好,收益丰盛,还要请戏班唱大戏。起草敬龙王时,通常将祭案设在水里,参祭人员或乘船或在岸上磕头、祷告。祭品和其他形式祭奠大体一样,只是祭奠后对祭品处理方式不同,"起草敬"将祭奠后的祭品全部倒入湖中,供龙王享用。①

还有一种是还愿敬。每年农历二月初二"龙抬头"时,家家户户都会焚香设供敬龙王。如遇上狂风恶浪,船家渔民就会立即跪在船上向龙王许愿:请龙王爷大施恩德,保我全船人员、财产平安。如若逢凶化吉、平安无事,便选择黄道吉日,或在自家船头或天井,或到龙王庙前,全家老小摆上香案,祭奠龙王。在自家船头或天井祭奠龙王,要请龙王神像,全家老小跪在香案前磕头,敬香,焚烧纸元宝,鸣放鞭炮,祷告感谢龙王大恩大德。最后焚掉龙王神像,再磕 3 个响头送龙王回宫。② 在日常生活中,船家渔民中的善男信女做好饭时,第一勺饭不得食用,要泼进河中供龙王"享用"。

① 参见刘玉平、高建军主编:《运河文化与济宁》(下册),第 447 页。

② 参见刘玉平、高建军主编:《运河文化与济宁》(下册),第 447~448 页。

第四章 江湖显灵话晏公

晏公，名戌仔，江西临江府清江镇人，元末以人才应选入官，为文锦局堂长。因病归家，登舟即奄然而逝。由于晏公职掌江海波涛之事，这是具有护佑航运安全的神职，往来于水上的商人、渔民和船工纷纷对其加以崇祀，使其逐渐由江西地方性水神发展成为全国性水神。

一、晏公的生平事迹

关于平浪侯晏公的记载最早见于宋代。宋人蒋叔兴在其编纂的《无上黄箓大斋立成仪》一书中提到"都督晏元帅平浪侯"①，这是迄今为止看到的最早关于晏公的记载。据此推测，晏公信仰也许早在宋代就已存在。② 元末明初胡行简《清江镇晏公祠庙碑》记载："清江镇旧有晏公庙，历世滋久，莫不改作。……公之威灵始乎乡里，著于江右，南至湖湘，东暨京口，以至川峡河海莫不仰其英风，

① （宋）蒋叔兴：《无上黄箓大斋立成仪》卷五四，《道藏》第9册，第434页。

② 有部分学者亦认同这一说法，如董晨鹏在其《西津渡道教研究》一书中认为，镇江地区晏公信仰起源较早，至少在宋代就已有晏公庙。

钦其肸乡。"[1]这说明早在元代，晏公信仰就已极为盛行。从明代开始，史料中有关晏公为宋末元初江西临江府清江镇人晏戌仔的记载比比皆是。《明一统志》记载：临安府晏公庙在府治东北三十里清江镇，"《旧传》本镇人，名戌仔。元初为文锦局堂长，因病归，登舟即尸解，人以为神，立庙祀之，有灵显于江潮，本朝封平浪侯"[2]。关于这一说法，史料记载颇丰。明清时期晏公信仰在民间颇为盛行。然而，晏公到底是谁，他是怎样成为神灵的，至今也没有一个确切的说法。通观史料，关于晏公的成神事迹主要有以下五种说法：

晏戌仔"死而为神"说。《绘图三教源流搜神大全》载：

> 公姓晏，名戌仔，江西临江府人也。浓眉虬髯，面如黑漆，平生疾恶如探汤。人少有不善，必曰："晏公得无知乎？"其为人敬惮如此。大元初，以人才应选入官，为文锦局堂长，因病归，登舟即奄然而逝，从人敛具一如礼。未抵家，里人先见其扬驺导于旷野之间，衣冠如故，咸重称之。月余以死至，且骇且愕，语见之日，即其死之日也。启棺视之，一无所有，盖尸解云。父老知其为神，立庙祀之。有灵显于江河湖海，凡遇风波汹涌，商贾叩投所见，水途安妥，舟航稳载，绳缆坚牢，风恬浪静，所谋顺遂也。皇明洪武初，诏封"显应平浪侯"。[3]

明人王士性在其《广志绎》中记载："江湖、社伯到处有祀萧公、晏公者，其神皆生于江右。……晏公，名戌仔，亦临江府之清江镇人也，浓眉、虬髯，面如黑漆，生而疾恶太甚。元初，以人材应选，入为文锦局堂长，因疾归，登舟遂奄然而逝，乡人先见其驺从归，一月讣至，开棺无所有，立庙祀之。"[4]

地方志中也有众多关于晏公生平事迹的记载。《古今图书集成·常州府祠庙考》详细记载了晏公的生平及其由人到神的转变过程：

> 公姓晏，名戌仔，江西临江府清江镇人，生平嫉恶如探汤，人少有不善，必曰"晏公得无知乎？"其为人敬惮如此。元初以人才应选入官，为文锦局堂长，因病归，登舟奄然而逝。未抵家，有人先见其鸣驺导于野，衣冠如故，月余讣至，咸惊愕，启棺视之，一无所有，其见之日，即其死之日也。父老知

① 李修生主编：《全元文》第56册，第52页。

② （明）李贤：《明一统志》卷五五《临江府祠庙》，景印文渊阁《四库全书》第473册，（台北）商务印书馆1986年版，第1764页；明成化《中都志》、嘉靖《仁和县志》、崇祯《清江县志》等方志对晏公的记载与此大致相同。

③ 佚名：《绘图三教源流搜神大全（外二种）》，上海古籍出版社2012年版，第88页。

④ （明）王士性撰，吕景琳点校：《广志绎》卷四《江南诸省》，《元明史料笔记丛刊》，中华书局1981年版，第86页。

其为神，因立庙祀之，尤显于江河湖海。凡遇风波汹涌，商贾祈愿，即得安稳，明洪武初，诏封显应平浪侯。”①

道光《重修仪征县志》载：“公名戍仔，临江府清溪（江）镇人，浓眉虬髯，面如漆，嫉恶如仇，人多敬惮。元初以人材官文锦局堂长，因疾归，登舟而卒，柩未返里，人先见其衣冠仪从如生时，月余乃至，盖见之时即死之日也。启棺则以尸解，父老神之，为立庙，明封平浪侯，以灵显江湖云。”②

朱元璋“敕封为神”说。明人郎瑛《七修类稿》卷十二“封晏公”条中记载了关于晏公的两件传闻。其一是：“明兵既取建业，复功京口，太祖渡江，风大作，见神挖舟转仰沙上，问曰：‘救我者何神？’默闻曰：‘晏公’。”其二是：“明初猪婆龙为害，江岸常崩，有老渔翁教捕龙者，以灸猪为饵以钓之，果验。众问渔者姓名，曰‘晏姓’。忽不见，太祖闻之曰：‘昔救我于覆舟即此神也。’封为‘神霄玉府晏公都督大元帅’，命有司祀之。”③清代学者赵翼在其《陔余丛考》卷三五中亦记载：

> 时毗陵为张士诚之将所据，徐达屡战不利。太祖亲率冯胜等十人往援，扮为商贾，顷流而下。江风大作，舟将覆，太祖惶惧乞神，忽见红袍者挽舟至沙上。太祖曰：“救我者谁也？”默闻曰：“晏公也！”及定天下后，江岸当崩，有猪婆龙在其下，迄不可筑。有老渔教炙猪为饵以钓之，瓮贯缗而下，瓮罩其项，其物二足，推拒不能爬于上，遂钓而出，岸乃可成。众间老渔姓名，曰：“姓晏。”倏不见。明祖闻之，悟曰：“盖即昔救我于覆舟者也！”乃封为“神霄玉府晏公都督大元帅”，命有司祀之。④

晏公“孝子为神”说。元末明初胡行简《清江镇晏公祠庙碑》载：“公生有异质，善事父母，人称其孝。生为孝子，殁为神明。”又说晏公：“济物以慈，事亲以孝。为己为人，克全其道……功在国家，泽在斯民。河海湖江，惟神所职。舟楫无虞，咸戴神力。御灾捍患，崇德报功。”⑤胡行简，生卒年不详，字居敬，江西新喻人，元至正二年（1342 年）进士。历翰林修撰，除江南道御史，迁江西廉访使经

---

① （清）陈梦雷等辑：《古今图书集成·方舆汇编·职方典》卷七七《常州府祠庙考》，第 14185 页。

② （清）王检心修，（清）刘文淇、（清）张安保纂：道光《重修仪征县志》卷十九《祠祀志》，《中国地方志集成·江苏府县志辑》第 45 册，凤凰出版社 2008 年版，第 244 页。

③ （明）郎瑛：《七修类稿》卷十二《国事类》，《续修四库全书》第 1123 册，上海古籍出版社 2002 年版，第 105 页；明人田艺蘅《留青日札摘抄》亦记载：“太祖渡江取张士诚，舟将覆，红袍救上，且指之以舟者问何神，曰晏公也。后猪龙婆攻崩江岸，神复化为老渔翁示以杀鼍之法。问何人，又曰晏姓也。太祖感之，遂封为神霄玉府都督大元帅，仍命有司祀之。”

④ （清）赵翼：《陔余丛考》卷三五《晏公庙》，商务印书馆 1957 年版，第 774 页。

⑤ 李修生主编：《全元文》第 56 册，第 53 页。

历。遭世乱乞归，以经学教授乡里。明洪武二年(1369 年)，诏郡县举高洁博雅之士，同修礼书，他亦被选。后征至京师，欲官之，以老疾辞。著有《樗隐集》六卷行于世，《清江镇晏公祠庙碑》即载于其中。晏公“孝子为神”说仅见于《樗隐集》。

妈祖“收服怪物为神”说。自宋代始有妈祖神灵信仰传播。在妈祖神灵信仰体系里，有众多“客神”“属神”和“陪神”。有文献记载，天妃的“前后道从部卫精严”，有“黄蜂兵师、白马将军、丁壬使者、柽香大圣、晏公大神。有千里眼之察奸，顺风耳之报事。青衣童子、水部判官”等，以“佐协威灵，显扬正化”。[①] 最早记载妈祖收服晏公为神的是《天妃显圣录》。其中第一篇序言出自明万历年间的进士林尧俞之手。该书记载妈祖“收服晏公”事，略云：海上有一怪物叫晏公，时常兴风作浪。妈祖与之抗击，晏公不服，遂变成一条神龙，继续兴风作浪，妈祖中游抛锚，制服神龙。晏公始惧而伏罪。妈祖嘱之曰：“东溟阻险，尔今统领水阙仙班，护民危厄。”[②]由是晏公永依法力，为妈祖部下总管，统领水阙仙班共 18 位，护卫海上船民。清乾隆时期，莆田人林清标根据《天妃显圣录》和历代正史，编撰了《天后志》。后经敕封，名曰《敕封天后志》，在闽、台一带广为传播。在《敕封天后志》里也有一幅《收晏公》图，描述的是妈祖降服晏公的故事。其中有一段记述是晏公被降服后，妈祖对他说：“东溟阻险，尔今统领，水阙仙班，护民解厄。”从中我们也可以看出，在沿海居民眼里水神晏公是一怪物，被航海保护神妈祖收服后，才成为妈祖神系的总管之神。[③]

许天师“点化棕绳为神”说。此说法最早见于明末《晏公庙》诗：“棕索成身柿点眸，乘风排浪涌江流。一从误中斜封印，处处称神坐水头。”原注曰：“俗传江中有棕绳二，号大宗二宗，为怪于江，然不能神，无祀也。许旌阳偶过江，食柿，弃其余柿，两宗遂借以为目，愈逼许，当舟而现。许仓卒无以御，取法印击之，中额。两宗得印，称正神，一称晏公，一称萧公，处处祀之。’”[④]许旌阳，即东晋道士许逊，曾出任旌阳令，后得道成仙，俗称“许天师”。晏公本为棕绳，以柿为睛，“进犯”许天师，许天师以法印“还击”，结果“歪打正着”，正式将棕怪封为神灵。关于此说，清代赵翼《檐曝杂记》卷六也有简略记载。[⑤]

① 参见蒋维锬编校：《妈祖文献资料》，第 60 页。

② 蒋维锬编校：《妈祖文献资料》，第 298 页。

③ 参见华庆：《闲谈晏公庙主神晏公》，南京市下关区政协文史资料委员会编：《下关文史》第 8 辑《南京天妃宫与妈祖文化》，内部资料，第 113 页。

④ (明)王象春著，张昆河、张健之注：《齐音》，济南出版社 1993 年版，第 64 页。

⑤ 参见(清)赵翼撰，李解民点校：《檐曝杂记》卷六《晏公庙》，中华书局 1982 年版，第 26 页。

以上“晏公为神”的五种说法集中出现于元明时期的文献中，清代文献少见记载。纵观史料中有关晏公的记载，我们可以大致梳理出晏公的主要生平，即晏公姓晏，名戍仔，江西临江府清江镇人，元初以人才应选入官，为文锦局堂长，死后为神。由于他曾在明初鄱阳湖大战中搭救朱元璋，并传授江岸民众捕杀猪婆龙的方法，后多次“显灵”于江湖，故得到朱元璋的册封，命有司祭祀，因而逐渐盛行。有关晏公的事迹带有明显的神话色彩，《明史》《明太祖实录》《大明会典》等史料中并无朱元璋鄱阳湖落水及册封晏公为平浪侯的记载，故有关晏公的事迹当为后人附会之词。晏公是否确有其人，学界仍然存在争议。“晏公作为一个人物其存在与否并不重要，重要的是其作为神灵有被需要的价值和被神化的过程。”[①]通过对相关史料的分析和研究，我们发现有关晏公的最早记载出现在元代，而其庙宇则多建于明朝洪武年间，可以肯定的是：元代是晏公信仰的形成时期；明代，尤其是明朝初年是其信仰最为盛行的时期。

二、晏公信仰的兴起及传播

晏公作为水神，职掌江海波涛之事，护佑航运安全是其最为主要的职责。《清江镇晏公祠庙碑》高度评价了晏公“水上保护神”的神通：“公之威灵，始乎乡里，著于江右。南至湖湘，东暨京口，以至川峡河海，莫不仰其英风，钦其畔畋。上自朝廷，下逮士庶，舟楫之行，材木庶物之运，卒遇风涛之险，往往叫号神明。其免于危难之余，而措之坦夷之际，易危而安，如履平地。”[②]明人郑文康《晏公灵异记》记载，有数人乘舟渡江，时江面“叠浪如山，舟中之人皆失色。……有乡翁朱彦达者同载，乃大声连呼晏公。舟中之人从而皆大呼之。顷间，觉舟若蓬旋转者，再似覆状，遂定不动。起视之，在丛苇中，四面皆苇环绕，望不可尽。”[③]《古今图书集成·常州府祠庙考》记载常州白云渡：“向苦沉溺，里人建祠祀之，而波涛顿息。”[④]

晏公信仰形成于元代，最初为江西地方性水神。明朝初年，漕运极为繁忙，此时内河航运尚未出现全国性的航运保护神，晏公信仰的出现无疑在一定程度上满足了漕军、运丁和民众水上航行的祭祀需求。有明一代，尤其是明朝初年，

---

① 吴欣：《明清山东运河区域“水神”研究》，《社会科学战线》2013 年第 9 期。

② 李修生主编：《全元文》第 56 册，第 53 页。

③ (明)郑文康：《平桥藁》卷六《晏公灵异记》，景印文渊阁《四库全书》第 1246 册，(台北)商务印书馆 1986 年版，第 6 页。

④ (清)陈梦雷等辑：《古今图书集成·方舆汇编·职方典》卷七七《常州府祠庙考》，第 14185 页。

是晏公信仰最为盛行的时期，这一时期建立的晏公庙宇也最多。杭州府晏公庙在府城武林门北夹城巷内，“祀元晏戍仔。……（洪武）二十三年，浙江都指挥储杰以督漕获庇，乃捐俸建为今祠”[①]。太仓州镇洋县晏公堂在朝阳门内之西：“晏公不传名氏，元时护漕，封平浪侯，漕运官军立祠祈赛。”[②]苏州府晏公庙：“在阊、胥二门军营内，按《路史》，晏公名戍仔，元初为文锦堂局长，登舟尸解立庙。明洪武初，题封平浪侯，今漕运官兵犹祈赛之。”[③]嘉靖《山东通志》记载，临清会通闸、新闸、南板闸都有晏公庙。[④] 著名古典小说《金瓶梅》中也有关于临清晏公庙的记载：“那时朝廷运河初开，临清设二闸，以节水利。不拘官民，船到闸上，都来庙里，或求神福，或来祭愿，或讨卦与筶，或做好事。也有布施钱米的，也有馈送香油纸烛的，也有留松篙芦席的。”[⑤]晏公庙是祈愿大运河运输安全和致富的祠庙，主要是运河的船泊搭乘者想通过祭祀和祈愿以及占卜和献物等宗教活动以求尽可能地减少运输过程中的危险。

天津“地当九河要津，路通七省舟车”，自元代至明清，其漕运中心的地位尤其重要。无论海运还是河运，最终都要经过天津转运到北京。因此，天津境内与漕运有关的水神信仰尤为盛行。作为河、海交汇之地，天津境内亦有晏公庙宇的分布。成书于清康熙年间的《天津卫志》是天津现存最早的志书。该书卷三“寺观宫庙”一节记载晏公庙在城外西北隅。乾隆《天津府志》沿袭康熙《天津卫志》的说法。与乾隆《天津府志》同时成书的《天津县志》卷八“学校附坛庙寺观”中的记载则与《府志》稍异：“晏公庙在城外西北隅，一在河北。”光绪《重修天津府志》关于晏公庙的记载附于“海神庙”条内：“一在大直沽康熙三十七年奉敕重建。……一在丁字沽，明时为萧公、晏公庙，国朝康熙间邓懋和改建。”[⑥]同治《续天津县志》卷四有关“恬佑祠”的记载与此大致相同。由以上史料我们可以大致推断，天津的晏公庙建于明代，且至少有一座被视为海神，其具体地理位

① （清）陈梦雷等辑：《古今图书集成·方舆汇编·职方典》卷九四七《杭州府祠庙考》，第 16195 页。

② 王祖畬纂：民国《镇洋县志》卷二《营建·坛庙》，《中国地方志集成·江苏府县志辑》第 19 册，第 14 页。

③ （清）陈梦雷等辑：《古今图书集成·方舆汇编·职方典》卷六七七《苏州府祠庙考》，第 13866 页；明正德《姑苏志》卷二七《坛庙上》的记载与此大致相同，只是加封“平浪侯”的时间略有出入，认为是元代时加封。

④ （明）陆釴等纂修：嘉靖《山东通志》卷十八《祠祀》，《天一阁藏明代方志选刊续编》第 51 册，据明嘉靖年间刻本影印，上海书店 1990 年版，第 1123 页。

⑤ （明）兰陵笑笑生：《金瓶梅》第九三回，人民文学出版社 2000 年版，第 1273 页。

⑥ （清）沈家本等修，（清）徐宗亮等纂：光绪《重修天津府志》卷三四《经政八·祀典》，《中国地方志集成·天津府县志辑》第 2 册，第 28～30 页。

置，应该在天津城西北的丁字沽靠近运河的地方。[①]

三、晏公信仰的功能及影响

明代晏公信仰的功能其实已经超出了保护漕运和水上航运的范围。明人郎瑛《七修类稿》记载的有关晏公的两条传闻，说明晏公在民间已经具有了保护水运之外的助战、护堤等职能。道光《重修宝应县志》记载宝应县晏公庙："万历间，河工成，遣官祭告，太和遣中官挂袍。"[②]清人汪巽东的竹枝词《云间百咏》对晏公助战、护堤的职能作了记载："护主功高平浪侯，海潮怒卷沪城秋。猪婆重坏江南岸，正要渔翁教下钩。"[③]"海潮怒卷沪城秋"反映的是明代晏公显灵溺死从海上进犯的倭寇、保卫上海城之事，即"平浪侯晏公数显灵于江湖间，旧有庙在周泾左侧。嘉靖岛夷犯城时，佥宪董邦政署县篆，计无所出，俄闻喊杀声，已而海潮泛滥，溺贼八十余人，遂解围去。吏民德之，相率捐资重修"[④]。平浪护航的晏公，掀起滔天巨浪，吓退了敌寇，从而解救了危难之中的上海，民众感激晏公的恩德，纷纷捐资重修庙宇，对晏公也就更加崇拜。明代中期以后，上海晏公信仰的海神功能进一步得到彰显。上海民间对晏公信仰的祭祀活动的规模相当大："蜡炬熏天祀晏公，称觞队队拥吴侬。人归瀚海洪涛外，灵驻乾坤正气中。一片忠怀垂信史，千秋黎庶仰英风。即今乡曲犹祠庙，转觉君恩未有穷。"[⑤]

除护佑航运、"护民解厄"之外，晏公还有抗旱排涝的职能。例如，宁夏一带的晏公庙即"与人民祈雨相联系"[⑥]。另据《畿辅通志》记载："明成化六年，大水冲城，知州胡瑛呼神求救，水退城全，次年构庙于此。明成化十八年，滹沱河溢水冲城坏，知州李德美跪祷间，适有麦秸顺流而下，与所塌城楼土石并塞，由是水不入城。"[⑦]从这些记载可以看出，人们对晏公抗旱排涝的能力也是深信不疑

---

① 参见赵耀双：《天津的晏公庙》，《渤海早报》，2010 年 10 月 4 日。

② （清）孟毓兰修，（清）乔载繇等纂：道光《重修宝应县志》卷五《祀典》，（台北）成文出版社 1983 年版，第 234 页。

③ 顾炳权编著：《上海历代竹枝词》，上海书店出版社 2001 年版，第 139 页。

④ （清）宋如林修，（清）孙星衍、（清）莫晋纂：嘉庆《松江府志》卷十八《建置志六・坛庙》；转引自毕旭玲：《古代上海海洋社会发展史研究》，上海社会科学院出版社 2014 年版，第 187 页。

⑤ （清）曹相骏纂，（清）许光墉增纂：光绪《重辑枫泾小志》卷二《建置志・祠庙》；转引自毕旭玲：《古代上海海洋社会发展史研究》，第 187 页。

⑥ 杨帆：《明清宁夏平原水利兴修与水神信仰初探》，《宁夏社会科学》2010 年第 3 期。

⑦ 李剑平主编：《中国神话人物辞典》，陕西人民出版社 1998 年版，第 476 页；吕宗力、栾保群：《中国民间诸神》（上册），河北教育出版社 2001 年版，第 279 页。

的。明人谈迁在《枣林杂俎·晏公庙》中说，晏公为神后，“乡人立真源堂奉焉。凡蝗蝻水旱，祈之有应”[①]。由此可见，晏公在某些地方承担了灭蝗保穑的职责。在民间传说中，晏公还具有降妖除怪的神通。在兰州市广传着一个“晏公斩龙”的故事。相传兰州地区风调雨顺，皆因黄河内有一条白龙。某年，一黑色妖龙偷袭白龙，致使河水猛涨。这时，晏公穿红袍、乘红马、执宝剑，跃入水中，帮助白龙大战黑龙，三天三夜后，终将黑龙斩杀。但晏公却再也未能从河里出来。为纪念晏公，兰州百姓在黄河岸上，修了一座晏公庙。[②] 芜湖行春圩东埂、周埠圩、范大村咸保圩、落蓬湾也都建有晏公庙。据说晏公是当地水神，向其祈祷催生也非常灵验。[③] 可见，晏公似乎还承担起了“催生娘娘”的职责。晏公在民间传承的过程中，由单纯的水神变为无所不能的民间保护神。江西省鄱阳县管驿前村的民众现今依旧笃奉晏公。“举凡家中有病人、有难事，人们都爱上晏公庙求菩萨，甚至孩子考大学、亲人出远门，人们也要来这里烧炷香。”[④]

晏公信仰的流行对沿岸民众生活也产生了重要影响。地处苏州东南水路咽喉要道的周庄晏公庙香火极为繁盛。章腾龙《贞丰拟乘·祠墓》记载：“蚬江口芦心墩相近，名晏公嘴，上有小祠，称晏公老太，水神也。神名戍仔，元初为文锦堂局长，登舟尸解，因立庙焉，封都督大元帅。明洪武初显应，又封平浪侯。今神位称平浪侯都督大元帅。”[⑤]陶煦《周庄镇志》卷三《祠庙》载：“（晏公庙）在镇西北王家浜南白蚬江滨，道光九年重修，同治六年又修。《路史》载：晏公名戍仔，江西人。元初为文锦堂局长，登舟尸解，立庙封都督大元帅。明洪武初，以其阴翊海运，又封平浪侯。至棕怪之说，赵翼《檐曝杂记》辨之。又李渔《比目鱼》曲，则以十月初三日为公诞辰云。”[⑥]章腾龙在其《贞丰拟乘》中收录了一篇名为《祷祀水神晏公庙疏》的文章，为清代乾隆年间邑人徐钥所作，是晏公崇拜仅见的一篇祷文，对于我们深入研究水神晏公堪称是十分珍贵的资料。该文记载：

某鲋鲰小生，菰芦下士。江干驻马，未见旌旄；泽畔行吟，不闻梁父。卜廛临蚬水，坳堂以芥子为舟；乞食寄吴门，涸辙得升泉可活。以此片帆卦

① （明）谈迁：《枣林杂俎》，中华书局2006年版，第509页，

② 马天彩：《陇原丝路的民俗与旅游》，旅游教育出版社1996年版，第12页。

③ 赵崔莉：《清代皖江圩区社会经济透视》，安徽人民出版社2006年版，第258页。

④ 邱国珍、赖施虬：《田野的风——民俗学论文集》，吉林人民出版社2001年版，第53页。

⑤ 刘放：《周庄》，古吴轩出版社2004年版，第147页。

⑥ 庄吉：《周庄晏公庙》，载苏州市传统文化研究会编：《传统文化研究》第19辑，群言出版社2012年版，第380页。

日，往来汗漫如驰；因而一叶随风，下上烟波似织。出门惘惘，饥飞类江上之凫；顾影悠悠，寒唳若天边之雁。幸赖神明佑庇，得蒙出入安恬。秋水时至，波涛不惊；阴风怒号，济涉无恙。兹值嘉平之月，落莫将终。敬于沼址之滨，采苹上荐。恭惟殿下，嘉谟著闻，明德及远。甄陶俊彦，声名在韩、范之先；培植英贤，勃业驾尹、欧而上。秉心以正直为神，受命作江湖之伯。惟兹白蚬名江，永赖神灵作镇。庙貌尊严，几筵布列。达淮漕艘，戴一路之福星；出海鲛人，荷千年之香火。某乘舸在道，时值王正。入庙皈诚，期今岁晚。兹展葵心，用伸芹敬。伏愿以铸鼎能，秉燃犀照。冯夷戢怒，蛟窟毋惊；风伯效灵，石尤不作。择流无细，长灌溉于百川；树德务滋，永栽培乎一介。扁舟履平地，不愁春水方生；三级望禹门，且溯秋涛逆上。长江天堑，一帆破浪风飞；棘院文场，三峡倒流词涌。遂折丹桂以来归，径造青云而直上。当若济巨川之任，表为章天汉之才。果其有志竟成，则实惟神之赐！在昔迷津已觉，洗心祈福命于天；从此临渊益兢，拭目见尊神在上。敬布悃忱，匪云颠蹶，谨疏。①

祷文论述了一个尚未取得功名的书生对晏公神明的歌颂，字里行间充满了对晏公的无限感恩和崇敬之情。可见晏公信仰在为当地船工、渔民等社会群体所普遍接受的同时，也得到了读书人的青睐。

镇江西津渡是船舶、商贾南来北往的必经之地。渡口古街建有晏公庙。船工视晏公为行业神，出船或回航均要登岸上香祭拜。乘船外出的客商渔民，都要来此祈求平安。无数善男信女岁岁祭祀，使得晏公庙香火十分旺盛。明朝中期，晏公的影响已遍及社会各阶层，其水神的地位已接近龙王。民间还逐渐形成了元宵节“拜晏公”的风俗，整个祭神过程由迎神、驱魔、保太平等组成，带有浓厚的驱邪和祈求平安的色彩。“拜晏公”一般是从新年正月初一开始一直持续到元宵节。活动开始后，整个晏公庙周围鼓乐喧闹，炮仗声不绝于耳，精美的花灯目不暇接。晏公庙里盖着红布的神像被人们抬出来，穿行在大街小巷，驱除邪祟。抬神像的人是船民精选出来的年轻的船工。他们喝了烧酒，光着膀子，戴上面具，在各条街巷里绕行。女人和孩子要留守在家中，紧闭门窗，以免引来邪魔。晏公的神像被人们抬着，走过整个镇江城，走一圈就意味着赶走了邪魔，然后抬回到庙里。盖在晏公身上的红布，是平安吉祥的象征。抢红布是“拜晏公”的最后一个环节，也是最后的高潮。为了能够顺利抢到红布沾到福

① 庄吉：《周庄晏公庙》，载苏州市传统文化研究会编：《传统文化研究》第19辑，第383页。

气，人们往往不顾身份，不分尊卑，争先恐后地抢[①]。

关于晏公的圣诞寿辰，《周庄镇志》载："又李渔《比目鱼》曲，则以十月初三日为公诞辰云。"[②]《比目鱼》传奇第十一回"狐威"中，众人道："还有一件大事，要禀告钱老爷，那平浪侯晏公是本境的香火，这位神道，极有灵验的，每年十月初三，是他的圣诞，一定要演戏上寿。"[③]《比目鱼》第九回，宴（晏）公升殿时的独白："我平浪侯分封水国，总理元阴，代天司振荡之权，御世有澄清之志。今日十月初三日，是小圣的诞日。天下庙宇，到了今日，定要祭奠演戏。圣知庙宇虽多，神灵总是一位。到了祭奠的时节，少不得要乘风取电，往各处享受一回。"[④]在晏公圣诞寿辰这一天，民间通常会举行迎神赛会，加以隆重庆祝，这在相关史料中亦有记载。

杭州夹城巷晏公庙旧址在今夹城巷左家新村湖墅医院，该庙建于明洪武二十三年（1390 年），浙江都指挥使储杰督管漕运期间受晏公其庇护而捐资建造。晏公庙的赛神庙会曾是杭州秋季三大赛神庙会之一，在当地很有名气："先之以千胜庙，在众安桥南，九月十五日赛会，次之以华光庙，在江涨桥东，九月二十八日赛会：又次之以晏公庙，在夹城巷内，十月初三日赛会。其四境居民依期迎赛，愈出愈奇。"[⑤]每逢晏公诞辰日，民间由互助会牵头，各户凑份子，富户多捐些，然后请上戏班子，在庙前搭起戏台，热热闹闹唱上几天大戏。晏公庙会最后的压轴戏，更是极为精彩。1952 年，晏公庙改建成戏院，曾有越剧名角戚雅仙、屠桂飞等在这里演出《碧玉簪》《红楼梦》等剧目。晏公庙在"文化大革命"中，被彻底拆毁。[⑥]

周庄当地迎神赛会节日中有一个"三月廿八汛"，活动连续举办三天，四邻八乡各个庙宇里供奉的老爷神像都要到镇上巡游一番，于是晏公老太的神像就会彩绘一新，被众人抬到快船上，敲锣打鼓，经白蚬湖顺流巡幸，最是威风。无独有偶，光绪《武进阳湖县志》记载了常州地方的端午节划龙船盛况，即每年农历五月初一至二十八历时近一个月之久的"云溪竞渡"。届时，六条龙舟浮于云溪，锣鼓喧天，观者如潮，万人空巷。凡参与竞渡的都要虔诚列队向渡口的晏公庙"晏公爷爷"朝拜祭祀。直到现在，温州苍南县的蒲城每年元宵节前后，都要

---

① 周永峰编著：《长江文明之旅：长江流域的引航救助》，长江出版社 2015 年版，第 77 页。

② 庄吉：《周庄晏公庙》，载苏州市传统文化研究会编：《传统文化研究》第 19 辑，第 383 页。

③ （清）李渔：《传奇精选》，光明日报出版社 1997 年版，第 32 页。

④ 董晨鹏：《西津渡道教研究》，上海文艺出版社 2007 年版，第 176 页。

⑤ 何善蒙：《民国杭州民间信仰》，杭州出版社 2012 年版，第 80 页。

⑥ 参见黄公元、王国平总主编：《杭州运河宗教文化掠影》，杭州出版社 2013 年版，第 122 页。

举行隆重的晏公庙迎神赛会。活动从正月初四至十九，长达 16 天，尤其是元宵夜盛大和隆重的花灯场面、正月十六夜热闹和欢乐的花炮场面，堪称中国式狂欢节。①

晏公信仰的盛行为明清时期的文学创作提供了重要题材，从众多小说、戏曲中我们可以发现受晏公影响的痕迹。清人李渔《连城璧》载："这地方有所古庙叫做晏公庙，晏公所执掌的是江海波涛之事，当初曾封为平浪侯，威灵极其显赫，他的庙宇就起在水边，每年十月初三日是他的圣诞，到这时候，那些附近的檀越都要搬演戏文替他上寿。"②古典文学名著《金瓶梅》第九十三回描写了王杏庵带着陈经济，来到晏公庙所看到的景象："王老到于码头上，过了广济闸大桥，见无数舟船停泊在河下。来到晏公庙前下马，进入庙来，只见青松郁郁，翠柏森森。两边八字红墙，正面三间朱户。端的好座庙宇！但见：山门高耸，殿阁峻层。高悬勅额金书，彩画出朝入相。五间大殿，塑龙王一十二尊；两下长廊，刻水族百千万众。旗杆凌汉，帅字招风。四通八达，春秋社礼享依时；雨顺风调，河道民间皆祭赛。万年香火威灵在，四境官民仰赖安。"③乾隆年间的长篇小说《野叟曝言》描述道："长卿出轿，看那匾额上，大书晏公庙三字。走进庙中，见神像边设一朱红牌位，上面飞着九个大金字，是敕封平浪侯晏公神位。"④昆剧《比目鱼》是唯一以晏公为题材的经典剧目，剧中的男主人公谭楚玉与梨园女伶刘藐姑为了追求自由恋爱，私订终身，双双跪在晏公神像面前发誓。后来为了反抗钱老爷等人的逼婚，两人商量好，趁在晏公庙临河戏台演出时一起跳水殉情。这才演绎了一段晏公显圣，救两人于危难之际并成就一桩美好姻缘的故事。⑤

---

① 参见庄吉：《周庄晏公庙》，载苏州市传统文化研究会编：《传统文化研究》第 19 辑，第 384～385 页。

② (清)李渔：《连城璧》第一回，华夏出版社 2013 年版，第 5 页。

③ (明)兰陵笑笑生：《金瓶梅》第九十三回，第 1271～1273 页。

④ (清)夏敬渠：《野叟曝言》第三十七回，中华书局 2004 年版，第 351～352 页。

⑤ 参见庄吉：《周庄晏公庙》，载苏州市传统文化研究会编：《传统文化研究》第 19 辑，第 385 页。

第五章 显佑河漕祭河神

河流给人类带来了诸多恩惠，人类古老的文明皆发源于大江或大河流域。但与此同时，河流本身也潜藏着一些危害，如河水泛滥，对人们的生命财产和人身安全造成了巨大威胁。中国是一个河流密布、河道纵横的国家，自古以来，河神崇拜就极为发达。广义上的河神泛指各种河流之神，黄河、运河、淮河、卫河、漳河等俱包括在内；狭义的河神则专指黄河河神。京杭大运河由于沟通五大水系和众多中小河流，其沿线区域的河神信仰也极为盛行。不仅传统的黄河河神受到官民的崇敬，就是为运河提供水源保障的河神，诸如漳河神、汶河神、泗水神等，也得到当地民众的祭祀。

一、河神信仰的历史渊源

从原始社会到商周时期，河神还未跨出自然神的框架，始终以自然界中的面孔出现。到了春秋战国时期，百家争鸣，各种思想大放异彩，人类对自然界的认识也有了新的变化。这个时期，河伯的形象从水生动物向人形鱼身转化，并最终变成人形。“河神被人格化和社会化的最明显的表现就是，河神有了姓名、

配偶、住处以及具体的形体。"[①]《庄子·大宗师》曰："冯夷得之，以游大川。"《释文》引司马彪云："《清冷传》曰：冯夷，华阴潼乡堤首人也。服八石，得水仙，是为河伯，一云以八月庚子浴于河溺死。"[②]这表明河伯已逐渐人格化，开始具有人名。同时，这个时期的水神也逐渐具有人的音容笑貌。《庄子·秋水》载："秋水时至，百川灌河，径流之大，两涘诸崖之间，不辨牛马。于是焉，河伯欣然自喜，以为天下之美为尽在己。顺流而东行，至于北海，东面而视，不见水端，于是焉，河伯始旋其面目，望洋向若而叹曰：'野语有之曰：闻道百，以为莫己若者，我之谓也。'……吾长见笑于大方之家。"[③]这表明河伯已具有人的动作神态和心理，开始逐渐与人一样了，而人们也开始以人类的家庭模式给河伯搭配对象。在先秦很长一段时期里，河伯作为黄河河神一直处于极盛的地位，有关河伯的各种神话故事层出不穷。《史记·滑稽列传》载西门豹治邺时，当地有为河伯娶妇的陋俗。"当其时，巫行视小家女好者，云是当为河伯妇，即聘取。洗沐之，为治新增绮縠衣，间居斋戒；为治斋宫河上，张缇绛帷，女居其中。为具牛酒饭食，十余日。共粉饰之，如嫁女床席，令女居其上，浮之河中。始浮，行数十里乃没。"[④]这个时期的水神的人格化还处于较为初级的阶段，秦汉之后，水神以人的形象出现得越来越多，水神的人格化才逐渐开始确立。

经过春秋战国社会的大变动，秦汉时期形成一个大一统的局面，随着领土范围的扩大，社会经济的发展，反映在水神崇拜方面，秦汉时期除了继承周代的一些特点外，又有一些新变化。秦朝和汉朝都是大一统的封建王朝，统治者需要有一个统一的、整体意义上的河神，而这个整体意义上的河神只能以国家的名义进行祭祀。这种整体意义上的黄河河神是国家统一、文化统一后的产物。《史记·封禅书》记载秦统一天下之后，规定自殽以东祭济、淮二大川："水曰济，曰淮。春以脯酒为岁祠，因泮冻，秋涸冻，冬塞祷祠。其牲用牛犊各一，牢具珪币各异。"自华以西，祭名川四，即"水曰河，祠临晋；沔，祠汉中；湫渊，祠朝那；江水，祠蜀。亦春秋泮涸祷塞，如东方名山川"[⑤]。至汉代，汉高祖承秦旧制，按照秦朝的祭礼来祭祀河神，官方祭祀河神的地点仍设在临晋，但是祀礼等级和祀典规格有所提升。汉高祖刘邦二年（前205年）下诏，对上帝和山川诸神"甚重

① 有关春秋战国时期河神人格化和社会化的具体表现详见王娟娟：《中国古代的黄河河神崇拜》，山东师范大学硕士学位论文，2012年，第21～24页。

② （清）王先谦编著：《庄子集解》，成都古籍书店1988年版，第39页。

③ （清）王先谦编著：《庄子集解》，第90～91页。

④ （汉）司马迁：《史记》卷一二六《滑稽列传》，中华书局1959年版，第3211页。

⑤ （汉）司马迁：《史记》卷二八《封禅书》，第1372～1374页。

祠而敬祭”，强调要“以时礼祀之”。[①] 汉文帝时，规定祭河“加玉各二；及诸祠，各增广坛场，圭币俎豆以差加之”[②]，将牲畜、玉圭、车马等沉于河中，以祭河神。这一时期对水神祭祀的时间、地点、祭品的规格都有详细的规定，表明秦汉时期水神祭祀制度的逐步完善。

秦汉时期的河神人格化特征已较为明显，河伯的形象转化为人的形象。《淮南子·齐俗训》云：“昔者冯夷得道，以潜大川。”“冯夷，河伯也。华阴潼乡堤首人也。服八石，得水仙。”[③]干宝《搜神记》中也有记载：“弘农冯夷，华阴潼乡堤首人也。以八月上庚日渡河，溺死，天帝署为河伯。”[④]另外，人们也按人间的家庭模式来创造水神，以四方海神为例，这一时期不但给四方海神取名，而且给其配了夫人：“东海君姓冯名青，夫人姓朱名隐娥；南海君姓赤名视，夫人姓翳名逸寥；西海君姓勾大名丘百，夫人姓灵名素简；北海君姓是名禹帐里，夫人姓结名连翘。”[⑤]随着社会的发展，人们开始按照自己的想象和标准创造水神的形象。

唐宋元时期河神人格化趋势更加显著。唐天宝六年(747 年)正月初八，玄宗在五岳既封王位的基础上将四渎升以公位，河渎被封为“灵源公”，济渎为“清源公”，江渎为“广源公”，淮渎为“长源公”。[⑥] 大中祥符元年(1008 年)，宋真宗曾车驾澶州，致祭于河渎庙，在唐代的基础上诏封河渎为“显圣灵源公”。[⑦] 仁宗康定元年(1040 年)，将四渎由公升格为王，河渎被封为“显圣灵源王”，江渎为“广源王”，淮渎为“长源王”，济渎为“清源王”。[⑧] 元至正十一年(1351 年)四月初七，顺帝下诏加封河渎神为“灵源神佑弘济王”，并重建河渎神庙。[⑨] 作为水神主要代表的四渎被加封公、王等号，显示了其逐渐人格化的趋势。

明朝初年，随着国家秩序的确立，洪武三年(1370 年)六月初三，明太祖对国家祀典进行了统一规范，包括岳、镇、海、渎诸神的称谓。他在诏书中说：

> 朕奋起布衣，以安民为念，训将练兵，平定华夷，大统以正，永惟为治之道，必本于礼。考诸祀典，知五岳、五镇、四海、四渎之封起自唐世，崇名美号历代有加。朕思之，则有不然。夫岳、镇、海、渎，皆高山广水，自天地开

---

① (汉)班固：《汉书》卷二五《郊祀志上》，中华书局 1962 年版，第 1210 页。

② (汉)司马迁：《史记》卷二八《封禅书》，第 1381 页。

③ (汉)刘安：《淮南子·齐俗训》，中华书局 2012 年版，第 600 页。

④ (东晋)干宝撰，汪绍楹校注：《搜神记》，中华书局 1979 年版，第 46 页。

⑤ [日]安居香山、[日]中林璋八辑：《纬书集成》，河北人民出版社 1994 年版，第 1152 页。

⑥ 参见(后晋)刘昫等：《旧唐书》卷九《玄宗本纪下》，中华书局 1975 年版，第 221 页。

⑦ 参见(元)脱脱等：《宋史》卷一二《礼志五·吉礼五》，中华书局 1977 年版，第 2487 页。

⑧ 参见(元)脱脱等：《宋史》卷一二《礼志五·吉礼五》，第 2488 页。

⑨ 参见(明)宋濂等：《元史》卷四二《顺帝本纪五》，中华书局 1976 年版，第 891 页。

辟以至于今，英灵之气萃而为神，必皆受命于上帝，幽微莫测，岂国家封号之所可加？渎礼不经，莫此为甚。……今宜依古制，凡岳镇海渎并去其前代所封名号，止以山水本名称其神。①

这样，作为传统河神祭祀的黄河便改称“西渎大河之神”，简称“河渎之神”。明太祖朱元璋的河渎祭祀制度的改革使得唐宋以来河神人格化的进程暂时中断。

有明一代，治河河神几乎都以“河伯之神”相称，虽有封号，但称谓朴素。直接以河神或河伯之神相称，表明治河河神是以自然神的形象呈现的，这与洪武三年国家祀典调整时所规定的不得加封神的基调的潜在影响不无关系。景泰四年（1453年）正月，“以沙湾累修累决，诏加封河神为朝宗顺正惠通灵显广济大河之神”。② 这一封号虽然包含人格化因素，但依然保留河神的原始形态。但当天启六年（1626年）九月，河神被加封为“护国济运龙王通济元帅”时，其人格化特征更加昭著。这虽不能代表整个明代河神信仰的形态特征，但却反映了河神信仰新的走向，即逐渐游离出明初祖制的束缚，开启了河神人格化的进程。进入清朝后，在统治者的敕封下，金龙四大王成为黄河河神。金龙四大王名谢绪，南宋诸生，是实实在在的人格化神灵。除金龙四大王外，宋大王、白大王、黄大王、朱大王、栗大王等黄河河神和运河水神无一不是由人到神的人格化神灵，河神完全由自然神转化为人格神，河神的人格化进程也最终完成。

明清统治者通过敕加封号、颁发匾额、隆重祭祀等方式，把众多黄河河神、运河水神、江神、湖神列入国家祀典，并规定了极为烦琐和复杂的祭祀礼仪。国家祭祀中渗透着严格的等级观念，河漕官员奏加封号、修建庙宇均需得到皇帝的认可，只有皇帝才有权对水神敕加封号、颁发匾额，这无疑也是强化皇权的重要举措。

统治者通过敕加封号，把符合官方需要的神灵列入国家祀典，以此为社会和民众确立统一的神灵信仰体系，以彰显皇权的至高无上和自身统治的合法性。天启六年（1626年），以清口涨水，粮船速济，加封河神“护国济运龙王通济元帅”。③ 顺治二年（1645年），封黄河神为“显佑通济金龙四大王之神”，运河神为“延庥显应分水龙王之神”，令河道总督致祭。④ 康熙十九年（1680年），封天

---

① 《明太祖实录》卷五三“洪武三年六月癸亥条”，第1034页。

② 《明英宗实录》卷二二六“景泰四年二月乙未条”，第4931页。

③ 参见《明熹宗实录》卷七六“天启六年九月乙酉条”，第3681页。

④ 参见《清世祖实录》卷二二“顺治二年十二月甲辰条”，第3册，第1688页。

妃为“护国庇民妙灵昭应弘仁普济天妃”，遣官诣福建莆田县致祭。[①] 康熙二十三年(1684年)，加封“天妃”为“天后”。康熙三十九年(1700年)，加封金龙四大王为“显佑通济昭灵效顺金龙四大王”。雍正二年(1724年)，敕封四海龙神，东曰“显仁”，南曰“昭明”，西曰“正恒”，北曰“崇礼”，均遣官赍祭文香帛，交该地方官致祭。[②] 雍正三年(1725年)，敕封临清州河神为“福漕漳河之神”，馆陶县河神为“惠济漳河之神”，饬各地方官恭设神牌，每岁春秋致祭。[③] 雍正四年(1726年)，敕封宋礼为“宁漕公”，白英为“永济神”，均庙祀山东汶上县。[④] 乾隆三年(1738年)，封河南人黄守才为灵佑襄济之神，庙祀陈留县。[⑤] 乾隆四年(1739年)，敕封宿迁人张襄为彰灵卫漕张将军，庙祀江南清河县。[⑥] 乾隆二十二年(1757年)，加封金龙四大王为“显佑通济昭灵效顺广利安民金龙四大王”，建庙于江南徐州府。乾隆四十五年(1780年)，敕封河南偃师人黄守才为“灵佑襄济黄大王”，河道总督朱之锡为“助顺永宁侯”。嘉庆八年(1803年)，加封唐人张巡为“显佑安澜宁漕助顺之神”，庙祀江南丹徒县。嘉庆十八年(1813年)，敕加山东漳河神“灵泽”封号。[⑦] 嘉庆二十一年(1816年)，敕封山东东平人耿裕德为“敷佑康泽灵应侯”。同治七年(1868年)，敕封原任江南河道总督黎世序为“孚惠黎河神”。[⑧] 同治十二年(1873年)奏准，原任河东河道总督栗毓美于郓城金龙四大王庙内添置神位附祀。光绪五年(1879年)，加封金龙四大王为“显佑通济昭灵效顺广利安民惠孚普运护国孚泽绥疆敷仁保康赞翊宣诚灵感辅化襄猷溥靖德庇锡祐溥佑金龙四大王”，加封黄大王为“灵佑襄济显惠赞顺护国普利昭应孚泽绥靖溥化宣仁保民诚感诚感黄大王”，加封朱之锡为“助顺永宁佑安显应绥靖昭感护国孚惠灵庇翊化昭显侯”，加封栗毓美为“诚孚普济灵惠显佑威显栗大王”，加封宋礼为“宁漕显应公”，加封白英为“永济灵感显应昭孚昭宣之神”。[⑨]

颁发匾额亦是崇祀水神的重要手段，这在清代较为常见。在清代，国家通过赐予匾额的方式，在酬谢神灵的同时，也为水神崇祀披上了浓厚的皇权色彩。

---

① 参见《钦定大清会典则例》卷八四《礼部·群祀一》，景印文渊阁《四库全书》第622册，(台北)商务印书馆1986年版，第633页。

② 参见(清)嵇璜等:《清通典》卷四四《礼·吉四》，景印文渊阁《四库全书》第642册，第536页。

③ 参见(清)嵇璜等:《清通典》卷四四《礼·吉四》，第536页。

④ 参见《钦定大清会典则例》卷八四《礼部·群祀一》，第633页。

⑤ 参见《钦定大清会典则例》卷八四《礼部·群祀一》，第633页。

⑥ 参见《钦定大清会典则例》卷八四《礼部·群祀一》，第633页。

⑦ 参见(清)昆冈等修，(清)刘启端等纂:光绪《钦定大清会典事例》卷四四三《礼部·群祀》，第88页。

⑧ 参见(清)昆冈等修，(清)刘启端等纂:光绪《钦定大清会典事例》卷四四六《礼部·群祀》，第121页。

⑨ 参见(清)昆冈等修，(清)刘启端等纂:光绪《钦定大清会典事例》卷四四六《礼部·群祀》，第124页。

乾隆五十三年(1788年)六月,“据管干珍、和琳奏临清闸外运河全赖漳卫二水会汶北注,而浮运通漕尤藉漳水之力,向有漳河神庙建于运河北浒,居民等祈雨祈晴,随祷立应,今因闸外水弱,虔诣庙中祈求水泽,数日内,霈雨油云,水势陡长四尺余寸,军民商贾无不踊跃欢腾,禀请代奏,加锡封号等语。漳水来源远在晋省,去运河千有余里,今管干珍等虔祷数日,水头立见长发,不啻应愿而偿,非神灵赐佑,曷克臻此,允宜增益鸿称,褒崇封号,以隆妥侑而答神庥。着于漳河神旧有封号上加‘利运’二字,并御书匾额、对联,发去敬谨悬挂,永昭灵贶”①。道光二十八年(1848年)正月,“上年卫河水浅,漕艘挽运维艰,节经该地方官虔祷漳神,旋即雨泽优霑,来源旺发,临清闸内外粮艘以及铜、铅等船畅行无滞,神灵显佑,寅感实深,兹发去御书匾额一方,着交杨殿邦转饬该地方官敬谨摹制悬挂,并将该处庙宇酌加修葺,用答神庥”②。道光二十九年(1849年)十一月,“以祈祷灵应,颁山东临清州金龙四大王庙御书匾额曰恬澜利运。”③道光三十年(1850年)十二月,“本年粮船渡黄较晚,卫河水浅,挽运维艰,经该地方官虔赴金龙四大王庙暨漳神祠竭诚默祷,数日之间,河水陡增一倍,各帮漕船得以畅行无滞,神灵显佑,寅感实深,发去御书匾额二面,着交杨殿邦转饬该地方官敬谨摹制悬挂,用答神庥”④。同治八年(1869年)四月,“以神灵显应,颁山东德州金龙四大王庙匾额曰通津显佑”⑤。同治十三年(1874年)六月,“以河运漕船迅速,颁山东张秋镇金龙四大王庙御书匾额曰神功济运,候家林金龙四大王庙御书匾额曰施洽群有”⑥。光绪五年(1879年)六月,“以河神显应,颁山东张秋镇金龙四大王庙匾额曰沐浴福应,朱大王庙匾额曰德盛化均,黄大王庙匾额曰式扬利泽,栗大王庙匾额曰令问不忘,宋大王庙匾额曰播润千里,白大王庙匾额曰旬液应序,陈九龙将军庙匾额曰荟蔚云雾,元将军庙匾额曰嘉承天佑,并加金龙四大王封号曰溥佑,黄大王封号曰诚感,栗大王封号曰威显,陈九龙将军封号曰普佑”⑦。

除敕加封号、颁发匾额外,在漕运畅通、河工告竣时,统治者也会通过修建

① 中国第一历史档案馆编:《乾隆朝上谕档》“乾隆五十三年六月二十四日条”,第14册,第370页。

② 中国第一历史档案馆编:《嘉庆道光两朝上谕档》“道光二十八年正月二十二日条”,广西师范大学出版社2000年版,第53册,第25～26页。

③ 《清宣宗实录》卷四七四“道光二十九年十一月甲午条”,第39册,第42244页。

④ 《嘉庆道光两朝上谕档》“道光三十年十二月十六日条”,第55册,第578页。

⑤ 《清穆宗实录》卷二五六“同治八年四月辛亥条”,第50册,第53253页。

⑥ 《清穆宗实录》卷三六七“同治十三年六月乙酉条”,第51册,第54724页。

⑦ 《清德宗实录》卷九七“光绪五年六月甲子条”,第53册,第56166页。

庙宇、隆重祭祀等方式酬谢黄、运河神。乾隆二十一年(1756年),黄河于徐州孙家集夺溜。乾隆二十二年(1757年)四月,“上年孙家集夺溜,河身淤浅,旋命大臣堵筑,河流顺轨,今朕亲临阅视,令司河厅弁逐为测量,大溜直趋,自相刷浚,实赖神明默佑,着该地方官择地建立河神庙,春秋祀享,以昭崇德答庥之意”①。在修建庙宇的同时,他还亲撰碑文以示纪念。其《铜山县河神庙碑记》云:

> 河自达豫而下,逶迤入徐境,道狭而曲,势迅而易沓;过此复迤迤数百里,乃挟洪泽之波以出乎海口,于是障徐之冲,频岁用力尤巨。乾隆丙子秋,徐之孙家集夺溜,亟命大臣董役,筑塞惟谨。丁丑春,朕重举南巡,夏四月莅徐亲阅,令官测量河身,务祈大溜直趋,刷深复旧,而于徐之城外增筑石堤,更培固诸岸工。荷天之宠,庇神之庥,时则恬澜顺轨,阏淤胥通。……今神鉴朕莅徐亲阅之诚,顺轨效祥,捷于桴鼓。是所以保壤鞠氓,滋昌年谷者,实惟神聪明正直、潜佑默助之功为多,其敢忘秩祀!爰以其年命守土臣相地铜山县云龙山之北,峻深允吉,创立新庙,崇申专祀,祇报鸿庥。②

乾隆四十二年(1777年)二月,两江总督高晋等人奏报陶庄引河开放功成,乾隆帝览奏之后,深为欣慰,谕曰:“陶庄开挑引河为治黄一大关键,今开放之后,新河内大溜畅注冲刷,宽深形势甚顺,从此清黄分流,直至周家庄汇归,东注清口,可免倒灌之虞,实为一劳永逸,非河神默佑,不能成此巨工,自应于该处立庙以酬神贶。”③陶庄河神庙建于乾隆四十三年(1778年),在顺黄坝侧(今码头镇玉坝村境内)。民国学者张煦侯(1895~1968年)《淮阴风土记》记载陶庄河神庙内共有4通碑刻。第一通碑为乾隆四十二年(1777)作的《陶庄河神庙记碑》文。此碑除记文外,还有《迎神乐》《送神乐》两首诗。第二通碑为乾隆四十五年(1780)作的《陶庄河神庙瞻礼六韵》诗;第三通碑为乾隆同年所作的《河复记》文;第四通碑为乾隆同年所作《陶庄河神庙瞻礼作》《陶庄河神庙瞻礼叠庚子诗韵》《陶庄河神庙瞻礼》。上述四碑碑帽都镌刻龙形,故地方人称“四龙碑”,但此四碑1968年已毁于“文化大革命”。河神庙和四龙碑虽已不存,但存留的四龙碑碑文对研究淮安清口治理的历史特别是对研究康熙、乾隆两位帝王亲临现场指挥治河的历史具有重要意义,是珍贵的运河历史资料。④

---

① 中国第一历史档案馆编:《乾隆朝上谕档》“乾隆二十二年四月初五日条”,第3册,第27页。

② 赵明奇主编:《全本徐州府志》,中华书局2001年版,第21~22页。

③ 中国第一历史档案馆编:《乾隆朝上谕档》“乾隆四十二年二月二十六日条”,第8册,第579页。

④ 参见淮安市政协文史委、淮海晚报社合编:《淮安文史资料》第24辑《淮安运河文化长廊》,黑龙江人民出版社2007年版,第61页。

中国古代帝王为了证明自己统治的合法性,创立了“天人感应”“君权神授”等理论。皇帝是天子,是上天在世间统治的代表,皇权高于神权,凌驾于各方神灵之上,有权对神灵进行褒奖、批评和指责。景泰三年(1452年)九月,明代宗遣太子太保兼都察院左都御史王文致祭河神。祭文曰:

> 兹者河流泛滥,自济宁州以南至于淮北,民居农亩皆被垫溺,所在救死不赡,朕实伤切于怀。夫朕为民牧,神为河伯,皆帝所命。今河水为患,民不聊生,伊谁之责?固朕不德所致,神亦岂能独辞?必使河循故道,民以为利而不以为患,然后各得其职,仰无所负而俯无所愧。专候感通,以慰悬切,谨告。①

从这段文字的字里行间,既可看到景帝出民垫溺的焦虑心情,又可看到他对河神不助的巧妙责怪。景泰六年(1455年)六月,沙湾工成,遣徐有贞在感应祠中祭祀河神。祭文又对这次河神转患为福的功劳给予了高度评价,祭文曰:

> 恭承大命,重付眇躬。民社所依,灾祥攸系。志恒内省,政每外乖。兹者雨泽不敷,河流灾泱,舟船浅滞,禾稼焦萎,疾患由臻,公私所病。究惟所自,良有在兹。然因咎致灾,固朕躬罔避。而转患为福,实神职当专。夫有咎无勤,过将惟壹。而转患为福,功孰与均?特致悬祈,幸副悬望,谨告。②

在两篇祭文中,景泰帝借助皇权分别对河神给予责怪和褒扬,这无疑是皇权高于神权的重要表现。

“国之大事,在祀与戎。”历朝历代统治者都十分看重祭祀礼仪,在祭祀水神,尤其是金龙四大王、黄大王等河神的仪式上,同样要求高度的统一性。封建时代的君主专制体制决定皇权是至高无上的权威,凌驾于各方神灵之上,并通过敕加封号、颁赐匾额、敕修庙宇等手段,彰显皇权的至高无上,以达到控制地方社会和普通民众的目的。

二、山东张秋镇的河神信仰

张秋镇位于鲁西平原阳谷县境内,地处大运河与金堤、黄河的交汇处。张秋镇与青州之颜神镇、青莱之间的景芝镇,并称“山东三镇”。“镇夹运河而城,旧为贡道之通渠,实扼南北之咽喉,襟带济汶,控引江湖,盖鲁齐间一重镇也。”③

---

① (明)谢肇淛:《北河纪》卷八《河灵纪》,景印文渊阁《四库全书》第576册,第712页。

② (明)谢肇淛:《北河纪》卷八《河灵纪》,景印文渊阁《四库全书》第576册,第713页。

③ 任家斌编著:《古韵流长》,聊城市新闻出版局2002年版,第27页。

民国《增修阳谷县志》称张秋镇“旧为贡道之通渠，实扼南北之咽喉。……在昔繁盛之时，航桅林拥，商贾云集，非三县（指阳谷、东阿、寿张）城市所能及也”[①]。又说张秋各街市“皆有百货云屯，如花团锦簇。市肆皆楼房栉比，无不金碧辉煌。肩摩毂击，丰盈富利，有‘小苏州’之称”[②]。其繁荣景象是阳谷、寿张等县城难以比拟的。当时仅在镇上经商的山西商人就有上百家，并建有规模较大的山西会馆，还建有文庙、安平书院以及专门刻印发行书籍的保华书局，另外还有庙、观、祠 40 多处。元明清直至抗战爆发前，张秋镇一直分属于三县管辖：运河以东归东阿，并以河西中部东西大街为界，南属寿张，北属阳谷，为典型的“三界首”；河西岸有谯楼，俗称鼓楼，为三县分界之中心。

张秋之名最早见于五代时期。《宋史・河渠志》记载，五代后周显德初，河决杨刘，水漫涨湫，百姓深受水灾之苦。自宰相李谷治堤后，水患少发，百姓得到安乐，重建家园后忌讳“水”字，故去掉水字傍，易名“张秋”。据此，“涨湫”之名已经有 1000 多年的历史。古时，涨湫东临桃丘，西靠连绵起伏的九岗十八崮堆。此处低洼，每至雨季，天气淋雨，河水溢涨而成湫，故名“涨湫”。据《张秋乡土记》记载：“张秋者，涨湫也，因秋涨河决而得名。”[③]《中国地名辞源》采用了这一说法，指出该地因连年秋季河水上涨泛滥成灾得名。[④] 由此可知，当时的张秋饱受黄河水患之苦。弘治十二年（1499 年），运河畅通，赐张秋名为“安平镇”。所谓“安平”，乃取“太平得安无水患”之意。明代大学士徐溥《奉敕撰安平治水成功碑》云：“安平镇旧名张秋，实运河要地也。”[⑤]清康熙九年（1670 年），复将安平镇更名为“张秋镇”，并沿用至今。张秋地势低洼，其周围是一条东北、西南走向的凹陷地带，历史上有多条河流流经这里，其中黄河的决口泛滥成为这里的主要水患。黄河下游历史上或由北线、或由南线入海，有 6 次改道途经处于南、北两线中间三角地带的阳谷县境。宋代以前，黄河每有冲决，必经张秋南泛郓、濮两河。宋元以后，黄河河道南移，决水则北下直冲张秋，运河之堤屡开，人民深受其害。

明代京杭大运河由北向南分为白漕、卫漕、闸漕、河漕、湖漕、江漕、浙漕七

---

① 任家斌编著：《古韵流长》，第 31 页。

② 任家斌编著：《古韵流长》，第 31 页。

③ 李德楠：《水环境变化与张秋镇行政建置的关系》，《历史地理》第 28 辑，上海人民出版社 2013 年版，第 111 页。

④ 参见贾文毓、李引主编：《中国地名辞源》，华夏出版社 2005 年版，第 496 页。

⑤ （明）杨宏、（明）谢纯撰，荀德麟、何振华点校：《漕运通志》卷十《漕文略》，方志出版社 2006 年版，第 253 页。

大部分。明代前期，南至徐州、北到张秋的运河段受黄河侵扰严重，河神信仰的盛行与黄、运河道的治理密切相关。据史料记载，从明正统二年(1437 年)到弘治五年(1492 年)的 50 多年中，阳谷、寿张、东阿三县就遭到 7 次大水灾，其中有 6 次是黄河决口。正统二年(1437 年)，决濮州、范县。正统三年(1438 年)，河复决阳武及邳州，灌鱼台、金乡、嘉祥。越数年，又决金龙口、阳谷堤及张家黑龙庙口，而徐、吕二洪亦渐浅，太黄寺巴河分水处，水脉微细。正统十三年(1448 年)，采纳都督同知武兴的建议，发卒疏濬。同年夏，陈留水涨，决金村堤及黑潭南岸，工程即将完工时，河水复决。同年秋天，新乡八柳树口亦决，漫曹、濮，抵东昌，冲张秋，溃寿张沙湾(今河南台前县夹河乡沙湾村)堤，坏运道，东入海，徐、吕二洪浅涩。于是，朝廷派遣工部侍郎王永和前往治河，王永和虽堵塞河南八柳树决口，疏通金龙口，使黄河再次回归故道，但运道乏水问题依然没有解决，徐、吕二洪日益胶浅，自临清以南，运道艰阻。

景泰二年(1451 年)，明代宗特命山东、河南巡抚都御史洪英、王暹协力合治，情况依然没有改观。不久，又遣工部尚书石璞前往治理。石璞对黑洋山至徐州运道进行了疏浚，而沙湾决口如故。于是，景泰帝命中官黎贤、阮洛，御史彭谊协助其共同治理。石璞等人筑石堤于沙湾，以抵御泛滥的河水，同时，开两处月河引水，在增加运河水量的同时，达到减轻黄河水势的目的。景泰三年(1452 年)五月，“河流渐微细，沙湾堤始成。乃加璞太子太保，而于黑洋山、沙湾建河神二新庙，岁春秋二祭”①。同年六月，大雨连降十余日，导致黄河水量大增，复决沙湾北岸，黄河裹挟运河之水东行，近河之地皆被淹没。景泰帝命洪英督率有司修筑堤防，复遣中官黎贤、武良，工部侍郎赵荣前往，协助洪英共同治理。景泰四年(1453 年)正月，黄河复决新塞口之南。在百般无奈之下，朝廷想到了祭祀河神，以求平息水患。同年二月，以沙湾累修累决，下诏加封河神为“朝宗顺正惠通灵显广济大河之神”，命山东巡抚、刑部尚书薛希琏以太牢祭之。② 景泰四年(1453 年)四月，决口得到堵塞。五月，连降雷雨，复决沙湾北岸，裹挟运河之水入盐河，漕舟尽阻。七月，沙湾再次决口，“水皆东注，以致运河无水，舟不得进者过半”③。景泰帝复命石璞前往治理。石璞开凿引河一条，长约 3 里，避开黄河决口，并以此连通运河；在决口处，则筑堤坝进行堵塞，令新河、运河俱可行舟。在河工稍有起色之后，景泰帝又命徐有贞为佥都御史专治沙湾。

① (清)张廷玉等:《明史》卷八三《河渠一・黄河》，第 2017 页。

② 参见《明英宗实录》卷二二六“景泰四年二月乙未条”，第 4931 页。

③ 《明英宗实录》卷二三一“景泰四年七月壬午条”，第 5064 页。

徐有贞(1407～1472 年),初名理,字元玉,又字元武,晚号天全翁,南直隶吴县(今江苏苏州)人。徐有贞为宣德八年(1433 年)癸丑科进士,历任翰林院庶吉士、编修、侍讲等职。徐有贞抵达沙湾以后,上治河三策,奏请置水闸、开引河、挑深运河,均得到采纳。于是,开支渠以疏导黄河水患,并将黄河多余之水引入运河。该渠"起张秋金堤之首,西南行九里至濮阳泺,又九里至博陵陂,又六里至寿张之沙河,又八里至东、西影塘,又十有五里至白岭湾,又三里至李堆,凡五十里。由李堆而上二十里至竹口莲花池,又三十里至大潴潭,乃逾范暨濮,又上而西,凡数百里,经澶渊以接河、沁,筑九堰以御河流旁出者,长各万丈,实之石而键以铁"[①]。景泰六年(1455 年)七月,功成,赐渠名"广济",沙湾决口持续十年,至时始塞。徐有贞这次治河,采取了疏、塞、浚并举的办法,耗费物资数以万计,动用河工 58000 余人,历时近两年,于景泰六年(1455 年)七月完工。在治河的同时,徐有贞又对山东境内的运道进行了疏浚,复建八闸于东昌,用王景制水门法保障运道畅通,山东河患最终平息。

在治理沙湾的过程中,徐有贞还奏请修建大河神祠、感应祠、金龙四大王专祠等河神庙宇,以消弭和震慑水患。大河神祠位于台前县城东 15 公里夹河乡八里庙村西北、京杭运河东岸,始建于明朝景泰年间。相传嘉靖年间,一周姓四品官员押运漕船至运河沙湾段(八里庙处),放闸时落水溺死,被列封为"大王",并在祠中纪之,故当地人又称大河神祠为"大王庙"。[②] 康熙《张秋志》记载,明敕赐大河神祠"在沙湾,北去镇城南八里,俗呼为八里庙,景泰四年,徐公有贞请建,祭与显惠庙同,俱东阿县办"[③]。谢肇淛《北河纪》记载,大河神祠"在八里湾,俗呼为八里庙,景泰四年敕建,岁时致祭与沙湾同"[④]。清顺治九年(1652 年),曾重修大河神祠,并遣官员前来祭告。竣工后,立大河神碑(《重修八里庙碑》)一通,由临清砖厂工部营缮清吏司员外郎霍叔瑾撰文,住持道士张济仁立石。[⑤]

沙湾感应祠同样为徐有贞所建。康熙《张秋志》记载,明敕赐感应神祠"在沙湾,景泰四年,徐公有贞请建,祭与显惠庙同,俱东平州办"[⑥]。明人谢肇淛《北河纪·河灵纪》记载,感应祠"在沙湾,祀大河之神,景泰间敕建,仍加封朝宗顺正惠通显灵广济大河之神,其左祀护国金龙四大王及平浪侯晏公、英佑侯萧公,

---

① 河南黄河河务局编:《河南黄河大事记》,黄河水利出版社 2013 年版,第 50 页。

② 参见王桂荣主编:《濮阳名胜古迹》,濮阳市地方史志办公室 2000 年,第 41 页。

③ (清)林芃重修:康熙《张秋志》卷二《建置志·祠祀》,第 35 页。

④ (明)谢肇淛:《北河纪》卷八《河灵纪》,景印文渊阁《四库全书》第 576 册,第 711 页。

⑤ 参见王桂荣主编:《濮阳名胜古迹》,第 41 页。

⑥ (清)林芃重修:康熙《张秋志》卷二《建置志·祠祀》,第 35 页。

以春秋二仲及起运、运毕凡四祭，北河郎中主之”[①]。清咸丰五年(1855)六月，黄河决兰阳铜瓦厢后改道北流，水行三分汇沙湾溃运堤，感应神祠被冲圮几尽。其后黄河数决，该祠屡修屡圮。晚清至民国期间，沙湾感应神祠尚有僧人或道士住持道场。20世纪30年代初，该祠最后一次重修，雕梁画栋，泥塑重彩，香火旺盛。1949年9月16日，台前境枣包楼段临黄堤决口，沙湾一带水深达2.6米，感应神祠在劫难逃，被黄水冲毁，从此这座古庙永远消失。

除大河神祠和感应祠外，沙湾还建有祭祀金龙四大王的专祠。景泰七年(1456年)十二月，“建金龙四大王祠于沙湾，命有司春秋致祭，从左副都御史徐有贞奏请也”[②]。这是明代官方史料中关于金龙四大王庙宇的最早的记载，标志着从这时起，金龙四大王被纳入国家正祀。张秋、沙湾一带严重的河患和频繁的治河活动为河神庙宇的修建提供了契机，借助神灵之力震慑水患、佑助河工，则是明朝官方崇祀河神的最终目的。

弘治二年(1489年)五月，黄河决开封及金龙口，入张秋运河，又决埽头五所入沁。“南决者，自中牟杨桥至祥符界析为二支：一经尉氏等县，合颍水，下涂山，入于淮；一经通许等县，入涡河，下荆山，入于淮。又一支自归德州通凤阳之亳县，亦合涡河入于淮。北决者，自原武经阳武、祥符、封丘、兰阳、仪封、考城，其一支决入金龙等口，至山东曹州，冲入张秋漕河。”[③]同年九月，命白昂为户部侍郎，修治河道。弘治三年(1490年)，白昂令25万民夫，“筑阳武长堤，以防张秋。引中牟决河出荥泽阳桥以达淮，濬宿州古汴河以入泗，又浚濉河自归德饮马池，经符离桥至宿迁以会漕河，上筑长堤，下修减水闸。又疏月河十余以泄水，塞决口三十六，使河流入汴，汴入睢，睢入泗，泗入淮，以达海。水患稍宁”[④]。

白昂治理不过两年，黄河又自祥符孙家口、杨家口、车轮口和兰阳铜瓦厢决为数道，俱入运河，形势极为严峻。朝廷先命工部侍郎陈政往治，陈政视事不久即死去。弘治六年(1493年)二月，以刘大夏为副都御史，治张秋决河。弘治七年(1494年)五月，又命太监李兴、平江伯陈锐协同刘大夏共治张秋。刘大夏经过查勘，采取了遏制北流、分水南下入淮的政策。一方面，于张秋运河“决口西南开越(月)河三里许，使粮运可济”；另一方面又“浚仪封黄陵冈南贾鲁旧河四十余里，由曹出徐，以杀水势。又浚孙家渡口，别凿新河七十余里，导使南行，由

① (明)谢肇淛：《北河纪》卷八《河灵纪》，景印文渊阁《四库全书》第576册，第711页。

② 《明英宗实录》卷二七三“景泰七年十二月戊申条”，第5765页。

③ (清)张廷玉等：《明史》卷八三《河渠一·黄河》，第2021页。

④ (清)张廷玉等：《明史》卷八三《河渠一·黄河》，第2021～2022页。

中牟、颍川东入淮。又浚祥符四府营淤河，使河水分沿颍水、涡河和归、徐故道，俱会于淮”，然后“沿张秋两岸，东西筑台，立表贯索，联巨舰穴而窒之，实以土。至决口，去窒沉舰，压以大埽，且合且决，随决随筑，连昼夜不息。决既塞，缭以石堤，隐若长虹，功乃成”[①]。为纪念此次工程的完工，改张秋镇为安平镇。弘治帝以黄陵冈河口功成，敕建黄河神祠以镇之，赐额曰“昭应”，并在张秋镇内修建显惠庙，以酬神报功，庙中所供奉皆是与治河有关的神灵。

清咸丰五年（1855 年）六月十九日，河决兰阳铜瓦厢，二十日全河夺溜，流向西北，淹封丘、祥符（今河南开封），折转东北，淹及兰仪、考城、长垣等县村庄，于长垣县兰通集溜分两股：一由赵王河下注，经山东曹州府迤南穿过运河；一股由长垣县小清集行至东明县之雷家庄。在东明雷家庄又分为两股：一股由东明县南门外下注，水行七分，经山东曹州府迤北下注，与赵王河下注漫水汇流入张秋镇穿运；一股由东明县北门外下注，水行三分，经茅草河，由山东濮州城及白阴阁集、逯家集、范县迤南折向东北，至张秋镇穿运。统计漫水分三股行走，均汇至张秋穿运，夺大清河至利津县注入渤海。这是黄河历史上的第六次，也是最后一次大改道。[②] 黄河冲决张秋运河，直接危及统治者的利益，引起了清王朝的重视。因此，决口之初，即拟兴工堵筑，期于年内合拢。只是当时正处在太平天国运动和捻军起义方兴未艾之时，清政府正极力扩充军队进行镇压，已无力旁顾河决之事了。

黄河北徙使得原本面临乏水问题的山东运河雪上加霜。黄河的溃决泛滥对漕运构成了严重威胁，使得山东境内的漕粮运输更加艰难，河漕治理形势也更为复杂。自黄河穿运以来，山东张秋一带运道已成平陆，往来船只必须等到伏秋黄河水盛涨，才能设法借黄济运。黄河在张秋以南将运河拦腰截断，运河穿黄口由苏北清口移至张秋以南，运河水源随黄河东流入海，张秋至临清段 100 公里里运河水源断绝，再加上运河淤积和河堤损坏严重，运河运输能力骤减。漕船渡黄时，须改道由安山镇附近入盐河（坡河），到盐河与黄河交会处，再逆水而西至八里庙通北运口，这一段要比之前多绕行 50 余里。《户部漕运全书》记载同治四年（1865 年），廷议海河并运，而黄河北行至张秋八里庙，安山一带堤工废弛十余年，河流浩瀚，无边无涯，为患更甚于清口。“盖自清口成平陆，而河患剧于山东，自是筹修运道，注意于黄河穿运之区。惟河流穿运屡无定所……而

① 参见（清）张廷玉等：《明史》卷八三《河渠一·黄河》，第 2023 页。

② 参见《黄河水利史述要》编写组：《黄河水利史述要》，水利出版社 1984 年版，第 349 页。

张秋上下数百里济宁临清之间，或涨或淤倏经廿载，最有妨于漕行焉。”[①]河流自西而东，漕舟南来，当伏涨盛时，径由安山戴庙姜庄渡黄而北，历十八九缺口、急流奔涛之险，始至八里庙，待拦黄坝起以达张秋。安山、戴庙时患沙淤，漕行或绕盐河至八里庙入运，以达张秋口门，或绕坡河至八里庙，计程或百十里，或数十里，随时变更以利运，总以八里庙为入运咽喉，此为铜瓦厢决口之后张秋运道之情形。至光绪元年（1874 年），运河穿黄河大溜分为两股：一股南注十里堡，一股北经八里庙。当时漕船往往由黄河南溜下行，至交会处转入北溜，然后逆水至八里庙通北运口，这一段仍要绕行 50 余里。光绪七年（1880 年），因北运口淤积严重，不宜行舟，遂改新运口于陶城铺，开新河至阿城闸入运河，从此直到光绪二十七年（1901 年）漕运废止，运道都不再经过张秋。

作为黄、运交汇之地的张秋，在国家治黄与保漕的大背景下，当地的河神信仰更为盛行。同治十一年（1872 年）十月，江北漕船行至张秋附近八里庙阻浅，运河道等官员至大王庙虔诚祈祷，旋得大雨，河水涨发，漕船得以畅通无阻。于是，同治皇帝命南书房翰林恭书“宣流济运”匾额一方，交于漕运总督乔松年祗领，敬谨悬挂山东张秋镇大王庙，用答神庥。同治十二年（1873 年）十月，因该年寒露以后，河南中河厅中牟下汛三堡险工迭出，仰赖河神“显应”，化险为夷。再加上山东临清闸、张秋八里村等地，近年来因黄河泛滥时常导致漕船阻滞，江苏、安徽等省粮道官员祈祷多有灵应，同治皇帝亲书匾额三方，交由漕运总督乔松年祗领，敬谨悬挂于中河九堡大王庙、临清漳神庙、张秋河神庙中，以答神庥；又以神灵“显应”，颁赐张秋镇河神庙御书匾额曰“利运安流”。同治十三年（1874 年）六月，以河运漕船迅速，颁赐山东张秋镇金龙四大王庙御书匾额曰“神功济运”。光绪五年（1879 年）六月，因该年四五月间，漕船由运入黄，源流微弱，漕运总督文彬赴张秋各大王、将军庙祈祷，当即连降甘霖，漕船得以迅速通行。光绪帝亲命南书房翰林恭书匾额各一方，交文彬祗领，分别到张秋镇金龙四大王、朱大王、黄大王、栗大王、宋大王、白大王、陈九龙将军、元将军等庙敬谨悬挂，以答神庥。颁山东张秋镇金龙四大王庙匾额曰“沐浴福应”，朱大王庙匾额曰“德盛化均”，黄大王庙匾额曰“式扬利泽”，栗大王庙匾额曰“令问不忘”，宋大王庙匾额曰“播润千里”，白大王庙匾额曰“旬液应序”，陈九龙将军庙匾额曰“荟蔚云雾”，元将军庙匾额曰“嘉承天佑”。

明清时期张秋镇河神信仰的盛行并非偶然产生的，而是有着深刻的自然和

① 许广州、郭庆杰、杨晓新等：《台前大运河：大运河台前段历史沿革与运河文化研究》，东北师范大学出版社 2010 年版，第 109 页。

社会原因。黄、运交汇使得河神不仅肩负着防洪护堤、平息水患的职能,还承载着统治者保障运道畅通的殷切期盼。与其他黄、运沿岸地区的河神信仰有所不同,受黄河改道和国家治黄保运政策的影响,张秋镇的河神信仰在明景泰年间、弘治年间以及晚清时期迎来三次高潮,呈现出明显的时段性。河神信仰主要服务于漕粮运输和河漕治理的现实需要,大多数河神庙宇均为明清国家所敕建,使其呈现出强烈的正统性和浓厚的官方色彩。伴随着张秋交通枢纽地位的丧失,天妃信仰、金龙四大王等与水患相关的信仰也就失去了它存在的现实意义。当清末运道淤塞、漕运废止以后,张秋河神信仰逐渐走向衰落,河神庙宇也大多湮没无闻。

三、临清的漳河神信仰

漳河,是中国华北地区海河水系重要支流之一。上游由两河合一:一为清漳河,一为浊漳河,均发源于山西长治。下游作为界河在经过区段划分河北省与河南两省边界,到河北省邯郸市馆陶县合流卫河,称“卫漳河”“卫运河”,进入海河水系的南运河。漳河流经 3 省 4 市 21 县市区,长约 412 公里,流域面积为 1.82 万平方公里,干流全长 179 公里。

漳河在历史上以水猛沙多,善淤、善徙、善决而著称,尤其是自明初以后,自讲武城以下河段变迁尤其频繁,根据其流向的空间位置大致归纳为三种类型:其一,漳河北决与滏阳河合流称“北道”,大体自临漳经广平至邱县经威县西北至新河县一线以西的故道统称“北道”或“北路”;其二,漳河南行与卫河合流称“南道”,大体自临漳、魏县经大名至馆陶一线以南并在馆陶以上入卫河,与现漳河所走路线相近;其三,则是介于“北道”与“南道”之间,称“中道”,大体走肥乡、广平东北流到冀州附近与滹沱河合流后,再北流经河间等地直达天津。纵观整个历史时期,漳河平原段河道行“中道”时间最长,且径流最长,这主要是受黄河北流和人工运河开凿的影响。由于农田灌溉和滏阳河航运的需求,漳河在明代前期和后期主行“北路”。自清初康熙年间,政府为保障卫河漕运畅通,“引漳济运”工事盛行,漳河平原段河道被固定在“南道”至今。[①] “南道”入卫的河道也几经变化。明正统十三年(1448 年)于肥乡入卫;明正德初年,在大名县阎家渡入

---

① 有关明清时期漳河下游河道的变迁情况,详见石超艺《明清时期漳河平原段的河道变迁及其与“引漳济运”的关系》,《中国历史地理论丛》2006 年第 3 期;靳花娜《漳河河道变迁及其原因探析》,郑州大学硕士学位论文,2012 年。

卫；明嘉靖年间又在回龙镇入卫；不久又在内黄县石村入卫。清康熙四十七年(1708年)，漳河入卫走南道；嗣后，漳河虽变迁不定，但一直在南道。1942年，漳河在河北省馆陶县徐万仓入卫至今，形成了现在漳、卫河合流的态势。

卫河，是中国海河水系南运河的支流，春秋时因在卫地而得名，是由古代的白沟、永济渠、御河演变而来，发源于山西太行山脉，流经河南新乡、鹤壁、安阳，沿途接纳淇河、安阳河等，至河北大名县营镇乡西北与漳河汇合，合称"漳卫河"。再流经山东临清入南运河，至天津入海河。河道全长344.5公里，流域面积为14970平方公里。

东汉献帝建安九年(204年)，曹操为了讨袁绍、征乌桓，在古淇河筑坝，逼淇水东流，并沿冀、鲁、豫边界开白沟以通漕运。这条白沟从滑县淇河口，经内黄、大名、馆陶、临清、武城、德州、景县、东光、南皮、沧县，会滹沱河，沿漳河故道，由天津入海。因其源于战国时代的卫地，所以又叫"卫河"。建安十八年(213年)，又在馆陶引漳入卫，从此开始了漳、卫两河屡分屡合的历史。另外，由于漳河洪水入卫，卫河容纳不及，经常溃决，便逐渐形成了隋唐时期的高鸡泊(即恩县洼)。隋大业四年(608年)，隋炀帝为了征伐高句丽，转运粮辎，"发河北诸郡男女百余万"，开永济渠500余公里，其馆陶、临清、武城、德州一段大体上沿汉代屯氏河北行，从而代替了汉代白沟、清河，逐渐以"卫河"为名。宋仁宗庆历八年(1048年)，"河决商胡，北奔大名"，注入卫河，夺行永济渠的漳河故道。在很长一段时期内，部分黄水经漳、卫两河分别入海，使永济渠受到严重淤塞。元朝定都大都(今北京)后，先后开挖济州河、会通河和通惠河，并将三段连成大运河，于是卫河的名字也就逐渐演变成了"卫运河"。在这段时期内，漳河仍在临津以下乱流于滏阳、卫河之间，并逐渐出现南徙合卫的趋势。

卫运河主要利用天然河道，而卫河属于季节性河流，冬、春季节干旱少雨。此外，卫河流域位于华北平原的南部、河南省的北部，其两侧皆为农田，农田灌溉便与卫河产生了联系。在农田用水季节，卫河上游水源减少，故卫运河乏水问题极为严重。漳河分为浊漳和清漳，二漳在河南合流后，在雨水多的季节，水流湍急，水势很大，给两岸居民造成极大的影响。为使漳河水减、沿岸居民免于水患，同时"分漳之有余以济卫之不足"，明清两代实施了"引漳入卫"的措施。

元末漳河河道因史料缺乏已难细考，但自明代开始，相关史料渐趋丰富。明初，漳河主要分行中路和南路。中路自临漳、成安东北流，经肥乡、曲周而下，直达天津入海；南路由临漳东至成安注于魏县，再经元城(今河北大名县境)之西店村(今大名县西北西店村)达馆陶入卫河。漳河起初中、南两路并行，其后逐渐以南流为主。[①] 永乐九年(1411年),漳河在张固村决口,与滏阳河合流,主行北路。[②] 为接济运河水源,元代曾使漳河支流引入卫河以减其势,到了永乐年间已经堙塞,但是旧迹依然存在。正统十三年(1448年),御史林廷举奏请引漳水由馆陶入卫河。[③] 于是在广平大留村"发丁夫凿通,置闸"。"漳河水减,免居民患,而卫河水增,便漕",自此"漳水遂通于卫"。[④] 此次漳卫合流是通过疏通永乐年间已经阻塞的旧河道实现的,这便是明代"引漳入卫"的开始。

正德初年,漳水"徙于元城之阎家渡入卫河,又十余年自魏县双井村入卫河"。嘉靖初年,漳水"自回龙村入卫后,复自内黄县石村入卫河"。漳水入卫的地点不同,同时也证明了漳河"易迁徙"的特点。但到万历二年(1574年),"漳河北溢由魏县、成安、肥乡入曲周县之滏阳河,而馆陶之流绝。"[⑤]万历初年,漳河又北徙入滏阳河,不再入卫。由此可见,明代漳河和卫河时分时合,北流的时间远多于南流。

清朝初年政治局面尚未稳定,因此也无法修整运河。直到顺治九年(1652年),漳水至广平县平固店直注邱县,分为两道:"一从县西迳直隶广宗县下达于滹沱河,一从县东迳直隶清河县北支青县入于运河。"[⑥]漳水再次入卫,此时自万历二年漳水不入卫已有124年。顺治十七年(1660年),"卫水微弱,粮运涩滞,乃堰漳河分溉民田之水,入卫济运"[⑦]。康熙三十二年(1693年),"卫河微弱,惟恃漳为灌输,由馆陶分流济运"[⑧]。康熙三十六年(1697年),漳河"仍由馆陶入卫济运"[⑨]。从以上可以直接看出引漳入卫的目的是济运。康熙年间,因卫河水流微弱致使漕运难以进行。康熙四十五年(1706年),济宁道张伯行建议"引漳入运",以补卫河水不足。到康熙四十七年(1708年),漳水"入邱之上流尽塞而

---

① 参见石超艺:《明清时期漳河平原段的河道变迁及其与"引漳济运"的关系》,《中国历史地理论丛》2006年第3期,第28页;乾隆《临清直隶州志》卷二《山川》,《中国地方志集成·山东府县志辑》第94册,凤凰出版社2004年版,第214页。

② 参见(清)张廷玉等:《明史》卷八七《河渠志五·漳河》,第2130页。

③ 参见(清)张廷玉等:《明史》卷八七《河渠志五·漳河》,第2131页。

④ 参见(清)张廷玉等:《明史》卷八七《河渠志五·漳河》,第2131页。

⑤ 以上参见(清)张度等纂修:乾隆《临清直隶州志》卷二《山川》,《中国地方志集成·山东府县志辑》第94册,第214页。

⑥ (清)张度等纂修:乾隆《临清直隶州志》卷二《山川》,《中国地方志集成·山东府县志辑》第94册,第214页。

⑦ 赵尔巽等:《清史稿》卷一二七《河渠志》,第3770页。

⑧ 赵尔巽等:《清史稿》卷一二七《河渠志》,第3775页。

⑨ 赵尔巽等:《清史稿》卷一二七《河渠志》,第3775页。

全漳入于馆陶，自此漳、卫汇流，舟行顺利无胶涩虞”[①]，从而实现了全漳入卫。

到了每年农历的二月至四月，临清气候干燥多风，雨量极少，甚或数月无雨，五月亦为干旱之月，六月中旬至七月中旬为全年降水量最多之期。[②] 受自然气候的影响，临清段运道春夏之交时常面临乏水问题，而到夏秋季节又有溃决之虞。乾隆《临清直隶州志》云：“境内之水运河为大，汶与漳河、卫交汇于城之西南，北流以渠直沽，漕运所关系重，而商贩行旅帆樯之所往来必由于此。顾春、夏之交，每忧于浅，及乎水潦盛长亦间有溃决之虞。”[③]临清运道主要利用的是汶河和卫河河道，依赖漳水、汶水济运，运道水量过小或水势过大，漕船都无法正常通行，当人力无所施时，自然要请求神助。值得注意的是，明清两代山东段运河号称“闸河”，因运道水量较小，沿岸普遍设立闸坝以蓄水济运。临清段运道同样如此，春、夏之交运道浅涩之时，恰是漕运最为繁忙之际。虽然“引漳入卫”给当地带来了频繁的水灾，但运道乏水远甚于溃决，故漕运官员、漕军运丁祈祷漳河神主要是为了祈雨，希冀借助崇祀神灵，增加运道水量，保障漕运畅通。正如乾隆年间临清知州王俊在其《祈雨感应碑记》所言：“漳水固发源于山西，出河南分流至馆陶入州境，迤北会汶卫二水达天津。夫昔之立祠专祀者，以其经吾境，则为境内之山川，而一岁之转漕胥赖以济，神之职固不重欤！”[④]由此我们可以看出，漕粮运输的现实需要为漳河神庙的建立提供了重要契机，是导致临清漳河神信仰盛行的主要原因。

明清时期，临清段运河乏水问题严重，需要流经临清的漳河提供水源，故建有漳河神庙。乾隆《临清直隶州志》记载，临清漳河神庙在板闸外汶河北浒，康熙六十年（1721 年）由南漕旗丁公于建。庙宇建立以后，运河有浅及遇涝，祷之辄应，故多次敕加封号。雍正三年（1725 年），清政府敕封临清州河神为“福漕漳河之神”，馆陶县河神为“惠济漳河之神”，饬各地方官恭设神牌，每岁春秋致祭。[⑤] 嘉庆十八年（1813 年），敕加山东漳河神“灵泽”封号。道光八年（1828 年），敕加漳河神“通佑”封号。咸丰二年（1852 年），敕加山东漳河神“助顺”封

---

① 赵尔巽等：《清史稿》卷一二七《河渠志》，第 3775 页。

② 参见张自清修，张树梅、王贵笙纂：民国《临清县志·疆域志·气候》，《中国地方志集成·山东府县志辑》第 95 册，凤凰出版社 2004 年版，第 88 页。

③ （清）张度等纂修：乾隆《临清直隶州志》卷一《疆域四·河渠》，《中国地方志集成·山东府县志辑》第 94 册，第 203 页。

④ （清）张度等纂修：乾隆《临清直隶州志》卷十《祠祀》，《中国地方志集成·山东府县志辑》第 94 册，第 437 页。

⑤ 参见（清）嵇璜等：《清通典》卷四四《礼·吉四》，景印文渊阁《四库全书》第 642 册，第 536 页。

号。同治七年(1868年),敕加山东漳河神“显应”封号。光绪五年(1879年),敕加漳河神“普佑”封号。

运河是漕运的载体,而漕运是明清两代的政治和经济命脉,关系封建王朝的生死存亡。漕运官员及运河沿线地方官员之所以崇敬和祭祀漳河神等水神,其目的也是希冀水神显灵,保佑漕运畅通,故每当运道淤塞、漕运受阻之时,往往就是河神信仰盛行之时。

乾隆二年(1737年)五月,山东兖州总兵李建功由阿城汛抵临清监督漕船通行。由于天气数月亢旱,导致漳河之水甚浅。虽然五月初已降大雨,但雨水将沙土冲入河中,导致板闸以北各处河道泥沙淤积,难以通行。虽然昼夜设法挖浅、起拨,但每日只能过船十余只。李建功想到雍正十二年(1734年)时,漕船浅阻,曾祷于漳神庙,当时即水涨数尺,于是赴漳神庙隆重祭祀。当天夜晚,河水即上涨五寸(约0.17米),但漕船通行仍显不足。六月初一,李建功又率临清文武官员赴漳神庙内竭诚祭祀、祷告,希望得到神灵更大的佑助。此次祷告之后,漳河之水于一昼夜间上涨二尺(约0.67米)有余,连同之前所涨之水,共有六尺(2米)之深。之前运道浅阻之处亦变得毫无阻碍,漕船得以畅行无阻。事后,李建功奏请敕加封号以酬神功。[①]

临清闸外运河全赖漳、卫二水会汶水北注,漕船航行尤赖漳水之力。乾隆五十三年(1788年)六月,工部右侍郎管干珍、监察御史和琳等因至临清漳河神庙祈雨获应,奏请敕加封号,以答神庥。在其奏疏中,管干珍、和琳论述了加封漳神的原因:“临清向有漳河神庙建于运河北岸,当地居民祈雨、祈晴,随祷随应。今因闸外水源微弱,故虔诚至庙中祈求水泽,数日之内,普降甘霖,水势陡长四尺余寸,军民商贾无不踊跃欢腾,故禀请代奏,请求敕加河神封号,以答神庥。”乾隆帝览奏后,命于漳河神原有封号的基础上加“利运”二字,并御书匾额、对联,敬谨悬挂,以昭神贶。[②]

嘉庆十八年(1813年)六月,因卫水日消,漕运帮船行走甚为吃力,虽捞浅、起剥兼施,无奈河中泥沙随捞随淤。六月十四日,山东巡抚同兴恭捧钦颁御香至漳神庙前,虔心叩祷。十五、十六两日天气晴爽,同兴与督漕各员极为焦灼,手足无措。至十七日,卫河之水陡长约1米,浊波浩瀚,漕船得以顺利出闸。同兴率领河漕及地方文武官员赴庙答谢,并上奏朝廷,请求对河神进行褒奖和敕

---

① 参见山东兖州总兵李建功:《奏为漳河神庙请赏给匾额事》,《宫中朱批奏折》,乾隆二年六月十六日,档号:04-01-14-0003。

② 参见中国第一历史档案馆编:《乾隆朝上谕档》“乾隆五十三年六月二十四日条”,第14册,第370页。

封，以酬神报功。①

道光二十八年（1848年）正月，漕运总督杨殿邦上奏称：自去年春夏之间，临清附近各处雨泽稀少，卫河来源微弱异常，漕艘航行其上，因水量不足，以致节节搁浅，漕粮运输极为艰难。后因得知漳河神祠素著灵应，随即率领临清州知州陈宽亲赴漳河神庙虔诚祈祷。数日之内，水势立见涨发，河流水量迅速增加，前两批粮船得以顺利通过。等至七月初旬，江广重船接续而来，河水仅深三尺（1米）上下，而各帮船身笨重，吃水多在五尺（约1.67米）以上，漕船通行极为困难。杨殿邦等人站立河岸，目睹这一情形，内心极为焦灼，遂与临清州知州陈宽一日之内数次前往漳河神庙中虔诚祈祷。从七月十三日起至二十七日止，临清闸内外1000余艘粮艘商船以及铜船等，无不鼓櫂扬帆，乘风前行，官员、运丁欢喜异常，认为皆由"圣德感孚，河神显佑"所致，奏敕加河神封号，以答神庥。②

中国人信奉神灵有着强烈的功利性，人与神之间更多的是一种许愿、还愿的功利交换。《礼记·祭法》云："夫圣王之制祭祀也，法施于民则祀之，以死勤事则祀之，以劳定国则祀之，能御大灾则祀之，能捍大患则祀之。"③神灵既然"显佑"，自然就要酬谢神灵，以答神庥。漕运官员肩负催攒漕运之重任，漕运失期或漂没，往往会受到惩处。漕粮运输过程中常常艰难险阻不断，故其精神自然高度紧张，心理也一直处于压抑状态。当漕运受阻时，更会加重这种心理上的焦虑、不安情绪，而祭祀水神，祈求神灵护佑，多少能给心理上带来一些慰藉。在潜意识中，他们会把自然界中的一些偶然现象视作河神"显灵"。当漕运恢复畅通后，紧张的心理得以释放，他们又认为之所以能够事遂人愿，无非是神灵"显佑"的结果，于是，便采取奏加封号、修建庙宇、颁发匾额等方式以酬谢和报答神灵。

除了释放心理压力，酬神的主要目的在于向封建统治者报功。古代社会"万物有灵"思想盛行，人们常说"举头三尺有神明"，即使是封建统治者对各种神明也崇敬有加。凡事只要和神明扯上关系，无疑会变得更有说服力，更容易得到周围人的认同和响应。祈祷神灵的结果无非有两种：一种是河神"显灵"，一种是"不应"。当然祈祷"不应"的次数远多于神灵"显应"的次数。只有祈祷获应，漕运官员才会上奏朝廷，请求对神灵进行褒封，以此来证明自己的理漕活

① 参见山东巡抚同兴：《奏为卫河水势增长祈求河神显灵并办理漕船过境事》，《录副奏片》，嘉庆十八年六月二十二日，档号：03-2128-056。

② 参见漕运总督杨殿邦：《奏为临清闸外河神显佑请晋锡嘉号事》，《宫中档朱批奏折》，道光二十八年正月初十日，档号：04-01-35-280-012。

③ 杨天宇注说：《礼记·祭法第二十三》，河南大学出版社2010年版，第647页。

动得到了神灵的眷顾和佑助，在彰显自己理漕功绩的同时，也更易获得统治者的褒奖和赏识。

随着河神信仰的盛行，其信仰群体亦在不断扩展。水旱灾害的现实威胁使得地方官员和民众亦成为河神信仰的重要群体。受旱灾的影响，地方社会亦赋予了漳神庙祈雨的功能。与漕运官员祈雨济运不同，地方官员祈雨则主要是为了农业生产。知州王俊《祈雨感应碑记》载乾隆十一年(1746年)五月："天旱甚，余既与文武僚属祷雨者再，卒不应，乃于朔日蠲洁步祷于城西之漳神庙，即于三汊河取水焉。阅三日，大雨；端午日，雨复如注……遂偕同官谢坛庙，并具羊一、豕一，报祭于漳神。"[①]

漳河全部归入卫河以后，因漳、卫合流后水势太大，"卫河屡患涨溢"，造成临清至德州一带水灾泛滥。[②] 民国《临清县志》记载，自明代漳水入卫河，临清段决口数次。至康熙四十七年(1708年)，全漳入卫以后，河之决口更为频繁。雍、乾至同、光年间，虽仅百余年，但河决不下数十次。[③] 故在祈雨之外，地方官员和民众还赋予了漳河神治水的职能。清人沈起元《福漕河神灵异记》就记载了水灾发生时临清知州王俊祈祷漳河神的情景。乾隆十六年(1751年)七月，连日大雨，使得黄、运两河一时涨溢，河决河南，灌入运河，而山东东平、张秋并决，运河所经处处危险。临清为汶、卫、漳三水合流之冲，堤岸尤为岌岌可危。"州牧王俊晨夜河干，不遑寝处，祷于漳河之神，是时水势腾涌，堤不没者一板，而竟得无恙。王牧感荷神佑，驰书济南索余文，将勒珉石，以纪功德。"[④]此外，漳河神庙内还建有戏楼，用于演戏酬神。每当祈雨获应、神灵"显佑"之时，河漕官员和地方社会往往会演戏酬神。在娱神的同时，也发挥了娱人的功能。

四、济宁的河神信仰

京杭运河纵贯济宁全境，流经梁山、汶上、嘉祥、任城、中区、鱼台、微山等7

---

① (清)张度等纂修：乾隆《临清直隶州志》卷五《典祀·庙》，《中国地方志集成·山东府县志辑》第94册，第430页。

② 有关引漳入卫的影响详见闫金伟《引漳入卫及其对鲁北沿运地区的影响》，《聊城大学学报(社会科学版)》2011年第2期。

③ 参见张自清修、张树梅、王贵笙纂：民国《临清县志·疆域志·河渠》，《中国地方志集成·山东府县志辑》第95册，第81页。

④ (清)沈起元：《敬亭文稿》卷八《续集》，《四库未收书辑刊》第8辑第26册，北京出版社2000年版，第273页。

个县区,全长约230公里。济宁段运河开凿于元朝至元二十年(1283年),距今已有700余年的历史,运河的兴衰一直深深地影响着济宁的发展进程。运河的开通和兴盛,为济宁提供了一条开放交流的大通道,使得济宁"南通江淮,北达幽燕","南引吴楚闽粤之饶,北壮畿辅咽喉之势",出现了"百货聚处,客商往来,南北通衢,不分昼夜"的繁荣景象。[①] 由于济宁位于运河中段,处在运河"水脊"的位置,"济宁通则全河活,济宁塞则全河停"[②]。因此,元明清三代均把济宁作为治运和司漕中心,派设河道管理机构和相应的军事机构常驻济宁。

济宁运河自开凿伊始,遇到的第一难题便是水源问题。"四水济运"是历史上为解决山东运河水源所做的一项重要工程,也是非常成功的一项措施。所谓"四水济运",是指引"汶、泗、洸、府"四水流入运河,以解决漕船通行所需水源的问题。[③]

汶河,又称"大汶河",古称"汶水",是山东省著名河流之一。其发源于山东旋崮山北麓沂源县境内,汇泰山山脉、蒙山支脉诸水,自东向西流经莱芜、新泰、泰安、肥城、宁阳、汶上、东平等县市,于东平县马口注入东平湖,再由东平县清河门出湖闸泄入黄河。干流河道长239公里,河滩最宽处200米,最窄处50米,流域面积为9069平方公里。泰安大汶口以上为上游,大汶口至东平县戴村坝为中游,戴村坝以下为下游,为大清河。明永乐九年(1411年),为引汶济运,曾在戴村筑坝并开挖小汶河,引汶水南流至汶上县南旺注入运河。汶河河底高程为51～58米,比济宁市区高出约20米,距济宁市约70公里。

泗河发源于新泰太平顶山西侧,西南流经泗水、曲阜、兖州、邹城、任城、微山等县市区,于任城区辛闸村入南阳湖。全河长159公里,有大小支流30条,流域面积2357平方公里。古代的泗河是淮河的重要支流,流经山东、安徽、江苏三省,河长400余公里,流域面积约为7万平方公里。历史上,泗水是黄河侵扰和夺占淮海的通道。西汉元光三年(前132年),黄河在瓠子决口,经泗水入淮长达23年之久;五代和宋代黄河多次南决,也多是走泗河故道,南宋绍熙五年(1194年),黄河夺占徐州以下的泗河河道,变为黄、泗混流。明万历三十二年(1604年),为避黄而开伽河行运,原来入泗河的支流被切断,隔绝于伽运河以北,泗河水势大为削减,但入黄门路尚通。到清康熙年间,关闭了原泗河入黄的

---

① 参见冯刚:《唱响运河之都,加快运河旅游发展》,载孙宝明、程相林主编:《中国运河之都高层文化论坛文集》,山东人民出版社2007年版,第175页。

② 杜庆生:《环境铸就的丰碑历史写成的事实》,载孙宝明、程相林主编:《中国运河之都高层文化论坛文集》,第149页。

③ 参见济宁市政协文史资料委员会编:《济宁运河文化》,中国文史出版社2000年版,第37页。

徐州镇口闸，封绝了泗河入黄的出路，至此泗河开始以南四湖为归宿，原来由古代流经三省入淮的大河，终于萎缩成入南四湖的一条省内河道。

洸河系古汶水的一支分流，源于宁阳大汶河南岸的堽城坝附近。元初，毕辅国由堽城作土坝引汶入洸，至济宁与汶、泗、府形成"四水济运"的体系。洸河经兖州流向济宁城区，至秦庄桥会于府河，其主流由秦庄桥北注入，过大石桥、夏家桥、会通桥，至草桥西入运河。史载东晋永和八年(352 年)，镇守古泗水运道重镇下邳的大将荀羡，为北征前燕慕容兰，沿泗水乘船北上，到鲁桥以上遇浅，于是在宁阳东北洸河与汶水接近处扒开汶河堤，引汶水入洸河。荀羡沿洸河在堽城进入汶水后，顺流而下至安山入古济水而达东阿，此后，遂将堽城至鲁桥段称为"汶运道"。十七年后，大将军桓温再次北伐，在鱼台、金乡间遇浅，当即从鱼台开河，经济宁西直入古大野泽，再由大野泽入古济水，最后入黄河。当时所开渠 150 公里，被称为"桓公沟(渎)"，是济宁西边的一条南北运道。

府河是隋开皇元年(581 年)由兖州刺史薛胄开挖的丰兖渠发展而来的。其源于兖州东关金口坝，过吴泰闸，西南流，抵济宁城东北秦庄桥与洸河汇流南注，经杨家坝、堰水闸，由通济桥(俗称"通心桥")入运河。支流由兴隆桥东出，弯曲向南，经观音阁桥至顺河门入运河。由于开发大运河航运，府河与洸河会通后合称为"洸府河"。洸府河流经宁阳、兖州、市中、任城等县市区，在北湖区石佛村东入湖，全长 76.4 公里，有月牙河、赵王河、汗马河、中源河、北跃进沟、杨家河、蓼沟河等 7 条一级支流，流域面积为 1331 平方公里。隋文帝开皇元年(581 年)，兖州刺史薛胄在兖州城东泗河上筑石坝(即金口坝)，并开渠引泗水西流，在济宁东会洸河后再西流与桓公沟接通，如是"陂泽尽为良田，又通转运，利尽淮海，百姓赖之，号为'薛公丰兖渠'"[①]。至此，"四水济运"的基本骨架已形成，航船已达济宁、兖州一带。唐武德年间，徐州经略使尉迟敬德整治泗水和汶洸运道，在济宁建天井闸(亦称"会源闸"，即俗称的大闸口)。元代济州河开通后，即引四水到天井闸上分流，当年即通航。到开会通河时，马之贞认为，北到临清、南至鲁桥都需借助"汶、泗、洸、府"四水济运才能解决水源问题。所以，在开会通河的当年，马之贞又再次扩大和完善了四水济运工程，即先在汶河上建堽城坝，又在旧斗门之东加建了东闸(即双虹悬门)，以增加引汶水量；还改兖州金口坝为永久性石坝，将黑风口引水闸改建成三孔；在洸河上建吴泰、宫村两闸，在府河上建土娄、杏林两闸，还修了两个减水闸。之后，堽城和金口等闸坝

---

① (唐)魏徵等:《隋书》卷五六《薛胄传》，中华书局 1973 年版，第 1388 页。

几经改建逐步完善，使汶、泗河水滚滚流向济宁。

四水引入济宁后，启闭天井闸进行南北分流，以后又建了任城闸，分流愈加方便。明时，宋礼、白英改南旺分水，但济宁分水并未废除，成化九年(1473 年)还重建了堽城石坝。不过，那时已在马驿桥之府河上建杨家闸，令汶、泗水从北护城河外侧环城流向马场湖，再从马场湖回流入运河。马场湖不仅是“水柜”，还使泥沙先在马场湖沉淀，以减少泥沙对运河的淤积。此后，玉带河作废。戴村和堽城两处同时引汶，共 182 年。万历二十一年(1593 年)，戴村坝引汶工程已经完备，南旺、蜀山等“水柜”也已建立，从南旺南流的水源已足够通航，才将堽城引水口堵死。金口坝引水一直持续到现在，不过涨出的水不再流至济宁，而主要用于兖州城关一带的农业灌溉。

山东运河水源除汶、泗诸水外，还需沿运地区数百股泉水通过明渠进行补给。但是，由于气候干燥，泉水流经，十之三四渗入沙底，有的泉水“源源而来，至汶则一吸而尽，犹无泉也”[①]，故需要经常加以疏浚。明代每岁春夏，由司道官严督管泉官夫疏浚通达，务使泉流无阻。每年年终分守道会同管泉分司都会考察各官新泉搜出若干、旧泉废弃若干，然后上报总河衙门。凡逢天久旱无雨，地下泉源缺乏，官员还得为此设坛求雨。清雍正四年(1726 年)在济宁专设泉河厅，设管泉通判一员，管方圆数百里山泉，下设“管泉佐杂十二员，督率泉夫分地疏浚”[②]。张伯行《居济一得》卷四《疏浚泉源》称：“东省运河，专赖汶河之水，南北分流济运，而汶河之水，尤藉泉源之灌注。若夏秋雨泽愆期，山水未至大涨，各湖水不能畅满，河流微细，仅足浮送回空，来岁新运，深属可虑。必将泉源大为疏通，俾水尽归汶河，俟闭坝挑河时，由马踏、蜀山二湖口，将水尽行收入两湖之中，以待来岁新运经临，放以接济，甚属有益。”[③]他建议泰安、新泰、莱芜、肥城、宁阳、东平、汶上、平阴八州县，各将境内泉源、泉头、泉眼、泉池，并泉沟会河，乘此农隙之时，由地方官员亲督人夫，逐泉加以挑挖，浅者深之，窄者阔之，务使泉水顺利流至汶河，庶于运道、漕运大有裨益。[④] 基于泉水的重要性，明清两代沿运管泉官员均以泉源疏通为考核标准。

---

① (明)常居敬:《查理漕河疏》，参见济宁市政协文史资料委员会编:《济宁运河诗文集粹》，济宁市新闻出版局 2001 年版，第 429 页。

② (清)陆燿:《山东运河备览·小序》，参见谭其骧主编:《清人文集地理类汇编》(第 5 册)，浙江人民出版社 1988 年版，第 451 页。

③ (清)张伯行:《居济一得》卷四《疏浚泉源》，转引自陈桥驿主编:《中国运河开发史》，中华书局 2008 年版，第 169 页。

④ 参见(清)张伯行:《居济一得》卷四《疏浚泉源》，转引自陈桥驿主编:《中国运河开发史》，第 169 页。

明清两代还专门设置“水柜”，以补充运河水源。永乐年间宋礼恢复会通河时，即在运河沿线设立了四大水柜，即汶上县的南旺湖、东平县的安山湖、济宁州的马场湖、沛县的昭阳湖，“名为四水柜，水柜即湖也，非湖之外别有水柜也。漕河水涨，则减水入湖，水涸，则放水入河，各建闸坝，以时启闭”[①]。可是在实际运行过程中，同一水柜既作蓄水库又作滞洪区是有困难的，因为“可柜者，湖高于河，不可柜者，河高于湖故也”，所以逐渐将运东地势较高的各湖设为水柜，“柜以蓄泉”，运西地势较低的各湖设为“水壑”(滞洪区)，并设斗门，“门以泄涨”。[②] 据《明史·河渠志》记载，山东会通河沿岸地区有南旺、马踏、蜀山、苏鲁、马场、南阳、独山、昭阳、赤山、微山、昌孟、张王诸湖。这些湖泊原是黄河冲积扇和鲁中山地西麓山前冲积扇两个相向斜面交界处的低洼地，由长期沥水积聚而成。[③] 由于大汶河三角洲的伸展，将湖泊群分成两个部分：济宁以北的北五湖(安山、南旺、马踏、蜀山、马场五湖)和济宁以南的南四湖(微山、昭阳、独山、南阳四湖)。北五湖主要作为运河的“水柜”，以供应济宁以北运河所需；南四湖则作为运河的水壑，以受运河多余之水。但是其中的微山湖，则为“江南邳、宿一带运河，水势全赖微山湖挹注，始能浮送，为两省第一要紧水柜”[④]。自从明万历年间开凿泇运河以后，北五湖的主要作用是接济济宁以北的运河。但是这些湖泊的水源本来就不丰富，又加上来水的汶水含沙量很高，日长时久，湖底受到来水所带泥沙的淤积，滩地涸露，后经周围人为垦殖，湖区水面逐渐缩小，随着来水减微，最后为农田所围，渐成平陆。

安山湖在明永乐初复治会通河后被定为“水柜”，开始不过是一片天然洼地，并未采取任何措施，正统三年(1438 年)才开始建闸蓄水。初未经实勘，泛称“萦回百余里”，至弘治十三年(1500 年)踏勘四界，周围实 80 里余，才立界碑，栽植柳株。后来由于黄河的多次决入，大量泥沙进入湖区，湖边涨出大片滩地。地方官吏为了增加赋税，竟然“许民佃种”，于是没有多久，“百里湖地尽成麦田”。嘉、隆以后为了补充河工的银两，又因“地皆膏沃之土壤，宜募民田，作每亩亩征银四分，输之工所”。湖区面积于是日益缩小，至万历时，安山湖区 2/3 已被垦为农田，“满湖成田，禾黍相望”。崇祯时，安山湖已“尽为平陆”。清顺治年间，河决荆隆口，东北泛张秋，安山湖又被淤上了一层河泥。雍正年间，曾想

① (明)杨宏、(明)谢纯撰，荀德麟、何振华点校：《漕运通志》卷八《漕例略》，第 213 页。

② 参见陈桥驿主编：《中国运河开发史》，中华书局 2008 年版，第 161～162 页。

③ 参见陈桥驿主编：《中国运河开发史》，第 162 页。

④ 水利水电科学研究院编：《清代淮河流域洪涝档案史料》，中华书局 1998 年版，第 467 页。

复安山湖为“水柜”，因测得湖底低于运河，不再可能放水入运，又无泉源灌注，遂于乾隆十四年(1749年)定认垦科，“湖内遂无隙地矣”[①]。

南旺湖在汶上县西南，初置为“水柜”时，周围150里，湖区由运河堤和汶水堤分割为三部分：运西称南旺西湖，周围93里；运东由汶水堤分为南北两部分：堤北部分称“马踏湖”，周43里；堤南部分称蜀山湖，周65里。三湖中，“惟蜀山、马踏在漕岸之东，可称水柜；南旺西湖及安山湖在漕岸之西，但称水壑，不可称水柜”[②]。蜀山湖是汶河水源首先蓄积之处，“较他湖为最紧要”，需要经常保持相当的水量。南旺三湖水源主要来自汶水，而汶水含沙量很高，每年暴雨季节带来大量泥沙进入湖区后，迅速沉淀，湖边形成的滩地很快被周边民众垦占。明清两代曾规定，南旺湖每两年大挑一次，每年小挑一次，并三令五申禁民佃种，然垦殖仍不断进行。嘉靖年间，马踏湖、蜀山湖，“率皆侵占耕稼其上”。万历年间查勘时，南旺西湖的1/4已成民田，蜀山湖为民田者1/9，而马踏湖均为官民所垦，“可柜者无几”[③]。到了万历十七年(1589年)时，明廷已不得不承认湖区已大量被开垦的事实。为了避免湖区进一步淤废，下令在南旺等湖中心筑一束水小堤，堤内永作“水柜”，堤外作为湖田，任民耕种。这样一来，湖田开垦逐渐加速，清初在湖区内涨出的滩地，“汶(上)、巨(野)、嘉(祥)之私垦者，不下数百顷矣”[④]。私垦者为了避免已垦出的农田被水所淹，“将十二斗门尽行堵闭，汶河之水，虽值大发之时，涓滴不得入湖，湖虽未废，其实已经久废矣”[⑤]。至清末漕运停止，南旺西湖和马踏湖全废为农田，仅蜀山湖保留至今，1949年后曾培修南旺湖西堤作为滞洪之用。

北五湖中最南的是济宁城南的马场湖，原为济宁城西南沿运的一片洼地，后为汶、泗二水通过洸河、府河所汇注形成的任湖(马场湖前身，因济宁古称任城而名)。明时马场湖还承受蜀山湖由冯家坝分泄来的余水，湖紧连运河，为重要蓄水库。嘉靖年间筑堤周围有60里，沿堤植柳，以备运河蓄泄，还立有禁碑，“军民不得占种”。然而清代以来，“官役河棍，羡慕马场湖地肥美”，有意不浚府河，使泗水由府河入马场湖水量不及原来的1/10，湖区尽成民田。至清末放垦，全湖500余顷中的300余顷归湖田局管理，泗水尽由鲁桥闸入运，加重了济宁

---

① 陈桥驿主编：《中国运河开发史》，第163页。

② 陈桥驿主编：《中国运河开发史》，第163页。

③ 陈桥驿主编：《中国运河开发史》，第164页。

④ 邹逸麟：《试论我国历史上运河的水源问题》，载复旦大学历史地理研究中心编著：《历史地理研究》第3辑，复旦大学出版社2010年版，第14页。

⑤ 陈桥驿主编：《中国运河开发史》，第164页。

以南地区的水患。[1]

至此，济宁的北五湖、南四湖和流经济宁的泗水、汶水、洸水、丰兖渠（府河）等，都被统统纳入了京杭大运河的系统。所有湖泊分别成了调剂京杭大运河水量的“水柜”“水壑”，所有的自然河流都成了“济运”的闸河。济宁运河系统之庞大，工程之艰巨，科学水平之高妙，都堪称京杭运河全程之最。[2]

济宁漕河神庙位于南门瓮城东侧的南北街路东，规模仅一进院落，建筑物由青砖、黄绿琉璃瓦砌成。山门呈牌楼式三开间，明间高悬“漕河神庙”额匾。院中建单檐歇山式大殿三间，形制壮丽，此庙背后即瓮城东墙。清代中期，漕河神庙另立在总河院署内，旧庙虽废，但仍有香火，保存完好；1940 年春，被日伪当局拆毁。道光《济宁直隶州志》记载，济宁漕河神庙“在城南天井闸上，总河舒应龙移于运河北岸，所祠有诸湖神、汶水神、大河神、洸水神、泗水神、百泉神、济水神”[3]。《北河纪》对其记载更为详细：“漕河神祠旧在济宁州天井闸上，万历二十七年（1599 年）移于河东漕运总府，有司春秋致祭（州境后有诸湖神祠、汶水神祠、大望神祠、洸水神祠、泗水神祠、百泉神祠、济水神祠）。”[4]

济宁河神总祠在南城门外东侧，运河北岸，坐北面南，大致在今济宁市百货大楼迤南，由河道总督杨茂勋于清康熙六年（1667 年）修建而成。此庙是济宁城区同类祠庙中规模最大的一处，也是清代驻济宁漕河官员，定期祭祀水神的主要场所。又因人们曾在此举行“迎送大王”的活动，因而民间俗称此庙为“大王庙”。山门前，分列着高约 2 米的石狮和旗杆石础各一对。门楼内，高悬竖写的木雕楣匾，蓝底金字“漕河神庙”。门内前院，左右各建配房 3 间，内存放“龙王”出巡时所用的旗幡、伞扇、仪仗、辇架等物。前院正中是砖雕牌坊式仪门，过了仪门，即是后院。后院建东、西配厅各 3 间，厅内供祀历代治河名臣的木雕牌位，其上的字都是金边红漆书写的有治河名臣马之贞、宋礼、白英、朱衡、潘季驯、李化龙、靳辅等，以示感念他们的治水业绩，永世不忘。院后部正中建大殿 5 间，高大巍峨，为硬山式，五条脊。主脊砖雕龙凤，中嵌走兽宝瓶，十分壮观。殿内泥塑彩绘描金龙君坐像，冕流袍服，高约 3 米，相貌严肃威猛。像左侧另有形

---

① 参见邹逸麟：《试论我国历史上运河的水源问题》，载复旦大学历史地理研究中心编著：《历史地理研究》第 3 辑，第 14～15 页。

② 参见郑修平：《论济宁运河与济宁运河文化》，载山东省济宁市政协文史资料委员会编：《济宁运河文化研究》第 1 辑，第 103 页。

③ （清）徐宗幹修，（清）许瀚纂：道光《济宁直隶州志》卷五《秩祀志》，《中国地方志集成・山东府县志辑》第 76 册，第 240 页。

④ （明）谢肇淛：《北河纪》卷八《河灵纪》，景印文渊阁《四库全书》第 576 册，第 725 页。

体高约 2 米的彩绘木雕坐像，用于节日乘辇出巡。大殿东侧有北房两间，为道士斋宿。房前东侧庙墙上开一角门，通向太白楼前的池楼书院（俗称“莲亭”）。

清末漕运终止之前，每年农历二月初二日，祭祀龙君的活动极为隆重。届时，驻济治河与漕运两方面的官员齐集河神总祠，供礼焚香，参拜布施。而后，“龙君”木雕坐像，还要被移请到辇中，由 8 名伕役抬着辇架，去街市“出巡”，执手旗幡、仪杖、伞扇的队列前行，乐队鼓乐齐鸣，街巷两侧观者如堵。当年，运河上航行的船队过济时，如在码头停靠装卸货物时，船帮人员都要去河神总祠参拜。他们成群结队，高举船帮旗号，抬礼进香，鼓乐喧闹，祈求航运平安，场面相当隆重。20 世纪 30 年代初，济宁县当局在河神总祠设置了民众教育馆。“七七”事变爆发后，日军侵占济宁，在这里设日本国侨民小学。1946 年秋，国民党军八十四师一一八旅修筑城防工事，将此庙全部拆除，夷为平地。

当然，每条河流自身也有神庙。乾隆《兖州府志》记载，宁阳县汶河神庙“在县西北堽城坝，明成化十一年，员外郎张盛创造，奏请敕封，每岁春秋祭祀”[①]。泗河，又名“泗水”，是山东省中部较大河流，发源于蒙山腹地新泰南部太平顶西麓，西南流入泗水县境后改向西行，至曲阜和兖州边境复折西南，于济宁市东南鲁桥镇注入京杭大运河，有多条支流。泗水县泗水神庙“在县东五十里陪尾山上，前代封仁济侯，明改正今称。嘉靖二十一年，知县蒋某重修，以二月二日致祭”[②]。泗水神庙所在的陪尾山因优美的泉林泉群景观而闻名，曾吸引了历代众多的文人墨客、帝王将相来此游览、驻跸，并留下了大量的咏泉诗章。中国最早的典籍《尚书》曾提到泗水泉林泉群风景区的陪尾山，最早的地理书《禹贡》中说的“泗出陪尾”就是此处的陪尾山。《山东通志》《山东运河备览》将其列之为“山东诸泉之冠”。北魏地理学家郦道元在《水经注》中誉之为“海岱名川”。[③] 至圣孔子曾在泉林设坛讲学，站在源头发出“逝者如斯夫，不舍昼夜”的感叹。唐代大诗人李白“秋波落泗水，海色明徂徕”、宋代理学家朱熹“胜日寻芳泗水滨，无边光景一时新。等闲识得东风面，万紫千红总是春”的佳句至今广为传诵。明代官至工部尚书的兰溪人章拯，其《观泗泉》诗云：“意行至陪尾，道体识源头。漏泽有时尽，泉源无日休。”明代官工部主事的常熟人陆化淳，其《泗水源》诗曰：“灵泉陪尾殆天成，入肘勾连百道洄。波面吐吞惊澥渤，地中倾动自风雷。”康

① （清）觉罗普尔泰修，（清）陈顾联纂：乾隆《兖州府志》卷二十《祠祀志》，《中国地方志集成·山东府县志辑》第 71 册，凤凰出版社 2004 年版，第 396 页。

② （清）觉罗普尔泰修，（清）陈顾联纂：乾隆《兖州府志》卷二十《祠祀志》，第 396 页。

③ 参见济宁市地方史志编纂委员会编：《济宁市志》（下卷），中华书局 2002 年版，第 1810 页。

熙、乾隆二帝先后 10 次临幸泗水，驻跸泉林。康熙二十三年(1864 年)三月，康熙纳群臣建议决定东巡。九月二十八日启行，于十一月冬至，经泗水东境，幸泉林寺。康熙这次东巡路经泉林，是在回銮途中前往曲阜祭孔之前。在观览了泉林的胜景之后，康熙帝还撰写了《泉林记》。[①] 乾隆二十一年(1756 年)东巡，旨在祭孔。乾隆皇帝于三月初一日抵达曲阜，谒先师孔子庙，行祭孔典礼，谒孔林、少昊陵、元圣周公庙；初三日至泉林，驻跸新建成的泉林行宫。在这次驻跸中，乾隆皇帝写下了《泉林二首并记》，敬刻于康熙皇帝撰写的《泉林记》碑背面。此后乾隆先后 8 次临幸泉林，共留下 180 余首诗作。明、清两代，朝廷均派官员驻节泉林，负责泉源的管理。明正统年间，漕运参将汤节在其所撰《疏凿泉林泉源记》一文中记载了泉林的重要性："兹惟泉林，乃众山之精脉，合细流以利长洪。"泉林是古老泗河的发源地，是镶嵌在孔孟之乡东部的一颗璀璨明珠，被誉为"山东诸泉之冠"。1998 年 9 月，泗水泉林泉群景区被山东省政府列为省级风景名胜区；2008 年 11 月，又被正式批准为国家 3A 级旅游景区。

① 参见泗水县地方史志编纂委员会编：《泗水县志》，山东人民出版社 1991 年版，第 233 页。

第六章 治水功臣美名扬

京杭大运河全长1700多公里，流经今北京、天津二市及河北、山东、江苏、浙江四省，贯通海河、黄河、淮河、长江、钱塘江五大水系。运河沿线区域复杂多样的地形地貌和的历史文化，决定了水神信仰的多元性。水神信仰的种类和对象十分庞杂，除了官方倡导的金龙四大王、妈祖外，地方神祇、治水功臣、上古名人、神话人物等也都一一加入水神的行列，形成了众多的人格化水神，造就了信仰的多元性。这些人格化水神大致分为两类：一是由于治水或祈雨有功而被人们崇祀的大禹、羊使君、惠济公等历史名人和地方先贤；二是明清时期为官方所敕封的治河和理漕有功之臣。如宋礼、白英、陈瑄、潘季驯、朱之锡、栗毓美等。这些人“或生为名臣，能御灾捍患；或有功德于民者，故殁而为神；或有阴翊国家，保佑生民，皆足以崇奉祀，以求福利也”[①]，广为运河沿岸官民崇奉。

① (明)王琼撰，姚汉源、谭徐明点校：《漕河图志》卷六《碑记》，水利电力出版社1990年版，第266页。

一、上古治水名人

在众多上古治水名人中，以大禹最为有名。大禹是我国传说时代与尧、舜齐名的贤圣帝王，他最卓著的功绩就是历来被传颂的治理滔天洪水。《史记·夏本纪》中有对大禹治水事迹的记载：帝尧时洪水滔天，尧派禹的父亲鲧去治水。鲧治水九年，没有成功，舜摄行天子之政，将鲧处死，然后举荐禹去完成治水任务。禹遵从帝尧的命令，与益、后稷等人带领百姓治水。为了完成治水任务，他殚精竭虑，全力以赴，在外十三年，三过家门而不入；他穿着简陋的衣服，吃着粗糙的粮食，住着低矮的房屋，而把钱财节省下来用于疏通河道；他陆行乘车，水行乘船，踏过泥泞，翻过高山，走遍九州大地；他左手拿着准绳，右手拿着规矩，疏通河道，使得洪水最终流入大海，治水最后取得成功。[①]

远古时代，洪水对人类的威胁最为严重，禹以无私奉献的精神、正确的疏导措施，经过十年左右的艰苦奋斗，终于制服了水患，其贡献之巨大，古代无人可及，故理所当然地会受到人们的赞扬和崇拜。《左传》评论说："美哉禹功，明德远矣。微禹，吾其鱼乎？"[②]北宋大儒胡瑗也说："夫夏禹事于尧、舜之朝，洪水滔天，浩浩怀山襄陵，下民昏垫，天下之人物几鱼鳖矣。而禹独以圣人之德，尽己之力，竭己之谋虑，周行天下，疏河决导，寻源分派，以通水之性，成其功业。天下之人得免鱼鳖之患，此禹功之最大者也。"[③]这也是官方和民间崇拜大禹的根本原因。因治水有功，后人称他为"大禹"，专门祭祀他的庙宇称为禹王庙或夏禹庙。

"大禹治水"的故事家喻户晓，大禹更成为治水英雄。这在很多史籍中都有记载。《淮南子·要略》篇："尧之时天下大水，禹身执虆锸，以为民先。疏河而道九岐，凿河而通九路，辟五湖而定东海。"[④]《庄子·天下》篇曰："昔者，禹之湮洪水，决江、河，而通四夷九州也。"[⑤]大禹采取"改堵为疏"的方法治理水患，造福百姓。因此，为纪念大禹治水，各地纷纷建立庙宇，把大禹当作保护神，大禹更成为人定胜水意志力的象征。

---

① 参见（汉）司马迁《史记》卷二《夏本纪》，第 51、80 页。

② （春秋）左丘明：《左传·昭公元年》，上海人民出版社 1977 年版，第 1186 页。

③ （北宋）胡瑗：《周易口义·系辞上》，景印文渊阁《四库全书》第 8 册，（台北）商务印书馆 1986 年版，第 479 页。

④ 上海辞书出版社编：《国学名篇鉴赏辞典》，上海辞书出版社 2009 年版，第 638 页。

⑤ 丁山：《古代神话与民族》，江苏文艺出版社 2011 年版，第 140 页。

江苏吴县(今江苏苏州吴中区)西山堂里郑泾港口太湖之滨建有禹王庙，为县级文物保护单位。禹王庙在西山的角头洲，突兀湖上，孤立无倚，给人以超凡脱俗之感。相传，夏禹曾在洞庭西山的昂山和禹期山会商治水，水患既平，西山人民在东昂、南昂、西昂、北昂各建一座禹王庙以示纪念，今仅存北昂一庙。此庙始建于后梁大同三年(937 年)，屡建屡毁，今庙重建于清嘉庆十四年(1801 年)。原有大殿、寮房、山门等建筑，后逐渐圮败拆毁，只留下单檐歇山式大殿 3 间及清代碑刻。大殿临水而筑，楠木梁柱，四只戗角正对东、南、西、北四方位。台基有 1 米高、15 米见方。殿前有明代青石跋蹀一方，镌刻双龙戏珠，形象生动活泼，堪称艺术珍品。庙外有太平军屯兵的土城、操场遗址，还有长达 65 米的明代石码头。1983 年，大修禹王庙大殿，并恢复山门三间，移建石桥一座，维修加固石码头。①

扬州禹王庙位于扬州府西街石塔寺和城隍庙之间，宋嘉泰年间重建，元至正年间重修，明清两代又多次修建，一度被称为“浮山道院”或“浮山观”。康熙十一年(1672 年)，徽州盐商闵世璋(字象南)募资重建；雍正十一年(1733 年)，两淮盐政尹会一、扬州知府蒋嘉年、江都知县崔昭、甘泉知县龚鉴重修。因为扬州地处江淮之间，地势低洼，素多水灾，因此每年春、秋仲月(指二月、八月)，地方官员都要祭拜禹王。传说当年大禹排山镇水，有一座小山忽然浮现水中，人们乃在上建庙筑亭，庙即禹王庙，亭即浮山亭。雍正年间重修时，扬州盐政和知府特请当时享名大江南北的著名书法家王澍题写“禹王庙”庙额，同时还请他撰写了《重修浮山禹王庙碑》。王澍(1668～1743 年)，字若林，号虚舟，江苏金坛人，后迁居无锡，因此又自称“二泉寓客”。又因金坛良常山馆很出名，他也经常款署良常王澍，因而人称“王良常”。《清史稿・王澍传》说他“绩学工文，尤以书名”，“书法为一时之冠”。因此，禹王庙额和庙碑是当时扬州文人们经常临摹和欣赏的精品。②

高邮临泽镇亦有禹王庙。临泽镇地势低洼，饱受洪灾之苦，大禹排淮河和高邮之水注入长江，解决了高邮的水患，为纪念大禹治水的功绩，当地民众建立禹王庙来供奉大禹。乾隆《高邮州志》记载，夏禹王庙“在临泽镇，以大禹排淮注江道出于邮，故立庙祀之”。临泽夏禹王庙建于何时，现在已无从查考。明人柳文在其《重建夏禹王庙记》中云：“高邮临泽镇有禹王庙，不详其建始。”根据高邮当地学者倪文才先生考证，禹王庙最迟在隋唐时期就已建立。在嘉靖《惟扬志》

① 参见萧梦龙主编：《江南胜迹》，江苏科学技术出版社 1993 年版，第 215～216 页。

② 参见王克胜主编：《扬州地名掌故》，南京师范大学出版社 2014 年版，第 427 页。

中有一张隋唐高邮地形图，虽然这张地形图不精确，但在临泽镇的西南方向标有禹王庙。[①]

夏禹王庙建立以后，其间经过多次修建，历史上有记载的共三次：第一次是明代隆庆五年(1571年)。据明人柳文《重建夏禹王庙记》记载，高邮城中王氏素有义行，他见庙破像露，风雨飘摇，就购买建材，招募工匠，沿着旧址修建，共建庙宇三排，修复了神像，并将庙宇附近田地若干亩交给庙里僧人，以供香火。不动用国库的钱财，不进行募化活动，不借临泽居民一天的人力，全部用自己的财力，使庙宇面貌一新，由此王氏的善行更加彰显，传遍江淮地区。第二次是清代嘉庆二十五年(1820年)，明代重建禹王庙的王氏后人、七世孙王侨侣和孙其武等人督办主修禹王庙。王侨侣儿子王再坡、孙其武儿子孙鸣喈等人向州署请示勒石记载。当时的高邮知州胡棠(道光《续增高邮州志》记载他是浙江上虞人)"仰体先人之志"，同意勒石。其碑现存在禹王庙中，可惜碑文字迹已有部分不清，碑文内容不能全部解读。第三次修建是2008年。根据2009年禹王庙筹建组所立碑文《禹王庙简介》记载：禹王庙原有房屋25间，其中包括正殿、观音堂、关圣殿、关房(坐关和尚食宿在内，长年不出房)等，有众多神像，还有高僧数人。1942年，日寇以及国民党顽伪部队盘踞禹王庙，禹王庙多间房屋及许多文物、神像被烧毁。2006年，庙宇所在的原周巷镇周巷村村民决定在原庙址东100米处复建夏禹王庙，此举得到善男信女的积极响应，纷纷捐款。2007年5月破土动工，2008年4月落成。现在的夏禹王庙共3间，中间为禹王正殿，东、西两间分别为观音堂、关圣殿，祭祀活动逐步恢复。[②]

在山东运河沿线，也有众多禹王庙的分布。济宁禹王宫，又称"禹王庙""大禹庙"，为纪念古代大禹治水而建。庙址原在运河路中段(义井巷)路东，康熙初年，运河同知王有容移建于运河北岸、玉带河入运河处以东(今之太白广场明月楼西侧)。民国时期，仅存禹王殿3间，建在高约2米的石砌台基上。殿顶歇山式，飞檐翘角，斗拱承托。门楣正中镶嵌石匾，上书"禹王宫"三字。殿门两侧竖立元、明、清三代修庙记事碑数通。庙后，与清康熙四十二年(1703年)所建纪念治河名臣靳辅的"靳文襄公祠"仅一墙之隔。1947年7月，被国民党军整编七十二师纵火焚毁。鱼台县南阳镇大禹庙，"以河漕要地得特祀之，以春秋祭，近遵候，钦定祭期岁多移易，祭品羊一豕一"。汶上县禹王庙在南旺分水口，康熙十九年(1680年)，总河靳辅改建，康熙五十五年(1716)，知县闻元炅重修。济宁报

① 参见倪文才：《临泽"夏禹王庙"的前世今生》，"今日高邮"网站，2013年11月26日。

② 参见倪文才：《临泽"夏禹王庙"的前世今生》，"今日高邮"网站，2013年11月26日。

功祠原祀尚书宋礼、莱阳周长、平江伯陈瑄、侍郎金纯，有司春秋秩祀。康熙十六年(1677年)，靳辅于大殿中央奉祀神禹，以诸贤配。大禹劳力于治水而死，成为天下河流水域之尊神。山东运河区域建立庙宇祭祀大禹，祈求免除洪涝灾害，保佑五谷丰登；尤其是治水之时，必祭祀大禹，以求庇护。

宁阳县禹王庙，原名“汶河神庙”，位于山东省大汶河南岸的泰安市宁阳县伏山镇堽城坝村北。据清咸丰元年(1851年)重修《宁阳县志·秩祀》记载，禹王庙“原名汶河神庙，在堽城坝，明成化十一年(1475年)员外郎张盛建坝，因立庙”。禹王庙坐北朝南，占地30余亩，沿中轴依次为大道、广场、庙门、神道、正殿、禹王台等建筑。[①] 东、西两侧为掖门、东、西两庑，石碑及古柏树11株。庙门内侧为钟楼、鼓楼遗迹，残存柱础，呈四角亭式。正殿虹渚殿为穿堂式清代建筑，砖、木、石结构，灰瓦歇山顶，蟠龙大脊，面阔15.9米，进深7.8米，高6.2米。东、西两庑设在虹渚殿前两侧，五开间，面阔13.5米，进深5.3米，通高6米，灰瓦硬山顶。明间置券顶格棂窗，钟楼、鼓楼至两庑之间立有龟趺螭首石碑两通。西碑为明成化十三年(1477年)“同立堽城堰记”碑，由户部尚书兼翰林院大学士万安撰文，布政使司攀辅书丹。东碑为明成化十一年(1475年)“造堽城石堰记”碑，由明代科举考试中唯一连中三元官至兵、户、吏三部尚书，文渊阁大学士商辂撰文，由征仕郎、中书舍人、乡贡进士、东吴李应祯篆额书丹；碑首篆额“造堽城石堰记”，碑文为阴刻楷书，字体端庄工整，刻工精良。石碑历经600多年风雨保存完好，碑文翔实地记载了明代成化年间宁阳堽城坝的修筑过程，是我们研究明清时期水文、水利管理的重要实物证据，具有极高的文学艺术和史料价值。碑文先记述了当时治水的历史背景，继而极其详尽地记述了明代堽城坝的选址、用工、用料及施工工艺等情况，重修过程跃然眼前。碑文中还明确地提到，重修堽城坝的功臣是张克谦，“克谦，名盛，常之宜兴人也。天顺庚辰进士，都水员外郎”，他“督夫采石，首修金口堰，不数月告成”。由此可以断定，金口坝、堽城坝应均为张盛所修。尤为神奇的是，《造堽城石堰记碑》碑首为两条相互盘绕在一起的青螭，动感十足，两螭口中各含一石珠，石珠欲吐还留。奇怪的是，两螭身均通体湿润，细密的水珠不停地渗出，后聚于螭口，形成豆大的水滴滑到碑底细细的沙中，这种与季节、气候无关的现象成为禹王庙的一大奇观。“禹碑虹渚”由此得来。为保护此碑，山东省文物局将此碑原样复制，复制品现存于山东省博物馆。

---

① 参见张从军主编：《山东运河》，山东美术出版社2013年版，第78页。

禹王庙内共有11株古柏。清顺治十六年(1659年)《重修禹王庙记》写道:“庭有桧柏,不见白日,后有一树作龙形,皆数百年物也。”[①]据多数专家学者论证,其树龄均在千年以上。其中,虹渚殿前7株,殿后4株。古柏森然参天,每一株都见证了千年的历史,也给后人留下了许多动人的传说。在虹渚殿后有一古柏苍劲挺拔,枝叶繁茂,树冠上有一树枝酷似龙头,两角高扬,张口露齿,欲啸欲飞,被誉为“虬枝岐柏”,这株古柏又名“龙头柏”。龙头柏留给后人的不只是美丽动人的传说和文人雅士的诗章,更是一种斗志和力量,是劳动人民征驭自然的象征。在禹王庙里的11株古柏中,不仅有被称作大禹化身的“齐鲁第一柏”,还有“夫妻柏”。夫妻柏形如华盖,树径1.5米以上。其中一株开花,一株结果。据传,大禹因治汶水得病身亡,为纪念大禹治水有功,当地在汶水南岸修建了一座禹王庙,在庙门南口栽桧柏一株,象征禹王在此,镇守汶水。有凤凰自东北方向飞来,落此株桧柏之上,呜咽鸣叫,有如杜鹃啼血,后坠地而亡。时人感其灵异,葬凤凰于树下。后长出一棵柏树,这株柏树向东斜长,有偎夫之怀之态势,故名“夫妻柏”。夫妻柏蕴含了人们对大禹治水功德的纪念,同时也寄托了对大禹因勤于治水而三过家门不入的美好祈愿,人们更愿意相信这里就是大禹的故乡,是大禹的出生地。[②]

二、地方先贤和历史人物

日本汉学家滨岛敦俊在研究明清时期的江南民间信仰时提到,与玉帝、东岳、关帝、天后、梓潼君、二郎神等闻名全国的神相比,中国还存在大量不太有名的神,在地方史料中通常把它们记述为“土神”。他还进一步指出,土神是指在某地形成,有当地相应的灵异传说,并在该地得到信仰的地方神,与其对立的概念可称为“全国神”。这里所说的地域范围有大有小,有村落层次上的土地神,也有乡镇、县级层次上的,甚至更为广阔的领域上的“土神”。[③] 这些地方土神往往被当地民众视为地方保护神,发挥保境安民、御灾捍患的作用,具有治水或祈雨的功能。

羊使君是山东聊城当地的水神,现在聊城市区东南方向仍有羊使君街(俗

① 宁阳县史志编纂委员会编:《宁阳县志》,中国书籍出版社1994年版,第807页。

② 参见贾祥云、戚海峰、乔敏主编:《山东古树名木志》第2卷,上海科学技术出版社2014年版,第492页。

③ 参见[日]滨岛敦俊著,朱海滨译:《明清江南农村社会与民间信仰》,厦门大学出版社2008年版,第6～7页。

称“羊子巷”），这条街在明清时期是连接大运河码头与东昌府城中的主要街道之一。后晋开运二年（945年），羊使君守博州（治所为聊城），历史确有其人，但佚失其名。因城池被河水淹没，羊使君为免百姓损失，以身投水而死。人们不久在羊使君街的小桥南发现其尸体，感其恩德，安葬羊使君于此，并立祠奉祀。在碑刻中，我们亦见到如此碑文：“身为牺牲，祷于洪水，洪水无知，没而后已。民思其人，立庙以祀。呜呼！伟功不书于史。”[①]清人谈迁在其《北游录》中亦言：“出寻羊使君、丁御史（丁志芳）二祠，俱东门外。羊使君，史失其名，五代晋开运二年，知博州。大水，城且陷，使君投水死，以请民命。”[②]就现有资料来看，羊使君故事的记载似乎都是一个版本，即羊使君投水而死，以免百姓受害。人们对其信仰，一方面为地方新增神佑之灵，另一方面也说明百姓对水患的恐惧。

惠济公庙位于山东嘉祥县城南青山西麓，始建年代不详，民间俗称“青山寺”，是祭祀西周诸侯国焦王的神庙。据元代《惠济公庙记碑》记载，汉晋时期已建祠庙，立碑碣，现庙内尚存北宋《淳化三门记碑》和《宣和封牒碑》。据光绪《嘉祥县志》记载，惠济公庙“在县南十五里青山之阴，周封神农之后于焦，殁而建祠于此”[③]。北宋崇宁元年（1102年），封焦王为“宁应侯”，称“崇佑庙”；宣和三年（1121年），又加封为“惠济公”，称“惠济公庙”。“宋元以来，祷雨、祈晴辄应……当春夏之交，乞灵者数百里不绝。”[④]元大德七年，东昌教授赵衡正《惠济公庙记》云：

> 大德五年夏五月旱，大中大夫、济宁路总管睦公使知事宋铎请祷于神，汲水半瓶，负至坛次，是日，果大雨。明年三月复不雨，农艰播种，公乃诣祠祈之，雨遂盈尺。东作遍野，陇亩无隙。六月中旬，禾稼吐秀，复苦旱，即命经历王明来祀，应时雨澍，岁乃有秋。[⑤]

惠济公庙坐东面西，顺应山势，层层递升，设计巧妙，别具一格。崇宇高阁，掩映于古树翠柏之中，景色颇为壮观。从山下望去，在中轴线上的建筑有6个层次，即泰山行宫坊、三门、惠济公大殿、寝殿、泰山行宫、玉皇庙，在惠济公大殿

---

① （清）嵩山修，（清）谢香开等纂：嘉庆《东昌府志》卷十一《秩祀上·坛庙》，《中国地方志集成·山东府县志辑》第82册，凤凰出版社2004年版，第189页。

② （清）谈迁撰，汪北平点校：《北游录·纪程》，中华书局1960年版，第34页。

③ （清）章文华、（清）官擢午纂修：光绪《嘉祥县志》卷一《祀典志》，《中国地方志集成·山东府县志辑》第79册，凤凰出版社2004年版，第247页。

④ （清）章文华、（清）官擢午纂修：光绪《嘉祥县志》卷一《祀典志》，《中国地方志集成·山东府县志辑》第79册，第247页。

⑤ （清）章文华、（清）官擢午纂修：光绪《嘉祥县志》卷四《艺文》，《中国地方志集成·山东府县志辑》第79册，第353页。

两侧，还有白玉宫、享殿、子母殿、万佛阁、关帝庙、迎客厅等附属建筑。

泰山行宫坊位于青山脚下，是一座仿楼阁式的三门石质建筑。中门内外两侧的4个石狮雕刻精细，造型生动；门额上刻“泰山行宫”，运笔自如，健劲有力。两侧门门额上皆雕有浮龙、麒麟等图像，刀法娴熟。整个坊顶均仿木质建筑形式，石雕斗拱、歇山顶、瓦当等雕刻得惟妙惟肖。整个牌坊，堪称一组格调和谐、技艺精湛的艺术品，有较高的艺术价值。[①] 惠济公大殿是惠济公庙的主体建筑，建于高1米左右的石台之上，元至正三年(1343年)、明洪武二十二年(1389年)两次大修。大殿面阔5间，南北长17.3米，东西宽6米，高约9米。五脊歇山顶，彩绘斗拱，绿瓦霞帔，巍峨壮观。前檐下4根高大的石柱，通体平雕花卉。大殿内雕梁画栋、壁画附饰，高大的朱漆雕龛中原有高达2.5米的惠济公金色塑像。1929年，大殿前修建有龙头碑一座。在碑前建砌八角形“玉液池”，其外接圆直径3米，雕砌以石栏。大殿后山有泉一眼，题名“感应泉”，泉水经殿底暗道，由碑底部之龙头口中喷涌而出，常年不息。雕凿精致的龙头碑两侧镌有一副“山色霭霭人间胜地，水声潺潺世外洞天”的楹联，碑的北侧刻有清末进士王俊卿题“青山十八乐”诗十八首。大殿两侧皆配以5间享殿，连同3门，围成一个小院落。院落虽不大，但典雅秀丽，院内碑石林立，泉流叮咚，苍松遒劲，翠柏参天，奇景异致，吸引游人流连忘返。[②]

扬州地区以祭祀开河、治水人物为主要内容的水利人格神崇拜也十分盛行。除上文提到的两座禹王庙外，甘泉县城北邗沟南岸有邗沟大王庙以纪念开挖邗沟的吴王夫差，邵伯镇则有甘棠庙以纪念修筑邵伯埭的谢安。东汉广陵太守陈登在今仪征境内修筑蓄水塘，可灌田千余顷，受到百姓的爱戴，甘泉、仪征两地分别修建恭爱庙、陈公庙以纪念陈登。

邗沟大王庙，又名“吴王庙”，俗称“邗沟财神庙”，地处古邗沟南岸、老虎山之北，今扬州市维扬区梅岭街道办事处的邗沟社区邗沟组境内。邗沟大王庙相传始建于汉，供奉的是吴王夫差，清康熙年间曾重修。据成书于乾隆年间的《扬州画舫录》称：“正位为吴王夫差像，副位为汉吴王濞像。”至于增加副位吴王刘濞的理由，《扬州画舫录》又云：“自茱萸湾通海陵，如皋、蟠溪，此吴王濞所开之河，今运盐道也。”[③]由于他们功德在民，所以同被祀奉。嘉庆六年(180年)，两淮盐运司使曾燠又予重建。咸丰三年(1853年)，该庙毁于战火，后虽再重建，但

---

① 参见嘉祥县地方史志编纂委员会编：《嘉祥县志》，山东人民出版社1997年版，第658页。

② 参见嘉祥县地方史志编纂委员会编：《嘉祥县志》，第658～659页。

③ (清)李斗撰，汪北平、徐雨公点校：《扬州画舫录》卷一，第8页。

庙貌规模已远不如前，只有前后两进各 3 间，前进为 5 架梁山门殿，后进为 9 架梁大殿；两进之间以廊房相连，加上配房，共有庙房 11 间。抗日战争胜利后，邗沟财神庙年久失修，破坏严重。庙内最后一任掌管道人为家住东圈门的曹姓道士。1951 年春，庙被拆除，砖瓦、木料被用于修建梅岭小学，庙门前的一对石狮底座至今仍被填埋在邗沟桥南岸西侧的河田地底下。

复建后的邗沟大王庙是一组仿古建筑群，位于原邗沟大王庙遗址的东北约 500 米处，距金龙四大王庙约 30 米，北依邗沟路，南临古运河，西傍高桥路，以庙为主体，辅以商业用房，形成了一个集休闲、商贸、餐饮于一体的“大王庙广场”。其他地方的庙宇正门大都朝南，唯此庙门是朝北，面对古邗沟石桥，这是由于夫差为北上争霸筑邗城，凿邗沟，后人对他的雄心壮志一直怀有一种激励与敬仰的情怀。庙门前旧有石狮一对，大殿前天井里的东、西两侧栽有梧桐树、白果树一株；在大王庙的朝北门额上，石刻隶书“邗沟大王庙”5 个大字；大殿面南，上方悬一匾额，上书“恩被干吴”4 个金色大字。殿内神台上供奉着 2 尊袍带飘逸、古貌岸然的木雕塑像，东为吴王夫差，西为吴王刘濞，两旁是泥塑的玄坛赵公元帅和民间俗称的瘸腿财神。殿前的 4 根抱柱上，有 2 副楹联，分别是“曾以恩威遗德泽，不因成败论英雄”“遗爱成神乡俗流传借元宝，降康祈福世风和顺享太平”，饱含着扬州人民对两位吴王的感念之情。[①] 神台下东置钟，西置鼓，鼓旁的墙上旧砌有一块曾燠撰写的《重建邗沟大王庙碑记》勒石。

据清人李斗《扬州画舫录》记载：“是庙灵异，殿前石炉无顶，以香投之，即成灰烬，炉下一水窍，天雨积水不竭，有沙涨起水中，色如银。康熙间，居人辄借沙淘银，许愿，缴还乃获银，后借多还少，沙渐隐。今则有借元宝之风，以纸为钞，借一还十，主库道士守之。”[②]大王庙不仅可以求财得财，相传还可求子得子，因此一直香火鼎盛。每年农历初五的“财神日”，庙内外热闹非凡，爆竹声声，鼓乐阵阵，邗沟两岸，香客云集，通宵达旦，络绎于途，成为旧时扬州有名的“财神胜会”。

扬州邵伯古镇有一座纪念晋太傅谢安的祠堂，名曰“谢公祠”，又名“甘棠庙”。提起谢公祠，得追溯到 1600 年前东晋谢安出镇广陵（今江苏扬州）的历史和率民筑邵伯埭的功绩。孝武帝太元八年（383 年）秋，谢安与前秦苻坚决战于淝水（今安徽合肥境内），取得了重大胜利，这就是历史上有名的以少胜多的淝水之战。后来，谢安晋升太保、太傅，都督十五州军事，权重一时，遂招致王室猜

① 参见王克胜主编：《扬州地名掌故》，第 429 页。

② （清）李斗撰，汪北平、徐雨公点校：《扬州画舫录》卷一，第 8 页。

忌，在会稽王司马道子排挤下，被迫出镇广陵，他在城西北 20 里的步邱（邵伯古称）修建城垒，名曰“新城”。新城以北 20 里，西高湖浅，常遭干旱，东低水涨，易浸农田，谢安遂率领民众，筑堰曰“邵伯埭”。从此，新城两侧西无旱忧，东无涝患，高低两利。后人思谢安治水之德，比之西周召伯，建甘棠庙，植甘棠树。

宋《元丰九域志》称“甘棠庙其来久矣”；清人董醇所著《甘棠小志》载谢公祠“莫祥所始，然有此埭，即有此祠”[①]。可见，此祠由来已久。后岁久庙坏，谢公肖像被置于五圣祠前殿。明嘉靖六年（1527 年），给谏彭汝寔改题额为“东山书院”，后改为“谢公祠”。明隆庆元年（1567 年），再迁谢安像于后殿，前殿祀三官。国子监监丞沈珠曾写《迁谢公像记》：“太傅处大事，决大疑，当大难，成大功，咸不动声色，寻常谈话施措一一曲中，其在官无当时誉，去后为人所思，邵伯棣其一端也，礼有功德于民者勿废祀。”[②]日本使者策彦周良于嘉靖十八年（1539 年）十二月十二日，停留邵伯驿，曾拜访过谢公祠。他在其《初渡集》中写道：“庙在驿外，庙中央按谢公像，题左右柱云：隐隐雷神居此地，辇轟（轰）圣像镇甘棠，庙额横揭‘列仙通院’四个大字。又题柱有‘龙吞沧海月，鹤伴华山云’‘名刹红尘远，玄门白昼长’等，又或揭‘洞府霞烟’四字。”拜毕，策彦周良作《邵伯庙诗》：“邵伯所憩有祖堂，古今往来慕德香。意是不求遗像肖，居民千载拜甘棠。”[③]雍正《江都县志》亦记载：“甘棠庙旧祀晋太傅谢安，岁久庙塌，镇民肖像于五圣祠前殿。嘉庆元年，学使耿定向谓安宜正位于堂，檄扬州知府迁安像于后殿。”[④]中华人民共和国成立初期，谢公祠尚有迹可寻。祠堂在镇之东街，前进祀文昌，中进祀三官，后殿祀谢安。进入祠堂，可见一排四间正房，两侧各一间厢房，中间两间为客厅，摆有长条香几，木椅数张，椅背上皆有“谢公祠”字样，正中供奉木刻谢公像。两通古碑分列嵌在祠堂外两侧墙内，每年春秋两季都有祭拜活动。

陈登，字元龙，下邳（今江苏睢宁县西北）人。25 岁时，陈登举孝廉，任东阳（今山东武城县东北）县令，在任上养老育孤，扶贫救苦，深得众望。陶谦为徐州牧时，任其为典农校尉，专管农事，政绩显著。建安二年（197 年），被曹操任为广陵太守后，陈登首先致力于农事，在蜀冈主持兴建上雷、下雷、小新、句城、陈公等五塘，扩大农田灌溉 1000 余顷。那时，南北运输主要依靠邗沟故道，但是射阳以南水路不通，从广陵到淮河需要由樊良湖向东北绕经博支湖，再由西北至

① 江苏省政协文史委员会编：《江苏老街与历史街区》，江苏人民出版社 2007 年版，第 192 页。

② 江都市地方志编纂委员会编著：《江都县志》，江苏人民出版社 1996 年版，第 1032 页。

③ 《华夏寻甘棠—扬州邵伯镇》，“中华燕氏网”2012 年 11 月 3 日。

④ 《华夏寻甘棠—扬州邵伯镇》，“中华燕氏网”2012 年 11 月 3 日。

射阳，淮湖纡远，博支、射阳两湖又多风浪，航运旷日延时，很不方便。陈登于是开筑改道工程，由樊良湖直下津湖，再通白马湖，然后东贯射阳湖，西北出夹耶。这样，运道取直，大大缩短了航程，便利了航运。这条水路，史称“邗沟西道”。400 年后，隋炀帝发淮南民开邗沟，就是大体循着陈登的路线。陈登 39 岁即去世了，虽然从政时间不长，但政绩却很突出，特别是兴修水利的贡献被载入了史籍。他兴建陈公塘的事迹在仪征更是代代相传，家喻户晓。

陈公塘存世 1300 多年，仪征百姓对陈登敬爱有加，称塘为“陈公塘”“爱敬陂”，塘畔建有恭爱庙，以示对陈登的恭敬与爱戴。此后历年维修，官府也重视筹资，逐渐易名为“官塘”，恭爱庙称为“官塘庵”。由于官塘庵处于通往丘陵山区水陆交通咽喉要塞，这里又成了买卖贸易集散地，形成集市，所以又叫“官塘集”。恭爱庙多年失修后，不知何人出资捐助重建庙宇，又取名为“延寿庵”。新建的延寿庵规模远大于恭爱庙，前后大殿 5 座排开，共有僧房 100 多间，后院植有贵重名木 100 多棵，香火极为旺盛。1942 年，当地百姓为防止日军利用官塘庵的有利地形盘踞，拆毁了大部分房屋。日本人投降后，百姓又捐资修建；由于社会动荡，捐资不足，其修建规模不足原先一半。1949 年后，又被粮站占用而逐渐拆除毁尽。

无锡市梁溪区范围内有两座水仙庙：一座在古运河南段的南长街 598 号，名“南水仙庙”；一座在古运河西段的太保墩上，名“西水仙庙”。南水仙庙祀无锡县令王其勤；西水仙庙祀无锡县令刘五纬。两位县令在无锡地区政绩卓著，名垂千古，因而受到百姓的爱戴和崇敬，遂建庙祭祀。

南水仙庙，原名“双忠祠”，俗称“南水仙庙”，位于南上塘塘泾桥堍南长街 598 号。双忠祠是为祭祀宋代文天祥部将麻士龙、尹玉两位将军的战功而修建。麻、尹二将于宋德祐元年(1275)在常州、无锡交界处抵抗元兵，战死于五牧南彭郎村，当地民众为他们立庙奉祀。因庙址在运河旁的驿道上，航行于运河之上的漕军、运丁和渔民船民经过这里，大多会在此停靠歇息，进庙祈祷，遂奉为“水仙”。清康熙二十二年(1683 年)，当地民众为纪念明嘉靖年间的无锡知县王其勤，在双忠祠南侧另建一庙，因王其勤是湖北松滋人，故取名“松滋王侯庙”。[①] 王其勤，字明敏，号少月，生于明嘉靖十年(1531 年)，湖广松滋(今湖北松滋)人。嘉靖三十二年(1553 年)中进士，授无锡县知县。当时，倭寇从我国东南沿海大举入侵内地，无锡告警。他亲自上城督战，历时 18 天，击溃倭寇，保护了全城百

① 参见严克勤主编：《千里走运河》，凤凰出版社 2008 年版，第 141 页。

姓。王其勤不仅抗倭取得显著功绩,在任期间还进行粮亩清理,改进田赋,兴利剔弊,功绩卓著。他离任时,“土民攀送载道,词咏成帙”。无锡民众为颂扬他的功绩,特建祠立庙[祠在惠山,名松滋王公祠;庙即在南水仙庙(水仙道院)]纪念,并定于每年农历三月初七日(传说王其勤生日)举行庙会纪念他。乾隆四十六年(1781 年)重修殿宇,嘉庆十四年(1809 年)拓地扩建。咸丰年间被毁,同治年间重建。重建后庙宇有山门、二门、戏台、大殿、酒厅、茶厅、蚕师殿及北侧的双忠祠正殿、书厅等建筑。[①] 1928 年,南水仙庙内创办了培南小学。1946 年,该庙成为中共无锡工委机关所在地。1989 年,被列为市文物保护单位。2001 年,成为无锡市道教协会所在地。

西门太保墩上的西水仙庙,所祭祀的是明代天启年间的无锡县令刘五纬。刘五纬,字梦风,四川万县人,进士出身,天启元年(1621 年)到任。他能文善武,精明干练,办公无积牍。到任第四年,县西北的天授、青城、万安乡遇水灾,芙蓉湖畔的千顷圩田受淹,他立即带领圩民筑堤抢险,使圩田转危为安。当时,全国设有“门税”,他在各地立一只木柜,由纳税人自动投银,遇到公家出役,便开柜开销。这位清正廉明的父母官,为百姓办了大量好事,但也触犯了地方恶绅的利益,以致最后被诬告而解职,不久便病故。但是,百姓忘不了他的功绩,将芙蓉湖畔的鹜官塘改名“刘公塘”,并在塘上立了一通巨碑,以示纪念。事隔 30 多年后的清顺治初年,百姓又在太保墩上建刘侯庙。刘侯庙建成后,因被渔民当作水仙祭拜,俗称“西水仙庙”。清咸丰十年(1860 年),刘侯庙毁于战火。同治年间,渔民们集资修建,规模较小。光绪十五年(1889 年),西区米商又建大殿以及天后宫、娘娘殿、前后偏殿、内外戏台、东西辕门等建筑。正殿呈“工”字形,前后共两座三间建筑,中间一条穿堂,故称“工字殿”。殿高 9.9 米,都是硬山顶。进殿可见,一块偌大的匾额,高悬上方,上书“显应真君正堂”。左、右月门镶嵌砖刻,左书“德配憩棠”,右书“功同教穑”。[②] 庙有里外两个戏台,成“丁”字形毗邻相接。里戏台面对庙内,现仅存台基,高 3.3 米,宽 5.2 米。因年久失修,有倾圮之虞,故于 1980 年将台搬迁至蠡园。外戏台较大,台基高 3 米,宽 6.25 米,深 4.65 米。正对庙外河边,有广场,可容纳六七百观众。两座戏台各具后台,有门相通,戏班可串演“背台戏”。开演之际,两台锣鼓之声相闻,看客可流动择优而观。每逢农历六月十一日刘五纬诞辰举行庙会,由庙董出资邀请戏班

① 参见刘霞主编:《中国历史文化名街——清名桥历史文化街区》,古吴轩出版社 2011 年版,第 194 页。

② 参见政协无锡市南长区委员会编:《南长文史资料》第 6 辑,1999 年,第 86~87 页。

演戏。[①] 庙宇占地面积达1.36万平方米，建筑面积1.13万平方米。今西水仙庙建筑大部分已毁损，仅留存前殿、大殿及关帝殿。大殿中改供三清塑像，刘五纬的小塑像移列殿右。庙门悬有无锡市道教协会筹备会木牌，成为道教的活动场所。1995年12月，江苏省政府公布为江苏省历史文化保护区，西水墩上的西水仙庙名列其中。[②]

杭州钱塘江入海处呈喇叭口形状，江底存在着沙门坎，由于潮水受钱塘江河水的强烈顶托作用，形成了世界上最大的海潮。杭州湾两岸地形低下，且多是泥质海岸，在潮水顶托、冲激作用下，两岸泥土不断塌陷，并被潮水冲走。潮水大的时候，往往越到岸上，把陆地上的田园、人畜卷走。杭州湾沿岸各府县的方志中，有关潮灾的记载比比皆是。在潮灾频繁且祸害巨大的背景下，如何避免潮灾便成了两岸人民乃至政府官员的心病，于是潮神崇拜应运而生。频发的潮灾导致了杭州、嘉兴等地潮神信仰的盛行，使得众多历史人物和地方名人被纳入神灵系统之中。

在众多潮神中，以宋代两淮转运使张夏最为有名。张夏，生卒年未详，排行六五，称"十一郎官"，浙江萧山人。其父张亮曾为五代吴越国刑部尚书，他以父任子授郎官，后任泗州(今安徽泗县)知州。在任时遇泗州大水，田宅被淹，张夏募民修建堤塘，疏导河渠，以减轻灾害。宋景祐年间，以工部郎中出任两浙转运使。当时，钱江海塘年久失修，原用木材、泥土修筑，常被江潮冲毁，张夏首次发起将其改建为石塘。张夏死后，朝廷为嘉奖其治水功绩，追封其为宁江侯；北宋嘉祐八年(1063年)，赠太常少卿；淳祐十一年(1251年)，封显公侯；咸淳四年(1268年)，敕封护塘堤侯；清雍正三年(1725年)，敕封静安公。

民国《杭州府志》记载，杭州城内祭祀张夏的昭贶庙"在候潮门内浑水闸东，故司封郎官张夏祠也。……每潮水啮岸，祷辄应。明成化间，工部侍郎李容来治潮患，祷神患息，即旧址重建。国朝雍正三年，敕封'静安公'，春秋致祭"[③]。清人姚礼在其《郭西小志》中亦对昭贶庙进行了考证："《韩门缀学续编》载：吾杭江干浑水闸东有昭贶庙，俗名'张六五相公庙'，祀宋宁江侯张夏也。……《钱塘县志》云：宋兵部尚书张夏以景祐间为两浙转运使。江潮为害，筑石堤自六和塔至冬青门，延袤十二里。杭人德之，立祠堤上，俗称'张司封庙'。大观二年，封

---

① 参见中国戏曲志编辑委员会：《中国戏曲志·江苏卷》，中国ISBN中心2000年版，第767页。

② 参见政协无锡市南长区委员会编：《南长文史资料》第6辑，1999年，第94页。

③ 齐耀珊、吴庆坻等纂：民国《杭州府志》卷九《祠祀一》，《中国地方志集成·浙江府县志辑》第1册，上海书店出版社1993年版，第339～340页。

‘宁江侯’，改封‘英济侯’。绍兴十四年，增‘灵感’。（绍兴）三十年，增‘顺济’。寻加爵号曰‘济灵显佑威烈安顺王’。……侯乃萧山人，至今萧山祀田甚多。顾今直隶如大名、蓟州、通州有侯庙，则因侯有护漕之功。……雍正三年，封‘静安公’，入典。”[①]民国《杭州府志》记载，安济庙旧在荐桥门外马坡巷，于北宋宣和年间创建，俗名“祖庙”，亦祀张夏。“初，夏治潮患，筑石塘自六和塔至东青门，人德之，立祠隄上。今庙址正宋东青门外，元始拓入城内。宋东青门，俗呼‘菜市门’，今名‘太平门’，与清泰门相距里许，今为马坡街，在清泰门傍则是庙。或即旧时隄上所立，后入城奉为土谷者也。”[②]

在人们的心目中，春秋时期的伍子胥也有捍潮御灾的功绩。杭州英卫公庙，又名“伍公庙”“忠清庙”“胥山庙”，敬祀春秋时楚国人伍子胥。英卫公庙在吴山，吴地百姓感念伍子胥的功德，故吴山又称“胥山”。民国《杭州府志》对吴山英卫公庙的由来和变迁进行了考证：

《史记》云：“吴王夫差入越，勾践栖会稽之上，请和。子胥谏不听，赐属镂之剑，取子胥尸浮之江中。吴人怜之，为立祠江上，命曰‘胥山’。”咸淳《临安志》记载：“唐元和十年，刺史卢元辅修，并作《胥山铭》。景福二年，封广惠侯；宋雍熙二年四月，诏令重建。大中祥符五年，海潮大溢，冲激杭城，诏每岁春秋醮祭，赐忠清庙额，封英烈。（大中祥符）九年，马亮知杭州，祷于祠下。明日，潮杀，又出横沙数里，堤岸乃成。康定九年，守蒋堂重建。嘉祐七年，太守沈遘修。政和六年，加封威显；绍兴三十年，加封忠壮；乾道五年，周安抚淙重修；嘉定十七年，累封为忠武英烈威德显圣王。绍定四年，赐缗钱重建；嘉熙三年，赵安抚与欢又易而新之。庙旧有星宿阁，至是，阁成，摭英卫二字以名，理宗亲洒宸翰以赐焉。宝祐间，颜安抚颐仲移英卫阁于正殿后。咸淳五年，安抚潜说友修治。”其封爵，自嘉熙至咸淳累改为“忠武英烈显圣安福王”。[③]

明朝建立初年，朱元璋对礼制进行改革，定其名号为“吴行人伍公之神”，正统十四年（1449 年）重修。成化十年（1474 年），庙毁，弘治初重建。嘉靖三十年（1551 年），郡守孙孟修。万历四年（1576 年），巡按萧廪重建。崇祯五年（1632 年）、十六年（1643 年）均重修，清康熙五年（1666 年）重建。雍正三年（1725 年），以伍子胥为江海保障之神封英卫公，发帑重整祠宇，两庑附祀掌潮之神。乾隆

① （清）姚礼撰辑，周膺、吴晶点校：《郭西小志》卷六，第 117 页。
② 齐耀珊、吴庆坻等纂：民国《杭州府志》卷九《祠祀一》，第 339～340 页。
③ 齐耀珊、吴庆坻等纂：民国《杭州府志》卷九《祠祀一》，第 341 页。

元年(1736 年)、十四年(1749 年),并发帑重修。咸丰十一年(1861 年)庙毁,同治十二年(1873 年),由巡抚杨昌濬重建。光绪十七年(1891 年),郡人丁丙重修。[①]

1916 年 8 月 16 日,孙中山先生一行登月轮山六和塔观潮,时见白浪擦塔身而过。因史传钱江潮系伍子胥精魄所致,先生在留言时题字:“伍子胥死于吴,后人说他忠魂不泯,怒气未消,乃驱水作涛,故钱江潮甲于天下,蔚为大观。寓意人之精神不死,躯体虽不存,而其爱国精神犹能弥漫天地间,此即浩然之气也。我不信江潮有神,但深信民族之有魄也。”2006 年,杭州市园林和文保部门对吴山景区作全面整治时,对伍公庙进行了重修。整修后的伍公庙为民居式建筑,面积为 844 平方米,形成神马门、御香殿、寝殿三进完整的建筑布局。神马门两侧立伍公庙重修碑记和伍公庙前言,御香殿两侧布置了 4 幅线刻古图。两侧厢房分别陈列有表现伍子胥生平故事的 12 幅连环画。正殿中央设神龛,上置伍子胥士大夫像,为香樟木圆雕彩绘;神龛前为樟木雕元宝座,两侧分立历代对伍子胥六次封祀祭文。潮神殿中间立伍子胥潮神青铜像于石雕水浪样式基座上,背景为“素车白马”浮雕石刻,两侧为十八路潮神仿古壁画。伍公庙整体设计朴素大气,与周边环境相和谐统一,成为杭州著名的文化景观。[②]

此外,杭州还有潮王庙、运德海潮庙、英显通应公庙、茶槽庙等祭祀潮神的庙宇。民国《杭州府志》记载,潮王庙在芳林乡,又名“石姥祠”,神石姓,名瑰,生于唐长庆三年(823 年)。钱塘江一带潮灾频发,民苦潮害,石瑰奋力筑堤以捍水势,功未就,死于潮,后为神。咸通中,立庙封潮王。宋宣和年间,方腊起义军进攻杭州,遂令韩世忠御敌,闻空中叱咤声,仰见旗帜书“石姥潮王”,军士大破寇兵。嘉熙年间,潮水冲毁护堤,漂荡民居,京兆尹赵与蕙祷祠下,潮水复归故道,有司上其事,加封其为忠惠显德王。[③] 运德海潮神祠在琵琶街,俗称“龙吟庵”,祀宋曹春。景炎二年(1277 年)建祠,水旱、灾沴祷之辄应。元至顺三年(1332 年),显圣运河,封大将军、显应侯。明嘉靖间,加封卷帘使者、大将军。清雍正三年(1725 年),江潮汹涌,当事者祈祷,潮不为患,题请敕封运德海潮神,命布政使佟吉图致祭建庙于城内琵琶街,春秋致祭。乾隆三十二年(1767 年)三月,盐道徐绵请以祠为盐政香火院。嘉庆二年(1797 年),加封威惠平洋王。[④] 英显通

① 参见齐耀珊、吴庆坻等纂:民国《杭州府志》卷九《祠祀一》,第 341 页。

② 参见俞泽民编著:《西湖楹联与景典》,杭州出版社 2015 年版,第 387 页。

③ 参见齐耀珊、吴庆坻等纂:民国《杭州府志》卷九《祠祀一》,第 337 页。

④ 参见齐耀珊、吴庆坻等纂:民国《杭州府志》卷九《祠祀一》,第 342 页。

应公庙“在庙子头，宝祐元年，江潮冲啮，神显灵迹，塘岸安堵。二年十二月加封”[①]。茶槽庙在会城东，沿江 70 里北至皋亭山，屡受潮患。明永乐间，新城茶商陈旭出资修筑新塘，后洪水与江潮相接，沿江俱没，新塘圮坏。陈旭资蓄已尽，于是跃身入潮，尸体随潮水漂浮至皋亭，泥沙随尸而涨，新塘乃成。巡抚奏闻，敕封其为“茶槽土地，兴福明王”。[②]

三、治河理漕有功之臣

明清时期众多河漕官员因为治河或理漕有功，死后被官方敕封为神灵，这类神灵我们通常被称为“治水人格神”。将治河理漕有功之臣神化和祠祭，既是对他们功绩的认可，也可形成对后世的激励，正所谓“诚所谓报已往之功，为将来之劝也”[③]。在清人朱寿镛《敕封大王将军纪略》所收录的 6 位“大王”中，有 4 位是治河有功的官员。济宁南门外天井闸有报功祠，原祀尚书宋礼、平江侯陈瑄、都督周长、侍郎金纯，有司春秋秩祀。隆庆六年(1572 年)，总河、侍郎万恭致祭。康熙十六年(1677 年)，总河靳辅于大殿中央奉祀大禹神位，以宋礼、陈瑄等人配享。乾隆三十九年(1774 年)，东河总督姚立德增祀元明以来治河有功诸臣，几乎将元明以来所有治河有功之臣全部收录在内，其中元代 14 人，明代 46 人，清代 28 人，合计 88 人。由此可见，当时治水人格神数量之多，信仰之盛行。在众多的人格神中，又以宋礼、白英最具有代表性。

宋礼(1361～1422 年)，字大本，河南省洛宁县人。他自幼聪颖悟知，好学有志。明洪武年间先后为进士、山西按察佥事等职。明永乐称帝后，宋礼先后任礼部右侍郎、工部尚书。永乐九年(1411 年)，宋礼采纳汶上老人白英的建议，修建戴村坝，引汶水及山泉水济运，建南旺分水枢纽工程，保证了明代漕运的畅通。白英(1363～1419 年)，字节之，明初著名农民水利家，山东汶上颜珠村人，后迁居汶上彩山。白英根据会通河的地势水情，提出以汶水作水源，筑堤引水，西注运河地势最高的南旺，然后向南北分流的设想。其中六分北流到临清，接通卫河，中间设水闸 17 座；四分南流至济宁，下达淮泗，中间设置水闸 21 座，从根本上解决会通河水源不足的难题。南旺分水枢纽工程告竣后，白英随宋礼进

---

① 参见齐耀珊、吴庆坻等纂：民国《杭州府志》卷九《祠祀一》，第 342 页。

② 参见齐耀珊、吴庆坻等纂：民国民国《杭州府志》卷九《祠祀一》，第 342 页。

③ 山东省文物考古研究所等单位编著：《汶上南旺：京杭大运河南旺分水枢纽工程及龙王庙古建筑群调查与发掘报告》，第 327 页。

京复命，因劳累过度，行至德州桑园，不幸去世，时年 56 岁。万历《汶上县志》记载，白英“老人也，永乐中，尚书宋礼寻胜国会通故道，英献计导百余泉入汶，筑坝戴村，横亘五里，遏汶全流，出于南旺，四分南流，达于淮泗，六分北流，达于漳卫，国家二百年来，引东南之粟以实京师，皆英之力也”①。

宋礼、白英解决了南旺“水脊”这一妨碍运河通行的重大难题，为明、清两代漕运的畅通做出了重大贡献。从明代中后期开始，便不断有官员奏请为其建祠和褒封。弘治十七年(1504 年)，时任工部左侍郎李镃上《请建祠疏》，始请为宋礼建祠。直到十二年后，宋尚书祠才最终建成，位于南旺分龙王庙之左，每春秋秩祀，以侍郎金纯、督都周长配祀，济宁同知潘叔正、汶上老人白英佑食。正德七年(1512 年)，建白老人(白英)祠于汶上南旺分水龙王庙。万历元年(1573 年)，封谥宋礼“康惠公”。万历二十六年(1598 年)，主事胡瓒建白老人祠于戴村坝，赐香火地 5 顷 20 亩。宋礼、白英的治运功绩也得到了清朝皇帝的赞扬，并不断对其进行追封。康熙十一年(1672 年)，皇帝“遣常致祭于工部尚书宋康惠公”，同年对白英“颁赐谕祭”。雍正四年(1726 年)，加封宋礼为宁漕公，白英为永济神。光绪五年(1879)，又追封宋礼为宋大王、白英为白大王。

无论是时人，还是后人都给予宋礼、白英很高的评价。李镃在《创建宋尚书祠堂记》中言：“(宋礼)因元哲人之迹，采今达人之谋，相流泉之宜，操独决之智，因民之欲，避民之劳，嗣事者置闸以防泄，蓄湖以永灌，引泉以备涸，时浚以杀淤。漕河之大威，万世之利也。”②万历二十五年(1597 年)工部主事胡瓒撰写了《白老人祠记》，并有联“天下无二老，泉河第一功”③。清康熙十一年(1672 年)，吏部尚书张鹏翮题七绝一首赞道：“谁识芦中一老翁，尚书有梦访飞熊，若愚大智劳心力，胼胝经营著茂功。”④康熙皇帝褒奖白英说：“朕屡次南巡，经过汶上分水口，观遏汶分流处，深服白英相度开浚之妙。”⑤东河总督李清时《永济神白英墓碑文》称白英“身处岩穴而心在天下，行在一时而及万世”。乾隆六次南巡，每次都在南旺停舟礼祭，题诗勒石，对宋礼、白英治水事迹倍加赞赏。⑥ 民国初年，

---

① (明)栗可仕修，(明)王命新纂：万历《汶上县志》卷六《人物志》，《中国地方志集成·山东府县志辑》第 78 册，第 191 页。

② (明)谢肇淛：《北河纪》卷八《河灵纪》，景印文渊阁《四库全书》第 576 册，第 718 页。

③ 刘玉平、贾传宇、高建军编著：《中国运河之都》，第 46 页。

④ 转引自汶上县政协文史资料委员会编：《汶上文史资料》第 4 辑，山东省出版总社济宁分社 1990 年版，第 104 页。

⑤ 转引自汶上县政协文史资料委员会编：《汶上文史资料》第 4 辑，第 104 页。

⑥ 参见汶上县志编纂委员会编：《汶上县志》，第 633 页。

美国水利专家方维看到南旺枢纽工程后，无比敬佩地说："此种工作当十四五世纪工程学胚胎时代，必视为绝大事业，彼古人之综其事，主其谋，而遂如许完善之结果者，今我后人见之，焉得不敬而且崇耶！"[①]1965年，毛泽东主席在接见山东党政主要负责人时，赞扬山东汶上县南旺枢纽工程及其配套工程——戴村坝是一个了不起的工程，称赞当年策划、主持修建这一工程的白英为"农民水利家"。[②] 济宁、汶上、梁山一带至今仍流传着许多与白英相关的故事和传说。[③]

对宋礼、白英的崇奉主要集中于宋礼、白英治河的济宁周边地区，祠庙主要分布在济宁、汶上、宁阳等地。万历《汶上县志》卷二《建置》载："在分水龙王庙西。永乐初，尚书宋礼开会通河有功。正德间，奏请建祠。其后世袭生员一人守之，每春秋秩祀，以侍郎金纯、督都周长配，济宁同知潘叔正、汶上老人白英侑食。"[④]正德七年（1512年），建白老人（白英）祠于汶上南旺分水龙王庙。万历二十六年（1598年），主事胡瓒建白老人祠于戴村坝龙王庙后。济宁船帮会馆中亦祭祀宋礼和白英。船帮会馆，始建年代无考，坐西向东，其址大致在今天太白楼路路北与古槐路西侧街角。大门门楼既不高大，亦不精致。然而，内部前、后两座祠宇则颇为宽敞，都是硬山式，三开间，卷棚顶上盖青筒瓦，前出厦，明柱承托，廊下木风榻12扇。前祠供奉明代永乐年间治河名臣宋礼，后祠崇祀民间水利专家、汶上老人白英，都是高约2米的彩绘泥塑坐像。当年，这里是航运船帮集会议事的主要场所，即使漕运终止之后，民国时期的船帮仍然使用，而且对祠宇不断修缮。1948年春，国民党驻军整编十二师一一二旅强化城防工事时，把弯槐街全部房屋拆除，该会馆也随之夷为平地。

陈瑄（1365～1433年），字彦纯，安徽合肥人。陈瑄早年跟随徐达征战，在靖难之役时，率领水师投降燕王朱棣，封漕运总兵官、平江伯。在之后长达30余年的时间里，他一直致力于组织修筑、管理京杭大运河，使得明初漕运得以完备，并影响了明清两朝的漕运制度。宣德八年（1433年）十月，陈瑄卒于官，时年69岁。永乐皇帝追封其为"平江侯"，赠太保，谥恭襄。陈瑄因为疏理运道有功，故当时的淮安民众为其在清河县设立恭襄侯祠。正统年间，命有司春秋致祭。临清祭祀陈瑄的平江恭襄侯祠在旧城外西南。济宁陈恭襄侯祠在南门外运河岸边，康熙年间，河道总督靳辅重修。此外，济宁南门的报功祠也将平江伯陈瑄

① 王莉、傅吉峰、胡冰编著：《图说济宁运河：追溯运河之都的文明与繁荣》，天津古籍出版社2008年版，第32页。

② 参见傅海伦编著，韩寓群主编：《山东科学技术史》，山东人民出版社2011年版，第380页。

③ 参见汪林、张骥：《大运河的传说》，黄河出版社2009年版，第48～53页。

④ （明）谢肇淛：《北河纪》卷八《河灵纪》，景印文渊阁《四库全书》第576册，第711页。

与其他治漕能臣合祀。

潘季驯(1521～1592 年)，字时良，号印川，浙江乌程(今浙江吴兴)人，明代著名的水利专家。嘉靖四十四年(1565)，总理河道，与总理漕运朱衡共开新河。隆庆五年(1571)，潘季驯主持堵塞邳州、睢宁黄河决口。万历五年(1577)，黄河北流，清口淤淀，至淮南徙，泛滥淮、扬、高、宝间，他主张“筑堤束水，以水攻沙”，借淮之清水以刷黄之浊。黄、淮两河工成，其官至工部尚书兼左副都御史，后改刑部尚书。他 4 次奉命治河，前后 27 年，卓有成效，著有《两河管见》《两河经略》(即《宸断大工录》)、《河防一览》等书，对后代治河有极高的参考价值。济宁潘公祠位于天井闸北侧，专为纪念潘季驯而建。该祠今已无存，其始建与损毁年代不详。

在淮安运河南岸、清江大闸南，有一片青砖黛瓦的仿古建筑群，其中之一就有移址复建于此的陈潘二公祠。陈潘二公祠一开始只供奉陈瑄，后来才加入潘季驯的塑像。明永乐十三年(1415)，陈瑄开清江浦 60 里，导淮安城西管家湖水入淮，并于清江浦上建清江正闸，后又疏清江浦至山东临清段运河通漕运。陈瑄治运，对清江浦的兴起、发展和繁荣起到了决定性的作用。后潘季驯在嘉靖、隆庆、万历三朝 4 次出任总河，主持治理黄河、运河前后 27 年。尽管潘季驯治理黄、淮、运功勋卓著，但在其去世后 160 余年里，却未能像陈瑄那样建祠受祀。清朝前期，统治者十分重视黄、淮、运治理，沿用潘氏治河理论，取得黄河安澜、漕运畅通的功效。乾隆二十二年(1757 年)，乾隆帝第二次南巡时，在立祠致祭本朝治河功臣的同时，饮水思源，对潘季驯作出了“实优于瑄，运道民生，至今攸赖”的高度评价。遂颁旨于陈公祠内建附祠并祀潘季驯，就有了陈、潘二公合祀的祠堂。[①] 因年深日久，殿宇毁圮，仅剩大堂。1997 年，享殿所在地域被淮阴卷烟厂征用，经江苏省文化厅批准，另行择址，对该祠进行迁移保护。2007 年，淮安市委、市政府于今址复建陈潘二公祠，兼作大运河名人馆。

如今二公祠大门前有照壁，院内四周环以回廊。飞檐斗拱的大殿位于祠院正中，高大宏阔。殿内供奉陈瑄、潘季驯坐像，朱服修髯，神采炯然。殿上有匾额，书有“远缵禹功”4 字。院内有明永乐、宣德年间的碑刻铭文保存完好。该祠整组建筑为传统纪念祠堂形制，通过雕塑、碑刻、楹联、场景、影像、图片、文字等各种手段和方式，全面展示明代治水名臣陈瑄、潘季驯的生平、治水业绩以及与之有关的水利文化知识；并在祠堂两侧回廊内，通过镌刻瓷盘肖像及文字介绍

① 参见季祥猛、吉文海主编：《淮安运河文化旅游》，中国文史出版社 2009 年版，第 44 页。

的方式，集中展示了54位大运河历史名人的风采神韵。

韩鼎，字廷器，号斗庵，明代乐蟠（今甘肃庆阳合水县）人，明成化十八年（1482年）进士，弘治时任右通政，督理河道，驻安平镇。因其治河有功，在张秋镇南水门内运河东岸建韩公祠，对其进行祭祀。正德年间，都御史马中锡《通政韩公祠碑记》论述了修建韩公祠的原因：

先帝之十有三年冬，通政使司右通政韩公鼎奉玺书提督河道，驻节安平镇。……韩公甫下车，即考前志，询故老，具得其实故。其治安平也，先南旺而次会通，修牐坝，以节水之流；筑堤堰，以防水之溃；塞决口，以止水之冲；设斗门，以通水之变；造浮梁，以济水之险；建神祠，以妥水之灵；创官厂，以储水之材；复垫田，以免水之患；奠民居，以偿水之失。起辛讫乙，五年之间，经画措置，夜以继日，不遗余力，而其竹木、麻苇、铁石、砖灰诸料以及工食之需，所费不赀，又未尝一毫或扰于民，呜呼亦难矣哉！湖水既充，河道遂济，漕贩俱通，官民两便，是上有功于国而下有德于民也。今上轸念其劳，即位之初，擢通政使敕管易州柴厂。韩公既去，镇之贤豪若冯仪等数十百家感慕无已，相率庇财鸠工，立生祠于镇，而塑像其中，以寓不忘之意。……祭法以劳定国及法施于民者，皆祀之。今韩公督河之功著于生前，为国为民历历若此，身后当不在祀典邪？[①]

靳辅（1633～1692年），字紫垣，辽阳人，隶汉军镶黄旗。顺治六年（1649年），出仕为笔帖式，两年后进入翰林院为编修。顺治十五年（1658年），改任内阁中书，不久升为兵部员外郎。康熙元年（1662年），又升任兵部职方司郎中。康熙七年（1668年），晋升为通政使司右通政。康熙九年（1670年）十月，改任武英殿学士兼礼部侍郎。康熙十年（1671年），任安徽巡抚。康熙十六年（1677年），靳辅担任河道总督。靳辅在任河道总督期间，提出“河运宜为一体”的治理方针，对淮安、徐州等地黄河水患进行了治理，取得了很大成效。靳辅还先后开凿皂河和中河，使得运河和黄河彻底分离，黄河对运河的危害大大减轻，对保障漕运的安全畅通具有重要意义。康熙三十一年（1692年）十一月，靳辅去世，赐祭葬，谥文襄。康熙三十五年（1696年），允江南士民请，建祠于河干。康熙四十六年（1707年），追赠太子太保。雍正五年（1727年），复加靳辅为工部尚书，入祀贤良祠。

道光《济宁直隶州志》载，济宁靳公祠在州学东文昌祠后；天井闸亦有靳文

① （清）林芃重修：康熙《张秋志》卷十《艺文志二》，《中国地方志集成·乡镇志专辑》第29册，第125页。

襄公祠，大致位于今大闸口桥迤西、运河北岸，与禹王宫仅一墙之隔。康熙四十二年(1703年)，为纪念靳辅而创建，靳辅幕僚陈潢配享。祠堂大门为无梁式结构，门楼顶部四面坡、五条脊。檐下为砖雕仿木斗拱，十分考究。石券拱门，门楣嵌石匾，镌刻楷书贴金“靳文襄公祠”5字，浑厚圆润。院内北大殿3间，硬山式，前出厦，顶布青筒瓦，五条脊，鸱吻走兽。殿廊下前面12扇雕花风槅门，十分精致。殿内奉祀泥塑彩绘靳辅坐像，高约3米，形态安详肃穆。大殿前，建东、西配房各3间。民国时期，这里设置了“济宁县立观澜桥初级小学”。校方拆除了西墙，即和禹王宫合为一处，又在大殿西侧建北屋3间为办公室。1947年7月，运河北街的全部房屋被国民党整编七十二师纵火焚毁，无迹可寻。

济宁当地一直流传着“靳公改河”的传说：

据说运河流过济宁的一段是经过越河的。在东边坝口那儿的越河头，湾子太陡，水流特急，年年汛期、洪水到来时，都要发生毁船死人的事情。济宁是个水陆码头，往来的船只特别多，所以，船户们都称这地方是“阎王口”“鬼门关”。不知哪朝哪代，有个靳公来济宁州做官。他看着百姓们因为这运河的祸害，妻离子散，家破人亡，苦不堪言，便筹划着改河。靳公改河，这是件顺民心合民意的事儿，老百姓欢迎，很快就调集了成千上万的民工，在济宁城东南，摆开了挖河阵势。将从南阳湖流来的大运河，躲开越河一直向北挖掘千百步，缓缓拐了个大弯，再向西开凿，紧贴济宁州南城门挖过去，然后再归到原路北上。从那，运河通过济宁州的河道，就成了现存的样子。经过济宁的船民从此免除了一害。靳公改河本来已经成功，可事情并没完。这时，官场里有一些投机钻营、使伴子放暗箭的家伙，向皇上奏本说：“靳公私自改河，罪大该死！”这是个只知吃喝玩乐的糊涂皇帝，他一看奏章，大发雷霆，立即下了道圣旨：将靳公就地斩首处决！圣旨从京里传下来，靳公就由朝廷命官变成了钦犯，也没审问就被杀了。靳公一死，这改河一事就成了往事，谁也不再提了。

皇上杀了靳公，直到三年之后方才醒悟过来。原来，往年汛期一到，济宁州三天两头有快马来京禀报：济宁运粮河翻船了，死了多少人。好像自从杀了靳公之后，济宁这段运河再也没有发生过毁船、死人的事情。皇上觉得奇怪，就派了个钦差大人到济宁来查访。这位钦差是个好人。他不经州府、道台衙门，也不要随从官员。他先亲自打听当年改河的情况，又实地察看了新河，拜访了沿河的百姓和河上的船工，这些人对靳公改河都感恩戴德。钦差最终得出结论:这河改得对,靳公死得冤!

钦差回到京城,如实向皇上禀报了所见所闻。他把靳公改河的好处,以及当年放暗箭升大官的人,如今干的坏事作的孽,也一并禀报了。皇上知道自己误会了靳公。可皇上毕竟是天子,他从来也不承认办错事的。就说:"靳公是河神。他死了是原神归位,所以他能把济宁这段运粮河改好,让其不再祸害百姓!"遂传旨在济宁州大闸口盖"靳文襄公祠"。靳公祠很快建好了,大殿内泥塑彩绘3米多高的靳公坐像,神态安详肃穆。当地百姓和过往船工四季祭奠,祈求靳公保佑运河上下平平安安。[①]

朱之锡(1622~1666年),字孟九,浙江义乌人。清顺治三年(1646年)进士,历任弘文院侍读学士、吏部侍郎。顺治十四年(1657年),以兵部尚书衔出任河道总督。朱之锡治河近十载,驰驱大河上下,不辞劳瘁,筑堤疏渠,积劳成疾。但他仍抱病不息,北往临清,南至邳、宿进行视察,以致一病不起,于康熙五年(1666年)病逝。当时徐、兖、淮、扬一带群众称颂他的惠政,死后把他视为"河神"。

朱之锡生前的治河功德深入人心,连当朝的大臣也纷纷为他请功。康熙十年(1671年)二月初一,时朱之锡已去世五年,河道总督罗多巡查到兖州府济宁州南关外的报功祠时,在崇祀录中没有发现朱之锡陈列其内,即批示山东提学道和济宁州由知州廖有恒处,查议速报。罗多在听取济宁知州廖有恒的汇报后,以"前部院朱,政绩昭著,尽瘁河干。今据士民呈祠,爱戴不忘,尤征公论。允宜置入祠,以慰舆情"为由上书康熙,请恩准朱之锡以"资政大夫、总督河道、提督军务、太子少保、兵部尚书兼都察院右副都御史朱公"入祀济宁州的报功祠中。乾隆四十五年(1780年),乾隆南下巡视河工,看到河运畅通,百姓安居乐业,念及先臣治河有功,恩准大学士、河道总督阿桂等人的奏请,追封朱之锡为"助顺永宁侯"。[②] 因朱之锡治河有功,再加上其长期在济宁任职,济宁当地民众对朱之锡极为爱戴,故济宁河神总祠中供奉有"朱大王"塑像,报功祠内也供奉有朱之锡牌位。

栗毓美(1778~1840年),字含辉,山西省浑源县人。清嘉庆七年(1802年)以拔贡考授河南知县,历任知州、知府、布政使、代理巡抚等职。道光十五年

① 参见汪林、张骥:《大运河的传说》,第108~109页;刘玉平、高建军主编:《运河文化与济宁》(下册),第529~530页。

② 参见《义乌名人》丛书编纂委员会编:《义乌名人》,中国文史出版社2000年版,第269页。

(1835 年),任河东河道总督,主持豫、鲁两省河务。栗毓美于道光二十年(1840 年)病逝任内,任河督虽仅五年,但治绩卓著。《清史稿》评价:"(栗)毓美治河,风雨危险必躬亲,河道曲折高下乡背,皆所隐度。每曰:'水将抵某所,急备之。'或以为迂且劳费,毓美曰:'能知费之为省,乃真能费者也。'水至,乃大服。在任五年,河不为患。殁后吏民思慕,庙祀以为神,数著灵应,加封号,列入祀典。"① 同治十二年(1874 年),奏准附祀郓城金龙四大王庙。同治十三年(1875 年),敕封诚孚栗大王。

济宁祭祀栗毓美的栗恭勤公祠在龙神庙内东楼下,位于既济巷西首路北,与龙神庙紧邻。道光二十年(1840 年),由知州徐宗干与州人共建。栗恭勤公祠大门是砖雕牌坊式三开间,十分精致,石楣匾篆体"栗恭勤公祠"5 字。院内原有北厅堂 3 间,奉祀清代乾隆时治河名臣东河道总督李清时的塑像。早年毁于火灾,仅存台基。另有西厅堂 3 间,前出厦,明柱承托,结构典雅。内部正中供祀栗毓美塑像。民国时期,在这里存放消防会的灭火器具。1940 年,封堵了龙神庙的山门,另开门通入栗恭勤公祠,两处合为一体。日伪当局设置为"济宁县消费合作社"售货点。抗日战争胜利后,被"济宁县一区七镇镇公所"占用。中华人民共和国成立后,划入和平剧场后院,经剧场改建,旧迹全无。此外,济宁报功祠内也供奉有栗毓美的牌位。

淮安闸口河堤轮埠路上有栗大王庙,早些年为淮安市日杂品仓库,由于文庙二期工程的拆迁,才使得栗大王庙重现"庐山真面目",现已改建成斗姥宫大殿。改建前的栗大王庙为二进,大殿保存完好,是典型的清式四梁八柱建筑。紧邻吴公祠,以前庙东还有米氏大王庙和戴孝子祠,已在 2008 年拆毁。清江浦栗大王庙建于清光绪三年(1877 年)。光绪二十年(1894 年),时任淮扬海道台谢元福成立的缉捕营就驻此庙内。修缮该庙时,庙内曾挖掘出了一通《谢公去思碑》,《淮海晚报》曾对此碑出土进行过报道。当地学者陈瑾曾在《淮安日报》撰文对此碑的年代、内容及树碑的原因和地点都作了详细的考证,证实此地即为栗大王庙。光绪二十三年(1897 年),清江浦至镇江的内河轮船开通,清江浦设立生轮船局,地址就在栗大王庙内。其后,继有"招商""大东""泰昌""戴生昌"等轮船公司在清江浦建站经营。据当地老人回忆,大王庙就是行船人家来烧香的地方,后来就成了寄存棺柩的地方,中华人民共和国成立后才成了日杂

① 赵尔巽等:《清史稿》卷三八三《栗毓美传》,第 11657 页。

公司仓库。[①]

黎世序(1772～1824 年),字湛溪,河南省汝宁府罗山县人,嘉庆、道光年间任江南河道总督。黎世序幼年家贫,嘉庆元年(1796 年)中进士,同年任江西星子知县,不久调任南昌知县。嘉庆十三年(1808 年),黎世序任镇江知府。嘉庆十七年(1812 年)八月,加三品顶戴,署理江南河道总督。在任期间,先后移建和加固淮安境内仁、义、礼三坝,修建徐州护城石堤,主持加固黄运两岸堤工,挑挖和疏理河道,在治河方面取得很大成效。道光四年(1824 年)正月,黎世序卒于淮安清江浦官署,时年 52 岁。道光皇帝为表其功,加尚书衔,晋太子太保,谥襄勤,入祀贤良祠。同治七年(1869 年),敕封其为孚惠黎河神,庙祀于山东张秋镇。

李清时(1705～1768 年),字授侯,福建安溪人。乾隆七年(1742 年)进士,后擢山东运河道。乾隆二十六年(1761 年),黄河在孙家集一带决口,夏镇至南阳运河堤岸溃决,李清时奉令督筑,"令以石垒两旁"。曹县境内发生漫溢,水流入微山湖,从韩庄湖口流出。韩庄闸口狭小,水不能流出,李清时下令毁掉闸北的石堤,于其地建滚水坝,等湖水下降到一丈(约 3.33 米)后,再关闸蓄水。泗河经兖州流入府河,济宁城东过去有杨家坝,堵截河水使之流入马场湖以接济运河。伏秋季节,水暴涨不能排出,以致淹没农田。李清时下令改堤坝为闸口,视水势大小开启或关闭。汶河分流进入蜀山湖和马踏湖,过去的做法是分水时让河水向南流得少,向北流得多,后来则反之;漕船经过袁口、靳口时,河道较浅,船不能通过。李清时重新调整分水口,令南坝加长,北坝收短,以为节宣,并减低何家坝,使汶水南弱而北增。乾隆二十九年(1764 年),调任江南淮徐道。乾隆三十年(1765 年),擢升其为河东河道总督。乾隆三十三年(1768 年),李清时因病去世,享年 64 岁。李清时善于通过观察推断水势状况,因而在治理运河方面颇有成绩。乾隆三十三年(1768 年),时任河东河道总督姚立德率属在济宁龙神庙内捐建祭祀李清时的李公祠。姚立德在其所作《李公祠记》中云:"公任运河总道最久,沉潜寝食其中,又多心得,师其意而不泥其辞,如减何家坝以浅汶水之盛涨也;添建滚水坝,落低三空桥,以减河西州邑之水也;移金缘于柳林之北,以济北运也;展宽四女寺坝,以减卫河之涨也。此其荦荦大者,其余善政

① 陈瑾:《云涛飞闸过楫舟两岸祈庆保平安——清江浦现存的三大水神庙遗迹》,载淮安市历史文化研究会编:《淮安运河文化研究文集》第 2 辑,河海大学出版社 2011 年版,第 181～182 页。

不可一二数。”[①]

吴棠(1813～1876 年)，字仲宣，号棣华，安徽盱眙(今安徽明光市三界镇)人，晚清封疆大臣，吴棠幼年勤奋好学，然家境贫穷，请不起老师，由父母自教，常借雪光、明月苦读。他早年历任桃源知县、清河知县、邳州知州等职。清咸丰三年(1853 年)，太平军攻占南京、扬州，淮安戒严，又调回清河县。到任后，吴棠“招集民勇，申明纪律，乡镇立七十二局，练勇数万，首尾联络”，并传檄凤、颍、庐、泗、滁、宿、徐、海各府州县，共同防御。咸丰十年(1860 年)，捻军攻克苏北重镇清江浦后，命吴棠署淮海道，旋授淮徐道，帮办江北团练。咸丰十一年(1861 年)，任江宁布政使兼署漕运总督，督办江北粮台。同治二年(1863 年)，实授漕运总督，次年署江苏巡抚。其间，吴棠拆武家墩以北石工，修筑清江城，并筑清江里运河南北土圩，上置炮台多座，以防捻军；又创建崇实书院，建文庙大成殿，置义学 4 所。同治四年(1865 年)，调署两广总督，未赴任，仍留漕督原任，筹划恢复运河漕运，以小粮船岁运 4 万余石。黄河北徙后，裁河道吏员和河标营兵，改修防为操防，并改隶淮扬镇总兵。黄河、运河和洪泽湖等滩地涸出，他试行屯田，“划予各兵督耕充饷，以自然之利，养有用之兵”。同治五年(1866 年)，调任闽浙总督；次年调任四川总督。同治十年(1871 年)，署成都将军。在任期间，吴棠拨捐输银赈济灾民，疏呈捐输之弊，要求清政府“讲求吏治，尤当于序补之先”。光绪元年(1875 年)，因病乞归，归后不足一月，病卒于滁州，谥勤惠。李鸿章称赞其为“天子知名淮海吏”，翰林院编修钱振伦称吴棠“以民慈父，为国重臣，江淮草木知名，天下治平第一人”。由于吴棠的功绩卓著，士民称颂，后来担任漕运总督的文彬于同治十年(1871 年)奏请为其修建专祠。[②]

吴公祠位于淮安市清江浦区轮埠路 141 号，始建于清光绪三年(1877 年)。原祠有三进，分别为前殿、祭堂、享殿。2003 年 3 月，淮安市政府公布吴公祠为第二批市级文物保护单位，决定重建当年的吴公祠。现前二殿为吴公祠原建筑，三开间，脊顶有青砖黛瓦组成的镂空图案、半圆的桶瓦、滴水瓦当等。前殿门楣上有一长方形汉白玉额“敕建吴勤惠公祠”7 个工整的楷书字，笔力苍劲有力，虽经百年风雨沧桑，依旧如初。大门的两边有一副长方形汉白玉的门耳石，

---

① (清)徐宗幹修，(清)许瀚纂：道光《济宁直隶州志》卷五《秩祀志》，《中国地方志集成·山东府县志辑》第 76 册，第 248 页。

② 参见江苏省地方志编纂委员会编：《江苏省志·人物志》，第 495 页。

上面雕有一对引颈昂首的凤凰，相对而视，呼之欲出，栩栩如生。[①] 祭堂墙基为方石垒成，堂前廊下保存有当年的《吴勤惠公去思碑记》铭文，字迹清晰，全文叙述了吴棠的生平和当年治理漕运的功绩及镇压捻军的情况。殿堂东墙面，书写着漕运总督文彬的《清淮徐州奏建专祠疏》以及光绪皇帝准奏的上谕。前面墙壁上也用文字形式介绍了吴棠当年建造清河县城的情况，即贡发芹撰写的《吴棠拆堤建造清河城》一文和《清河县城碑记》。享堂正面有吴棠塑像，身旁圆柱上悬挂两块长匾，分别写着“一代封疆大吏，名闻四海”“四朝廉政清官，造福一方”。身后墙上还有一块长匾，写着“冷暖由时一座公祠绩大名”“是非在眼半生官迹传佳话”。左、右两边墙壁上用文字的形式详细介绍吴棠的生平和部分手迹，同时还展陈吴棠部分文稿和关于吴棠的野史传说等。

① 参见季祥猛、吉文海主编：《淮安运河文化旅游》，中国文史出版社2009年版，第47页。

第七章 平浪祈雨赛小圣

小圣，又称“平浪元侯”，是天津、通州、河北一带供奉的地方性水神。其人物原型是明代直隶清河县书生滕经，他在23岁时，赴京赶考，因乡试不第，于天津落水成神。作为乡土神灵，小圣滕经虽未被纳入国家正祀，但却对区域社会生产生活产生了深刻影响。

一、小圣信仰的兴起和发展

小圣虽也被称为“平浪侯”或“平浪元侯”，但并不是明初封为“平浪侯”的晏公，而是另有其神。关于小圣庙的记载，最早见于康熙《天津卫志》：“小圣庙，一在城外东南隅，明崇祯五年敕建；一在河东盐坨，有石牌坊。”[①]民国《天津县新志》记载了小圣神的来历：“神，滕姓，名经，年二十三落水成神，故称‘小圣’，盖海神也。旧有庙在河西，始封‘平浪侯’，继封‘护国济运显应平浪元侯’，商舶往

① 天津市地方志编修委员会编著：《天津通志・旧志点校卷》(上册)，第68页。

来屡荷显应；顺治六年复建庙河东，栋宇宏敞，陈廷敬、余泰来皆有碑记，载碑刻志。"[①]汪沆所著、成书于乾隆四年(1739 年)的《津门杂事诗》中有一首关于小圣庙的诗，其小注云："小圣庙在河东盐坨，祀海神平浪元侯，俗传神姓滕，讳经。"[②]

无论是《天津新县志》还是汪沆的《津门杂事诗》，虽都指明小圣姓滕名经，但对滕经的出身来历也没有详细的记述。民国《清河县志》记载："滕经，性聪敏，双手写字，目观八行。年十二补弟子员，当时号为'神童'。嘉靖二十三年，乡试不第，归至天津坠河死，时年二十三。数月，驸马显圣，嘉靖敕封'北河平浪小圣'，清康熙敕封'护国镇海显佑济运平浪元侯灵应尊神'，至今沿河多有庙宇，香火不绝。"[③]1924 年，前清举人王彤甲所撰《元侯龙神庙碑记》更是详细记载了小圣信仰的由来：

> 邑城之东滕蒿林村，旧有龙神祠一所，在县城为龙庙。考《县志》，侯名经，姓滕氏，年十二补弟子员，当时号为"神童"。明嘉靖二十三年，顺天乡试，归至天津，坠河死。死尸浮，面如生。数月驸马显圣，嘉靖敕封"北河平浪小圣"，清康熙敕封"护国镇河显佑济运平浪元侯灵应尊神"。至今沿河多有庙宇，香火不缺，是岂偶然者哉？侯生为名士，殁作圣神，不但为滕姓光显，即业托桑梓者，一皆蒙其普照。[④]

"滕经，本县滕蒿林村人，性聪敏，双手写字，目观八行。十二岁补弟子员，当时号神童，嘉靖二十三年(1544 年)乡试不第，归至天津坠河而死，时年二十三岁。"[⑤]"元侯姓滕名经，明嘉靖二十三年(1544 年)顺天乡试不第失河落水，23 岁而终。尸浮水面，面色如生，数日显灵，因而惊动嘉靖皇帝，敕封他为'北河平浪小圣'。"[⑥]由此可见，小圣是明嘉靖年间一位名叫滕经的年轻人，因乡试不第而落水成神。其信仰大概始于明代中后期，发展于清初，清代中期是其信仰最为盛行的时期。明清官方史料中，并无加封"小圣"或"平浪元侯"的记载，故嘉靖、康熙所加封号当为民间伪造，借此增强神灵的正统性和合法性。

---

① 王守恂、高凌雯纂修：民国《天津县新志》卷二五《古迹》，《中国地方志集成·天津府县志辑》第 3 册，上海书店出版社 2004 年版，第 698 页。

② 李志强：《中国北方俚曲俗情》，天津人民出版社 1992 年版，第 40 页。

③ 张福谦修，赵鼎铭纂：民国《清河县志》卷十一《人物志中·列传》，《中国地方志集成·河北府县志辑》第 72 册，上海书店出版社 2004 年版，第 185 页。

④ 转引自李洪贵、赵杰主编：《清河文史辑览》，中国文史出版社 1999 年版，第 720 页。

⑤ 赵杰主编：《清河文史资料》，清河县政协文史资料委员会，1995 年，第 91 页。

⑥ 石玉春主编：《邢台历史文化辞典》，中国文史出版社 2012 年版，第 403 页。

这其实并不奇怪，因为并不是所有的神灵都能被官方敕封。例如，形成于元代、盛行于明初的水神晏公，其封号为“神霄玉府晏公都督大元帅”（一说“显应平浪侯”），《明实录》《大明会典》等官方史料也并没有关于加封晏公的记载，故其封号当为民间伪造。对于民间神明信仰的规范与控制，历代统治者依据的是儒家祭祀原则，即“法施于民则祀之，以死勤事则祀之，以劳定国则祀之，能御大灾则祀之，能捍大患则祀之”①。符合此原则的民间神明被赐封，纳入国家祀典，获得礼仪特权，如关帝、金龙四大王、妈祖等神灵；反之，则列入淫祀，受到压制和打击。“宋代以来，也许是由于受王朝宽松的、对祠庙加封、赐额政策的影响，有无封号、赐额，对于某一祠庙及其祀神而言，已变得非常重要，只要有了封号、赐额，祠庙的知名度便一下放大，而且还能受到政府的有效保护；如果没有封号、赐额，就有可能被地方官指责为淫祠而遭到打击、毁坏。”②地方社会为了积极适应、迎合王朝的祭祀政策，往往主动去申请赐封，如果没有能力获得朝廷的赐封，就不惜雇用僧侣、道士等，让他们自行赐封，即伪造封号。中国古代社会代表朝廷的官方力量一直居于强势地位，对民众的人身和思想有着巨大的影响力，再加上生产力水平低下，以致迷信思想盛行。伪造神灵封号，一方面是为了增强信仰的官方色彩，推动信仰在民间的广泛传播；另一方面，也是为了逃避官方的打击，减少信仰传播过程中所受到的阻力。

从历史上看，官方祀典和民间信仰交流的方式主要有两种：一种是温和式的，即国家承认地方神灵的合法性，并将之纳入国家神灵系统予以保留。自宋代以来，国家往往通过赐额或赐号的方式，把某些比较流行的民间信仰纳入国家信仰即正祀的系统。这反映了国家与民间社会在文化资源上的互动和共享：一方面，特定地区的士绅通过请求朝廷将地方神纳入国家神统而抬高本地区的地位，有利于维护本地区的利益；另一方面，国家通过赐额或赐号把地方神连同其信众一起“收编”，有利于进行社会控制。③ 另一种是暴力式的，即国家宣布地方神灵为非法的，并通过强制方式予以取缔，套用历史中的常见现象，就是“毁淫祠”运动。虽然没有得到官方的敕封，但小圣信仰在其兴起和发展过程中也

---

① （清）吴楚材、（清）吴调侯编：《古文观止》，中华书局 2008 年版，第 47 页。

② 朱海滨：《祭祀政策与民间信仰变迁——近世浙江民间信仰研究》，复旦大学出版社 2008 年版，第 186 页。

③ 参见赵世瑜：《国家正祀与民间信仰的互动：以明清时期北京的“顶”与东岳庙为个案》，《北京师范大学学报（社会科学版）》1998 年第 6 期。

没有受到官方的打击和取缔。究其原因，是因为其对封建统治并没有危害性，不会对现有社会秩序产生任何冲击。各种地方神信仰都与该区域内特殊的自然灾害、经济形态、交通状况、乡土意识等相对应。“其所以能够长盛不衰，是由于他们都能满足当地人的口味，迎合当地人的心理需要，因而发展成为当地民众精神生活的重要组成部分。”[①]按照中央王朝的儒家原理主义祭祀政策，绝大多数的地方神都不能被列入国家祀典。“但是由于宗教职能者（巫师、僧侣、道士等）的活动，这些信仰中的绝大多数都已深深地扎根于当地社会，如一定要取缔这些信仰，势必会招致当地社会的民众产生反感、反抗情绪。”[②]官方基于社会控制的目的，故对众多地方神信仰采取默许和认可的态度。上文提到的晏公亦是如此，虽然没有被官方敕封，列入正祀，但民间晏公信仰依然极为盛行。碧霞元君、吕祖、三官、观音、玉皇等民间俗神俱是如此。

光绪《重修天津府志》记载，河东盐坨有小圣庙，“小圣，海神也。旧有庙在天津河西，初名‘灵应宫’，明崇祯三年，因开运河敕建，庙前石坊额曰‘海晏锡庥’，明潞王题。国朝顺治六年移建，康熙间，敕封‘护国济运显应平浪元侯’，康熙三十三年重修，乾隆间，敕封‘平浪王’”[③]。康熙《天津卫志》则记载天津城外东南隅小圣庙，明崇祯五年（1632 年）敕建。[④]《畿辅安澜志》记载，平浪元侯庙“又名小圣庙，……旧庙在天津西，始封‘平浪侯’，继封‘济运显应平浪元侯’。顺治六年，津人移建于此，康熙二十三年重修，又阜财、丰财二场亦俱有庙”[⑤]。由此我们可以看出，天津河东盐坨小圣庙最早出现于明崇祯年间，清代顺治以前，天津境内就已有小圣庙的分布。另据相关史料记载，清河县滕蒿林村元侯祠建于嘉靖二十三年（1544 年）至隆庆六年（1572 年）间，时间上要早于小圣庙。[⑥] 笔者推测，祭祀滕经的小圣庙最早可能出现于其故里清河县滕蒿林村，因其在天津落水成神，故天津随后亦建立起小圣庙。由于天津特殊的地理环境和现实需求，虽然天津小圣庙建立时间较晚，但其影响力却远远超过神灵故里的元侯祠。

---

① 朱海滨：《祭祀政策与民间信仰变迁——近世浙江民间信仰研究》，第 178 页。

② 朱海滨：《祭祀政策与民间信仰变迁——近世浙江民间信仰研究》，第 190 页。

③ （清）沈家本等修，（清）徐宗亮等纂：光绪《重修天津府志》卷三四《经政八 · 祀典》，《中国地方志集成 · 天津府县志辑》第 1 册，第 29 页。

④ 参见天津市地方志编修委员会编著：《天津通志 · 旧志点校卷》（上册），第 68 页。

⑤ （清）王履泰：《畿辅安澜志 · 卫河》，《续修四库全书》第 849 册，上海古籍出版社 1995 年版，第44 页。

⑥ 戴恩辰：《流经清河的大运河》，河北出版社 2010 年版，第 134 页。

二、天津盐运与小圣信仰的盛行

天津东滨渤海，又为“九河下梢，斥卤不毛”之地，极具盐业发展的条件。但是直至元代，天津盐业在华北地区的盐业生产中并不突出。明清时期，伴随沧州等盐场的日渐衰落，天津盐业的优势逐步显现，并获得迅猛发展。至清初，天津跃升为长芦盐业的管理、生产、转运及芦商聚集中心，成为长芦盐业的重心所在。

元、明两代，除蓟运河运盐外，部分海盐运到天津，再由天津转运各地。[①] 盐坨，是露天堆放官盐的场地。天津历史上曾有两处盐坨：一为河东盐坨，位于天津城东门外海河东岸，即今光复道街道办事处界内的海河东路一带；一为北坨，即今宁园后门迤北至新开河以东盐坨村一带。北坨曾为明代贮存贡盐之处，系堆积御用白盐的皇盐场，“有官厅数间”，后因此地与盐关相隔甚远，卸运不便，凡运到的贡盐，由盐运司捐资就近赁贮，此地遂废。[②] 贮盐场所由北坨迁至距盐关较近的海河东岸，故清代天津盐坨专指“河东盐坨”。清代，盐商凭盐引和巡盐御史印发的支单入场支盐。商人支盐席筑成包后，由场官检验，并填注出场时间，经水路运赴天津盐坨。[③] 康熙三十九年(1700 年)，挑浚筐儿港引河，场盐改由宁河县芦台镇西船沽村沿罾口河、七里海、筐儿港引河南段，经塌河淀入海河，在天律盐坨转运。同治十三年(1874 年)，挑浚金钟河，改由金钟河经塌河淀入海河，达天津盐坨。光绪二十二年(1896 年)，京山、京汉及天津至沧州的铁路通车以后，场盐仍以水运为主。乾隆五十年(1785 年)到清末，天津盐坨共有艚船 1650 只，专门从事内河运盐。[④] 河东盐坨有新、旧之分。以石碑界之，碑以南至季家楼(位于今天津站附近)谓旧坨，贮生盐，即未称掣之盐；碑以北至盐关口(位于今金汤桥附近)谓新坨，贮熟盐，即已称掣之盐。盐包到坨后储于旧坨，九

① 参见汉沽盐场场志编纂委员会：《长芦汉沽盐场志》，百花文艺出版社 1991 年版，第 94 页。

② 参见郭凤岐主编：《天津区县年鉴·2001》，天津古籍出版社 2001 年版，第 606 页。

③ 据嘉庆《长芦盐法志》卷十九《营建·护坨堤》记载：“长芦盐务旧在沧州……自沧州运司移驻于天津，即在天津海河东岸设立盐关，因以立坨。”即天津盐坨设立于长芦运司移驻大津后，而其前天津盐场之盐储存、等候称掣地在何处，有待进一步查证。清代芦台场盐部分靠蓟运河运销，大部分出蓟运河海运人大沽口经天津盐坨转运。康熙十九年(1680 年)，挑浚筐儿港引河，又有部分盐经筐儿港引河运到天津盐坨。同治十三年(1874 年)，由筐儿港引河改道金钟河运至天津盐坨，丰财场之盐则全部靠海河运至天津盐坨转运。(详见张毅：《明清天津盐业研究：1368～1840》，天津古籍出版社 2012 年版，第 123 页)

④ 参见汉沽盐场场志编纂委员会：《长芦汉沽盐场志》，第 95 页。

引为一堆，每堆谓之一码，数十码为一垛，排列成行。盐包“累累如山”，占地数里，“一望无际”，蔚为壮观。[①]

从事食盐运销的盐商、纲人是信仰小圣的主要群体。从五代到清朝的千余年间，场盐外销主要依靠水运。五代至金代，每10～25条船为一纲，船上有押送的官兵，沿蓟运河上溯至新仓，并通过北运河转运到河间、任丘等地销售。明前中期，盐商的身份并不固定，业盐地点亦可随开中进行选择和变更。纲法（商人垄断食盐运销的制度）实施后，盐商被固定于某盐运司（提举司等）的商纲内，业盐也在一定程度上成为其世袭职业。由是，纲商成为一种特殊的社会群体，专指那些每年按规定数额缴税后运销纲盐的商人。[②] 天津是小圣信仰最为盛行的地区，之所以盛行与天津发达的盐业运输密切相关，前文已有所论及。清代天津小圣庙共有4处：一在河东盐坨，一在闸口（即今和平区兴安路北头），此外阜财、丰财二盐场亦俱有庙。小圣庙不仅建在海河岸边的盐坨地带，也建在管理盐滩灶户的阜财盐场和丰财盐场。作为水神的小圣，本身就具有保障水上运输安全的职能，而当时食盐的运输主要依赖于水运，在漫长的发展过程中，小圣逐渐被从事盐业运输的盐商、纲民奉为盐运保护神。清代康熙、乾隆年间，天津盐业发达，被誉为盐业保护神的小圣庙也荣极一时。小圣庙先是从河西迁到河东盐坨附近，因为这里也是许多盐商与盐业机构的聚集地。之所以将小圣庙迁至此地，不仅是为了神灵能够更好地保护盐坨，也是为了方便纲民们祭祀。由于清代中前期天津盐业的发达，人们对小圣庙的祭祀也达到了顶峰。

天津海门盐坨小圣庙，又称“平浪元侯庙”，康熙三十三年（1694年）重修，庙宇完工后，邀请其撰写碑文。陈廷敬在其所作《海门盐坨平浪元侯庙碑记》中记载：

> 海门者，海水之所出入也。兹土南距海百余里，日潮汐两至，至时水势澎湃汹涌，逆河流而上之，一出一入若由户达，故名海门。津门者，众流之所汇聚也。……旧有神庙居河之西，威灵赫奕，无远弗届，凡南北仕宦商旅之往来兹途者，靡不祭，祭必虔。故舟行一遇急流怒浪、危湍惊澜，必仰呼于神，如或见之神綦灵矣，由是祀无虚日，庭不能容。当夫海之未有明禁也，商舶往来，樯帆相望，几于蔽日，且盐行任重途远，非巨舰弗胜，非神力

① 参见张毅：《明清天津盐业研究：1368～1840》，第123页。

② 参见张毅：《明清天津盐业研究：1368～1840》，第154页。

弗达。苟有慢心，竟日不能移咫尺；一念虔，百余里可俄顷至，故纲人每致敬而有德于神，尤甚于仕宦商旅也。[①]

时任巡盐御史余泰来在其《海门盐坨平浪元侯庙碑记》中亦论述了盐商和纲民崇祀小圣的原因：

天津近在畿辅，甸服之地，为古渤海郡；上应天文，析木天津之缠；百川朝宗，合流归墟，实当北海海门要冲。岁运漕米，江淮吴楚千万艘，咸赖利涉；而煮海榷鹾，凡北地盐政，统赖兹土，昔人所赋"积雪中春飞霜暑，露其效灵于海若"者，尤大彰明较著焉。……夫元侯，职司巨海，较四渎称雄长，利国惠民，厥功甚伟，厥利维普，凡舟楫帆樯往来出没于洪涛巨浸中，无颠危倾覆之患，得以充实天庾，佐水衡，济边储，以无忧仰屋者，惟神庥是赖。……庙始建津之河西，今顺治间。改律河东，介在盐坨，以灵佑榷鹾，为诸商崇报尸祝故也。[②]

由以上两则史料我们可以看出，当地盐户、纲民对小圣之崇敬。天津虽不是神灵的桑梓之地，但却是小圣信仰最为盛行的地区。正如沈峻《津门迎神歌》所云："复有恬波称小圣，立庙瀛壖禋祀敬。未闻报赛举国狂，始信欢虞关性命。"[③]由于天津为小圣滕经的落水成神之地，故其信仰带有浓厚的乡土色彩。虽然天津有妈祖、晏公、金龙四大王等水神，但相较外来神灵，人们更喜欢崇祀自己熟悉的本土神灵。神灵信仰的"地方化"现象是中国民间信仰的一个重要特点，这种地方性特征主要体现在人们对于神灵不同神力、灵验程度的认识上。当地人对于自己本土神灵的灵验及威力，大都极度崇信，并以各种方式极力宣扬和美化着"本土神灵"的显赫地位。人们力图借助于同神灵之间较为密切的地缘关系，以更加亲近、直接、容易地祈求神灵，顺利地达到自己的目的。人们普遍认为，地方神相较外来神更为"灵应"，这也使得地方神信仰相较外来神信仰更为人们所接受和认可，也更容易得到延续和传承。"在人们的观念中，作为一方的管理者或长期居于某一方的地方神，必然会十分熟悉所在区域内的各种情况，因此，在祛除各种灾害方面，他也就自然具有

---

① (清)黄掌纶等撰，刘洪长点校：《长芦盐法志》卷十八《文艺》，科学出版社2009年版，第368页。

② (清)黄掌纶等撰，刘洪长点校：《长芦盐法志》卷十八《文艺》，第368～369页。

③ 蒋维锬、刘福铸辑纂：《妈祖文献史料汇编》第1辑《诗词卷》，第151页。

得天独厚的便利条件。"[①]乡土神灵的文化优势以及平息风浪、护佑航运的现实需求是小圣信仰在天津盛行的主要原因，小圣在一定程度上扮演了盐运保护神的角色。

三、小圣信仰的传播及影响

小圣信仰的扩展主要体现在两个方面：一是神灵职能的扩展，一是信仰地域的扩展。神灵为人类所创造，在神灵的发展过程中，人们也不断根据自己的需要赋予神灵新的职能。除了平息风浪、护佑航运的职能以外，官员和民众还赋予了小圣祈雨、治水的功能。陈仪（1670～1742年），字子翙，号一吾，直隶文安（分属河北）人。其书房自名兰雪斋，故有兰雪先生之称。他精于古文，学识渊博，浚治水患，经世济民，是清代著名学者、治水专家。雍正八年（1730年），陈仪升为侍讲学士。当时，朝廷议定设营田观察使二员，分辖京东、西，以督率州县治水营田。因其在担任天津同知时，治水营田颇有成绩，便命其担任京东营田观察使一职，仍驻天津。在任营田观察使时，陈仪曾多次至小圣庙祈雨。其《小圣庙祈雨文》记载：

> 恭惟我侯冰雪凝神，烟霞作骨初焉。蠖屈培并之，鼋笑之，倏尔龙腾，北溟之鱼化矣。结灵姻于夙契，事类洞庭；传生面于韶年，颜疑灌口，俗称小圣，爵着元侯。御蜃气之楼台，羽扇纶巾，周公瑾雄姿绝世；靖鲸波之疆围，霆声电目，狄襄武面具惊人。呼吸而潮汐安流，叱咤则风云变色，是用韬涵万族，霖雨群生。兹当季夏之已临，何意郇膏之久阙，苗则槁矣。……仰祈慈鉴，施膏泽以来蘸落，咳唾于九天，如珠如雾；枯焦于大地，既足既濡。侯其许之，期以五日，谨告。[②]

其《小圣庙祈水文》求雨之情则显得更为迫切：

> 维年月日，祷于平浪元侯之神。日忆昔岁，行在酉午月，愆阳，良苗萎于氛埃，灵河匮其浥注，农人仰天而嗟。职行田来止，蒿目怆神，徬徨五夜，不揣冒昧，辄敢斋沐抒词，告哀于元侯，乃蒙恕其唐突，鉴兹悃欵。墨渖未

① 安德明：《从农事禳灾仪式看民间信仰中的地方神》，载中国民俗学会、上海文艺出版社编：《中国民俗学年刊·1999年》，上海文艺出版社1999年版，第282页。

② （清）陈仪：《陈学士文集》卷十二，《四库未收书辑刊》第9辑第17册，北京出版社2000年版，第589页。

燥，油云乍兴，浃夜连朝甘澍滂沛，遂尔开畦分白，接轸回青，岁复有秋，民乐其利。……兹者奉简书督理营田，即功于陡河之涘，畚锸殆就，而天泽久愆，来黪已卜无秋，秔稻尚多未播，闾阎愁疾，官吏忧惶，视酉夏之旱抑又甚矣。职惧而自责，夙夜拜祈于私室，又与丰令周傅昌结坛步祷者三日，虽感云雷之欻起，未沾雨泽之浃沦，疚心如惔，燔身何补。伏惟我元侯妙性通灵，刚肠激发，云旗掣电，叱咤而起雷霆，羽扇廻风，咳唾即为雨露，是以王长百谷，韬涵万灵。凡居东海之滨，尽属何服之内，矧兹块土，潮汐所通，近在五十里之间哉！所望鉴我丹诚，拯其困悴，飞蜃楼之片霱，便是慈云；滴马鬣之一丝，尽成甘露。没犁泥滑，百种咸滋；拍岸波通，千畦俱满。转丰凶于呼吸，贻乐利于仓箱。职将殚述神功，扬扢灵迹。家家尸祝，毋宁佔客之筵；岁岁蒸尝，遍是鸡豚之社。予怀明德，粒我烝民，惟侯其右享之。[①]

前清举人王彤甲在其《元侯龙神庙碑记》中亦记载小圣祈雨之“灵验”：“前丁已夏、秋之交，直隶一带处处水溢为害。吾邑居运河之西，地居洼下，犹难免为渠浸。乡人大恐，共赴神祠默祷，而河之西堤都免横决。越三年，庚申天旱无雨，齐、冀二省，赤地千里，乡人又大恐，相率赴神祠求雨，而近村果降某霖，都获丰收。”[②]

随着小圣信仰的扩展，往来于运河之上的漕军、运丁亦赋予了其护佑漕运、保障水上安全的职能。通州城南运河岸边有小圣庙，负责漕运的官员、运丁在每年一度的开漕节都会到小圣庙中的进香祭拜。开漕节仪式开始于辰时，首先在石坝码头处的爆竹高架上燃放“万头鞭”，震天动地；继而举行走会表演，开路（舞叉）、狮子、少林、小车、高跷、大鼓、吵子、旱船、竹马、龙灯、中幡、石锁等数十档花会，依序向南打场竞技，鼓乐喧天，歌舞动人。沿途商铺施茶献果，贾船掷银捐物，繁闹堪冠京师各处庙会。各档花会及观众浩浩荡荡，来至城南5公里处的运河岸边小圣庙进香。小圣庙内东面向河，二进院落，除供奉小圣外，还祭祀佛教中的观音菩萨，以求双重保佑，因此香火颇盛。据传，庙内僧人为多获供品、银钱，待到开漕节日，故意将山门紧闭。欲进庙内进香，必须使用供品叩开山门。僧人听得门外供品已到，马上开门迎接。官员及众会首上香完毕，宣布开漕节仪式结束。时近午时，官员返回通州用餐，而民众则纷纷入庙祈祷。清

---

① （清）陈仪：《陈学士文集》卷十二，《四库未收书辑刊》第9辑第17册，第589～590页。

② 李洪贵、赵杰主编：《清河文史辑览》，第720页。

代仍袭此制，直至光绪二十七年（1901 年）北运河停漕方止。至今在通州运河南岸、临近大运河森林公园的一条街，仍名为“小圣庙路”。

通州区永顺镇有“小圣庙村”，至今在当地仍流传着有关小圣“显佑”漕运的传说。据说很久很久以前，小圣庙是一个地主家的庄园，那时不叫“小圣庙”，叫“王家园”，由于这家信奉神仙，在庄园里修了一座供神的庙，后又叫“小庙庄”。有一次，给皇上运粮的船队刚到小庙庄附近，突然船队像触了礁似的打横，怎么摇也走不了。这时，有一个船夫看见河里有一个头上长了一个角，似龙模样的东西，身上骑着一个稀奇古怪的人。这个消息从前传到后，船夫和押船的官吏大为吃惊。当时船上运的全是皇粮，谁也不敢耽搁，官吏赶紧派人报告了当地官府。官府马上找了几个木匠和泥瓦匠，就按船夫看见的模样，用木头当骨，用泥作肉，塑出了古怪人骑独角龙的形象，并将其供到小庙里，还举行了隆重的烧香上供仪式。从此以后，船队一路过这儿，就得烧香上供，这个稀奇古怪的人被称作“小圣爷”。从此，这个庙开始叫“小圣庙”，村子也随着改为小圣庙村了。[①]

小圣信仰传播的另一个表现是其信仰地域的扩大。据清人王履泰《畿辅安澜志》记载，行唐县小圣庙在县城南郭外祀部河神，康熙十年（1671 年）建。[②] 定兴县大沟小圣庙以祀河神，五月端午致祭。[③] 清苑小圣庙在城东南隅，临府河上，以祀府河神。“小圣之名颇为不经，而此土多有之，皆以为河神。今在清苑县者，每岁商贩往来府河，秋日致祭，盖即祀府河之神也。”[④]位于黄河入海口的利津境内亦有小圣庙，每年都会举行庙会。[⑤] 除山东利津外，行唐、定兴、清苑等地同属直隶，距小圣信仰的核心祭祀区天津和小圣滕经的出生地清河都不是太远。从以上史料我们可以看出，虽然这些名为“小圣庙”的庙宇，不见得祭祀的就是小圣滕经，但从其庙宇名称和其主要职能上，亦能看出受小圣信仰影响的痕迹。小圣信仰作为民间信仰，虽然为官方所认可，但并未列入国家正祀，亦无统一的祭祀规格和标准，在其形成和传播过程中，民众可按照自己的需要，任意对其改造。很有可能是小圣信仰在传播过程中，当地民众对其进行了“本土化”改造，将原本应该祭祀的滕经更换成了当地的河神。

---

① 参见郑建山选编：《大运河的传说》，文化艺术出版社 2004 年版，第 33 页。

② 参见（清）王履泰：《畿辅安澜志·沙河一卷》，《续修四库全书》第 848 册，第 413 页。

③ 参见（清）王履泰：《畿辅安澜志·易水卷下》，《续修四库全书》第 849 册，第 291 页。

④ （清）王履泰：《畿辅安澜志·府河一卷》，《续修四库全书》第 849 册，第 326 页。

⑤ 参见山曼等编著：《山东黄河民俗》，济南出版社 2005 年版，第 195 页。

河北省清河县滕蒿林村为小圣的桑梓之地，随着时间的推移，逐渐形成了以祭祀小圣为中心的“祭祀圈”。“祭祀圈一般是指以一个主祭神为中心，信徒共同举行祭祀活动所属的地域单位。人们透过共同神明信仰，举行共同祭祀活动，将地方上人群整合起来，维系一体的意识与感情。”①“在祭祀神明之过程中，可形成之祭祀组织或活动逐渐成为凝聚居民命运共同体媒介。”②“祭祀圈实际上就是地域文化的具现，它对塑造社区地方感、整合区域内民众的凝聚力起到了相当大的作用。”③

滕经是河北省清河县滕蒿林村人，至今在该村还保留有族人纪念他的元侯祠，当地民众视小圣为祖先神和地方守护神。王彤甲在其《元侯龙神庙碑记》中论述了小圣信仰和地方社会的关系：

今夫一乡善士，为人排难解纷，救灾除患，犹使一乡之人瞻仰之，倚靠之。且祖门一视不妄，况神明之载在四典，为一邑生色。而灵应牒著故里大都，数百年后犹蒙其拯溺、救济，供荷神庇，则人之瞻仰悟祷，犹当何如也？……余胞兄姜溪公曾作《缘布续》，又曾为《乞雨文记》，此碑记亦尝欲成其事，乃病故未遂。乡人又以此托余，余故不文者，然义不容辞，因切数先兄之意以成之。夫人生当末造，历气所至，水旱之灾，在所不免，岂山于斯粥于斯？虽神明亦有隋深资里者欤？不然，何其应之果验也？戊午秋已，共乐捐助，扩充寺园，每于麦秋毕，焚香叩谢，此虽近于巫祷，然崇德报功，亦实情有不容意者。兹十四村人等，共议刻石颂德，卑人诚知侯之笃于故里，使数百年以后之人尚被佑如此，则人之并生斯世，乡族戚谊之相关者，更当尤深相顾矣。诚如是也，风俗归厚，犹为侯有以正其德，不独捍灾御患之谨以厚其生也，其不益欤？是为记。④

清河县元侯祠原名“小圣祠堂”，祠堂修好后，将襁褓婴儿放在祠内竟不哭不闹，无病天灾。几百年来人们一直都祈求小圣拯救子孙、防水患，保一方平安。同治年间在旧县城为其立“大王庙”，庙内有匾额，其匾文曰：“安澜永济、润国泽民、江汉朝宗、风波显应、水府耀灵、海邦普润、永庆安澜、力障狂澜、默佑群黎、海晏河清、公庆安澜、安澜佑民、佑民泽普、祖功默佑、深荷庇佑。”1923年，新

① 吴育臻：《大隘地区聚落与生活方式之变迁》，新竹县立文化中心2000年，第125～127页。

② 张胜彦等：《台湾开发史》，（台北）“国立”空中大学1996年版，第144页。

③ 李凡：《明清以来佛山城市文化景观演变研究》，中山大学出版社2014年版，第174页。

④ 李洪贵、赵杰主编：《清河文史辑览》，第720～721页。

修祠殿三间，大门一座，匾题“元侯祠”，系清翰林院庶吉士王殿甲题。殿东壁有《募修缘簿序》，为王太史殿甲撰。东楹前有碑，系清副贡王彤甲撰文，并书丹。1966年之前，元侯祠基本完好，祠内为学校。1966年，在“文化大革命”破“四旧”运动中，神像被拉倒，此处成了大队会议室。1977年，因房危被拆除。1987年，重修北房三间，现为滕氏家庙。王甲殿书“元侯祠”匾，在“文化大革命”中被大队饲养员当作床板，幸免遭焚，现又挂于门楣处。[①] 此匾额及元侯祠已被清河县人民政府列为县级重点文物保护单位。近年来还有不少人祈求小圣，保佑其子女能考上名牌大学，据说也很灵验。小圣滕经的故事历经500年而不衰，是珍贵的非物质文化遗产。明清两代御封、名人题撰、神奇传说、民众信仰，这些对于研究区域历史、弘扬民俗文化具有重要意义。2004年，滕氏后人滕殿卿发起募捐，将元侯祠修葺一新，并恢复了农历五月二十七、九月二十二的古会。2007年3月，“滕小圣的传说”被列入清河县第一批县级非物质文化遗产项目名录。清河县元侯祠作为卫运河两岸数百里百姓信仰的圣地，在人们心中有着举足轻重的地位。人们定期举办纪念活动朝拜小圣，祈求生活幸福，日子平安，祈盼生意兴隆，事业发达。[②] “据说，坐船时，船公先问有清河人没有，没清河人不敢开船。只要船上有清河人，保准风平浪静，不出事故。”[③]

天津虽不是小圣的故乡，但却是其落水之地，对于当地民众来说，小圣虽是外来神灵，但却有浓厚的乡土气息。当地民众按照自己的需要对神灵信仰进行本土化改造，其中一个重要表现，就是形成了具有浓厚地域特色的小圣庙会。庙会是由祭祀神灵而衍生出的一种民俗文化活动。“在传统庙会中，人与神的交流可以使民众在对神明的崇拜中得到心灵上的满足和精神上的补偿。在展示传统的民间艺术，丰富民众的生活的同时，也宣传了地方伦理道德，教化了当地的民众，凝聚了地方民心。”[④]随着时间的推移，在每年的农历五月，天津河东的小圣庙逐渐形成了隆重盛大的庙会。汪沆《津门杂事诗》咏小圣庙：“丛祠金碧俯河流，慑伏天吴驾赤虬。五月新坨人似蚁，船船箫鼓赛元侯。”[⑤]庙会活动在扩大社会交往方面亦发挥了重要作用。“庙会及其娱神活动是中国传统社会少

① 参见李洪贵、赵杰主编：《清河文史辑览》，第662页。

② 参见戴恩辰：《流经清河的大运河》，河北出版社2010年版，第135页。

③ 刘迎祥主编：《邢台市地方志丛书：清河之最》，人民日报社2003年版，第526页。

④ 刘成有主编：《宗教与民族》第7辑，宗教文化出版社2012年版，第118页。

⑤ 李志强：《中国北方俚曲俗情》，第40页。

有的全民性活动之一，也就是说，不同阶级、阶层和等级的人，不同职业、性别、民族、地域的人，都可以不受限制地参加这类活动。”[①]在封建社会，妇女身心受到严重束缚，而祭祀神灵的庙会活动为妇女提供了参与的机会，对于增进交往、开阔视野具有重要意义。清人华鼎元《梓里联珠集》载：“每年五月初旬，游人倾城而至。二月廿一、二、三日有胜会，闺人咸集津门，妇女戴七星花，以通草为之。”[②]清人蒋诗《沽河杂咏》称：“二月连朝有胜会，刹那五月赛元侯。津门士女倾城至，戴七星花结伴游。”[③]这些都生动地描绘了当年小圣庙会的盛况。“每逢庙会，信众施主、香客游人成群结队而至，抵庙献牲置供，焚香燃烛，虔诚叩拜，许愿还愿，以祈小圣海神德润众生，功占三界，保佑人们航海安全、无风浪之险，庙中香火盛极一时。戏班艺人前来献艺，助兴娱神，人神同欢，观者如堵，水泄不通。许多商贾小贩前来赴会，陈列货物，搭棚营业，分行列肆，叫买叫卖，招揽买主，香客游人纷纷选购所需商品，生意十分兴隆。”[④]小圣庙会也因此成为天津著名的庙会之一。

① 赵世瑜：《狂欢与日常：明清以来的庙会与民间社会》，三联书店 2002 年版，第 123 页。

② （清）华鼎元辑，张仲点校：《梓里联珠集》，天津古籍出版社 1986 年版，第 82 页。

③ 李志强：《中国北方俚曲俗情》，第 40 页。

④ 傅立民、贺名仑主编：《中国商业文化大辞典》（下册），中国发展出版社 1994 年版，第 1081 页。

第八章 湖漕显应康泽侯

康泽侯，名耿裕德，山东东平梁山泊人，生于宋大中祥五年(1012年)三月三日，因其排行第七，故号“耿七公”，曾官至通判，后弃官隐居高邮湖边，治病救人，扶危济困，被誉为“神人”。他过世后，人们兴建了耿七公殿来纪念他。每当船民在黑夜狂风暴雨航行于高邮湖中，都可以看到殿前两根石柱悬挂的照射湖面的红灯笼，便可以按“神灯”指引的方向安全到港。“耿庙神灯”也因此成为古秦邮“八景”之一。

一、康泽侯信仰的兴起及发展

《绘图三教源流搜神大全·耿七公条》记载，耿七公庙“在扬州府高邮之西十五里，耆相传公为东平梁山泊之里人……戎马南下，病疫于州境。大著灵异，有祷辄应。宋赐号曰‘康泽侯’。迄今居民暨舟行者皆致祭”[①]。嘉庆《高邮州志》卷十《人物志·仙释》记载：“耿裕德，以行七，称‘七公’，东平州梁山泊人，宝

① 佚名：《绘图三教源流搜神大全：外二种》，上海古籍出版社2012年版，第422页。

元间为通判，弃官南徙，隐于高邮江静村，倏悟夙因，自愿为东岳庙祝，恤孤寡，周贫乏，与其妻王（氏）俱茹蔬诵佛，尝坐蒲席泛湖上，病者往乞疗治，拈炉中灰与之，辄得愈。由是，远近颂为神人。年八十一，坐蜕去，里人为建祠于甓社湖滨，即公平昔游憩之处，历代俱著灵异，里人孙宗彝为之传。”[①]在众多有关康泽侯的史料中，以清人孙宗彝（1612～1683年）的《康泽侯耿公传》最为详细：

按《旧乘》载，侯名遇德，行七，号曰“七公”，山东兖州府东平州梁山泊人。生于宋大中壬子年三月三日，宝元间仕为通判，弃官南徙，隐于盐城大港头，寻如高邮江静村。侯悟夙因，自愿为东岳庙祝。慈心爱物，恤孤寡，周贫乏，怜人疾苦。与厥配王夫人俱茹蔬持诵，奉天竺氏之教。尝坐蒲席泛湖上，人疑为有神。病者往乞疗治，拈香炉中灰与之，辄得愈。扬州郑刺史夫人疾，亦以是得疗焉。郑酬以锦袍一袭，纳之火炉中，刺史弗悦，取还之，靡所损阙。由是远近胥颂为神人。侯无嗣，生一女字茆氏。元祐七年、壬申年，八十有一，一夕语人曰：“予将即世，是后当以春秋享于此土。”遂坐蜕去。里人收其蜕，为建祠于甓社湖之隈，即侯平昔游憩之处。今湖波浩荡中坟起圭土，所指为耿七公殿址是也。宋建炎中，兵屡至祠下，将及毁，俄有巨蟒见于廷，若将人语，军将惊愕不敢近，乃止。胡海寇掠湖上，诣侯祠私祷，陷泽中若虚挂绳索间，是夜闻神兵甲马之声，遂遁去。庚子岁，海飓大作，鼎沸兴盐地方，将及邮，祷于侯，获无恙。高邮军指挥使司以闻，敕封为侯，赐庙额曰“康泽”。时在淳熙十四年、宝祐二年，民疫，凡祷者即得活。进士郑廷震具实转运司，依条保奏加封“康泽灵应侯”。景定甲子岁，六旬不雨，侯赐霖雨三日。咸淳乙丑，蝗不入境，亦侯之赐。丙寅大水，河堤崩溃，若有神物拥茭葑塞之。隐隐紫衣人立其上，貌若侯，人咸见之。是岁，加封号曰“隐泽灵应侯”。[②]

由以上资料我们可以看出，康泽侯，名耿裕德，宋仁宗时兖州府东平州梁山泊人，兄弟排行第七，故被后人尊称耿七公。他曾为东平州通判，为人忠直，为官清廉，颇受百姓拥戴，后来弃官而隐居高邮江静村，与其妻王氏俱茹蔬诵佛，以渔为业，悬壶济世，乐善好施，有口皆碑。81岁那年无疾而终。南宋淳熙七年（1180年）夏天，海风呼啸，海潮汹涌，盐阜地区深受其害，殃及兴化，高邮百姓纷

① （清）杨宜仑修，（清）夏之蓉、（清）沈之本纂：嘉庆《高邮州志》卷十《人物志·仙释》，《中国地方志集成·江苏府县志辑》第46册，第457页。

② （清）杨宜仑修，（清）夏之蓉、（清）沈之本纂：嘉庆《高邮州志》卷十《人物志·仙释》，《中国地方志集成·江苏府县志辑》第46册，第526页。

纷祷告耿七公,遂风平浪静,转危为安。于是,敕封耿裕德为康泽侯,意为耿七公给百姓带来了安康和恩泽,并建庙祭祀。后遇有旱潦、虫蝗,祷之无不立应。此后,又相继被加封为康泽灵应侯、隐泽灵应侯。嘉庆《高邮州志》记载:“旧有耿七公庙,宋元祐时建,在州西北十里新开湖中,庙基大百亩。相传侯姓耿,名裕德,栖神于湖中,屡显灵异。每于晦夕,有红灯累累如列宿,见于波涛汹涌之间,为人救溺捍患,祷者无不立应。宋时敕封为‘康泽侯’。春秋二仲,以羊豕祀之。嘉靖壬寅重修,今圮于水,基址尚存。”①

康泽侯耿七公信仰的最初产生来源于中国古代社会长期存在的“万物有灵”观念。文化人类学认为,人类的信仰是从自然崇拜开始的。原始社会的人群没有现代人那么强烈的优越感,他们甚至无法将自己与自然万物区分开来。以为自然与人类一样具有灵性,这便是后来人类学家所总结出的所谓“万物有灵”观念。在古人看来,自然界的湖泊也是有灵性的,这是各种湖泊之神能够产生的最初源头。对于民间神明信仰的规范与控制,历代统治者依据的是儒家祭祀原则。《礼记·祭法》云:“夫圣王之制祭祀也,法施于民则祀之,以死勤事则祀之,以劳定国则祀之,能御大灾则祀之,能捍大患则祀之。……及夫日月星辰,民所瞻仰也,山林川谷丘陵,民所取财用也,非此族也,不在祀典。”②符合此原则的民间神明被赐封、纳入国家祀典,获得礼仪特权;反之,则列入淫祀,受到压制和打击。相比其他朝代,宋代国家祭祀政策相对宽松,朝廷封赐祠神的首要条件是“灵应”。神灵的出身履历并非十分重要,只要不违背基本的道德准则即可,关键在于其“灵应”事迹确凿无疑,有足够的影响力。

康泽侯耿裕德为人忠直,为官清廉,悬壶济世,乐善好施,有着高尚的品德和人格魅力,死后又多次显灵,御灾捍患,有祷辄应,无疑符合这一原则,因而能够得到官方的敕封。宋元以来,高邮湖周边地区水旱灾害频发,再加上湖泊众多,湖面浩渺,船户、渔民航行于湖面之上,溺水沉船事故多有发生。灾害作为一种客观存在,必然要反映到人们的头脑中来,并通过社会实践对人们的心理和行为产生影响。面对如此多的灾难与困难,他们只有将自己的期望与祈求诉诸神灵,寄希望于这些具有超自然力量的神灵能够予以庇护,帮助他们渡过难关,康泽侯信仰的出现无疑在一定程度上满足了民众的信仰需求。

---

① (清)杨宜仑修,(清)夏之蓉、(清)沈之本纂:嘉庆《高邮州志》卷一《庙宇》,《中国地方志集成·江苏府县志辑》第46册,第103页。

② (东汉)郑玄注:《礼记正义》卷四六《祭法》,见《十三经注疏》下册,浙江古籍出版社1998年版,第1590页。

二、湖漕治理与康泽侯信仰

明代初年，扬州境内的运道全部在白马湖、宝应湖、高邮湖、邵伯湖中航行，因而这段运道被称为“湖漕”。新开湖在高邮州西北3里，其水东南俱通运河，长、宽各150里，天长以东之水，俱汇此湖。甓社湖在高邮州西北20里，东西长70里，南北阔50里，为运道所经。船只航行在湖中，因湖上风急浪高，常有覆没的危险。嘉庆《高邮州志》记载新开湖：“在州治西北三里，其水东南俱通运河，北连汜光、白马，通洪泽湖，久雨则涨，旱亦不涸，凡天长以东之水，俱汇此湖。湖之长阔一百五十余里，洪涛汹涌，舟行者恒苦覆溺，盖境内之一险也。”①明代大学士刘健《高邮州新开湖修筑记》云：“高邮州之西南湖曰新开与甓社，湖通由天长以东诸水尽汇于此。其南北运道，自杭家嘴至张家沟凡三十余里，飓风或起，则巨浪掀天，舟行遇之，多致覆溺。”②早在南宋时期，高邮运道就已频繁溃决，给漕运造成严重危害。高邮州治北20里有清水潭，上有五龙王庙，宋宁宗嘉泰间，郡守吴铸重建。宋人曹叔远在其《五龙王庙记》中记载了重修五龙庙的原因：

> 漕河自真扬道江北趋楚盱眙入淮，沿河而堤，延袤六百余里，高邮治当其中，运输淹速，系堤修废，郡重事无先焉。郡西界天长，凡濠、滁上流诸水，至天长合聚演迤，浸为巨浸，所谓三十六湖者，往往皆由郡左有入漕河。清水潭在郡北二十里，尤为受水要害处。雨潦时至，湖流自西出，荡冲激奔，堤不能支，始纵水所啮，汇为潭，堤因潭为偃月，回曲盘礴，流赖少缓。然潭以东，地势益倾陊，里俗号称下河，倘堤稍弱，又不支，则潭溃东注，湍怒愈甚，舟冒而过之，或漂沦莫测也。③

虽然碑文记载的是五龙神，但从中我们可以看出当时高邮运道之艰险。

明代对漕运的依赖超过历史上的任何时期，故湖水对运道的危害也愈发突出。诸湖之水于春、夏、秋之季节，系风平浪静时期，船只航行于湖面颇为顺利；但冬季(农历九月至次年三月)，每逢西北风狂风大作时，湖水常被刮起滔天巨浪，船只若不幸遇此，无不覆没。成化八年(1472年)三月，总理河道、刑部左侍

① (清)杨宜仑修，(清)夏之蓉、(清)沈之本纂：嘉庆《高邮州志》卷一《山川》，《中国地方志集成·江苏府县志辑》第46册，第91页。

② (清)刘文淇著，赵昌智、赵阳点校：《扬州水道记》卷三《高邮运河》，第68页。

③ (清)刘文淇著，赵昌智、赵阳点校：《扬州水道记》卷三《高邮运河》，第68页。

郎王恕描述高邮湖："每遇西风大作，波涛汹涌，损坏船只、钱粮、人命不可胜计。"①成化十四年（1478 年）三月，太监汪直言："高宝、邵伯、宝应、白马四湖，每遇西北风作，则粮运官民等船，多被堤石、椿木等冲破漂没。"②刘健《高邮州新开康济河记》云："其西北则兴七里、张良、珍珠、甓社诸湖，潆洄数百里，每西北风大作，波涛汹涌，舟与沿堤、故椿遇辄坏，皆沉溺。"③万历三十年（1602 年）九月，高邮人李直《总河尚书晋川刘公祠记》云：

国家岁漕东南粟四百万石以实京师，由江达湖，由湖达河，皆漕渠也。江河虽险，水皆长流，汀港岸湾，咸可停泊，风涛偶直，尚能回樯转帆，就便避险难。诸湖积水，汪洋绵亘三百余里，东西湖面，动阔百余里而遥，中仅一线土石堤障之用济，牵挽舳舻往来，幸而风恬浪静，则湖光如镜，水天一色。……若舟行半渡，西风大作，则雪浪翻空，鲸波撼地，前无汀港可就，旁无岸湾可趋，帆樯不及转，而风涛浪起之祸至矣。且一线薄堤，最易崩决，每一崩决，洪水滔天，民田庐舍，尽为陆海，此方之民得免鱼鳖者，数岁中无二三。④

明洪武二十八年（1395），依从宝应老人柏从桂的建议，在宝应氾光湖槐楼以南、界首以北，发丁夫五万六千人，沿湖开直渠 40 里，撇开湖道，于渠内行船，此为河湖分隔之始。永乐十三年（1415 年），陈瑄开凿清江浦河，改变了邗沟与淮河的连接方式，船只由白马湖直达淮安，扬州运道从此不再经射阳湖达淮。为进一步避免湖面风浪对漕运的影响，宣德七年（1432 年），陈瑄在老堤之西，傍湖为渠，此为高邮新开傍湖有渠之始，但不久即废。弘治三年（1490 年），为避高邮新开湖、甓社湖风涛之险，开始逐步在湖中筑堤，分段修建月河。在湖东自高邮州北 3 里杭家嘴至张家沟的两岸筑堤，开月河 40 里，命名为"康济河"。康济河后亦淤废。万历五年（1577 年），漕抚侍郎吴桂芳重开康济河，加固旧堤，砌以砖石，改筑中堤为东堤，废原东堤，船舶行驶于越河中又平安如初，即今里运河之中段。康熙初年，高邮险工段清水潭屡屡决口，不仅漕船受阻，还使得里下河地区频遭水灾。康熙十七年（1678 年），总河靳辅大挑运河，因为清水潭经常决口，复改筑永安新河（即今马棚湾），建东西土堤两道，东长 2 公里，西长 3 公里，

① （明）黄训：《皇明名臣经济录》卷五一《议开河修塘状》，景印文渊阁《四库全书》第 444 册，（台北）商务印书馆 1986 年版，第 450 页。

② 《明宪宗实录》卷一七六"成化十四年三月辛卯条"，第 11 页。

③ （明）黄训：《皇明名臣经济录》卷五一《高邮州新开康济河记》，第 448 页。

④ （清）杨宜仑修，（清）夏之蓉、（清）沈之本纂：嘉庆《高邮州志》卷十一《艺文志·记》，《中国地方志集成·江苏府县志辑》第 46 册，第 511～512 页。

首尾皆与旧堤相连，于是大运河扬州段东西堤筑成，运道与湖泊基本分离，形成了今天大运河扬州段河湖相依并存的状态。

高邮湖为明代运道所经，在漕粮运输和漕河治理中，康泽侯耿七公亦多次“显灵”。清人孙宗彝《康泽侯耿公传》记载：“明洪武十八年，漕堤决，上有红灯，临其处，倏有茭葑拥至，遂得塞。三十年，堤决复塞如初。”①明人邵南《重修康泽侯庙记》记载：“迨东南之漕，自扬达淮，必由于湖，湖环布百里，水漫淼汹涌，烈风怒涛，覆舟决堤，漕恒患之。民濒危者亦屡公精神上下于虚空，水波之间，灯帜炳扬，随患随救，若有形见，事亦甚奇。”②因康泽侯多次显灵护漕，宣德七年（1432 年），平江伯陈瑄请于朝，御赐祭文，命有司春秋致祭。弘治三年（1490 年），侍郎白昂开康济河，建行殿于金门闸，以便祭祀。③

康熙十三年（1673 年），因康泽候“显灵”漕运，河道总督王光裕在高邮运河岸边修建康泽候行祠，以酬神报功。孙宗彝在其《重建康泽侯耿公行殿碑记》中详细记载了此事：

> 康熙癸丑春，河流失轨，漕渠决水尽东注，粮艘樗结泥淖中，不得进。总河王公步河干，憔悴失策，涂人指陈曰：“曷不祷于耿公之庙，其灵爽辄应所从来也。”公听而喜，具牲醴从事，祷以漕事得济，即鼎新之。未两日，橹舵倏转动，探水得三尺许，扬帆而北运无愆。时王公感焉，肃拜致谢，因与南河勒、王二君经营措置，拓殿后址地，增楼观，列像设，前后殊制，较昔大改观焉。④

乾隆五十二年（1787 年）秋八月大水，洪湖开三坝，“水建瓴注高邮湖，西北风助之，骇浪如颓山奔马，湖岸石掣入盘涡中，轻若飘风。湖岸既倾，河岸益危。通判赵南觐率兵夫泥淖中筑子堰一线护城，已而七公殿岸蛰塌，兵夫无立脚地，官民皆向风哭。忽有七舵相衔，直泊决处，壁立不动。时金门闸亦垂决，忽有千石大虚舟逆流驶至，亦贴垂决岸口。虽缆橛舣之，亦无其稳固也。由是兵夫抢筑，堤遂成。赵（南觐）感神异，护生灵百万，因敬刻木联悬耿侯殿，云：‘神臂挽

---

① （清）杨宜仑修，（清）夏之蓉、（清）沈之本纂：嘉庆《高邮州志》卷十一《艺文志》，《中国地方志集成·江苏府县志辑》第 46 册，第 526 页。

② （清）杨宜仑修，（清）夏之蓉、（清）沈之本纂：嘉庆《高邮州志》卷十一《艺文志》，《中国地方志集成·江苏府县志辑》第 46 册，第 502 页。

③ 参见（清）杨宜仑修，（清）夏之蓉、（清）沈之本纂：嘉庆《高邮州志》卷十一《艺文志》，《中国地方志集成·江苏府县志辑》第 46 册，第 526 页。

④ （清）焦循辑，许卫平点校：《扬州足征录》卷二三《碑记》，广陵书社 2004 年版，第 421 页。

狂澜厢堤竟夜七张舵，天公回暴飚补埽连朝一只船。'盖记实也"[1]。道光二十二年（1842年），扬河通判唐汝明、高宝运河营守备李胜再次捐资重修庙宇。

至清代，虽然河湖完全分离，但仍沿袭明朝的传统，不断对康泽侯进行加封。嘉庆二十一年（1816年）十月，因神灵"显应"，保障运堤，两江总督百龄、南河总督黎世序奏请为康泽侯敕加封号：

> 窃查淮扬运河厅属旧有康泽灵应侯庙素著神灵，地方祈求晴雨及河湖水涨工险，官民虔祷无不如响斯应。近岁以来，因洪湖多蓄清水以备敌黄，大汛时，淮水骤发，易形涨满，启放山盱各坝分泄之水倍于从前。扬河一带河湖浩瀚，仅恃一线东堤，西风鼓浪，险要异常。本年湖水之大，尤为近年所未有，山盱两坝三河全行启放，减下之水，平堤拍岸，情形实属可危，稍有疏虞，于漕运、民田均有关紧。臣等慄慄危惧，躬诣神庙，虔诚叩祷。大汛期内，各处多有风暴，惟扬河一带风恬波静，堤埽平宁。现在空运南来，毫无阻滞，臣等铭感之下，凛惕倍深。[2]

光绪《再续高邮州志》对道光以来康泽侯的褒封情况作了记载："康泽灵应侯旧有'敷佑'封号，道光二十四年，河督潘锡恩奏请增春秋洁祀，奉旨依议；道光三十年，奉旨加封'广济'二字；咸丰八年，奉旨加封'襄佑'二字；同治七年，奉旨加封'绥靖'二字，又亲颁'福绥临泽'匾额；光绪八年，奉旨加封'溥惠'二字。"[3]与民众对神灵的信仰不同，由于高邮诸湖和运道、漕运关系密切，明清国家对康泽侯的崇奉主要基于治理运道、保障漕运的目的。当然，官方对神灵的肯定和认可，也在一定程度上促进了康泽侯信仰在民间的传播。

三、民间的康泽侯信仰

康泽侯信仰在护佑漕运、显灵河工的同时，还在一定程度上满足了高邮湖周边地区船户、渔民和普通民众的祭祀需求。耿裕德死后，"尝夜悬灯于波涛汹

① （清）杨宜仑修，（清）夏之蓉、（清）沈之本纂：嘉庆《高邮州志》卷十一《轶事》，《中国地方志集成·江苏府县志辑》第46册，第591页。

② 两江总督百龄、南河总督黎世序：《奏为康泽灵应侯庙护工利漕神灵显应请敕加封号事》，《朱批奏折》，嘉庆二十一年十月二十六日，档号：04-01-37-003。

③ （清）金元烺、（清）龚定瀛修，（清）夏子阳纂：光绪《再续高邮州志》卷二《典礼志·祀典》，《中国地方志集成·江苏府县志辑》第47册，第70页。

涌间，为人拯溺捍患，又遇有旱潦、瘟疫、虫蝗，祷之无不立应”[①]。孙宗彝《康泽侯耿公传》记载：“本朝康熙元年，河官肇开周桥，淮流东下，河蹑其后，诸湖涨溢，民罹水灾，十稔不得息。至十一年饥困益甚，巫人号于众曰：‘耿侯王赐鱼为民食。’俄上下河鱼突涌至，网罟不施，任人取携，七日而罢。”[②]随着时间的推移，作为乡土神灵的康泽侯逐渐演变为地方守护神和船户、渔民的保护神。相传，若有晚归的渔民，遇到狂风黑浪迷失方向，耿七公就会手提红灯笼为渔船引航脱险；若有湖匪抢劫渔村渔民，耿七公能发神兵把湖匪赶跑。每年夏秋洪水暴发时，湖边河堤若有决口段，耿七公夜间就在险段上预先挂起红灯笼，提醒渔民注意防范，免受损失。平时若遇有久雨不晴或久旱不雨以及风灾蝗祸，渔民等就会到七公庙上烧香祈祷，求其为民消灾。

每年农历八月十五日，为七公大王香火会，届时渔民、农民都会到七公庙烧香叩头，祈求七公大王保佑一方丰收无灾。[③] 湖上渔民把耿七公看作保护神，每天早晨出船都要烧香祷告七公保佑今天安全、多捕鱼，晚上收岸（回船）也要烧香祷告，答谢七公的保佑。除时时祷告、日日烧香外，每年农历三月初三是耿七公诞辰，渔民均要在耿七公庙（无庙的在临湖岸上搭起神棚——因多年成俗，形成搭神棚的固定地点）奉立“康泽灵应侯之神位”或“耿七公之神位”的牌位，摆供猪头三牲和丰盛的糕果祭品，做“七公老爷会”三天三夜，集祈求、答谢，娱神、娱人、生意买卖于此一会。[④]

康泽侯信仰如此盛行，以至于到民国年间仍保留有相关祭祀活动。1916年，高邮县知事郭曾基与河务人员集资重修观音及土木二楼，地方自行致祭。高邮籍文学大师汪曾祺先生晚年回忆道：“耿七公是有这个人的，生前为人治病施药，风雨之夜，他就在家门前高旗杆上挂起一串红灯，在黑暗的湖里打转的船，奋力向红灯划去，就能平安到岸。他死后，红灯还常在浓云密雨中出现，这就是耿庙神灯——‘秦邮八景’中的一景。耿七公是渔民和船民的保护神，渔民称之为‘七公老爷’，渔民每年要做会，谓之‘七公会’。”[⑤]后来由于湖面不断扩

---

① (清)阿克当阿修，(清)姚文田等纂：嘉庆《重修扬州府志》卷二六《祠祀二》，《中国地方志集成·江苏府县志辑》第41册，第424页。

② (清)杨宜仑修，(清)夏之蓉、(清)沈之本纂：嘉庆《高邮州志》卷十《人物志·仙释》，《中国地方志集成·江苏府县志辑》第46册，第526页。

③ 参见李剑平主编.《中国神话人物辞典》，第524页。

④ 参见刘兆元：《苏北民间区域性神物崇拜》，载上海民间文艺家协会、上海民俗学会编：《中国民间文化·地方神信仰》，学林出版社1995年版，第177～178页。

⑤ 汪曾祺：《浮生杂忆》，作家出版社2016年版，第19～20页。

大，湖水水位不断上涨，康泽侯庙也逐渐湮没，但运河岸边康泽侯庙的行祠——七公殿，直到1956年大运河拓宽时才被拆除，仅留下庙前挂神灯的两根石柱。虽然庙殿不复存在，但在湖区一些老人的心中，仍然十分信奉耿七公。

正是因为康泽侯信仰的盛行，使得其在民众心目中有着巨大的影响力，地方官员和士绅往往乐于参与修建庙宇、祭祀神灵等活动。高邮州西北10里新开湖中州康泽侯庙，始建于宋元祐年间，明宣德年间“庙岁久倾，弗称崇祀”，老百姓纷纷启奏。他们认为：“侯没已久，不忘夫民，民岂能忘侯哉！”直至嘉靖年，此庙才得以重修，地方百姓风动群集，主动捐款，数月告成，修葺一新。[①] 康熙年间，邑人再次捐资重修康泽侯庙。孙宗彝在其《重建康泽侯庙引》一文中论述了重修庙宇的原因和经过：

> (康泽侯)庙建于宋乾道间，累封是号。明宣德间，平江伯陈瑄请以春秋二仲祭之，著为令。厥后渐废，庙亦渐圮。嘉靖间，水部邵公南为修理之。崇祯间，徐公标又葺治之。昨庚子之岁，忽以灾告矣。噫嘻！祀之不举，神其有恫乎？亦将更新之，以终佑斯土也。里中王夏雨茂才及万善人慨然肩是事，考其堂楹之旧制，增而广之，料其工费殆及千金焉，势不能不资众力焉。[②]

随着康泽侯信仰的广泛传播，民间还创作了与康泽侯相关的戏剧。《耿七公》就是一篇由真人真事铺就而成的民间杂剧。在众多文学作品中，我们亦可以发现康泽侯的身影。明人全幼孜《康泽侯庙》诗云：“耿庙水云中，岩岩镇湖口。危秆夜悬灯，照耀遍林薮。闪闪透兰虹，辉辉映星斗。朴光蛾自绝，避焰龙亦走。灵威示赫奕，祀事谁悠久。惠泽被淮埃，纪年书大有。”[③]明人赵鹤《康泽侯庙》诗曰：“渺渺湖祠指落曛，平芜望处两流分。半山风竹常排日，万倾春波只浸云。夕艇每随归鹭渡，夜钟偏得老龙闻。无边泽国祈灵事，剩有中朝祭典文。”[④]清人张曾勤在其《秦邮竹枝词》称：“醵钱报赛耿侯祠，渭水求贤演曲词。大小鱼儿齐入网，声声采喝众渔师。”[⑤]韦柏森《秦邮竹枝词》云：“昏天黑地夜沉

---

① 参见王作礼：《湖乡“妈祖”耿七公》，载聂杭军主编：《新湖文史资料》第10辑《尧乡古今》，中国文史出版社2009年版，第225页。

② 《清代诗文集汇编》编纂委员会编：《爱日堂全集》卷八，《清代诗文集汇编》第39册，上海古籍出版社2010年版，第559～560页。

③ 姜燕：《中国古代戏剧探佚》，广陵书社2006年版，第172页。

④ 姜燕：《中国古代戏剧探佚》，第172页。

⑤ 潘超、丘良任、孙忠铨等编：《中华竹枝词全编》第3册，北京出版社2007年版，第522页。

沉，一抹寒烟浪复侵。非耿七公船莫救，神灯多谢照波心。”[①]

随着康泽侯信仰的盛行，其信仰逐渐由高邮一隅扩展到周边其他地区。旧时，每逢正月初九、正月十五、三月初三，江苏北部江海湖河的打鱼人要请香火童子，举办“高灯会”“红灯会”，春秋二季还专做“七公胜会”，祭祀湖神耿七公。[②]清代洪泽湖东岸的蒋坝等地重修后的康泽敷佑侯耿公庙，殿宇宏伟，庙院开阔。至清末民初，耿公庙仍然松柏森森，香客络绎不绝。内有戏台，每逢庙会，必有多个戏班连番演唱，成为蒋坝比较热闹的一个娱乐场所。清道光二十二年（1842 年），重修蒋坝耿公庙时，江南河道总督麟庆亲自为耿庙撰写碑文。碑高 1.40 米、宽 0.71 米、厚 0.12 米；碑文楷书竖写，满行 45 字，计 13 行，记述了康泽侯耿七公为航行于老三河的航船设置航标的事迹及重建祠堂情况。由于石质坚硬，至今碑石完整，只因永丰砖瓦厂将其作为铸瓦台，半数文字已磨损不清。20 世纪 80 年代，此碑被移至三河闸管理处碑廊里，才得到妥善保管。[③] 相传沿湖蒋坝的天灯杆，老子山的马郎岗，周桥的息浪亭，高良涧的龙门墩、三岔河，洪滩、张福口，高堰关帝庙，五墩湾、惠济祠等都曾是耿公挂灯的旧址。

原本出生在高邮西湖的耿七公，落籍滨江临海的南通，在渔民中也留下不少口碑：“耿七公是个无儿无女的孤老头子。有一天，他见一位跛足的讨饭人，一走一拐，一步一喘。他连忙将自己准备充饥的一碗粥汤递了过去。要饭人其实是八仙过海途经南黄海的铁拐李。铁拐李说：你是个好人，我送你一样东西。说着，从破棉袄里抓下了一团破棉絮言道：这叫‘招魂絮’，臭鱼烂虾都能让他由死转活，由臭转鲜。耿七公跑到海边拣来了一大堆死鱼烂虾，放在盆里，加上水和破棉絮，三搅两转，鱼虾真的全活了。从此，他天天周济网空船净的穷苦打鱼人。”[④]在江苏如东，出海捕鱼的渔民也供奉耿七公，将其奉为渔家的“祖师”。[⑤]至今，淮河沿岸及洪泽、高宝诸湖等他还流传着许多关于耿七公的故事和传说。

---

① 潘超、丘良任、孙忠铨等编：《中华竹枝词全编》第 3 册，第 522 页。

② 参见曹琳：《潮声集：灵魂与文明的对话》，中国戏剧出版社 2004 年版，第 246 页。

③ 参见淮安市政协文史委、洪泽县政协编：《白里文化长廊——洪泽湖大堤》，中国文史出版社 2011 年版，第 249 页。

④ 曹琳：《潮声集：灵魂与文明的对话》，第 248 页。

⑤ 参见曹琳：《潮声集：灵魂与文明的对话》，第 248 页。

第九章 利漕济运金总管

金总管信仰源于苏州，明清时期盛行于江南地区，其最初职能是“阴翊海运”，保护航运安全，后逐渐衍生出消灾降福、施米救民、职掌财富、驱除痘疫、辅助战事等神职。日本学者滨岛敦俊在《明清江南农村社会与民间信仰》一书中称，在苏州府乃至江南三角洲的众多方志中，有着许多名号为“总管”的神灵，其中大多数都以“金”为姓，也被称为“金总管”。这些供奉金总管的庙，或称“总管庙”“总管祠”“总管堂”，或称“随粮王庙”“金家堂”等，广泛分布于太湖流域的苏州、杭州、湖州、嘉兴和上海等地。

一、金总管的生平事迹

对于金总管的名讳、来历，普通信众往往莫衷一是。苏州崧泽道院，又名“高垫庙”，坐落于苏州工业园区独墅湖南侧吴淞江畔江滨公园内，始建于明朝。道院四周河湖环绕，林木茂密，隔绝开来如同一座小岛。虽处闹市，却能取静，俨然一方净土。庙中供奉的主要神灵，当地信众称为随粮王，也称金总管。至于金总管的姓名，当地有“金元七”“金元六”“利济侯”“金十四总管”“金二十相

公”等多种说法。有学者认为金总管并非一人，而是南宋时自开封迁入苏州的金氏家族几代人，其中又以供奉金元七总管为主。[①] “总管”的称号，最早可能来源于从事海运的船队指挥官。明永乐年间以后，昆山县金姓巫师伪造了护佑漕运的家系传说，并逐渐发展成为明清江南三角洲农村中最普遍的信仰。

对于金总管的姓名、来历，最早见于明人王鏊的正德《姑苏志》，其卷二七称：“神，汴人，姓金，初有二十相公，名和，随驾南渡，侨于吴，殁而为神。其子曰细，第八，为太尉者，理宗朝尝显灵异，遂封灵祐侯。灵祐之子名昌，第十四，初封总管。总管之子曰元七总管，元至正间能阴翊海运。初皆封为总管，再进封昌为洪济侯，元七为利济侯。”[②]王鏊的《姑苏志》写于明正德年间，是现存方志史料中较早出现金总管记载的文献。此后的方志史料，如弘治《吴江志》、王祖畲的宣统《太仓州志》、金玉相的《太湖备考》等都沿用《姑苏志》的说法。

对于金总管名讳、来历的记载，还见于清人章腾龙《贞丰拟乘》和姚福均《铸鼎余闻》等史志笔记中。《贞丰拟乘》记载：“金二十相公，名和，其初本汴人，随高宗南渡，居贞丰里，殁而为神。其子名细，为太尉，理宗朝尝著灵异，封灵祐侯。灵祐之子名昌，封总管。总管之子名元七，复为神。元至正间阴翊海运，亦封总管。与昌之从子名应龙者，同封。再晋封昌为洪济侯，元七为利济侯，应龙为宁济侯。”[③]《铸鼎余闻》的记载大致相同：“神，汴人，姓金，初有二十相公者，名和，随驾南渡，侨于吴，殁而为神。其第八子曰细，为太尉，理宗朝尝显灵异，封灵佑侯。细之第十四子名昌，封总管；昌之子曰元七，亦封总管，元至正间能阴翊海运，晋封昌为洪济侯，元七为利济侯。又有顺济侯金元六总管及金万一太尉、金七四相公、金小一总管、金显三官人、金九一太尉诸神。”[④]

二、金总管庙宇的分布

在金总管家族居住的苏州地区，供奉金总管的庙堂遍及所属州县和乡镇。正德《姑苏志》记载总管庙有三处：一在苏台乡真丰里，一在阊门外白莲桥西，一

---

① 参见黄新华：《吴语太湖片区的金总管信仰考》，《苏州科技大学学报（社会科学版）》2017 年第 3 期。

② （明）王鏊：正德《姑苏志》卷二七《坛庙上》，《天一阁藏明代方志选刊续编》第 12 册，上海书店 1990 年版，第 560 页。

③ （清）章腾龙：嘉庆《贞丰拟乘》卷上《人物》，转引自［日］滨岛敦俊著，朱海滨译：《明清江南农村社会与民间信仰》，第 253 页。

④ （清）姚福均：《铸鼎余闻》卷三，《藏外道书》第 18 册，巴蜀书社 1992 年版，第 622 页。

在盘门外仙塘桥下。[①] 同治《苏州府志》记载，元和县总管庙在葑门外金家荡，初建无考，嘉庆十五年(1810 年)，列入祀典，同治十年(1871 年)，里人重修。[②] 清人金友理《太湖备考》载利济侯庙："在东山金湾，俗称'金七相公庙'，初建无考。……神，汴人，姓金，名元七，至正间，阴翊海运，封总管，进封'利济侯'。"[③]光绪《常昭合志稿》记载总管庙："旧在县治西，宋元祐七年(1092 年)道士时天佑建，明弘治中，改为阴阳学，遂徙于报本道院之右。……宾汤门外亦有庙。又东乡长亳塘上总管庙，名'长亳庙'。"[④]嘉靖《昆山县志》记载总管堂在景德寺东，"总管，金姓名昌，其子名元七，殁皆为神。元至正间阴翊海运，俱封总管。今子孙尚在，自当祀之，非小民所宜滥祭也"[⑤]。光绪《周庄镇志》也有总管庙在镇北天花荡滨金家荡村，同治四年(1865 年)重修，"祀总管金昌暨其祖和，父细，子元七，从子应龙，孙某某"[⑥]。乾隆《震泽县志》载总管堂："祀利济侯金元七，在本城城隍庙中。……今震泽各乡村亦多有此庙。"[⑦]至今在苏州阳澄湖镇新泾村储家浜、董浜镇西长亳塘畔、娄葑相门塘、娄葑新苏村、张浦镇下北港等地仍有奉祀总管庙的遗迹。[⑧]

民国《杭州府志》记载杭州总管庙在清波门流福沟，祀金元七总管，神司水，庙始建不可考，雍正七年(1729 年)，里人重建。"康熙间，徐紫山撰《碑记》，谓神元时人，七者行次，总管其官名也。……别有总管庙在城东招宝堂，又有利济侯金总管庙及利济侯庙均在县东北六十里，一长桥南堍，一五杭桥北。"[⑨]清末著名学者俞樾在《茶香室三钞》中引用徐逢吉《清波小志》的记载，称"流福沟东旧有金元七总管庙"，并称"今绍兴、杭州多有总管庙，皆昔守郡者之生祠也，吾邑亦

---

① 参见(明)王鏊：正德《姑苏志》卷二七《坛庙上》，《天一阁藏明代方志选刊续编》第 12 册，第 560 页。

② 参见(清)李铭皖、(清)谭钧培等：同治《苏州府志》卷三七《坛庙祠宇二》，《中国地方志集成·江苏府县志辑》第 8 册，第 153 页。

③ (清)金玉相纂：《太湖备考》卷六《祠庙》，《中国方志丛书·华中地方》第 40 号，据清乾隆十五年刊本景印，(台北)成文出版社 1970 年版，第 429 页。

④ (清)郑钟祥、(清)张瀛修，(清)庞鸿文等纂：光绪《常昭合志稿》卷十五《坛庙》，《中国地方志集成·江苏府县志辑》第 22 册，江苏古籍出版社 2008 年版，第 214 页。

⑤ (明)杨逢春修，(明)方鹏纂：嘉靖《昆山县志》卷三《坛庙》，转引自[日]滨岛敦俊著，朱海滨译：《明清江南农村社会与民间信仰》，第 251 页。

⑥ (清)陶煦纂：光绪《周庄镇志》卷三《祠庙》，《中国地方志集成·乡镇志专辑》第 6 册，江苏古籍出版社 1992 年版，第 524 页。

⑦ (清)陈和志修，(清)倪师孟、(清)沈彤纂：乾隆《震泽县志》卷六《营建二》，《中国地方志集成·江苏府县志辑》第 23 册，凤凰出版社 2008 年版，第 67 页。

⑧ 参见黄新华：《吴语太湖片区的金总管信仰考》，《苏州科技大学学报(社会科学版)》2017 年第 3 期。

⑨ 齐耀珊、吴庆坻等纂：民国《杭州府志》卷九《祠祀一》，第 342 页。

有总管庙几处，则属之于金昌及其子元七”[①]。流福沟为杭州古城门清波门外引湖水入城的沟流，对于此处的总管庙，《楹联丛话全编·巧对录》卷六称：“杭州清波门外有庙曰‘金元七总管’，有客云：‘可对唐宋八大家。’众赏其工绝。案康熙间徐紫山所撰碑记，谓神元时人，七者行次，总管其官名也。”[②]塘栖镇长桥南堍(桥头)金总管庙，俗称“总管堂”“广济庵”。明弘治年间，陈守清建长桥成，又于此建广济庵以镇桥梁。万历年间，因旧宇湫隘，丁守臣舍地，僧人显林募葺。重修之后，殿宇宏敞，祷祀奇应。清康熙九年(1670年)年毁于火，后里人重建，改称“利济侯金总管庙”，因康熙年间利济侯有功于漕运，遂被改封为“随粮王”。金总管庙跨街，为三层，楼上祀魁星，署曰“文星阁”，门额署“护国随粮王”。庙中神座题曰“唐吏部尚书安乐王刘晏”。清咸丰十年(1860年)，太平军攻占塘栖，庙宇被焚毁殆尽。[③]

俞樾为浙江湖州德清人，其所说的供奉金昌和金元七的总管庙多见于湖州的地方史志中。同治《湖州府志》记载：“总管祠在府治北织染局旁，明建。”[④]嘉庆《长兴县志》记载境内总管庙共有三处：一在县城东埜桥，旧为育婴堂址，嘉庆三年(1798年)，邑人改建今庙；一在五里桥，乾隆四年(1739年)建；一在便民仓，创建时间不详。[⑤] 同治《南浔镇志》则记载了三处总管庙：一名随粮王庙，在东栅口，明通判张佑创建，俗称“东总管堂”，乾隆十一年重建，道光年间重修；一在南栅口，亦张佑所建，俗称“南总管堂”，乾隆年间重修；一在东栅御河桥上，明代建，乾隆时毁，后将神像移置船场浜留婴堂内。[⑥] 同治《双林镇志》也记载境内有金总管有关的庙宇共有三处：一名“六总管庙”，在成化桥南，即观音堂基，明嘉靖年间建；一名“七总管庙”，在东林，创自元朝末年，康熙十六年(1677年)重建；一名“总管堂”，在塘支湾。[⑦] 湖州菱湖镇总管堂在永宁禅院，供奉的是金元六总管、金元七总管。《常熟县志》记载，康熙年间封总管为“护国随粮王”。《续

---

① (清)俞樾撰，贞凡等点校：《茶香室丛钞》卷十九，中华书局1995年版，第1284页。

② (清)梁章钜、梁恭辰辑录，陈焕良点校：《巧对录》卷六，岳麓书社1991年版，第89页。

③ 参见顾志兴著，王国平总主编：《运河文化名镇塘栖》，杭州出版社2015年版，第89页。

④ (清)宗源翰修，(清)周学浚纂：同治《湖州府志》卷四十《经政略·祀典》，《中国方志丛书·华中地方》第54号，(台北)成文出版社970年版，第759页。

⑤ 参见(清)邢澍等修，(清)钱大昕等纂：嘉庆《长兴县志》卷十《坛庙》，《中国方志丛书·华中地方》第601号，(台北)成文出版社1983年版，第652页。

⑥ 参见(清)汪曰桢纂：同治《南浔镇志》卷九《寺庙二》，《中国地方志集成·乡镇志专辑》第22册(下)，江苏古籍出版社1992年版，第112页。

⑦ 参见(清)蔡蓉升纂：同治《双林镇志》卷九《庙寺》，《中国地方志集成·乡镇志专辑》第22册(下)，第517～519页。

纪事诗注》:“两总管为金万一之子,金六为三边总管,金七名文秀,元延祐二年成神,黄河‘显灵’,尤其护佑浙江粮船。”2004 年,移址菱北村重建之永宁禅院。①

在湖州地区,从府县到村镇,都建有总管庙。对此,钟伟今在《湖州风俗志》中指出及清末民初湖州地区在议决做戏、出会、修庙、修桥铺路等事项时,往往以庄为单位,“一般以一个总管庙为中心划分一个庄”,这个总管庙所供奉的即是金七总管。② 可见,金总管在湖州地区不仅信仰极其普遍,且在民众生活中成为公共权力的象征。

在浙江嘉兴的西塘古镇,每年农历四月初三仍能见到围绕祭祀金总管而开展的庙会活动。在当地民间,金总管被称为“七老爷”:

> 相传他姓金,排行第七,叫金七,出生在明朝末年的嘉善县魏塘镇,长大后当一个押运粮食的小官,专门在运河上押送粮食。有一年,江南大旱,颗粒无收,处处有饥民。六月间,七老爷奉命押送一百条粮船从杭州府出发通过运河到应天府。路经西塘一带,看到两岸的旱荒严重,骨瘦如柴的灾民见运粮船来了都苦苦哀求,久久不散。金七就停船上岸,到西塘镇上找几位挚友商量,言谈间,更进一步到百姓饥饿的惨状。几位挚友代表乡里,要求暂借一些粮食解救灾民。可是,这是皇帝的军粮,他怎能做主呢?何况,已在路过嘉善时见过知县,敲过嘉善的火印。于是,他又到嘉善城里,求见知县,设法济赡百姓。知县告诉他,早已几次十万火急申报朝廷,均无音讯。知县也是一筹莫展。此时,金七说唯有一计可以暂时解救百姓。知县问他何计,他说:“西塘父老百姓恳求借我押运的粮,就借他们吧!”知县听了,沉吟半晌:“运皇粮事关重大,不按时运到也有杀头之罪,何况你擅自借人,如若被朝廷知晓,是要问斩的!”金七说:“为救乡里百姓于苦难之中,虽赴汤蹈火我在所不辞!”知县被金七舍己救人的精神深深感动,决定睁一只眼闭一只眼,装作不知,暂不禀报朝廷。于是,金七把一百条船上的粮食统统让灾民取去。到了九月,应天府因不见金七押粮前来,于是派专人来追查。知县得知后,连夜找金七商量,金七晓得事情再也包不住了,为保得全尸,就跳进西塘雁塔湾头的河里自尽。百姓闻讯,家家恸哭,为了纪念他,集资在他自尽的河边建起一座庙宇,叫“七老爷庙”,百姓尊称他为“护国随粮王”,年年香火不断。不仅西塘镇建有七老爷庙,在魏

① 参见《菱湖镇志》编纂委员会编:《菱湖镇志》上册,昆仑出版社 2009 年版,第 91 页。

② 参见[日]滨岛敦俊著,朱海滨译:《明清江南农村社会与民间信仰》,第 290 页。

塘镇和一些乡村也建有供奉他的庙宇。旧时，每年农历四月初三都会举行盛大的七老爷庙会。[①]

在上海的乡镇志中，也多有关于供奉金总管的庙堂的记载。民国《章练小志》卷三“祠庙”记载：“土谷神祠在二十八都九图口字圩，俗名‘金家堂’，祀刘猛将锐暨金总管灵祐侯细，洪济侯昌，利济侯元七。”[②]清陈元模《淞南志》卷四“寺庙”条则记载金家神堂：“在周家塍南，内奉金元六总管、七总管及金宅历代神像。”[③]嘉庆《安亭志》卷十四中也有“惠济侯庙，在真邑祠旁，神俗呼‘金总管’”的记载。[④] 道光《金泽小志》卷二“祠庙”记载，总管庙“在放生桥北，前明建，道光二十年重修”[⑤]。金泽镇总管庙始建于明代，因年久失修，20世纪50年代佛像被毁，60年代庙屋改为金泽村仓库；90年代古镇改革开放，百废俱兴，经青浦县批准，在原址的南面，重建新庙。新建的黄粉墙庙堂，坐北朝南，庙屋高爽。重塑的总管老爷和总管夫人坐像焕然一新，身着新帽、新袍，恢复了原来清正为民的气概。总管庙前有一条放生河，来进香的乡民曾在这里放生过许多水中生灵。[⑥]放生河上横跨着一座单孔石拱桥，建于明代，因桥下淌着放生河，所以叫“放生桥”，又因桥畔有座总管庙，所以也叫“总管桥”。在当地的民间传说中，总管老爷为开封人，叫金元七，又名金岳文，原是地方郡守，是一位公正无私、办事认真的清官。他察访乡镇，伏案公务，日夜操劳，对民众之事，善者奖励，恶者惩罚，一丝不苟。他所管辖的地区，人民安居，五谷丰登，深受百姓爱戴。金元七后晋升为随粮官，管理国家粮食。他从征收粮食到护送粮食，保证国家皇粮丝毫无误。每到秋冬，他奔波于各个省市，组织力量，日夜调运。沿江地区有盗匪出没，他自己跟随船队，夜不能眠，日夜兼程，保证皇粮按时送达，受到朝廷嘉奖，故后人称他为随粮王。金元七一生赤胆忠心，无私无畏，为社稷、民众做出了杰出的业绩，故朝廷敕封总管神，并在他死后立庙祭祀。[⑦]

---

① 王艳勤、钱文彬编著：《栖息心灵：长江流域的信仰与崇拜》，长江出版社2014年版，第74～76页。

② （清）高如圭原纂，万以增续纂：《章练小志》卷三《祠庙》，《中国地方志集成·乡镇志专辑》第2册，江苏古籍出版社1992年版，第815页。

③ （清）陈元模纂：嘉庆《淞南志》卷四《寺庙》，《中国地方志集成·乡镇志专辑》第4册，江苏古籍出版社1992年版，第776页。

④ （清）陈树德、（清）孙岱编纂：嘉庆《安亭志》卷十四《祠庙》，《中国地方志集成·乡镇志专辑》第3册，江苏古籍出版社1992年版，第374页。

⑤ （清）周凤池纂，蔡自申续纂：道光《金泽小志》卷二《祠庙》，《中国地方志集成·乡镇志专辑》第2册，江苏古籍出版社1992年版，第435页。

⑥ 参见王宏刚、王海冬、张安巡等：《新时期的民间信仰》，黑龙江教育出版社2013年版，第52页。

⑦ 王宏刚、王海冬、张安巡等：《新时期的民间信仰》，第51～52页。

三、金总管信仰形成的社会环境

金总管全都是由人成神的，但对于其显圣封神的时间缘由，与金总管的名讳一样，史志记载也都模糊不清。总管之称号，本是古代官名，为地方高级军政长官、军事长官或管理专门事务的行政长官的职称。作为神灵的"总管"称号，并不见于《道藏》之中。元朝时，"诸路皆设总管府，达鲁花赤之下为总管，总管之下为同知、治中、判官、散府即达鲁花赤之下置知府或府尹"①。徐逢吉引用黄宗羲对元朝官制的研究，认为总管庙为元朝时郡守的生祠，因为郡守有善政，按照中国人"有功于民则祀之"的观念，为地方百姓所供奉。事实上，金总管家族的"太尉""总管"等称谓，并不是金氏家族中有人担任该职务，而是民间巫师为提高自己的身份，冒称"总管""太保"。元明以来，江南一带的巫师神婆为了抬高自己的身份地位，扩大自己的影响，往往自称为总管或太尉的子孙。② 正德《江阴县志》记载："盖时俗以有官者之子孙为舍人，而管高者之家称为府。故陈巫自谓为太尉、总管子孙，其家为府，而已为舍人也。"③巫师自称为太尉、总管的后代，称自己为舍人，平日出门也是按照官家的排场，"骑马张伞，大帽红袍，条环系带，驰里社中"④。因此，金陵地方志"政务"中专门有"禁治江淮以南庙祝师巫窃称太保、总管，煽惑人众"的记载，《元典章》中也有"禁庙祝称总管、太保"的诏令。庙祝、师巫等民间巫师，妄称"太保""总管"之名，煽惑人众，甚至惊动了朝廷，由刑部专门颁发"禁庙祝称总管、太保"令，足见当时江南地区这一风气的流行。

而巫师假称金总管的事例，也多出现在文人的记载中。清人所撰《西湖佳话》中就描写了一段嘉兴地区的巫师假称神仙下凡的情景："原来嘉兴最信的是师巫，听得县里要祈祷，便来了八个，这干人口里专会放屁，敲锣击鼓，跳起神来，骗猪头三牲吃；哩嚏罗嚏，请起几位伤司五路，唱了几个祝赞山歌，假说：'我是金元七总管下降。'一个道：'我是张六五相公临坛。'又一个道：'吾乃宋老相

---

① ［日］滨岛敦俊著，朱海滨译：《明清江南农村社会与民间信仰》，第 282 页。

② 参见黄新华：《吴语太湖片区的金总管信仰考》，《苏州科技大学学报（社会科学版）》2017 年第 3 期。

③ （明）黄傅编纂：正德《江阴县志》卷十一《风俗》，转引自［日］滨岛敦俊著，朱海滨译：《明清江南农村社会与民间信仰》，第 279 页。

④ （明）黄傅编纂：正德《江阴县志》卷十一《风俗》，转引自［日］滨岛敦俊著，朱海滨译：《明清江南农村社会与民间信仰》，第 279 页。

公是也。'不过是饮食若流，做个饱食饱餐的饿鬼一通，有甚效验？"[①]明代苏州文学家冯梦龙也记载了一则巫师自称"金元七总管"的例子，他在《谈概》中写道："长洲刘丞不信鬼物，子病，妻乘夫出，延巫降神，问休咎。巫方伸两指谩语，适丞归见之，怒使隶执巫，将加杖，诘问：'汝何人？'巫犹伸两指跪曰：'小人是金元七总管'。丞笑而遣之。"[②]这些自称金元七总管的巫师，有些可能是金总管的后人，而有的如嘉兴的巫师，则与金总管并无关系。正如滨岛敦俊所总结的："总管祭祀仪式一般都源于个别巫师家族的神，以后就被用来当做周围一带村庄的保护神。"[③]可见，在金总管信仰中，总管之名称并非来自官职或朝廷敕封，而是民间巫师自抬身价之称呼。

金总管从民间巫师的家族神到遍及太湖流域、各乡村多有供奉的祠庙神，其背后除了民间巫师的攀附、宣扬之外，与太湖流域的地理环境以及元朝以来社会发展的现实有着密切的联系。太湖流域河网密布，湖泊众多，面积在0.5平方公里以上的湖泊有189个，区域内水域达17%，湖泊面积占流域平原面积的10.7%，河道和湖泊各占一半。整个区域内河道纵横交错，湖泊星罗棋布，为典型的"江南水网"。水既为太湖流域的居民带来了丰饶的物产，也给当地居民的生产和生活带来了威胁。正是因为面对水灾和风浪的不确定性和无能为力，人们才需要借助神的力量。而金总管的出现，最初也都以护佑海运、拯救落水之人的形象出现。[④] 正德《姑苏志》等记载金总管家族的神灵，元至正间因"阴翊海运"而被封为"总管"。《铸鼎余闻》中所记载的两则金总管"显灵"的事迹，也与水运有关。《铸鼎余闻》卷三记载："国初陶道敬与奚氏仇，将疏阙下，为奚所缚，投白茅塘。陶号呼神，见神立水中，缚自解，跃岸得免。又叙《氏族篇》云：朱骥，字汉房，官广西布政司左参议。尝泛海，遇一舰，投刺者曰金爷来访。及晤语，见其红布抹额，心异之。且嘱朱曰：'我船先行，先生之船可缓遂行。'朱报访，舰已远扬，第见标帜为'金元七总管'。顷之，风怒浪号，他舟多败，而骥独全。"[⑤]姚福均所记载的两则金总管显灵事迹，一则为救溺水之人，一则是为狂风怒浪中的船只提供保护。除了为靠水生活的人提供保护以外，金总管还能用水为居民消除灾祸。徐逢吉《清波小志》记载："雍正四年，有李森者，自伤寥落，祷

---

① (清)古吴墨浪子辑，邵大成校注：《西湖佳话》，华夏出版社2013年，第115页。

② (明)冯梦龙著，杨军等点评：《谈概》，长春出版社2009年版，第407页。

③ 万志英：《太湖盆地民间宗教的社会学研究》，参见李伯重、周生春主编：《江南的城市工业与地方文化(960～1850)》，清华大学出版社2004年版，第306页。

④ 参见黄新华：《吴语太湖片区的金总管信仰考》，《苏州科技大学学报(社会科学版)》2017年第3期。

⑤ (清)姚福均：《铸鼎余闻》卷三，《藏外道书》第18册，第622页。

于神曰：'神之为灵昭昭也，何至裸体而露处，与我同一坎坏耶？神能授我一臂，我当有以报神。'乃不旬日，而李果得所遇。……(李森)以其事闻之邑侯杨公梦琰，杨公曰：'神于民有利乎？'曰：'神生时往来江湖间，殁后为水神，力可以制祝融。'公曰：'杭民之所患者火也，神能制火，祀之宜也。'"[①]在李森看来，作为航运中的保护神，金总管既然能够控制水流保护航运，自然也能用水来消除火灾。不管如何，金总管的神职始终与水有着密切的联系。

此外，随着江南经济的发展，依赖水运外出经商的人不断增多。但在当时的社会环境下，由于河道艰险、盗贼出没等原因，外出押送货物、经商是一件危险的事，船夫和商人的生命财产很难得到保障。因此，外出运送货物和经商的人都有自己供奉的保护神。《元诗选》中就一首描写苏州商人外出经商的诗——《复舟叹》，诗曰："吴中富儿扬州客，一身射利多介帛。去年贩茶盆浦东，今年载米黄河北。远行香火倚神明，从来风水少遭惊。近日船行御河里，顺流日日南风喜。"[②]商人远行需要依靠神明的保佑，因为有神明的保佑，才能保证一帆风顺，旅途平安。正是借助人们的这一心理需要，能够拯救溺水之人、为船只提供护航的金总管也随之传扬开来。除了保护航运之外，湖州府一带的金元七总管也被视作财神，民间祀之甚勤。"又有金元六总管、七总管，市井中目为财神，建庙尸祝，每月初二、十六日，用牲醴与五圣同享，名曰'拜利市'。"[③]

元明以来，江南地区的漕粮运输活动在总管信仰的形成及发展中扮演了重要角色，流传到现在的金总管传说中依然残留着漕运的痕迹。在明朝中叶以前，自江南地区所征收的大部分米谷，要由选为粮长的乡居地主以徭役的形式，通过大运河(元代是通过海运)加以运送；这是一项风险极大甚至会导致运送者倾家荡产的工作。于是，为适应这些乡居地主的需要，民间巫师们炮制出了诸多"灵异"传说，金总管、李王等地方神便被塑造成了庇佑漕运平安无事的神灵。而在16世纪以后，由于商业的发展，乡居地主阶层没落下来，漕运亦转变成为由专门的军队(即运军)来担任，这使江南地区地方土神庇佑漕运的职能不再适应该地区的需要，于是其灵异逐渐发生了转变。他们已经不是从高高的天上带着许多下属降临人间，为粮长等担当漕运任务的人提供救助，而是变成了不惜牺牲自己生命，与民众同甘共苦，发放粮米给百姓的施米神。16世纪以后，江南

① (清)徐逢吉：《清波小志》卷上，载王国平主编：《西湖文献集成》第8册，第55页。

② 朱志元：《商界精英：长江流域的金融与巨家》，长江出版社2014年版，第41页。

③ 朱海滨：《祭祀政策与民间信仰变迁：近世浙江民间信仰研究》，第151页。

三角洲地区金总管信仰之所以发生蜕变，正是当时社会经济状况变化的结果。[①]

金总管能够拯救溺水之人、保护航运，甚至控制水消除灾难、带来财富的神职在太湖流域以水为主的地理环境下，为人们生产生活所需要，而这种需要经过民间巫师对金总管的依附、宣扬，更扩大了其影响。民间巫师在自称“金元七总管”等神灵的过程中，一方面通过依附金总管，抬高了自己的身份地位，使自己的灵迹有所依托；另一方面，也在依附的过程中，不断扩展金总管的神职，扩大他的影响力。[②] 按照正德《姑苏志》等史料的记载，金总管是因为“阴翊海运”而被封为总管的，但在后世的记载中，金总管的神职却在不断地增加。《枣林杂俎》“幽冥条”就称：“金元七，前元长洲民，世出一人，生有神助，专拯垫溺之患，年四十上下死，辄著灵异。今其地曰金家庄。一曰有二子痘夭，因愿没身为神救危痘，七月七日赴周泾河死。显灵国初，金元七总管，万历初封，专管痘司。”[③]清人张之鼎《栖里景物略》卷三亦载：“按眉公《修利济侯祠疏》云：杭郡治之东，有蓬莱道院。院有利济侯祠。侯当洪武初，封金元七总管。万历改元，敕封专掌痘司。俗传侯吴人，有二子，痘殇，因叩天，有心誓曰：‘吾不能有儿，断不忍人之无儿，愿没身而为神，请之上帝，凡有危痘转死为生。’遂以七月七夕赴周泾河死。显灵民间，而吾杭为尤著。每当医技告殚，辄向蓬莱侯羽下，露祷辄应，而祭谢者趾相啮也。”[④]由此，金元七就从专拯垫溺之患变成了为救危痘而死、专管痘司的神灵。

浙江乌镇朝宗门以东有清风殿，供奉金元七总管，当地民众亲切地称其为“总管菩萨”。据说，总管菩萨有驱除蝗虫的功能，可保五谷丰登。清风殿是总管神的行宫，总管菩萨神像头、手、足为泥塑或瓷烧，身体是木制，可弯曲，有别于坐宫类型的总管菩萨。如南栅茶亭庙里的总管菩萨泥塑通常固定在神座上，只能守在小庙里接受信徒供奉。每年农历六月中旬，插秧完毕，农村就筹办青苗会，清风殿里的 7 个总管菩萨被人抬着在四栅及周边田塍风光地游走。清风殿几经兴废，清雍正八年(1730 年)重建山门，乾隆二十四年(1759 年)重建正殿，到 1994 年重建时又名“清风福院”。曾经风头十足的 7 个总管菩萨早就作为“四旧”被毁，大门紧闭，当年热闹的出会游街也已化为老一辈人的记忆。[⑤]

金总管从护佑漕运、“丕著灵应”开始，经过民间巫师的依附、宣扬，已不仅

---

① 参见黄新华:《吴语太湖片区的金总管信仰考》,《苏州科技大学学报(社会科学版)》2017 年第 3 期。

② 参见黄新华:《吴语太湖片区的金总管信仰考》,《苏州科技大学学报(社会科学版)》2017 年第 3 期。

③ 吕宗力、栾保群:《中国民间诸神》下册,河北教育出版社 2001 年版,第 521 页。

④ (清)张之鼐:《栖里景物略》卷三,浙江摄影出版社 2006 年版,第 61 页。

⑤ 参见章晓艳:《乌镇胜迹》,浙江人民出版社 2014 年版,第 37 页。

能够护佑海运，而且还能消灾降福，为走水路经商的人带来财富，还司职痘司，甚至辅助战事。在弘治年间李佑所撰写的《睦州建昌祠碑记》中，金总管成了能够襄助军队获胜的神灵。建德金总管庙又称“七郎庙”，位于梅城西南新安江畔，今严州大桥北端东堍，为祭祀元金元七总管而建。殿宇三进，坚木石柱，雕镂精细，为明清古建筑之上品。清道光《建德县志》卷十六引博白知县胡书源《建昌山金元七总管庙记》云：“相传宋时洪水泛溢，遥见见山巅有老翁操彗扫，河水立涸。事闻，因即山建龙王庙，赐额顺济，旱祷亦辄验。或曰潭有神龙居之，其即是欤？后有七总管者，南宋时人，籍隶姑苏，姓金氏，名矿，生有灵异，幼即为神。元以功封利济侯，三吴庙祀甚盛。明李文忠平睦寇，忽见兵仗旌旄拥护前后，命巫祝之，曰金元七总管也。”[①]是役因得神助而获大捷。李文忠“上其事，奏为利济侯”，并将庙址从城北迁于建德西南之建昌山麓。清康熙四年(1665 年)，加封为“护国随粮王”。雍正四年(1726 年)，增建斗宫，更名为“七总管庙”，俗称“七郎庙”。嘉庆七年(1802 年)，加封为“安乐王”。20 世纪 60 年代，七郎庙为红卫化工厂占用。后杭州电表厂作仓库、食堂，部分改作宿舍。2004 年 9 月，严州市旅游投资发展公司与梅城镇政府联合重修，将其改名为“开元寺”，西侧殿宇仍保留为七郎庙。[②] 清人张鸣钧《募修南总管堂引》称：“(总管庙)皆元时以护漕丕著灵应，沿明至本朝庙名无改，而(南)浔之捍灾降福、阜财裕民，尤捷若桴鼓，故香火报赛极盛。”[③]乾隆年间，华万九《重建随粮王庙碑》称，南浔镇敕封随粮王庙“上既护国，下复庇民”[④]。这些神职的扩张，都离不开民间巫师的身影。正是在民间巫师的推动下，金总管信仰才得以遍及太湖流域的城镇和乡村。

---

① (清)姚东升辑，周明校注：《释神校注》，巴蜀书社 2015 年版，第 113 页。

② 参见建德市旅游商贸局编：《浙江省建德市风景旅游志》，上海人民出版社 2008 年版，第 86 页。

③ (清)汪曰桢纂：同治《南浔镇志》卷九《寺庙二》，《中国地方志集成 · 乡镇志专辑》第 22 册(下)，第 112 页。

④ (清)汪曰桢纂：同治《南浔镇志》卷九《碑刻四》，《中国地方志集成 · 乡镇志专辑》第 22 册(下)，第 325 页。

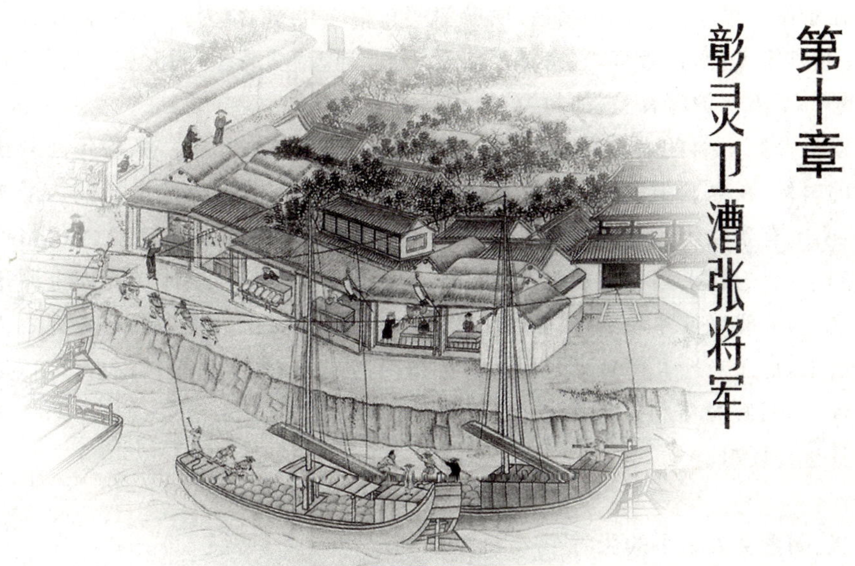

第十章 彰灵卫漕张将军

张将军，名张襄，为江苏宿迁当地的水神，其庙宇位于今江苏宿迁市宿城开发区东首。当地人称张襄为“张老爷”，故而其庙亦称“张老爷庙”。张将军信仰与漕运关系密切，在明代曾被视为河神金龙四大王的部将，成为往来官员、商人和水手祭祀的对象。清代更是被敕加封号，列入国家祀典，成为苏北黄运地区较有代表性的水神之一。

一、张将军的生平事迹

对于张将军的生平事迹，宿迁历代县志对此都有详细的记载。明万历《宿迁县志》卷二《祠庙》记载：

> 张将军，其神本县中隅人，名襄，弘治间业商，至伍家营为舟人所害，弃之水，夜托梦其母曰：“我为舟人害之矣，明日有舟至此不能行，尸浮处，即其人也。”次日，舟人至小河口，舟果不能行，其尸逆流舟尾而出，其家人得尸，遂为告诸官，置舟人于法，后屡见梦于乡戚，言已为河神，能致祸福。舟行至小河口遭风波者，呼其神辄应。历在有功于运漕，朝廷屡遣官御祭，隆

以显号焉。[①]

清代诸县志关于张将军的记载大致相同。民国《宿迁县志》记载，宿迁张将军庙在治南十里小河口，“神名襄，明弘治间行商至伍家营，为舟子所害，夜托梦于母，明日得其尸，告诸官，置舟子于法后，为河神，有功漕运，明时屡遣官祭，封以显号。至国朝护漕有验，加封‘护国护漕勇南王’”[②]。

以上两则史料的大体意思是，张将军，名襄，明代宿迁县人，弘治年间外出经商的时候，在今泗阳武家营附近为船夫所害，夜晚托梦给母亲说：“我为船夫所害，明天有条船经过这里的时候，我让它无法前行，我的尸体也就浮出水面了。”到了第二天，果然有只船到小河口就走不动了，张襄的尸体逆流而上附于该船之上，从船尾处浮现出来，张家人见此立即报官，将谋财害命的船夫绳之以法。后来，宿迁当地人都梦见张襄说自己被封为河神，每逢有船只过小河口，遇到风浪，船民呼喊张将军的名号，就能得到庇佑。因其有功漕运，明、清两代多次对其进行褒封。

二、明清文人笔下的张将军

明代以来，不少文人笔记中对张将军的身份和事迹都作了记载。虞淳熙(1553～1621 年)，字长孺，浙江钱塘人。万历十一年(1583 年)癸未科进士，曾任兵部职方事、礼部员外郎等职，著有《虞德园先生集》《孝经集灵》等书。在其所著《虞德园先生集》中收录有《金龙四大王碑记》一文，记叙了他自己的亲身经历：“茶城之役，熙与竹箭并水浮而入京师……菰芦中一夫大呼，急欲上舟，曰：‘王使我上舟。’……张将军亲操舟若神，抵潞数百里而遥，果致安流，则将军去且致王命。熙语将军：‘吾不能刲牲享王于王所丽牲者，愿有言然。’”[③]此处记载，张将军已成为金龙四大王之部将，他“显圣”附体于柁师身上，亲自护送虞淳熙安全归来。虞淳熙对张将军颇为感激，并为此专门撰写碑记。

叶向高(1559～1627 年)，字进卿，号台山，福建福清人，万历、天启年间，两度出任内阁首辅大臣。天启元年(1621 年)六月初九，他从福清启程前往北京，当他到达淮安清口，准备渡过黄河时，却遇到河床淤塞，“拥塞二十余里，其浅处

① (明)喻文伟等修：万历《宿迁县志》卷二《祠庙》，《天一阁藏明代方志选刊续编》第 8 册，据明万历年间刻本景印，上海书店 1990 年版，第 900 页。

② 严型、冯煦等修纂：民国《宿迁县志》卷四《营建志·坛庙》，《中国地方志集成·江苏府县志辑》第 58 册，第 453 页。

③ 王国平主编：《西湖文献集成》第 19 册《西湖风俗专辑》，第 988 页。

不盈尺，即轻舟亦不得渡”。眼看就要误期，叶向高听说当地龙神非常灵验，就准备好三牲六礼，到当地的龙神庙祭祀和祷告。祷告刚完，庙祝便作神谕，应允叶向高可以得渡，须臾之间，河水就涨了一尺(0.33 米)多高。翌日清晨，河水已经涨到四五尺。叶向高大喜，吩咐手下准备渡船，此时，偏偏遇到逆风。他“复祷于神，遂得便风”，真是灵验无比。他顺风北上，“借风力一日至桃源，次日风大利，遂至宿迁，盖顷刻间百二十里矣！……自宿迁行六十里至直河口，至此乃脱黄河之险”①。这就是历史上叶向高“黄河遇龙，淮神风助”的典故。天启四年(1624 年)九月，叶向高告老返乡再次路过清口淮神庙，专程前来祭拜龙神。事后，叶向高将其经历写成《龙神感应记》一文，请自己的好友、著名书法家董其昌书丹，并刻成碑记，立于淮安清口的淮神庙内。

对于淮河之神张将军，是否就是宿迁张将军庙的张襄，这个问题早在明代就有争论。明人陈继儒在其《陈眉公先生全集》中有这样的疑问：“(宋人)张顺将兵救襄阳，身中三矢而亡，尸出上流，披甲胄，执弓矢，直抵浮梁，怒气勃勃，得无神，所谓张将军者是耶，非耶？”②他认为，张将军有可能是南宋抗蒙将领张顺。明末清初的历史学家谈迁对于张将军的身份也有所猜想，其《北游录·纪程》载：

> 金龙大王庙最著灵，无舟不祷，优唱灌耳。旁祠张将军，敕封‘灵济勇南王兼□□平浪元帅’。大王职黄河，(张)将军职淮。孙吴时，张梱尝屯兵闽泉之青山，御海寇，没葬焉。建炎南渡，虞允文与金人战采石，见大旗上题张将军姓字，询土人之从军者，得其神迹，进封为侯。至景炎元年，敕封“灵安王”。诞辰十月二十三日，惠安令致祭为常。意即其神或别有所出，未可知也。淮清河浊，而黄强于淮。隆庆初，朱尚书衡分黄导淮，力刷清口，淮黄交相为用。天启辛酉，福清叶文忠应召导淮而胶，得张将军风助，见庙记中。③

谈迁在这里理清了“大王职黄河，将军职淮”的关系，也从另一个角度证实了明代叶向高得到淮河之神风助的神话，但却又将张将军误认为是三国时代的张梱。但他也不敢肯定，所以又说道：“意即其神别有所出，未可知也。”他继续北行，在到达宿迁的张将军庙时，忠实地记录了自己的所见所闻：“宿迁县，一大

① 参见(明)叶向高：《苍霞余草》卷一《龙神感应记》，载福建省文史研究馆编《苍霞草全集》第 8 册，江苏广陵古籍刻印社 1994 年版，第 65～66 页。

② 王国平主编：《西湖文献集成》第 19 册《西湖风俗专辑》，第 942 页。

③ (清)谈迁撰，汪北平点校：《北游录·纪程》，第 20 页。

聚落也，菽麦盐豕，贾贩相属。十五里陆家墩，十里小河口，南岸张将军庙。俗传神为女弟出治奁物，被舟妇白氏溺之，尸随舟三日始出。事泄，(白)氏论死。神佐金龙大王治水。"[①]谈迁笔下有关张将军成神的经历和史志记载基本相同，而且还记载了当地张姓后裔有事外出的时候，都将自己的婴幼儿放在张老爷庙里，幼童们终日玩耍嬉闹都不会跑出庙门，其原因就是有张襄张老爷的神灵庇佑。

三、明清官方史料中的张将军

以上只是文人笔记中有关张将军的记载，还不足以证明张将军淮河之神的官方身份，最有力的证据是明清官方的文献记录。清光绪《清河县志》卷三《祠庙》中记载张将军庙："在清口，神姓张名襄，宿迁人，成化中封'永南王'，乾隆年间建庙。"[②]《钦定大清会典则例》卷八四《礼部·群祀一》记载乾隆四年(1739年)，"敕封宿迁人张襄为'彰灵卫漕张将军'，庙祀江南清河县"[③]。清代江南河道总督李奉翰在其所纂《南工庙祠祀典》中，更是对张将军之事迹作了详细记载：

将军姓张，讳襄，宿迁人，贾于江湖，为舟人所害，见梦于其父曰："儿为某所杀，明日有某舟至小河口，即盗也。"父如其言，物色之，有渔舟回旋不去，将军尸尾之，得盗，置于法。明成化年间，事封"勇南王"，庙祀清口。国朝康熙年间，因护漕卫民，福佑显灵，重建庙宇，塑像祀之。乾隆三年，重运北上，清口浅涩，河督文定公赴庙虔祷，即通利遄行，高公移建庙于新闸河头，具题请封。乾隆四年，敕封"彰灵卫漕张将军"，奉颁御书匾额。[④]

这些史料都确定无疑地说明淮河之神张将军既不是明代陈继儒所说的张顺，也不是清代谈迁所猜测的孙吴时期的张悃，而是明代宿迁人张襄。之所以没有将他的专祠设在宿迁，是因为清河(今江苏淮安清江浦区)是黄、淮、运交织的地方，也是淮河最容易发生水患的地方。

明代河漕官员所撰写的奏疏及碑记中亦有对张将军的描述。明代治河名臣潘季驯在宿迁徐州一代治河多年，对于张将军河神之事也深信不疑，在其向

① (清)谈迁撰，汪北平点校：《北游录·纪程》，第23页。

② (清)胡裕燕等修，(清)吴昆田等纂：光绪《清河县志》卷三《建置·坛庙》，《中国地方志集成·江苏府县志辑》第55册，第864页。

③ 《钦定大清会典则例》卷八四《礼部·群祀一》，景印文渊阁《四库全书》第622册，第633页。

④ (清)李奉翰编：《南工庙祠祀典》，《中国祠墓志丛刊》第3册，广陵书社2004年版，第325～326页。

朝廷所上的《乞崇庙祀疏》中言："去秋河决睢宁，运渠淤垫，臣谬承明命，开复旧河，董率百执事于正月十六日兴工。或告臣曰邳有金龙四大王与其部将柳、张、支、九。……臣不得以，乃率郎中张纯、参政傅希挚、副使冯敏功、刘庠等竭诚祷于神，且许以请额建庙，血食兹土。"[①]该文记载潘季驯原来不信河神，但开工后暴雨不断，无奈只好上奏朝廷，亲率众官员祭祀河神，并许诺为河神、张将军请封，工程才得以顺利进展。

历史资料中明确指出张将军为淮河之神的，是明天启年间的总漕苏茂相。天启六年(1626年)，为治理淮安清口之淤，苏茂相求祷于金龙四大王庙。其《淮安清口灵运碑记》云：

> 天启丙寅春，茂相奉玺书来董漕务。五六月间，南旱北霪，淮势弱，黄挟雨骤涨，倒灌清江浦、高邮之墟。久之，泥沙堆淤，清口几为平陆，仅中间一泓如线，数百人日挽不能出十艘，茂相大以为恐。或曰金龙四大王最灵，因遣材官周宗礼祷之。是夜水增一尺。翼日雨，复增二尺。雨过旋淤。茂相曰："非躬祷不可！"闰六月二十有五日，率文武将吏诣清口，祷于金龙四大王即张将军神祠。四大王，黄神也，祈逊淮勿侵；张将军，淮神也，祈捍黄勿缩。[②]

从这段文字中，我们可以明确地了解到：苏茂相率文武官员的祭祀，毫无疑问是代表官方。在祭祀的对象中，张将军由黄河之神金龙四大王的部将，变成与之平起平坐的淮河之神。

在宿迁当地，除了宿城开发区东首的张老爷庙之外，还有多处祭祀张将军的庙宇。据县志记载，城内马陵山西北麓，城外耿车镇东面等地都有张老爷庙。[③] 现今保护较为完好的城东大运河畔大王庙大殿上祭祀的主神依次是金龙四大王、张将军和清代治河名臣靳辅。嘉庆三年(1798年)三月，靳辅曾孙、松江府押运通判靳光寰在其所作碑记中记载："宿迁县城外东南圩运河之西岸，有金龙四大王庙。中供大王像，左供张老爷像，右供先曾祖文襄公像，旁列侍者二

① (明)潘季驯：《总理河漕奏疏》卷三《乞崇庙祀疏》，国家图书馆文献缩微复制中心影印2007年版，第355～357页。

② (明)宋祖舜修，(明)方尚祖等编纂，荀德麟、刘功昭、刘怀玉点校：天启《淮安府志》卷十九《艺文志一》，第823页。

③ 参见蔡同喜：《四渎正位淮河之神——宿城张将军庙历史文化渊源调查笔录》，《宿迁论坛》2016年1月29日。

人，庙之建不知起自何时。”[①]宿迁当地学者王晓风曾到张老爷庙旧址附近进行过多次田野调查，有关文献中记载的张姓婴儿在张将军庙里嬉戏的情节，至今还有不少当地的老年人记得。他们说，直到民国初年，张老爷庙的周边百姓对于张将军都还虔诚地笃信，香火不断，庙周围的百姓到田里干活，都把幼小的孩子放到庙里，说是让老太爷帮忙看护小孩，而张老爷对于这些后代子孙大概也疼爱有加，护卫得妥妥帖帖，从来没有出现过意外，张将军也因而成为当地民众的保护神。

① 晁剑虹：《幸存的康熙宿迁御文碑刻》，《长江文化论丛》第9辑，南京大学出版社2013年版，第224页。

第十一章 御灾捍患祀神明

信仰目的的功利性是中国民间信仰的重要特征之一。神灵为人类所创造，并服务于人们的现实生活。正如民俗学者乌丙安先生所言："民间信仰的多功利性还表现在人们根据功利的需求，强行给他们崇拜的神灵增加职司方面。""许多神灵原本只专司一职，逐渐在人们的信奉之下转变为一专多职神，要为人们做更多的事，以满足人们的多种要求。"[①]许多神灵原本不是水神，但被官方和民间赋予护佑漕运、保障堤防等功能，因而兼有了水神的职能，如关帝、许远、吕岩（吕洞宾）、柳毅等。

一、高家堰关帝庙

淮安洪泽湖大堤又称"高家堰"，由于高家堰承担着防洪蓄水、蓄清刷黄的职能，故明清时期不断对其进行修筑和加固。高家堰上建有关帝庙，具有治水保堰的功能。潘季驯于万历六年（1578 年）奉命治理泗州祖陵水患，经勘查，认

① 乌丙安：《中国民间信仰》，长春出版社 2014 版，第 6 页。

为淮水之所以不能顺利东流出清口，而导致河水逆流而浸灌泗州，其主要原因是黄河水势比淮河强，而其水质也较淮河更为浑浊，故当黄、淮在清口交汇时，黄水浸灌淮河，因而导致淮水无法顺利东流。为治理这一难题，潘季驯提出“筑堤束水，束水攻沙”的主张，即于淮河两岸修筑堤防，增强淮河水势，借助河水之力冲刷黄河淤积泥沙。潘季驯为使这一方法获得朝廷的支持，亦假借此是关公显灵所赐予：

> 臣窃惟高家堰为淮黄关键，堰长六十余里，从水筑堤，取土数里之外，如燕垒巢，告以必不可成者，万口如一词。臣之心亦稍馁矣。乃于七年正月二十四日，躬往督之。夜梦一大将军，赤而欣髯，引臂题石，示臣以必成之方，一老兵持箒扫地，谓臣曰：此云长关公也。臣矍然起曰：“扫者，埽也，其谕臣以负薪乎？”①

由此可知，潘季驯“束水攻沙”之灵感，系源自“老兵持箒扫地”之梦，故河工告成后，奏请祭祀关帝及河渎诸神。

万历十八年(1590 年)五月，汝宁、寿泗一带淫雨连绵，淮水暴涨，“至二十七八日，雷雨交作，西风骤急，高堰将危，比时从公所看有黄云一片，笼罩武安王庙上良久方散。又本庙僧人宗权有徒远归，从十里外望见庙前灯火盛张，至庙寻访无踪。须臾，风转雨收，水势遂定，高堰溢而后安，实系武安王神功之力”②。高家堰关帝庙在清代也曾多次显灵。黄钧宰(约 1826～1895 年)，一名振钧，字宰平，钵池山农，别号天河生，江苏淮安人，清中后期的戏剧家、文学家。《金壶七墨》是他撰写的一部笔记小说，包括《浪墨》八卷、《遁墨》四卷、《逸墨》二卷、《醉墨》一卷、《戏墨》一卷、《泪墨》(又名《心影》)二卷以及未刻之《丛墨》，记录了他自道光至同治 40 年间的“耳目闻见，可惊可愕之事”。他在此书卷一《神保湖堤》一节中记载了关帝“显灵”佑助河工的事迹：

> 淮、扬两郡西临洪泽，北枕大河，清口当河湖之间，为黄淮交汇之地。……自黄河南侵，清口淤垫，淮水不能畅流，于是高堰、山盱两厅属堤长一万七千余丈，势如建瓴，时时有决防之患。……往岁七月初，风雨大作，水溢于堤，启坝而涨不遽消，溃决在于呼吸，厅营员弁督饬夫役冒雨抢修，叠浪狂飚如山，而至危急间，防兵忽闻云际，马铃往来驰骤，电光闪烁中，见有金甲神从诸兵卫举刀挥

① (清)陈梦雷等辑：《古今图书集成·博物汇编·神异典》卷三七《关圣帝君部》，第 60087 页。

② (清)陈梦雷等辑：《古今图书集成·博物汇编·神异典》卷三七《关圣帝君部》，第 60219 页。

水而西，顷刻回风，水减数尺，官民相庆更生。呜呼！人事不齐，遂资神力，神之不保，将复何求？①

二、淮安的吕祖庙和显王庙

吕洞宾，名岩，字洞宾，道号纯阳子，自称回道人，河东蒲州河中府（今山西芮城永乐镇）人，道教主流全真派祖师。原为唐代儒生，40 岁时遇郑火龙真人传剑术，64 岁时遇钟离权传丹法。道成之后，普度众生，被民间奉为“八仙”之一。吕洞宾也是“五文昌”之一，常与关公、朱衣夫子、魁星及文昌帝君合祀。北宋时期，吕洞宾信仰开始流行，宣和元年（1119 年），朝廷加封吕洞宾为妙道真人，表明官方对道教和民间对吕洞宾的信仰的认可。到元代，吕洞宾信仰继续升温，元世祖至元六年（1269 年），封为“纯阳演正警化真君”；元武宗至大三年（1310 年），加封为“纯阳演正警化孚佑帝君”。此后遂由民间敬奉的神仙变为统治者推崇的“孚佑帝君”，全国各地纷纷建观立祠供奉之。嘉庆九年（1804 年）十一月，因清江浦吕祖庙保障堤防，灵感昭著，时任刑部尚书姜晟等人恳求为其敕加封号：

伏查河口之惠济祠崇祀天后，护佑河漕，灵应最著，遐迩钦瞻，屡蒙高宗纯皇帝圣驾亲临拈香，恭悬匾联。嘉庆六年，复奉皇上御书匾额，恭摹悬挂，合无仰恳圣恩，加赐封号，益崇报祀之寅虔，永荷灵庥之佑庇。……又淮郡山、清两邑士民，奉祀吕纯阳祖师最虔，凡遇祈晴祷雨，保障堤防，每求辄应。前于十一月初三日，臣恭赍御香，敬诣清江浦吕祖师庙虔申祈祷。初四日，河口即得通顺，灵感昭著，信而有征。……现据淮郡绅耆李超玠等公同具呈，吁恳奏请封号崇祀，并据该□□等详情前来，理合一并仰恳天恩，准加封号崇祀，以顺舆情，益邀佑贶。②

光绪《钦定大清会典事例》卷四四五《礼部·群祀》记载嘉庆九年（1804 年），因祈祷晴雨，保障隄防，有求辄应，敕封唐人吕岩为“燮元赞运纯阳演正警化孚佑帝君”，庙祀江南清河县。③

许远（709～757 年），字令威，唐杭州盐官（今浙江海宁西南）人。唐开元末

① （清）黄钧宰：《金壶七墨》卷一《神保湖堤》，《续修四库全书》第 1183 册，上海古籍出版社 2002 年版，第 15～16 页。

② 郑永华：《从民祀到正祀：清代崇封吕祖史事补考》，《中国道教》2016 年第 3 期。

③ 参见光绪《钦定大清会典事例》卷四四五《礼部·群祀》，第 111 页。

年进士，曾入剑南节度使府为从事，因忤节度使章仇兼琼，被贬为高要尉。唐天宝十四年(755 年)，安禄山叛乱，唐玄宗召其为睢阳太守。至德二年(757 年)正月，遭安庆绪部尹子琦合兵 10 余万围攻，他与真源令张巡以数千兵卒协力固守睢阳。坚持至十月，粮尽，罗雀掘鼠充饥。终因外援不至，城破被执，送至洛阳，在安庆绪兵败渡河北走时，遭杀害。韩愈评论说："守一城，捍天下，以千百就尽之卒，战百万日滋之师，蔽遮江淮，阻遏其势，天下之不亡，其谁之功也？"[①]后诏赠荆州大都督，绘图像于凌烟阁，并敕建双忠庙于睢阳，岁时致祭。宋朝时，尊许远、张巡为"保仪尊王""保仪大夫"。元顺帝时，加封许远为"护国忠靖威显景祐真君"。明洪武四年(1371 年)，封许远为"睢阳太守许公之神支"，春秋进行公祭，并在德州赐建庙宇。至清代，许远受重视的程度更甚，他的塑像还被请到太庙中，成为 41 位陪臣之一，与历代帝王共享皇家祭祀。

道光二十年(1840 年)十月，因高家堰风神庙、显王庙显灵保障堤防，屡著灵应，时任南河总督麟庆奏请为其颁发御书匾额：

> 奏再查洪泽湖为东南巨浸，山盱高堰堤工素称险要，该处堤上有风神庙、显王庙各一座，载在祀典，屡著灵应。上今两年，湖水来源极旺，当大风时，万顷汪洋，淮扬两郡官民无不时深凛惧。上年八月初，风暴连朝，石工甚为危险，本年湖波叠涨，存积不消，比上年尚大寸，势将平漫。臣巡防湖上，致诚叩祷，仰赖圣主洪福，经历代秋大汛，西风不作四十余日，竟得化险为平，且访知大小商贩，船只往来无一遭风损坏，滨湖之民同声欣颂。……今兹神灵效顺，得保安澜，实皆圣主诚敬，感孚所赐，仰恳皇上天恩，颁发御书匾额对联，恭摹悬挂，俾天章焕丽辉映，湖山益肃观瞻而邀神贶矣。[②]

光绪《钦定大清会典事例》记载雍正九年(1731 年)，敕封唐睢阳太守许远为"威显灵佑王"，庙祀淮安山阳县高家堰。[③]

三、高邮露筋祠[④]

露筋祠，又称"贞应祠"，俗称"露筋娘娘庙"，位于扬州江都区原渌洋乡运河

① 王水照：《唐宋散文举要》，安徽师范大学出版社 2014 年版，第 36 页。

② 江南河道总督麟庆：《奏为江苏山盱高堰堤上有风神庙显王庙各一座神灵效顺得保安澜请颁发御书匾额对联事》，附片，道光二十年十月十五日，档号：04-01-01-0793-054。

③ 参见光绪《钦定大清会典事例》卷四四五《礼部·群祀》，第 108 页。

④ 露筋祠地处高邮、江都交界，历史上两地行政区划多有重合，再加上高邮是露筋祠故事和传说的主要发生地，故笔者将其视为高邮的乡土神灵。

西岸，祀唐代某贞女，始建年代不详。因为贞应祠地势低下，夏秋水涨，常有倾圮，因此历代多有重建。明代正德年间，巡盐御史刘澄甫重建。清康熙三十六年(1697年)，知府傅泽洪重修。康熙四十六年(1707年)，两淮运使李斯佺重建。康熙皇帝南巡时，特御书额曰“节媛芳躅”。[①] 嘉庆二十一年(1816年)，两江总督百龄捐修，并改祠名为“贞应”。[②] 道光十三年(1833年)，观察李彦章建楼三楹于祠的左侧，称为“三十六湖楼”，这当是露筋祠规模和香火最盛的时期。但因为露筋祠位于湖河夹堤之上，常受洪水威胁，至民国时，多有倾圮。中华人民共和国成立后，因防洪抗洪需要，运河河堤位置变动，致使露筋祠的残存遗址被拆除而湮没。

尽管露筋祠今已不存，但其文化遗踪如碑刻仍在。其中最著名的米芾《露筋之碑》石刻原碑虽已不见，但明代文徵明的弟子章表依据原碑刻拓本的石刻碑还保存在泰州博物馆。另外，明正德年间的《露筋庙碑》、明嘉靖三十一年(1552年)扬州府立的《露筋烈女传碑》、明万历二十四年(1596年)扬州知府郭光复和江都县知县张宁立的《重修露筋庙碑记碑》，都还保存在江都图书馆。另一通清光绪九年(1883年)仲春两江总督立的《甘泉县露筋镇贞女祠碑记碑》，今保存于江都区邵伯镇露筋村。

露筋娘娘的传说有着悠久的历史。唐人段成式《酉阳杂俎》续集卷四的《贬误》中云：“相传江淮间有驿，俗呼‘露筋’。尝有人醉止其处，一夕，白鸟姑嘬，血滴筋露而死。”据江德藻《聘北道记》云：“自邵伯埭三十六里至鹿筋，梁先有逻。此处足白鸟，故老云：有鹿过此，一夕为蚊所食，至晓见筋，因以为名。”[③]这是最早有关露筋地名来历的记载。这两则记载都与女性无关，更不涉及道德评价，一说人醉而被白鸟吸血露筋，一说露筋者非人而是鹿。到了北宋末年，此传说发生了根本性的变化，注入了道德主题，将其变成了宣扬妇女贞节的故事。

宋代理学盛行，理学家竭力倡导“存天理，灭人欲”之说。在妇女的节操问题上，提出“饿死事小，失节事大”的说教。元、明、清三代，程朱理学成为封建社会的统治思想、官方哲学，它渗透到了社会意识形态的各个方面，成为人们行为取向的指南。在这样的背景下，传奇性的露筋故事被有意识地改造成宣传理学思想的工具。北宋文学家欧阳修曾任职扬州，听到过露筋的传说。他在《憎蚊》一诗中道：“蝇虻蚤虱虮，蜂蝎玩蛇蝮。惟尔于其间，有形才一粟。虽微无奈众，

① 参见徐炳顺：《扬州运河》，第268页。

② 参见徐炳顺：《扬州运河》，第268页。

③ 朱恒夫：《走进中国经典传说与小说的世界》，上海大学出版社2013年版，第58页。

帷小难防毒。尝闻高邮间，猛虎死凌辱。哀哉露筋女，万古仇不复。"[①]宋代著名书法家米芾在其所作《露筋碑记》中对露筋女的贞烈品格给予了高度赞扬：

天地之间，大体阳况君子，阴比小人。而五行交相为功，各有正位，其庞杂者亦交处于阴阳之间。盖乱臣贼子之所禀，妇人女子之所羞，虽其粉饰一时，班域圣贤，明未及察，而阴遣亦不旋踵，则泽国之女嗜肤露筋，不就有帷之子氏。不显于一时，祠方揭于千古。庸夫庸妇之所传，称有如昨日，是幽显之所共信，而古今不可得而议者。然则伯夷叔齐之节，不必俟圣人，万世所自知明矣。绍圣元年十月中岳外史米芾东归，过其下，刻石赞曰："王化焕猗盛江汉，叔运煽猗人伦乱。一德彦猗昭世典，情莫转猗天质善。楚泽缅猗云木偃，炜斯团猗日星建。"[②]

南宋学者王象之《舆地纪胜》记载："露筋庙去高邮三十里。旧传有女子夜过此，天阴蚊盛，有耕夫田舍在焉。其嫂止宿。姑云：'吾宁处死，不可失节。'遂以蚊死，其筋见焉。"[③]明人都穆《重刻露筋碑记》记载露筋贞女祠："在高邮城南三十里水次，余以升斗之禄，奔走南北。尝雨至祠下，询之父老，考之《州志》，露筋女不知何许人，亦莫解其时代。旧传与其嫂夜行，时溽暑蚊盛，道有耕舍，嫂止宿，女独立门外。蚊嘬之至晓，女死而其筋见焉，州之人遂为立祠。"[④]

最初人们是将露筋娘娘当作贞女看待的，但随着时间的推移，露筋娘娘逐渐从贞女演变成为朝廷漕运和运河船民们的保护神。船从露筋祠经过，船民和商贾以及旅客都要入庙拜祭，祈求平安，多有灵验。清代漕运总督阮元曾有"贞迹记高邮，崇祠更建楼。碑文传海岳，祠典著邗沟。隔岸近乡井，分风扶漕舟。庇民兼利运，神闸接湄洲"[⑤]的诗句以赞美露筋娘娘。道光年间的大学士祁春圃的《露筋祠》诗也写道："江苹谁荐女郎祠，转漕年年赖护持。闻道秋风归来晚，壁间惆怅祷冰诗。"[⑥]由此可见，拜露筋娘娘和拜妈祖娘娘有着同样的目的：一是为了祈求海运航行时的顺利与安全；二是祈求运河航行时的顺利与安全。因为当时露筋祠所处位置，是高邮湖与运河错综复杂的区段，每当汛期来临，船只常被吞没，露筋祠的出现正是船民心灵的慰藉与寄托的一种正常反映。

陶澍(1779～1839年)，字子霖，一字子云，号云汀、髯樵，湖南安化人，清代

① 朱恒夫：《走进中国经典传说与小说的世界》，第59页。
② 转引自朱恒夫：《走进中国经典传说与小说的世界》，第59～60页。
③ 郁贤皓主编：《中国古代文学作品选简编》下册，高等教育出版社2004年版，第295页。
④ 朱恒夫：《走进中国经典传说与小说的世界》，第60页。
⑤ 王章涛编著：《阮元年谱》，黄山书社2003年版，第1007页。
⑥ 李保华：《露筋祠传说的演变及其当代价值》，《扬州文化研究论丛》2015年第2期。

经世派代表人物、道光朝重臣。嘉庆二十年(1815 年),陶澍押运空漕船回江南,运河忽冰冻受阻,陶澍乃入庙祭祷,第二天即冰化冻开,船只得以顺利南归。“嘉庆二十年冬,漕运自扬达淮,经邵伯露筋,冰凌冱结,漕运维艰,公乃撰文告神,全河解冻,而漕行始利。”[①]陶澍所作《漕河祷冰图记》详细记载了此次祷神的经过:

> 嘉庆乙亥十一月,臣澍奉命视漕瓜仪,道出祠下,见栋宇摧落,瓦砾涠集,坏壁苔生,而神像俨然,太息久之。其时,漕艘归次出江者甫半,连日北风怒号,湖冰冻结,深恐贻误漕行。爰斋祓为文,于是月十八日,赍祷于神。次日,风回日暖,全河冰泮,篙师长年,踊跃奋迅。二十八日,各船出江报竣。其夕冰凌复合,迨晓,一望皓然,江南人传以为异。明年,新漕驶行得无阻滞,计所运之米,多于上年一百五十万有奇,而行期反速至四十九日。比余押尾北上,躬拜祠下,复获顺风扬帆,至淮始息,有以知神之灵昭昭也。六月,回京复命,仰荷圣询及之,适节相菊溪百公,与漕帅书岩李公,河帅湛溪黎公,直指厚庵阿公,会奏重修祠宇,因及余祷冰获应一事,得旨封为“昭灵普惠”之神,赐祠名“贞应”。盖神自唐宋以来,千有余年,至是始邀封典,其端实因祷冰事发之。故倩野云山人为图,以志神应,而昭我国家有道之祥,且使他日谈故实者,有所考焉。[②]

嘉庆二十一年(1816 年)七月,因神灵“显佑”,漕运得以畅通,两江总督百龄、南河总督黎世序奏请重修露筋祠并敕加封号:

> 窃查运河扬粮厅属旧有露筋祠一所,素著神灵,凡附近居民及往来漕运丁舵莫不虔诚奉祀香火。康熙年间,圣祖仁皇帝翠华南幸,曾荷宸翰,特书“节媛芳躅”匾额。嗣后,益昭灵应。上年冬间,漕船回空,因西北风盛,连旬冱寒,自高邮、邵伯至瓜洲一带,水凌凝结,窒碍漕行,经漕臣陶澍虔诚叩祷,次日,风转天和,全船解冻。迨漕船全数出江以后,仍复冻合,洵为灵贶休徵。本年重运过扬之时,风色连朝未顺,又经臣百龄亲诣斋祷,亦随得遇南风,旬月不息,致粮艘衔尾连樯,扬帆北上,克使重运渡黄较往年早至四五十日,臣等欣感之余,倍深凛惕。[③]

左宗棠(1812~1885 年),字季高,一字朴存,号湘上农人,湖南湘阴人。晚

---

① 熊治祁编:《湖南人物年谱》第 2 册,湖南人民出版社 2013 年版,第 36 页。

② (清)陶澍:《陶澍全集·文集》,岳麓书社 2010 年版,第 33~34 页。

③ 两江总督百龄、江南河道总督黎世序:《奏为重修灵应利漕神祠露筋祠请赐加封号事》,《朱批奏折》,嘉庆二十一年七月二十五日,档号:04-01-15-0037-002。

清重臣，军事家、政治家、湘军著名将领，洋务派代表人物之一。光绪七年（1881年）十月，左宗棠调任两江总督兼南洋通商大臣。光绪八年（1882年），淮扬发生水灾，堤防危在旦夕，官民赴露筋祠中虔诚祈祷，左宗棠与漕运总督庆裕亦遣词入告，最终得以转危为安。为报答神庥，后对露筋祠加以重修。左宗棠在其所作《甘泉县贞应祠记》中详细记载了此事：

> 甘泉滨江露筋祠祀古烈女子，由来旧矣。扬州士民奉为江神，祷祀必应。嘉庆间，陶文毅公以给事中持节巡漕，舟阻于冰，祈于神，一夕冻解，万艘竞发。事闻，仁宗加封号，敕新其庙，赐祠名“贞应”。嗣是有祷辄应，叠荷恩纶。光绪八年，江淮盛涨，长堤溃在旦夕。官吏士庶竭虔致祷，乃获转危为安。督漕使者庆裕公暨宗棠合词入告，得旨颁香致祭，钦赐“香天净地”匾额，重新祠宇，用答神庥。两月庙成，盖光绪九年仲春之月也，县人请为之记，敬书于此。[①]

这一时期神灵的职能已不再仅限于保障漕运畅通，在新的形势下，又衍生出防洪护堤的功能。神灵信仰是人们主观愿望的反映，由露筋祠职能的增加，我们可以看出中国古代社会官民信仰的功利性。

四、苏州水仙庙

苏州是江南水乡，河道纵横交错，湖泊星罗棋布，因而无论城镇乡村，水神崇拜都极为盛行。各地都建有“水仙庙”，或称“柳仙堂”“洞庭君祠”，这些庙宇中供奉的是唐代传奇小说《柳毅传》中的柳毅。民国《吴县志》记载吴县水仙庙共有三处：一在阊门外西十一都二十一图雁宕村，唐末建，宋高宗南渡胥江“显应”，敕封“水仙明王”。明洪武二年（1369年），颁赐铜印，将其与天下岳镇海渎诸神同等看待。弘治十年（1497年），庙圮重修。清康熙五十三年（1714年），重修川堂二殿。雍正二年（1724年），敕封“德元汇利洞庭神”。乾隆二年（1737年），奉上谕，列入祀典，祭品礼仪动用正项钱粮办理，春秋遣官致祭。乾隆八年（1743年），殿宇倾圮，里人捐资增修庙貌。咸丰十年（1860年）毁，同治中重建。一在胥门外大日晖桥，南宋绍熙中建，清雍正十三年（1735年）重建。咸丰十年（1860年）毁，同治四年（1865年）重建。一在横塘，创建无考。[②] 元和县水仙庙，

---

① （清）左宗棠撰，刘泱泱等校点：《左宗棠全集（家书·诗文）》，岳麓书社2014年版，第335页。

② 参见曹允源、李根源等修纂：民国《吴县志》卷三五《舆地考·坛庙祠宇一》，《中国地方志集成·江苏府县志辑》第11册，第497页。

亦名“柳仙堂”，在娄门外官渎桥，所祀之神，即为唐代儒生柳毅，后被当地民众奉为乡土之神。[①] 苏州的水仙庙中规模最大的要数滚绣坊水仙弄内的水仙庙。据方志载：该庙建筑古朴，四面围廊曲折，辟有花园，配以亭台，十分雅观。每逢十月初六水仙生日，必举行庙会。庙内布置一新，各个院落悬挂玻璃宫灯，玻璃瓶插花罗列，灯光与烛光相映，仿佛龙宫一般。白天演戏酬神，晚上举办“花照”神会。参加庙会的人熙熙攘攘，热闹非凡。[②]

柳毅是哪里人氏，因其是神话中的人物，难以查考。但他能下井入海，在海水中行走如平地，直达龙宫，为受难的龙女送信，不仅精神可嘉，且能在水中来去自如，实在令人羡慕。苏州当地民众常年与水打交道，人们最希望自己在水上能够平平安安，最好能像柳毅一样，能在水中自由往来。柳毅的故事发生在苏州，苏州人尊他为水神，是理所当然的。柳毅在苏州的遗迹，可谓不少。东山席家花园内有“柳毅井”，据说这是他下井入海之处。据方志记载：“井入口丈许，有片石作底，凿数孔以通泉，石下深不可测。”[③]杨家湾有座白马庙，据传柳毅骑白马经过这里，为龙女送信时，将白马拴在此处树上。柳毅在阊门一带住过，因而在阊门下塘那里有柳毅桥；在五峰园内有柳毅墓，原先立有墓碑，现在盖有一亭，名曰“柳毅亭”。上述古迹，除柳毅桥外，其余至今都还存在。

① 参见曹允源、李根源等修纂：民国《吴县志》卷三五《舆地考·坛庙祠宇三》，第533页。

② 参见潘君明：《笔底撷英》，苏州大学出版社2014年版，第141页。

③ 潘君明：《笔底撷英》，第141页。

第十二章 镇水灵物保平安

水是一切生命的源泉，人类的起源、生存和发展与水息息相关。古代江河湖泊水患频发，给沿岸民众生命财产造成了严重损害。由于科学技术落后，生产力水平低下，先民囿于自己认识的局限，把这样的自然现象视为灵异而顶礼膜拜，认为洪灾是大自然或某种神灵因人类对其亵渎而做的惩罚，恐惧升华为敬畏，便产生了畏惧自然和寄希望于一种神秘的、超自然的力量来抵御天灾的期盼心理，把治理水患神化为一种超现实的力量，奢想用一种精神图腾去降服水患，在庇佑众生的同时，能够得其恩惠。于是，就出现了利用镇水神物，即所谓"厌胜术"来制服水患，甚至出现了形形色色的神话传说，反映了当时人们面对大自然的一种超现实的迷信思维和民俗思想。这既是人们敬畏自然、祈求平安的精神产物，也反映了古人希望通过司水之神而征服和控制自然力有一种强烈愿望。按照镇水灵物的性质和属性，我们可以将其划分为神兽、器物、塔楼三大类。

一、镇水神兽

在黄河、长江、淮河、运河等河流岸边常见造型各异的石兽或铁兽，它们就是镇水兽，人们用之以防水患。人们放在水边的镇水兽虽然造型各异，而且多是不同动物的造型综合体，但大体上可归为犀形镇水兽、龙形镇水兽以及其他形态镇水兽。在我国古代，镇水兽是较为常见的，人们除了把它当作一种装饰外，也有防止水患、避免水害之意。镇水神兽作为治水神物，在运河区域得到普遍崇拜。

在中国传统镇水习俗中，尽管镇水神物种类繁多、千奇百怪，但是其中出现最多的非牛莫属。自有文字记载的李冰修建都江堰算起，在中国 2000 多年的治水过程中，不管是浩瀚万里的长江，奔腾咆哮的黄河，还是多灾多难的淮河，或是闻名于世的大运河，人们都奉石牛、铁牛、铜牛为镇水神兽，用以镇压水患，祈求平安。古人之所以选择牛作为镇水兽，可能与古人对牛的崇拜、牛的生理特点，以及传统哲学观有关。[①] 相传炎帝牛首人身，“起于烈山”“居姜水”，是姜氏部落首领。《周易·说卦》中称“坤为牛”，即牛是负载生养万物的大地（坤卦）的象征物，因为“坤像地任重而顺，故为牛也”。在周代，祭祀时牛、羊、猪三牲俱全者称“太牢”，如缺少牛牲则称“少牢”，说明自古即以牛牲为上品。为了掌管国家所有的牛在祭祀、军事等方面的用途，周代设有“牛人”一职。春秋时《礼记·王制》云：“诸侯无故不杀牛。”只有在遇到国事争端，诸侯歃血为盟时，才割牛耳取血，每人尝一点牲血，由主盟人手执盛牛耳的珠盘，称之为“执牛耳”。[②] 由此可见牛在中国古代的尊崇地位。牛作为最早为人们所驯养的家畜，它有 4 个囊，食量很大，力气很大。在十二生肖中，牛也是体积最大的，人们在生活中常以牛寓多或大，似乎只有具有如此伟力的牛才能与汹涌之水抗衡。而且，从仿生学角度理解，牛饮消水，可化解洪灾。其次，牛在五行中属土，按照五行之说，土能克水。所以，古人才奉牛为镇水神兽。

古人以牛镇水，初如李冰刻石为牛。西汉扬雄《蜀王本纪》载：“江水为害，蜀守李冰作石犀五枚，二枚在府中，一枚在市桥下，二枚在水中，以厌水精，因曰石犀里也。”以后历代各地多有流变。随着我国冶铁业的发展，并根据阴阳五行

① 参见昝林森、李斌成主编：《中华牛文化》，中国文联出版社 2015 年版，第 55 页。

② 参见中国艺术人类学学会、北京舞蹈学院编：《文化自觉与艺术人类学研究》（下卷），中国文联出版社 2015 年版，第 100 页。

相克相生的理论和易经八卦学说，古人开始把早期的石质犀牛发展成为铁犀镇水。我国使用铁器镇水的时间约始于3世纪前后，到唐代时已经明确有铸造铁牛放置河岸以镇水患的做法，但目前还没有发现早于唐代铸造的龙形或其他形态的铁质镇水兽。明清以来，我国黄河、长江、钱塘江等江河的险要地区出现了诸多铸造铁犀而镇水的现象。有关蛟龙畏铁的说法在《梁书》《南史》《资治通鉴》《太平御览》等典籍中皆有记载。如南朝梁天监十三年(514年)，为治淮水而筑荆山堰；十四年(515年)四月，因洪水而决溃，“或谓江淮多有蛟龙，能乘风雨，决坏崖岸，其性恶铁，因引东西二冶故铁器，大则釜扇，小则鑊锄，数千万斤，沉于堰所，犹不能合”①。明冯梦祯《快雪堂漫录》云：“蛟木类，畏五金。”②明卢若腾《岛居随笔》卷下“制伏”条云：“蛟龙畏铁。”③明李时珍《本草纲目》云：“龙性粗猛，而爱美玉、空青，喜嗜燕肉，畏铁及藺草、蜈蚣、楝叶、五色丝。故食燕者忌渡水，祈雨者用燕，镇水患者用铁。”④这种观念虽然毫无科学道理，但对于深信蛟龙为洪水猛兽的古人来说，同样是深信不疑的真理。因此，人们便在水边河畔设置特定的金属实物，借以达到驱蛟镇水目的。明正统十一年(1446年)，河南开封的镇河庙铸有铁犀，牛背刻有河南巡抚于谦所撰的《镇河铁犀铭》：“百炼玄金，溶为真液。变幻灵犀，雄威赫奕。镇御堤防，波涛永息。安然泰山，固若磐石。水怪潜形，冯夷敛迹。”⑤明朱国祯《涌幢小品》卷四云：“梁筑浮山堰，成而复溃。或言蛟龙能乘风雨破堰，其性恶铁。乃运铁器釜鑊之属，数千万斤，沉之。”⑥湖南岳阳“江岸沙碛中有冶铁数枚，俗谓铁枷”；《岳阳风土记》云：“以此厌胜，辟蛟蜃之患。”⑦扬州徐园铁鑊之旁有碑记载曰：“相传蛟龙性恶铁，范大鑊以压之。”可见，不只是铁牛，古人甚至以铁枷、铁釜、铁鑊等铁器来镇服水患。⑧

清人惠栋《易汉学》卷三曰：“水以土为鬼，土镇水不起。”⑨自古以来，江河险要之区多铸造铁牛以镇水患，“盖因蛟龙畏铁，又牛属土，土能治水，是以制铁牛

---

① (唐)杜佑：《通典》卷一八一《州郡十一》，中华书局1988年版，第4805页。

② 转引自王培君：《镇水兽与中国传统镇水习俗》，《河海大学学报(哲学社会科学版)》2012年第2期。

③ 转引自王培君：《镇水兽与中国传统镇水习俗》，《河海大学学报(哲学社会科学版)》2012年第2期。

④ (明)李时珍著，黄志杰、胡永年编：《本草纲目类编中药学》，辽宁科学技术出版社2015年版，第674页。

⑤ 转引自黄河水利委员会黄河志总编辑室编：《黄河人文志》，河南人民出版社1994年版，第349页。

⑥ (明)朱国祯撰，王根林校点：《涌幢小品》卷四《铁鑊釜》，《历代笔记小说大观》，上海古籍出版社2012年版，第80页。

⑦ 转引自黄芝岗：《中国的水神》，三联书店2012年版，第157页。

⑧ 参见王培君：《镇水兽与中国传统镇水习俗》，《河海大学学报(哲学社会科学版)》2012年第2期。

⑨ (清)惠栋：《易汉学》卷三，中华书局1985年版，第40页。

肖形，用以制钲”[1]。洪泽湖现存镇水铁牛，其腹部刻有清康熙河道总督张鹏翮所作铭文“维金克木蛟龙藏，维土制水龟蛇降，铁犀作镇奠淮扬，永除昏垫报吾皇”[2]，清楚地说明了古人以铁牛为镇水兽的原因。除铁外，其他金属也可以用来制作镇水牛，北京昆明湖的镇水牛便是铜制。世事变迁，沧海桑田，昔日镇水神兽大都已不知去向。如今，河北大名、邯郸，河南陕县、开封，陕西大荔县铜津关，山西霍县，安徽怀宁，浙江海宁，湖南岳阳楼、茶陵县，湖北沙市、江陵，四川阆中，江苏淮安、扬州等地的镇水铁牛尚在。不过，这些存世铁牛已不再被世人视作镇水神兽，而是作为珍贵历史文物，成为人们观光游览、凭吊古人的风景名胜。[3]

清康熙年间，淮河水灾，邵伯镇南更楼决堤，决口长达 180 米，水深 13 米多。康熙皇帝见到奏章，大为震惊，责令河道总督张鹏翮迅速堵塞决口。因决口太深，一时难堵，故避开决口，开月河一道，自仓巷口向西折南至南大王庙接运河，又筑南、北二坝。康熙四十年(1701 年)，朝廷在淮河下游至入江处共设置了 12 只动物，即“九牛二虎一只鸡”，安放于水势要冲，以期镇水。如今“鸡飞虎跑”，只剩下几只铁牛散落于河堤上，邵伯铁牛便是保存比较完好的一只。邵伯铁牛长 1.98 米，高 1.10 米，腹空，横卧在厚约 10 厘米的连体铁座上铸工精细，造型生动，重约 2 吨。咸丰二年(1852 年)，作者董恂奉命督运漕粮路过邵伯，见邵伯铁犀尚完整，独无铭，特补撰曰：“淮水北来何泱泱，长堤如虹固金汤。冶铁作犀镇甘棠，以坤制坎柔克刚。容民畜众保无疆，亿万千年颂平康。”[4]

徐州镇河铁牛是徐州人民惨遭水患后不屈不挠治水历史的见证。同治《徐州府志》记载：“徐州城形如卧牛，昔人以河善汛溢，故铸铁牛镇之。”[5]在中国古代的五行说教中，土能克水，丑属土，故牛形能作镇水之用。早在明嘉靖年间，徐州就曾铸铁牛以镇水。清康熙四十四年(1705 年)，徐州又铸铁牛，但这两只铁牛早已佚失。清嘉庆四年(1799 年)铸造的铁牛至“文化大革命”时期被砸碎。1985 年，共青团徐州市委号召全市青年义务劳动，筹建资金重铸了铁牛，并于同年 12 月置于黄河故道新牌楼一侧。

1973 年 3 月，施工人员在济宁任城闸(即小闸口)桥下挖土时发现一尊元代铁牛，全身为生铁铸造，双角上端稍残缺。铁牛身长 75 厘米，宽 35 厘米，高 32

---

① 王培君：《镇水兽与中国传统镇水习俗》，《河海大学学报(哲学社会科学版)》2012 年第 2 期。

② 洪泽县文广新局编：《洪泽县文化志》，方志出版社 2012 年版，第 85 页。

③ 参见王培君：《镇水兽与中国传统镇水习俗》，《河海大学学报(哲学社会科学版)》2012 年第 2 期。

④ 朱海风、张艳斌、史月梅：《图说水与文学艺术》，中国水利水电出版社 2015 年版，第 192 页。

⑤ (清)吴世熊等修纂：同治《徐州府志》卷二四《老余》，第 865 页。

厘米，呈卧姿，头微转，双目圆瞪前方，神态逼真，栩栩如生。据专家考证，铁牛为元朝大德七年（1303 年）建任城闸时置于闸上，为镇水灵物，故称“镇水铁牛”。[①] 阳谷县张秋镇的镇水铁牛也很有名。铁牛位于张秋镇戊己山前，卧于一底座上，中间有一个圆孔贯通，长 1.4 米，重约 500 公斤。关于戊己山，志书记载位于张秋镇内西北运河西岸，是明代疏浚河道的淤泥堆积而成，山高数刃，占地 5 亩，上有松柏森然，“戊己雄峙”是张秋古八景之一。戊己山前曾建有显惠庙，庙前曾有镇水铁牛和铁鼠，今铁鼠被盗，铁牛尚在。关于铁牛镇水，当地有一段传说故事：

> 大运河开通以后，来往的官船、商船首尾相接，络绎不绝。船从南来，过了黄河就是张秋镇，张秋镇一派繁荣。有一年秋天黄河陡涨，人们都跑到了大堤上抢险防患。忽见东堤外平地涌起一股泉水，水柱喷出来，有一丈多高。人们忙用柴草沙石来填堵。堵上什么冲走什么，水势不减分毫。正当人们惊慌失措的时候，忽有一个老者出现在泉边，手拈银须，笑指涌泉，说道：“此乃天龙鼻息，现正喘气觅食，如有一担活的铁牛肉充饥，其水当息。”说罢，倏忽不见。众人不胜惊异，可是救灾心切，只得到处寻找“活铁牛”。找“活铁牛”的人当中有两个农夫，因为连日奔走疲倦，在北海子村头一棵大树底下歇息。他们见树下放着一条扁担，一个贫苦少年正在树上摘榆叶。不大一会儿，只听村中一个妇人高声叫喊“铁牛”。那少年一边答应，一边从树上溜下来。见两个农夫相对叹息，便上前问他们发愁的原因。两个农夫便以实情相告。少年略一沉思，爽声笑道：“二位不必发愁，我就是‘活铁牛’。”说罢就请二位农夫带路，一块来到堤下泉边。人们问他有什么办法可以止水，他默不作答，却见他扛起扁担，纵身跳入了泉中，泉水顿时止息不再喷涌。人们痛惜地呼唤他的名字，在泉水涌出的地方，堆土为丘，称之为“戊己山”，又在戊己山下铸了铁树和铁牛像，让铁牛卧在树上，当地人称为“铁牛上树”，用来纪念那位保全乡邻牺牲自己的英雄少年。[②]

龙是中华民族的象征，具有头部硕大、耳角分明、扩口怒目、曲体生鳞的奇异形态，尤其是能给人一种神秘感、威慑感，并让人产生敬畏之心。我国原始先民普遍尊崇龙蛇，并尊奉龙为司水的神灵。俗语说：“龙生九子，九子各不同。”意思是龙有九个儿子，每个儿子脾气、秉性和爱好各不相同。但这九子究竟为何物，没有明确记载，所以说法不一。自明代之后，文人们才在其笔记中略有记

---

① 参见刘玉平、高建军主编：《运河文化与济宁》（上册），中国社会出版社 2012 年版，第 211 页。

② 山曼等编著：《山东黄河民俗》，第 198 页。

载。综合各种说法，龙生九子为趴蝮、赑屃、狴犴、椒图、囚牛、蒲牢、饕餮、狻猊、睚眦。其中趴蝮好水，形象威猛，能消水灾、镇水怪、降祥瑞，是镇水兽的一种。在北京什刹海的后门桥桥下就有它的形象：龙爪中抓着两团水花，细看其龙头却有几分狮虎相，龙身很短，带龙鳞的尾巴也很像虎尾，整个形象乍看就像只大老虎。它趴在河沿边的石块上，歪着头看侧下方的龙珠和玩伴，一反龙高高在上、威猛唬人的样子，显得憨态可掬，顽皮淘气，十分可爱。

趴蝮主要是基于龙的喜水习性衍化而来，而据文献记载则主要形成于明代，如明人陆容《菽园杂记》、李东阳《怀麓堂集》以及清代高士奇《天禄识余》等古籍中均有相关记载。由于趴蝮形象古怪威猛，又能震慑水怪，能消水灾，降祥瑞，故古人常用作镇水保桥，以镇伏桀骜不驯、兴风作浪的桥下水怪，祛除洪水泛滥成灾。所以古代造桥建闸者往往会把这种似狮又似虎的怪兽的形象用石料雕刻成桥柱或建筑上滴水的兽形，安置在桥梁或闸坝之中，既希望它镇服水患、保护桥闸安全，又用它来装饰桥闸建筑本身。①

北京地区主要分布在西城万宁桥、东城玉河遗址、朝阳庆丰上闸遗址以及通州永通桥、通运桥、广利桥等地，据不完全统计，截至目前发现的至少有 17 尊，这些镇水神兽均为石质龙体形态。②

山东运河沿岸的德州、泰安、聊城和济宁等地，现存龙形镇水兽 10 余尊，同样均表现为石质龙体形态。其中，济宁地区主要分布在汶上南旺一带。据《汶上县志》《南旺镇志》等文献记载以及老照片和《九省运河泉源水利情形图》等舆图分析，南旺镇分水龙王庙古建筑群遗址前原有一段在元代运河河堤的基础上经过明清两代多次修筑而成的石驳岸，东西长约 230 余米，南北宽约 7～8 米，高约 6 米，并由四道台阶状通道连接运河和分水龙王庙，每道台阶前端两侧各放置一对头向运河、面面相觑的石兽，共计 8 尊。2008 年，在大运河南旺分水枢纽遗址的分水驳岸与运河河道之间发掘出土青石质镇水兽 1 尊，长 1.42 米，宽 0.97 米，高 0.62 米，身有鳞，足有爪，两耳鼓竖，两眼突出。另有 1 尊镇水兽原出土的于分水龙王庙北侧运河古河道，后移至南旺镇政府保管，现均保存在南旺文管所。据龙王庙出土的清代光绪十四年（1888 年）《汶邑西南南旺镇分水碑》所记："龙王庙门首为汶水入运顶冲之区，旧有石驳岸工，相传明永乐年间与

① 参见王元林：《京杭大运河镇水神兽类民俗信仰及其遗迹调查》，《中国文物科学研究》2012 年第 1 期。

② 参见王元林：《京杭大运河镇水神兽类民俗信仰及其遗迹调查》，《中国文物科学研究》2012 年第 1 期。

庙同建。”[①]据此推测，这两尊镇水石兽为明清时期遗物，或可早到明代永乐年间（1403～1424 年）；另据该段运河古河道北堤发掘出土的明弘治十年（1497 年）堤岸铭文砖推测，这些镇水石兽也有可能是明弘治年间所雕刻。[②]

山东聊城是受运河文化影响比较早的地区，属运河九大商埠之一，拥有大量的运河文化遗存。位于聊城市区运河西岸的山陕会馆后院内放置有至少 4 尊石质镇水神兽，均为早期从本地各处运河桥闸遗址搬运而来。大多数镇水兽材质、形制基本与南旺分水枢纽遗址出土者一致。其中有一尊中间已残断，但仍然可见是将两尊镇水兽雕刻在同一个石板基座上，面面相觑，连为一体，这种形态的镇水兽较为少见。该市一公园内小桥两旁也安置有一对这样的镇水石兽。2004 年，在聊城建成的中国运河文化博物馆内也陈列有相似的 3 尊镇水石兽。其中，2 尊原为元代聊城梁水闸雁翅上的遗物，运河拓宽时，被移至聊城公园进行保护，后又移至该运河博物馆中陈列；另一尊为聊城城区段运河改造时出土于王口桥南运河古道中。元代 2 尊镇水兽身长约 1 米，高约 0.4 米，石兽雕刻非常精美，雄性石兽头微微高抬，张着大口，两眼圆睁，而雌性石兽头伏在底座上，眼珠突出，神态逼真。明代镇水兽的体量较元代更大，做工更为精细。与聊城梁水闸一样，在大运河阳谷七级古闸遗址和张秋西关桥的桥头上，至今还遗存有石雕镇水兽。据推测，七级古闸桥址所存镇水兽或可上溯至元代遗物，而张秋西关桥嵌砌的石趴蝮的三分叉式双犄角与北京地区的石趴蝮造型较为相似，这在山东地区是少见的。[③]

2012 年 10 月 30 日，聊城梁水镇土桥闸遗址再次出土的镇水兽 1 尊。这尊镇水兽长约 1 米，宽 0.4 米，高 0.45 厘米，雕刻石质采用的是青石，专家鉴定认为其为清末所雕刻，名为“趴蝮”。这尊镇水兽轮廓清晰，呈现卧伏的姿态，表情温和，身上盖着薄薄一层土质，只在棱角处能看到石头本身的灰黑色。据东昌府区文物管理所工作人员李燕介绍，这尊镇水兽是在土桥闸的东南角发掘出来的，之前已发掘出 3 尊，其中一尊与这尊一模一样，还有一尊形象表情比较凶猛，呈现坐姿，另一尊则是残缺的。这四尊镇水兽的出土位置，正好处于土桥闸的东西南北四个方向。

---

① 参见山东省文物考古研究所等编著：《汶上南旺：京杭大运河南旺分水枢纽工程及龙王庙古建筑群调查与发掘报告》，第 319 页。

② 参见王元林：《京杭大运河镇水神兽类民俗信仰及其遗迹调查》，《中国文物科学研究》2012 年第 1 期。

③ 参见王元林：《京杭大运河镇水神兽类民俗信仰及其遗迹调查》，《中国文物科学研究》2012 年第 1 期。

2013 年 6 月 16 日，在临清元代会通河与卫河交界处临清闸雁翅与裹头的交汇处出土的镇水兽，长 1.1 米，宽 0.46 米，底座加兽身高 0.36 米。该镇水兽匍匐在地，憨态可掬，身上刻有龙鳞，耳、鼻、尾为狮虎像，两眼炯炯，斜视河水，大有威慑水怪之意。出土时，保存较为完好，仅左爪残缺，但爪头清晰可见。临清文史专家马鲁奎认为，该爪下还应按有水花。马鲁奎还介绍，镇水兽又称“螭龙”，是民间传说中龙生九子中一子，生性好饮水，故常被古人用来镇水保河。而镇水兽实际为闸上装饰构件，有祈福、祈祥、降福之意，更充当水位标尺，承担着预警水患的作用。临清闸为元代会通河第一闸，始建于元代至元三十年(1293 年)，其上镇水兽迄今已有 720 年的历史。马鲁奎认为，这只镇水神兽历史久远，又处于会通河头闸与卫河交界处，地理位置重要，故它的出土对于研究运河水工技术和运河民俗文化具有重要价值。

2018 年 1 月 13 日，阳谷县张秋镇政府在整修京杭大运河南水门时，在码头西岸发现一尊水兽。该尊水兽长约 1.5 米，重量约 2 吨，整体呈趴伏形态，鳞片纹理清晰可见。据推测，该尊水兽系明朝或元朝文物，这是 2016 年以来京杭大运河张秋段出土的第五只镇水兽。据张秋镇政府分管文化和旅游工作的王宏介绍，2016 年，张秋镇就出土了一对镇水兽。2017 年下半年，京杭大运河又先后出土形态不同的两尊镇水兽。2017 年出土的两尊镇水兽从风格、体量来看，应该是明代的，雕刻比较精美，其最独特的亮点有二：一是每条腿上都有“盔甲”，规格、型制比较高；二是嘴里含着一条鲤鱼，中部在嘴里，头和尾露在外面，造型非常生动，这在运河沿线发现的同类文物中是不多见的。2018 年出土的镇水兽是在张秋镇南水门附近发现的，其造型最为生动、活泼，从爪子、鳞片、甲和头上的旋儿等各方面来看都是可圈可点，是目前张秋发现的雕刻最细致、做工最好的镇水兽。它的嘴里也有一条鱼，但与之前出土的那尊不一样，鱼头被含住，鱼尾露在外面，造型精致，寓意吉祥。此外，该镇水兽有胡须，腿部有流苏样的毛，应该是明代早中期的文物。明清时期的张秋镇拥有九座城门，其中就包括两扇水门。2017 年出土的两尊镇水兽是在北水门附近发现的，而今年出土的镇水兽是在南水门发现，两尊镇水兽很有可能是对称分布，遥相呼应。张秋镇正计划建造一处博物馆性质的“运河文化碑廊”，建造完成后，将相关碑刻和镇水兽将被放置其中，加以保护。

戴村坝位于泰安市东平县彭集镇南城子村北人汶河上，根据《漕河图志》《山东运河备览》等史料记载，戴村坝初建于明永乐九年(1411 年)二月，为工部尚书宋礼采用汶上老人白英之策而修筑的引汶水经南旺分水口以济运河的重要水利工程，保障了漕运的畅通。从以前的老照片中可以看到，水坝两端配置有数尊镇水石兽，戴村坝文管所也保存有该水坝遗存的镇水石兽，整体造型与南旺、聊城一带基本类似。[①]

杭州拱宸桥位于杭州大关桥之北，东连丽水路、台州路，西接桥弄街，是杭州古桥中桥身最高、最长的石拱桥。拱宸桥始建于明崇祯四年(1631 年)，由当时举人祝华封募集资金修造。清顺治八年(1651 年)，桥坍塌。康熙五十三年(1713 年)，由浙江布政使段志熙倡导并率先捐款、林云寺的慧辂和尚竭力募捐款项相助，历时四年建成现在的这座拱宸桥。该桥长 98 米，高 16 米，桥面中段略窄为 5.9 米宽，而两端桥堍处有 12.2 米宽。2005 年，为避免过往船舶撞击拱宸桥，有关部门在桥南北两边建造了 4 个防撞保护墩，并在每个水泥墩上放置了古代传说中镇水的神兽“趴蝮”与古桥相配。2012 年 8 月底，一艘重约 400 吨的运石船在夜间行驶时撞上拱宸桥东南侧的防撞墩。猛烈的撞击导致防撞墩严重倾斜，趴在防撞墩上的趴蝮滑落，最终只剩东北角防撞墩上的趴蝮独存。2015 年 12 月，拱宸桥防撞墩的重建修复工程正式启动并于次年完工，随着趴蝮吊装工作的完成，4 只镇水兽趴蝮同时重现运河。

虽然古人把洪害频繁的原因归咎于水怪和蛟龙的肆虐，因而采用了“厌胜法”之术，企图以此来平息或缓解水祸，其实这只是一种心理安慰而已。东汉王充《论衡·感虚》篇记载：“天地之有水旱，犹人之有疾病也，疾病不可以自责除，水旱不可以祈谢去。”古代常见的千奇百怪的镇水神兽除了古人期盼镇服水患、防避水害和安澜畅运、祈求吉祥的精神作用之外，从建筑设计、景观构成方面还具有重要的美化装饰作用；同时，在我国古代桥梁和闸坝建筑中镇水神兽多用在栏板柱头或雁翅上，在一定程度上还具有代表和观察水位线枯涨的实用价值。镇水兽作为运河上桥、闸的重要装饰构件，一般是成双成对地嵌在桥身上，也有在河坝底部的地基上安置用大石函盛装卧姿大铁牛者。古运河沿线的镇水神兽，是历代船工、商旅和沿岸居民共同信奉的神祇。船只在运河上经常受到风浪的袭击而船沉人亡，漕船过闸时，由于闸坝水位落差大，同样极为危险，船工、水手的安全成主要问题。他们把希望寄托于神灵的保佑，在沿岸码头、桥闸、河坝以及龙王庙等建筑前安置镇水神兽，祈求保佑漕运畅通、顺风平安。

从京杭大运河山东南旺分水口石驳岸老照片中镇水兽的配置位置分析，位于石台阶最下部、接近河道水面的位置，正是水位到达洪水位置的警戒线，可以

---

① 以上参见王元林：《京杭大运河镇水神兽类民俗信仰及其遗迹调查》，《中国文物科学研究》2012 年第 1 期。

推测镇水兽包含一定科学道理,反映了古人对治水的朴素认知。北京万宁桥在元代大运河上是一座大水闸,水闸提放到什么深度粮船可以通过而不会蹭刮到桥体是有严格的标准的,桥体两侧南北护岸配置的位置高低不同的镇水兽或许承担着大运河水位深浅的标志功能。

除铁牛和趴蝮外,还有一种灵兽——鼋(yuán)也受到运河沿岸民众的崇奉。鼋是淡水龟鳖类中体形最大的一种,体长为 0.8～1.2 米,体重为 50～100 公斤,最大的超过 100 公斤。传说明太祖朱元璋与陈友谅大战鄱湖时,曾得到一只大鼋的救助,朱元璋因此敕封其为"元将军"。江西《都昌县志》记载:"元末明太祖与伪汉战于鄱湖,初失利,走湖滨,遇老人舣舟近岸,太祖得济,赐以金环,返顾之,则鼋也。"江西鄱阳湖沿岸的都昌县左蠡镇有老爷庙(又称"江王庙"),祭祀的就是"显应元将军"。元将军的传说在明初业已流传,而鄱阳湖区渔民认为,大鼋原是龙王的儿子。一天,鄱阳湖上狂风大作,湖面的渔船全被打翻了,渔民们情况危急,大声呼救,大鼋见此情景,急忙冲进湖里,将渔民们救上了岸。渔民们对此感激不尽,于是在湖边建造庙宇,并给它塑像尊称为"元将军"。清嘉庆十五年(1810 年),以江西都昌县左蠡镇元将军庙,灵异昭著,敕加"显应"封号。光绪七年(1881 年),对庙宇进行大修,更名为"定江王庙"。1946 年,修葺扩建,改称"老爷庙"。1949 年以后,又多次进行维修,使得庙貌焕然一新。

德州金龙四大王庙内附祀有元将军之神。道光十五年(1835 年),山东督粮道张祥河《德州元将军显佑碑文》记载:"德州大王庙附祀元将军之神,历有年所矣。自临关至拓园水程四百余里,所在堤堰皆民自修以资捍御。每岁伏秋盛涨,危险叠出,赖将军之灵呵护之,俾策万全,是以州人士生敬生畏,崇祀勿替。"光绪十七年(1891 年)十二月,漕船在临清境内受阻,因元将军"显应"漕运,江安粮道马恩培、运河道耆安、署上河同知许广身、临清知州陶锡祺联合奏请敕加元将军封号,以答神庥。同时奏请为临清漳神庙、陶城埠龙王庙及将军塘元将军庙颁发匾额。①

扬州湾头镇壁虎石雕位于广陵区湾头镇壁虎坝村古北街北端运河边,青石材质,壁虎呈趴在地面上的姿态,长约 1 米,宽约 0.55 米。对于它的来历,文物部门工作人员介绍,明万历年间,扬州连续多年在农历六月至九月淫雨连绵,昼夜不止,江湖泛涨,灾情严重。为祈祷江湖安澜,百姓安居乐业,人们置石雕壁

---

① 参见中国第一历史档案馆编:《光绪朝朱批奏折》第 28 辑,中华书局 1995 年版,第 282 页。

虎一对于湾头古街北端河边，形成淮扬运河“九牛二虎一只鸡”的镇水格局。因年代久远，两只壁虎石雕现仅存一只，且头部、右爪及尾部毁坏。该石雕目前为市级文保单位。

二、镇水器物

古代镇水神物各种各样，除镇水神兽外，还有镇水铁剑、铜柱、铁人、铁镬、铁枷等。据《淮安府志》引《闲园志遗》所载：“明洪武间，刘诚意（基）登淮城，相度形势，维虑洪泽溃溢，因铸铁人高丈许，以右手指西南压之，今现埋钟楼角下，有迹可寻。”可见，明代淮安楚州镇淮楼一带有铸铁人镇伏淮水的记载。另据《淮安府志》记载，明嘉靖三十九年（1560 年）有铸铜柱镇水的现象，“郡署铜柱，在（府署）大堂后，三槐堂前后，有双铜柱，后双柱间有一铁釜。柱高一丈五寸许，围三尺许，各柱上有铭辞，明代铸，以镇淮流者”。用铁狮子镇水者当属河北沧州铁狮子，在当地称“镇海吼”，铸于五代后周广顺三年（953 年），以镇遏海啸水患。[①] 扬州瘦西湖徐园内有两件直径约 1 米、高约 1 米的铁镬（即一种大鼎），相传是萧梁时的镇水遗物。铁镬东侧有一通《徐园铁镬记碑》。该碑由仪征人焦汝霖先生于 1924 年所撰，陈含光用篆体书写。内容讲的是“梁时江水与城南相近，屡为患，乃筑巫山堰以御水；置铁镬其间，使水洄洑，藉杀其势”，并介绍将散落的铁镬移入徐园的情况。[②]

剑，本是我国古代一种刺杀短兵器。后来剑从军队的标准武器装备的行列中被排挤出来，其功能也发生了根本性的变化。除具有装饰性的佩剑及防身、习武等功用外，还是一种具有神秘色彩的宗教法器，被当作镇恶祛邪的万能护身符，镇水宝剑正是这一功用的具体再现。

济宁兖州博物馆里保存有一把清代康熙年间铸造的镇水铁剑。该剑出土于城南泗河大桥下，剑长 7.5 米，重 1540 公斤，由生铁铸成。剑上铭文曰：“康熙丁酉二月知兖州府事山阴金一凤置。”金一凤，字紫庭，别号子翁，浙江山阴人，康熙五十二年（1713 年）至五十九年（1720 年）任兖州知府。每到夏季，绕兖州古城东、南而过的泗河便成了一条性格凶猛、暴戾无常的害河，一到汛期，它就像一匹不羁的野马，横冲直撞，冲毁村庄庐舍，淹没禾稼田园。这一年，洪水再次泛滥，兖州知府金一凤捐出了薪俸，组织力量，用一年多时间修好了位于城

---

① 参见徐炳顺：《扬州运河》，第 269 页。

② 参见徐炳顺：《扬州运河》，第 329 页。

南的泗河大桥，并铸约10米长的铁剑放置于中间桥孔之下，以镇恶祛邪、降妖伏龙，企望免遭洪水灾害。岁月悠悠，人世沧桑，也不知从什么时候起，大剑被水冲倒埋在了沙中，人们早已不知道它的存在。直到1988年春天，群众在干涸的泗河底拉沙时发现了它，这把沉睡将近300年的大剑才重见天日。镇水宝剑的吞口处为一个怒目横眉的怪兽头形状，叫“睚眦”。泗河为历史上“四水济运”的重要河道之一。人们为避水灾，铸此剑以镇水祈安，故称“镇水宝剑”。据有关专家介绍，此剑的重量和长度，在中国现今出土的剑文F物中均属第一，因此被誉为“天下第一剑”。现藏于兖州博物馆，为国家一级文物。[①]

三、镇水塔楼

淮安镇淮楼始建于南宋时期，原为镇江都统司酒楼。因淮安“扼江北之要冲，为南北交通之孔道”，纵贯淮安全境的大运河，是当时南北交通的命脉。南粮北运，要从运河穿长江，越淮河，才能北上。过往船只将到淮安视为安全，无论文武官员，显宦世家，巨商富贾，文人墨客和僧道名流，都要登楼祭酒，以此庆幸。元代淮安置总管府，用以控制南北舟车转输，楼上便悬挂“南北枢机”“天澈云衢”的金字匾额。明代楼上置“铜壶滴漏”，用以报时，故又名“谯楼”。清代乾隆年间，因水患不断，人们为震慑淮水，更名为“镇淮楼”。现存建筑为清光绪七年(1881年)十月重建式样，但在原有基础上有所扩大。坐北面南，底座为砖砌基台，长28米，宽14米，高8米，略呈梯形，坚实稳重。基台正中为拱形门洞，宛如城门。东西两侧为拾级而上的方砖踏步。基台上是两层砖木结构的高楼，面阔3间，楼高18.5米，楼顶为重檐九脊式，四角翘起的龙头，双目圆睁直视，大口吞云吐雾，似有腾飞之势，令人惊叹不已。[②] 中华人民共和国成立后，淮安古城拓宽了街道，重修了镇淮楼，并以楼为中心开辟了公园。园中有金桂、玉兰、雪松、龙柏、蜡梅和法国女贞等各式花木，还有日本前首相田中角荣赠送给周恩来总理故乡的樱花。楼上陈列了淮安的历史文物，使得镇淮楼又重新焕发光彩。2002年，镇淮楼为列为江苏省文物保护单位。

古人把频繁出现的洪水灾害归结于蛟龙和水怪的作恶，因此采取了厌胜法来镇水，借助于厌胜术的信仰和想象去征服水患。事实上，镇水灵物在镇水方面起到的作用微乎其微的，无数次的黄河决口、洪水泛滥可为明证。然而，镇水

---

① 以上参见刘玉平、高建军主编：《运河文化与济宁》(上册)，第211页。

② 参见《趣闻圣经》编辑部主编：《老江苏的趣闻传说》，旅游教育出版社2014年版，第91页。

神兽等灵物并非独立存在的，它们与治水工程相伴相生，可以说是古代水利工程的配套建筑和附属设施，不仅体现了古人高超的艺术成就，而且反映了他们的民俗文化和精神信仰。因此，镇水灵物本身有着丰富的历史、艺术和科学价值，值得我们深入挖掘。

附录　明清时期京杭运河区域水神庙宇碑刻选辑

重建会通河天井闸龙王庙碑记[①]

大学士　陈　文

济宁州城南东去五十步有闸，曰“会源”，北导汶泗，洸济之水皆合于闸，东折而入会通河。河经石佛、师庄、鲁桥诸闸，徐州、吕梁三洪，合众水而东入于淮。闸创于元，岁久复新，国朝因之，更名“天井”。凡江浙、江西、两广、八闽、湖广、云南、贵州及江南、直隶、苏、松、常、镇、扬、淮、太平、宁国诸郡军卫有司，岁时贡赋之物道此闸趋京师，往来舟楫日不下千百。旧有金龙四大王庙，凡舟楫往来之人皆祈祷之以求利益，岁久颓毁，前总督漕运右参将汤公节俾州卫官属及郡之义士捐资以更新之。经始于正统戊辰十月三日，至腊月而庙成。三间五楹，高二丈一尺，广三丈四尺，深二丈三尺，视旧庙基址规模益宽广，壮丽数百倍矣。庙既成，而神未有像，会冬官主事益都刘公让来理闸事，乃募往来之好义者助缗，循旧塑神像坐立凡七，及其门户牕牖与几席供具未备者，悉宜新之。予时总督浙江粮饷七十余万石，载巨舫凡四千，俱经是闸，感神荫相得以天虞，于是谒庙而拜焉。考之元都水监丞张侯重建济州会源闸，既成，立河北龙君祠，入故都水少监马之贞、兵部尚书李粤鲁赤、中书断事忙速祠三，以迎庥报劳，而此庙未详创于何时。今诸祠皆废，是庙独存，或者谓即龙君祠之一。予历观自吕梁、徐州以达临清，凡两岸有祠，皆祀金龙四大王之神。今之神祠虽不可考，而历代祠祀如此，谓非阴相默佑、有功德于民者，能如是乎？刘君恐其久而事无所稽，嘱为文以勒石，遂为之记。

---

① （明）谢肇淛：《北河纪》卷八《河灵纪》，景印文渊阁《四库全书》第576册，第716页。

创建五龙王祠碑记[①]

夏津县儒学训导　江濂

五龙王祠违邑治三十里许，河名曰“马颊”，土风完厚，河势旋绕。薛公政暇，率诸僚寀循行阡陌，以察民风。往来徘徊，适至其地。有乡耆逆诸道而告曰：“此乃龙潭，深昧不测。昔天阴雨，云雾氤氲，有龙见焉。故每岁风雨适时，年谷丰登，屡获其效不可胜言。”公闻其言，复遂历览之。触于目而感于怀，感于怀而形诸言曰：“龙以渊为宅，非陆之可居；民以食为天，赖泽之所养。况龙神专司雨泽，非淫祠可比，粒我烝民，非不急之为务，其有益于民也，大矣。观斯河源之汪洋，而浩乎无穷。顾兹龙湾之湍急，而渊乎莫测。恍惚若蓬莱之仙境，俨然胜龙王之海会，诚所谓不易得也。鄃之龙神旧庙甫创于邑之坤隅，非有渊薮不便神栖，曷不若于此栖之？足以胜之焉。于是偕诸僚寀，暨邑之缙绅士大夫，各捐己俸。命工鸠材，同心协谋，然经治之工未已，而不日成之甚速。今藻绘轮奂，金碧交辉，足以耸人观瞻，而将其诚敬矣。子盍为我记之？”予曰：“侯之奋身巍科，来牧斯邑，以廉介存心，以公平律己，以事神为先，以保民为重。兴利除害，锄强扶弱。百里蔼熙皞之治，四民歌父母之贤，其政已成，而民已化矣。恒虑民不聊生，故惓惓以重农为心，慨然以兴举为念，而于龙神尤注意焉。然重神所以重农，重农所以重民，重民所以重天下国家也。然薛侯之重神如此，则吾知其冀夫五风十雨，风调雨顺而永乐夫大有之年；千仓万箱，仓实箱盈，而恒获夫收成之富。下有足以民食，上无亏于国租，而为忧国忧民之计耳，其徒文具云乎哉？”姑书此镌于石，识侯用意之深焉，谨记。

天顺五年岁次辛巳七月之吉

文林郎、夏津县知县薛正立石

---

① (清)方学成修，(清)梁大鲲纂：乾隆《夏津县志》卷十《艺文志》，《中国地方志集成·山东府县志辑》第19册，第179～180页。

重修显惠庙记略[①]

清平人、春坊庶子　张天瑞

弘治癸丑春，河决张秋，阻漕道，坏民田。于时，九重宵旰抱瓠子之忧，遣重臣筑塞之。工成，而更名曰“安平”，仍赐祠，祠河神祠名“显惠”。适当决口地故沮洳，而杂以薪楗，居无何土，悉龟坼，祠几圮。越八年庚申冬，吾同年韩君廷器实来蕲重新之，则具疏闻上，报曰可。明年辛酉春，乃檄东昌府倅王珣等先后尸孱鸠之役，凡土之疏恶者，地之；污莱者与坝埇之颓圮者，悉步杵而寸断之。凡实地南北四十八丈，东西三十丈有畸益撤。黄陵冈守堤繇二百人填庙后，河身五十余丈而加柔焉。先是东庑有祠，祠荧惑；西庑有祠，祠子姆良无谓。至是祠荧惑于东街，别为殿三楹，革名“锡胤祠”，以祠子姆；又为楹东向三藏仪仗，西向三藏祭器，钟鼓楼各一，翼列左右以相向。庙初惟一门，来谒者行墀道上，几于亵，于是凿两坝而门焉，又为东西庑，以祀河神之凡当祀者像二十，仿东坡徐州黄楼之遗意。濒河之崖聚土为山，命曰“戊已”，盖有“厌胜”之意焉。环植竹栢楸榆数百本，祠成翚如翼，如轮焉奂焉，祷禳者骏奔而至神亦屑焉，若见其景光。是役也，鼻工于辛酉之春，落成于壬戌之冬，其经营劳来秋毫，皆廷器力也。君名鼎，家世陕西庆阳合水人，成化辛丑成进士，举历左司谏、通政参议、尚宝卿，至今右通政，为人抗节敢言，忠公端谨，古称宠辱不惊者，盖庶几云尔。

天妃庙记[②]

明人　王权

德州旧无天妃庙，庙初立无文字纪岁月，天顺庚辰、成化辛丑两新之。吾境内多泰山元君祠，谒天妃庙者恒以元君视之，盖以庚辰之碣其言无徵，辛丑之碑记者太略故也。嘉靖乙卯，栋宇垣壁复圮坏，乡耆宋君镠暨徐君存仁、韩君福、王君实辈捐金为乡人倡，图增置而侈大之。已而，施者云委，良材坚甓，用罔弗备，工役遂举，正殿仍四楹，两庑仍各六楹，夹仪门，创二庑，殿东偏益一室，与西

① （明）谢肇淛：《北河纪》卷八《河灵纪》，景印文渊阁《四库全书》第576册，第716～717页。

② （清）王道亨修，（清）张庆源纂：乾隆《德州志》卷十三《艺文》，《中国地方志集成·山东府县志辑》第10册，凤凰出版社2004年版，第374页。

偏神室相直，门廊寝室倍壮于旧，庙貌鼎新，观者肃然生敬焉。诸君假庠友姜子以似，徐子陈言恳予言勒诸石。余累辞不获，勉应以诺。按《大明一统志》云，天妃庙在福建兴化府莆田县湄洲屿。妃，莆人宋都巡检林愿之女，生而神灵，殁后，乡人立庙于此，又或谓以孝女成神。宣和中，路允迪浮海使高丽，中流风大作，诸船皆溺，允迪所乘舟，神降于樯，遂获安济。历代累封至天妃，国朝洪武、永乐中，凡两加封号列为祀典。

窃谓国家敕建群祠，非但详于报赛而已，将以震民之底滞而立教也。其载在祀典者，上以通神明，下以诱愚俗，要使民同归于善而莫之知其意良亦美矣。然自帝王圣哲以及忠臣孝子诸祠，以文风天下之为丈夫者，语之而易知；勉之而易从，足以省官师之训而助刑罚所不及。亦既为有征而其丑于习而难化者，莫如妇人女子，诚亦不可使之底滞而不震也。顾贵之以丈夫之所敬畏，而崇信者，彼则语之而弗解，勉之而弗从，何也？妇人、女子所服从者，姆训也，而以教男子者，教之其孰从而听之。闺阁间有谈士人之奇节异行者，彼皆若罔闻知也。一及曹娥、聂姊之事，则群聚而叩之，且尽然动心而倾听之，不厌从其类焉耳。天妃有庙，歆之以灵异，惧之以祸福，俾天下妇女不丑于其习，亏其内职，以为神羞难化者，且天下宁复有余事耶？盖阴教举而阳教于是乎，益备矣，是为记。

金龙四大王庙碑记[①]

徐　渭

王，姓谢，名绪，宋会稽诸生，晋太傅安之裔也。祖达，某有兄三人，曰纪曰纲曰统。王最少，行第四，居钱塘之安溪，后隐金龙山白云亭。素有壮志，知宋鼎将移，每慷慨愤激。甲戌秋八月大雨，天目山颓，王会众泣曰："天目乃临安之镇，苕水长流，昔人称为龙飞凤舞，今颓，宋其危乎！"未几，宋鼎移，王昼夜泣，语其徒曰："吾将以死报国。"其徒泣曰："先生之志，果难挽矣。殁而不泯，得伸素志，将何以为验？"曰："异日黄河北流，是予遂志之日也。"遂赴水死，时水势高丈余，汹汹若怒，人咸异之。寻得其尸，葬金龙山之麓，立祠于旁。元末，我太祖与元将蛮子海牙战于吕梁。元师顺流而下，我师将溃，太祖忽见空中有神披甲执鞭、驱涛涌浪，河忽北流，遏截敌舟，震动颠撼，旌旗闪烁，阴相协助，元师大败，

① （明）徐渭：《徐渭集·补编·金龙四大王庙》，中华书局1983年版，第1298页。

太祖异之。是夜梦一儒生，披帏语曰："余为宋会稽谢绪也，宋亡，赴水死，行间相助，用纾宿愤。"太祖嘉其忠义，诏封为"金龙四大王"。金龙者，因其所葬地也；四大王者，从其生时行列也。自洪武迄今，江淮河汉四渎之间，屡著灵异。商舶粮艘，舳舻千里，风高浪恶，往来无恙，佥曰王赐，敬奉弗懈。各于河滨建庙以祀，报赛无虚日。九月十七日为其诞辰，祭赛尤盛，非王忠义之气昭昭耿耿，光融显赫，而能然乎？嗟夫，宋社既屋，于今已数百年矣，铜驼荆棘，故宫茂草，而王之神灵，独磊磊落落，常在天地间。生而忠义，殁为神明，与文山、叠山诸公并垂不朽可也。宋末谢皋羽翱为文丞相客，丞相殉国，皋羽每哭之恸，竟死，其忠义至今犹传诵之。王之忠义，不减皋羽，而姓氏湮没，行事尤不概见。其敬畏而奉祀之者，徒以其为江河之神，于风涛汹涌中，死生呼吸，仰其庇佑而然耳，夫岂知忠义而崇奉之欤！余故表而出之，俾奉祀者得有所考云。

金龙四大王庙记[①]

杭州右卫指挥使　蔡同春

黄河当七省之漕渠，赤子转四方之刍粟，材官介士，护卫神京者，咸仰给焉；不有神助，则司其职者何能奠平成之绩，而收输挽之劳也。洪惟我国家，定鼎北平，罢海运而专事内漕，军储四百万，粮艘九千有奇。繇吴越以达淮泗，横流而下，宛若三峡之建瓴；巨舰中飞，俨似千钧之一线。直河一口，乃襟喉之要区，官旌至此，必割羊酹酒，击鼓扬旌，惴惴焉乞灵于神。拔颠危于呼吸之间，置平康于衽席之上。殆泰山而四维者，实神司之。旧有金龙四大王祠，往为洪涛所啮，沧桑屡变，迁徙不常，神无依焉。同春承祖爵，岁乙卯，部浙杭右卫之运，历睹险危，即密祷而默祈。丙辰，谬转上江，有夏镇之役，信宿而过，未遑展敬。丁巳，适奉漕台唐公简委直河催督，驻扎其地。六月，觅祠虔告，里人毛氏偕道流已新其址于故祠之左。鸠材经始，神之庙像尚需法身未就，遂捐俸值若干金，命工装像，刻期落成，以酬夙绩。盖是役也，实神有以启之。且祠联下邳，界接睢宁，据淮阴之上游，罗钟吾之胜概，挹相山之佳气，揽泗水之芳澜。大堤云连，屹如乔岳，超越百代之规模，巩固全漕之血脉。先儒有言："地之于车，仁莫仁于太行，莫不仁于康衢；水之于舟，仁莫仁于瞿塘，莫不仁于溪涧。"盖遇险必戒，遇平必

① （清）仲学辂：《金龙四大王祠墓录》卷四《外录》，《丛书集成续编·史部》第59册，第693页。

败。凡粮艘之入直，日者斋戒以告神，严慎以操楫，恐惧怵惕，则冯夷效顺，海若归灵。将神功默助，易危为安，化灾为福，自无意外之虞，永享安宁之庆矣。神谢姓讳绪，四其行，金龙其号，晋太傅谢安之后。耻事元代，自沉于河，遗体逆流而上，颜面如生，经月香袭不变。于黄河上下，有祷必应，屡著灵显，得赐封爵。其居址、坟墓，在吾杭钱塘孝女里，守祠典祀者，其裔孙谢君锡也，是为记。

钦差上江运粮把总、以都指挥体统行事、杭州右卫指挥使

蔡同春薰沐顿首拜立

万历四十五年仲秋朔日

金龙四大王感应碑记①

叶向高

天启元年辛酉，余蒙起召北上，行至淮阴属前，数日风雨大作，黄流乍涨，淤泥乘之而下，清口拥塞且二十里。余与大行吕君奇策，各令人往测之，其浅处不盈尺，即轻舟亦不得渡。管河郡丞赵君廷琰，欲用力挑浚，而其势不能。余不得已，谋陆行，复以病，不能舆，进退维谷。佥谓金龙四大王可祷也，余迂其说，然试为文告于神，长年辈亦醵钱血牲，嘱吕君肃拜以请。忽一人为神言："此河属张将军，吾当问之。若外河，我当护送。"已，又一人为将军言："更数日，乃可济。"金龙言："此太迟，不可，至一二日亦不可。"乃曰："诘朝即有水，可通舟矣。"余殊不信，而视河水浸长。晨起，则增至数尺，淤泥尽去。舟人欢呼牵挽，而沛然无碍。既出口，复苦风逆，余复祷于神，遂得便风。过清口，见黄水澎湃，奔湍汛急，挽舟者寸进退尺，甚有戒心。幸藉风力，一日至桃源。次日风大利，遂至宿迁。盖顷刻间百二十里矣。是日，有蛇附舟之柁后，蜿蜒蟠伏，以一纸盖其上，不知其所繇来。舟人惊骇曰："此龙也，勿动。"薄暮，升柁楼，倏忽不见。外河护送之言，此其验欤。余之庸劣，何以致神惠。然河塞而通，水消而长，蛇而登舟，登舟而得风，事皆甚奇，岂圣天子之召命宠灵，实式临之，故得此欤。昔夫子不语怪，乃吾乡天妃之著灵于海，与兹神之著灵于河，随感随应，捷于桴鼓，耳目所及，不可一端。尽要于国家数百万军储之转输，南北数千里舳舻之往来，皆于此寄，故有神以司之，而非渺茫迂远之谈耳。余既记此碑，赵君勒石于庙。更三岁，谢事归，重拜庙下读记。间有未

① （清）仲学辂：《金龙四大王祠墓录》卷四《外录》，《丛书集成续编·史部》第59册，第693页。

详,偶与河使者藩参朱君国盛、管河郡丞张君元弼、山阳令孙君肇兴,谈而异之,因增一二语,砻旧石重刻。往来者得悉其事,亦为神添一段佳话焉。

赐进士出身特进光禄大夫、左柱国少师兼太子太师、吏部尚书、中极殿大学士兼支尚书俸福清叶向高撰

天启四年秋九月朔日

清口灵运碑记[①]

国家岁转东南数百万之粟以实天府,皆于淮安清口以达于北。清口者,黄与淮交汇之处也。黄浊淮清,必淮足抵黄流始无壅。天启丙寅春,茂相奉玺书来董漕务。五六月间,南旱北霪,淮势弱,黄挟雨骤涨,倒灌清江浦、高邮之墟。久之,泥沙堆淤,清口几为平陆,仅中间一泓如线,数百人日挽不能出十艘,茂相大以为恐。或曰:"金龙四大王最灵。"因遣材官周宗礼祷之。日夜水增一尺。翌日雨,复增二尺,雨过旋淤。茂相曰:"非躬祷不可!"闰六月二十有五日,率文武将吏诣清口,祷于金龙四大王,即张将军神祠。四大王,黄神也,祈逊淮勿侵;张将军,淮神也,祈捍黄勿缩。是时旱日炽,即一泓如线者亦几绝流,群议开天妃坝,开乌沙河。张郡丞元弼言曰:"神凭人言,无事仓皇,还归旧道。"众未之信。越五日为七月朔,晨气清朗,而已凉风飕飕,阴云滃郁;不移时,大雨如注,达夕不歇。初二日,雨如之,河流澎湃。停泊千余艘,欢呼而济,淮遂强能刷黄。迄秋,粮艘尽渡,无淹者。众始诧河神有灵,"还繇旧道"语非诬。攒漕徐梦麟侍御驻京口,正淤是虞,当午凭几,河神见梦,详具侍御《清淮记梦录》。呜呼!我皇上以圣明践祚,水府百灵莫不受职。龙飞之岁,黄河清数百里,而漳水之滨,传国玺韫泥淖中数千年者且耀彩呈祥;矧河伯之浮漕舰、济国储,乃其岁岁所司存者,受命如响,又何疑乎?方茂相祷时云:"运济如期,则当为新庙貌,请加褒号。"至是运竣,疏闻,而命张郡丞采舆家言,改其庙向而新之云。

赐进士出身谏议大夫总督漕运提督军务巡抚凤阳等处地方兼理海防户部左侍郎兼任都察院右佥都御史今升总督仓场、户部尚书晋江苏茂相撰并书

天启六年丙寅重九日

---

① (明)宋祖舜修,(明)方尚祖等编纂,荀德麟、刘功昭、刘怀玉点校:天启《淮安府志》卷十九《艺文志一》,方志出版社2009年版,第823页。

重修金龙四大王庙碑记[①]

寿张主簿　马之骦

古初，天开于子，是为子会。子者，水行也，是为天一生水，故曰“万物莫尊于水”。后世朝廷军国大利大害，惟水攸关；天地神人，有感有通，亦惟水实显，故司水有神，各以地著。大约人之聪明正直、公忠亮节，没于洪涛巨浸中者，精灵俨在，若屈平、伍员，厥事可稽，而惟金龙四大王为最烈。按《志》，大王姓谢氏，家会稽，丁宋之末世，读书于金龙之山，同胞四兄弟，纪纲统绪，咸锡嘉名。大王，其季也。逮元人革命，大王身为儒生，秉西山之节，自靖于苕溪，遗言以黄河水逆流为报韩之验。明之始兴，实有斯异，故邀封典为黄河主焉。嗣是以来，大河数千里赫声濯灵，三百年如一日，即河南、河北张帆运楫之会，载大王英爽无间于河。

张秋镇当会通之中，天庾御衣之龙舸，王师国旅之艨艟，朝士通人之鹢首，游洄衔尾，如络如织，莫不祈望神庥，以资利济。故津梁所在，例奉明禋，张秋宜更谨也。旧有祠，肇自明崇祯中，为西商朱元运、梁儒英鸠同里众商鼎建，规模故宏敞，榱题埏埴，故藻丽坚致。迄今阅三十余年，数罹兵燹，不无毁伤剥蚀矣。兹晋人张孝、秦人陈良策观桑梓之前猷，动缁食之继好，尽己捐金，鼓人成玉，爰有众商齐登进步，共效合力，遂致堂构尊严，廊庑娩美，垣墉表卫，门屏扬辉。兼重歌舞之台，更展婆娑之地，不但改废弛之旧，且复增缔造之华，功业多于前，风声树厥后，诚百年盛举哉！之骦职任河防，维神是戴，仰承祐庇，不可殚称深愧，暗愚难合明贶，幸逢诸善信发兹弘愿，集此成勋，谨尊所闻，恭纪神迹，并因杨生获吉所述，先后经营颠末，敬识人事，勒诸珉版以俟后起云。

---

① （清）林芃重修：康熙《张秋志》卷十《艺文志》，《中国地方志集成·乡镇志专辑》第29册，第124～125页。

敕封黄河福主金龙四大王庙碑记[①]

金龙四大王，河神也，立庙祭献，淮扬济泗间称极盛。吾江邑向无大王庙，其有于盛湖滨者，则自济宁州诸大商始。盖盛湖距县治五六十里，为吾邑巨镇，四方商贾，云集辐辏，所建神祠不一，而惟大王一庙，尤为巨丽。其捐金购地也，故滨盛湖，湖水壮阔，波涛际天，恐有啮食之患，则为卫以葭苇，防以堤石，缭以垣墙。其庙制也，一仿北地祠宇，凡斧斤垩墁以及雕绘诸匠，悉用乎北。故其规模迥别，眼界聿新，有非寻常者庙所得而伦比者。前辟三门，又旁开甲门，筑石径以达焉，取便也。若夫崇乎其中者有台，峙乎其左右者有楼，敞乎其前者有轩。其西偏为堂五楹，为轩三楹，疏池叠石，有亭翼然，岩洞幽邃；其东偏则起高楼，楼极宏敞壮丽，庭中列植嘉木，每春秋佳日，花卉映发。升高楼，望远山，白云缭绕，湖波淡沲，飞鸿灭没，渔歌款乃，皆庙中胜概也。先后糜金钱者数百万计，固济宁一州诸大商之力居多，要不可谓非王之威命灵爽，有以致之也。

按王姓谢氏，讳绪，行四，本武康诸生，居浙之金龙山，为赵宋懿亲。宋亡，慷慨赋诗二章，赴水死，为金龙四大王，有以也夫。余膺简命，视学山左，徘徊大河之滨，睹河流之震荡，仰大王之威灵，周览诸祠宇，瞻拜肃恭。而济宁之大商，因盛湖诸亲友，鱼书还往，时时晋谒。余因得悉近时修葺涂饰之美，而乐为称道之也。呜呼！王之精忠大义，凛如烈日秋霜，凡有血气者，莫不尊亲可也，岂止区区利涉之功，有裨于淮扬济泗间，而往来行客，怀其德，感其惠也哉！独济宁诸商贾，尤敬且信，及于贸然之地，如盛湖一隅，亦巍然其庙貌，则又不可以不志也。至于奉香火而延僧某某，饮僧人而置附庙田若干，他如董庙工者，输费助工者，又数十人，别勒碑一通，俾后世有所考云。

时皇清康熙六十年岁次辛丑九月穀旦

赐进士出身礼科给事中辛丑会试同考前提督山东等处

学政钦差通州粮务监督、工部营缮清吏司主事

知四川叙州府庆符县事加一级吴江陈沂震拜撰

赐进士出身翰林院编修吴家骐书丹

赐进士出身翰林院庶吉士加一级前内阁中书充御选

四朝诗馆钦定子史菁华馆纂修官东溪陈王谟篆额

---

① 王国平、唐力行主编:《明清以来苏州社会史碑刻集》,第529～530页。

御制皂河龙王庙碑文[①]

我皇考世宗宪皇帝配天永命，康乂寰区亿宁，百神丕福于群黎兆姓，方望所及，秩祀惟虔，越若川泽灵祇，默赞元化、大庇生民、孚应显著者，咸命有司增饰庙貌，用昭崇德报功、礼神惠民之至意。江南宿迁县之皂河庙祀显佑通济昭灵孝顺黄河之神由来久矣，其地前控大河，后临运道，洪流巀波，远近奔汇，号称最险，奠厥民居系神功是赖。而祠宇岁久且圮，弗称祀典，爰允河臣之请，特发帑金，鼎新神庙。经始于雍正五年五月内，落成于是年十一月，钜丽崇严，丹碧辉映，以妥神栖，荐禋祀，顾答歆享，孔惠孔时。越乾隆元年十月，河臣奏言，历岁以来，经流顺轨，风波不惊，完固今堤，帆樯利涉，明神协应，灵贶昭然。世宗宪皇帝至诚孚格，贻庥久远，允宜敬勒贞珉，垂示毋替，敢以上请。惟河工、漕运二者，皆国家大政。黄河经数千里，东入海，而淮徐适当其委，是民命之所讬也。吴越荆楚之粟岁漕以实天庾，踰淮涉河而达于京师，是民力之所出也；曩者皇祖圣祖仁皇帝廑念河漕，銮舆临幸神谟，指授万世永赖，皇考励精宵旰，庶绩咸熙。转漕河防尤关睿虑，至诚所积，格致幽显，神功默相，岁庆安澜，崇构增新，祗申昭报。朕闻之民者，神之主也。帝王承天子，明神受职于天，惟以庥佑生灵，彰造化之功用，感召之理，一诚而已。《书》曰至诚感神，又曰享于克诚，《传》曰民和而神降之福事，神保民无二道也。我皇考德洽纮埏，仁渐海宇，而勤恤民隐，诚求保赤之忱，孜孜弗释，克享天心，以是为怀柔百神之本。朕寅奉丕基，蒙声福祉，民物殷阜，神人协和，惟是顾谓民岩，对越上帝，殚精诚以崇实政用。继我皇考之盛烈毖祀，上下达于馨香，明灵洋洋，永孚惠我黎庶，朕敢夙夜敬勉，以拜神无疆之赐。

① 严型、冯煦等修纂：民国《宿迁县志》卷一《宸翰志》，《中国地方志集成·江苏府县志辑》第58册，第390～391页。

重修惠济祠碑[①]

经国之务莫重于河与漕，而两者必相资而成。曩者，东南之民数历河患矣。我皇圣祖仁皇帝，禀天纵之神明，乾苞坤络，瞭列指掌，清跸屡勤，比隆神禹，开示方略，神契龟从，用诒万世无疆之休。河臣禀受圣谟，罔失尺寸，若堤、若遥堤、若缕堤、若月河、若引河、若坝、若堰、若牐，措必其要，用必其时，河奏安澜，民无昏垫。成绩彰灼，五纪于兹，天庾陈红，云帆直达，厥包织篚，琛赆南金。公私百货之需，船输舰载，楫交津渠。溯前代南北运道，逆河而上者五百余里，明季开泇河，避黄河之险者三百里。越我朝，康熙年间开皂河以通泇，复开中河以通皂，漕艘出清口，绝流北入中河，浮于黄者仅七里，遂尽避黄河五百里之险，漕之利无过此时者。黄河自积石龙门经豫徐东下，挟淮泗交流入海，势湍悍不可御，泥浊易淤，漕艘渡江达淮，黄河亘其冲，其入中河也，必资于黄。治之之道，以清淮迅激荡涤之，俾无壅沙。河恒强，淮恒弱，则潴洪泽之巨浸以助之，交会于清口，是为运道之枢纽，河防之关键。导河、乂、淮、利漕，举系于此。濒河迄下游，郡县数十，城郭田庐皆恃以为命，司水土者，恒惴惴焉。清口治，而河与漕胥得其理矣。清江浦之涘，神祠曰"惠济"，鼎新于雍正二年，灵贶孔时，孚应若响，过祠下者奠醴荐牢，靡敢弗肃。

乾隆十有六年，朕巡省南服，瞻谒庭宇，敬惟神功庥佑宜崇报享，命有司鸠工，加焕饰焉。夫名山大川，精气磅礴，必有神焉主之。经国大政，庇赖生灵，必有神焉相之。其顾享者，必其有勤民敬事之忱者也。苟惰庶事而瘝厥官，或穿凿自用而失其故，有弗干谴怒而罹其罚者乎。政罔弗修，无贻神羞，敬举乃职，神锡尔极。惟神式凭，庶永底宁。勒文贞珉，用谂河臣。遂为迎神送神之歌，辞曰：

河之来兮天上，皓皓旰旰兮无与抗。浰浰兮清淮，汇沦涟兮河流湝湝。峨巨艑兮横中流，望灵旗兮澹淡游。桂楫兮荃桡，纷弭节兮蘅皋。絙弦兮考鼓，俎肥牲兮式歌且舞，神格歆兮福女。千夫邪许兮搴长茭，巩金堤兮障彼乐郊，楚舟容与兮吴榜交。溯长川兮利济，转玉粒兮时攸赖。洪涛伏兮神哉沛。箫管竞兮应擢歌，神之留兮禅飚和，绍平成兮恪蒇事，饫苾芬兮虔报祀，灵河翕兮福万世。

乾隆十六年岁在辛未夏六月吉日

---

① (清)高晋等编修:《钦定南巡盛典》卷二四《天章·御制文》,第431页。

铜山县河神庙碑记[1]

河自达豫而下，逶迤入徐境，道狭而曲，势迅而易沓；过此复逶迤数百里，乃挟洪泽之波以出乎海口。于是障徐之冲，频岁用力尤巨。乾隆丙子秋，徐之孙家集夺溜，亟命大臣董役，筑塞惟谨。丁丑春，朕重举南巡，夏四月莅徐亲阅，令官测量河身，务祈大溜直趋，刷深复旧，而于徐之城外增筑石堤，更培固诸岸工。荷天之宠，庇神之庥，时则恬澜顺轨，阏淤胥通。弥望沃野兴耕，民气和乐。夫报德报功，国有常典，矧朕夙夜斋心，法祖敬天，怀柔百神，讫于四海。所勤勤不敢少自暇逸，冀馨香之孚格者，凡以为民。维神佑国奠河，护漕泽境，功德之巨，克称渎宗。我世祖章皇帝开天肇宇，化绥万灵，顺治三年，敕封神为“显佑通济金龙四大王”。我圣祖仁皇帝德协清宁，省岳巡河，亲筹底绩。康熙三十九年，敕加封神为“显佑通济昭灵效顺金龙四大王”。维兹清江暨皂河并建有灵庙，春秋永祀。今神鉴朕莅徐亲阅之诚，顺轨效祥，捷于桴鼓，是所以保壤鞫氓，滋昌年谷者，实惟神聪明正直、潜佑默助之功为多，其敢忘秩祀！爰以其年，命守土臣相地铜山县云龙山之北，峻深允吉，创立新庙，崇申专祀，祗报鸿庥。明年冬庙成，杰构既焕，宜晋崇称，特加封神为“显佑通济昭灵效顺广利安民金龙四大王”，龙德协应，王爵载尊，祝号丕扬，歆于万祀。惟是河水之所经，若山林、川谷、丘陵、田畴、屋庐，自徐之上、徐之下，举可生遂吾民者，咸赖神之龚行天职。是惠是普又宁，惟泽之永荫于徐也欤！享事初行，穹碑斯树，增旧典，纪丰功，流庆无极。敬作迎送之曲，俾歌以侑而代铭焉。

其诗曰：导长源，昆仑墟；沛吾仁，东海趋。中恬澜兮于徐，暨上下兮舒舒。云龙兮山起，扬翠旌兮清光万里。灵之来兮春风，田鼓兮冬冬。灵之下兮秋月，稻香兮馞馞。陈嘉醴兮箫管谐，悦吾人兮龙堂开。（右迎神）龙堂开，云瑷䨴，山凝华，水澄采。敕群灵兮安驱，望青天兮海在。灵之留兮洋洋，五土赖兮乐康。灵之旋兮肃肃，和气周兮百渎。愿灵兮舒舒，既安驱兮又宁居。光前典兮飨于徐，绥我万年兮润中区。（右送神）

---

① 赵明奇主编：《全本徐州府志》，第21～22页。

金龙四大王行略碑[①]

王，姓谢，讳绪，会稽学生员，居钱塘之安溪，晋大夫安石（谢安）之裔也。素有壮志，知宋鼎将移。不果，仕隐于金龙山巅，达白云亭以诗书自娱。甲戌秋八月，大雨苕目，山崩。王会众泣曰："天目乃临安之主，今山崩，宋其危乎！"未几，宋鼎移。王日夜涕泣，一日，忽与徒决曰："生不能报主，死亦当灭虏。"即题诗云："立志平夷尚未酬，莫言心事付东流。沦胥亦下谁能救，一死千秋恨不休。湘水不沉忠义气，淮淝自愧破秦谋。苕溪北玄通边塞，留此丹心灭虏酋。"书讫，将赴水，徒不能止，因问曰："先生之志果矣，但向后作何证左？"王曰："异日黄河水北流，是予报仇之日也。"遂永诀。赴水时，水势涌高丈余，若有怒气状，人咸异之。即举尸葬于金龙山之麓，立祠于其旁后。太祖高皇帝与元将蛮子海牙战于吕梁，虏势顺流直冲，我兵大溃。太祖忽见空中有三将，身披甲，手执鞭，拥黄河而北流，虏众大败。太祖因祷天将，系何姓名，乞示我以便封酬。是夜，梦一生头戴儒冠，身挂青衿，披帷入告曰："吾宋时会稽学生员谢绪是也，祖名达，父叔三人，予手足四人，纪纲统绪，余居四，恶元乱中华，力不能勤赴苕溪，死尸葬金龙麓，饮恨九泉百余年矣。今幸圣主出，特为拥河北流，以伸平生志也。"太祖曰："神将固已知之，昨见旁有二人，又系何将？"王对曰："此绪欲报主仇，而幽冥结义之弟楠木二神是也。"言已，王出。太祖醒，即传旨封为"金龙四大王"。

甲午岁极壮乐昌峻峰氏沐手敬临

乙已仲春上浣信成号、宗久号沐手敬刊

嘉庆岁次己巳清和中浣，山陕众商沐手重勒

---

① 陈清义、刘宜萍编著：《聊城山陕会馆》，华夏文化出版社2003年版，第86页。

主要参考文献

一、古籍文献

1.(唐)房玄龄注,(明)刘绩增注:《管子》,上海古籍出版社 1989 年版。

2.(春秋)左丘明:《左传》,上海人民出版社 1977 年版。

3.陈广忠译注:《淮南子》,中华书局 2012 年版。

4.(汉)刘向撰,赵善诒疏证:《说苑疏证》,华东师范大学出版社 1985 年版。

5.(汉)许慎著,(清)段玉裁注:《说文解字注》,上海古籍出版社 1986 年版。

6.(汉)郑玄注,(唐)孔颖达等正义:《礼记正义》,上海古籍出版社 1990 年版。

7.(北宋)胡瑗:《周易口义》,景印文渊阁《四库全书》第 8 册,(台北)商务印书馆 1986 年版。

8.(清)王先谦编著:《庄子集解》,成都古籍书店 1988 年版。

9.(清)孙星衍撰,陈抗、盛冬铃点校:《尚书今古文注疏》,中华书局 1986 年版。

10.杨天宇译注:《礼记译注》,上海古籍出版社 2004 年版。

11.张玉春译注:《竹书纪年译注》,黑龙江人民出版社 2002 年版。

12.陈戍国校注:《礼记校注》,岳麓书社 2004 年版。

13.(汉)司马迁:《史记》,中华书局 1959 年版。

14.(汉)班固:《汉书》,中华书局 1962 年版。

15.(晋)干宝撰,汪绍楹校注:《搜神记》,中华书局 1979 年版。

16.(后晋)刘昫等:《旧唐书》,中华书局 1975 年版。

17.(元)徐大焯:《烬余录》,巴蜀书社1993年版。

18.(元)袁桷:《清容居士集》,中华书局1985年版。

19.(元)脱脱等:《宋史》,中华书局1977年版。

20.(明)宋濂等:《元史》,中华书局1976年版。

21.(清)张廷玉等:《明史》,中华书局1974年版。

22.赵尔巽等:《清史稿》,中华书局1976年版。

23.《明实录》,(台北)"中央"研究院历史语言研究所1962年校勘版。

24.(明)黄训:《皇明名臣经济录》,景印文渊阁《四库全书》第444册,(台北)商务印书馆1986年版。

25.(明)王琼撰,姚汉源、谭徐明点校:《漕河图志》,水利电力出版社1990年版。

26.(明)杨宏、(明)谢纯撰,荀德麟、何振华点校:《漕运通志》,方志出版社2006年版。

27.(明)王圻:《续文献通考》,《续修四库全书》第764册,上海古籍出版社2002年版。

28.(明)李流芳:《檀园集》,景印文渊阁《四库全书》第1295册,(台北)商务印书馆1986年版。

29.(明)郎瑛:《七修类稿》,《续修四库全书》第1123册,上海古籍出版社2002年版。

30.崔溥著,葛振家点注:《漂海录—中国行记》,社会科学文献出版社1992年版。

31.(明)顾璘:《西园存稿诗》,景印文渊阁《四库全书》第1263册,(台北)商务印书馆1986年版。

32.(明)倪岳:《青溪漫稿》,景印文渊阁《四库全书》第1251册,(台北)商务印书馆1986年版。

33.(明)王士性撰,吕景琳点校:《广志绎》,中华书局1981年版。

34.(明)周清源著,刘耀林、徐元校注:《西湖二集》,浙江文艺出版社1985年版。

35.(明)王同轨撰,吕友仁、孙顺霖校点:《耳谈类增》,中州古籍出版社1994年版。

36.(明)姚旅:《露书》,《四库全书存目丛书·子部》第111册,齐鲁书社1995年版。

37.(明)徐渭:《徐渭集》,中华书局 1983 年版。

38.(明)谢肇淛:《五杂俎》,《续修四库全书》第 1130 册,上海古籍出版社 2002 年版。

39.(明)谢肇淛:《北河纪》,景印文渊阁《四库全书》第 576 册,(台北)商务印书馆 1986 年版。

40.(明)朱国祯:《涌幢小品》,中华书局 1959 年版。

41.(清)彭孙贻:《客舍偶闻》,《续修四库全书》第 1175 册,上海古籍出版社 2002 年版。

42.(清)吴伟业:《吴梅村诗集笺注》,世界书局 1936 年版。

43.(清)傅维鳞:《明书》,《四库全书存目丛书·史部》史部第 38 册,齐鲁书社 1997 年版。

44.(清)彭鹏:《古愚心言》,《四库全书存目丛书·集部》第 231 册,齐鲁书社 1997 年版。

45.(清)谈迁撰,汪北平点校:《北游录》,中华书局 2006 年版。

46.(清)孙承泽:《河纪》,《续修四库全书》第 728 册,上海古籍出版社 2002 年版。

47.(清)姚之骃:《元明事类钞》,景印文渊阁《四库全书》第 884 册,(台北)商务印书馆 1986 年版。

48.(清)李斗撰,汪北平、涂雨公点校:《扬州画舫录》,中华书局 1960 年版。

49.(清)西周生:《醒世姻缘传》,华夏出版社 1994 年版。

50.(清)蒲松龄:《聊斋志异》,人民文学出版社 1998 年版。

51.(清)毛奇龄:《西河集》,景印文渊阁《四库全书》第 1321 册,(台北)商务印书馆 1986 年版。

52.(清)赵翼:《陔余丛考》,商务印书馆 1957 年版。

53.(清)袁枚著,杨名标点:《子不语》,重庆出版社 2005 年版。

54.(清)陆燿:《切问斋集》,《四库未收书辑刊》第 10 辑第 19 册,北京出版社 2000 年版。

55.(清)李绂:《穆堂别稿》,《四库禁毁书丛刊补编·集部》第 87 册,北京出版社 2005 年版。

56.(清)尤侗:《西堂诗集》,《续修四库全书》第 1406 册,上海古籍出版社 2002 年版。

57.(清)方文:《嵞山集》,上海古籍出版社 1979 年版。

58.(清)孙枝蔚:《溉堂集》,上海古籍出版社 1979 年版。

59.(清)华鼎元辑,张仲点校:《梓里联珠集》,天津古籍出版社 1986 年版。

60.(清)康基田:《河渠纪闻》,《四库未收书辑刊》第 1 辑第 29 册,北京出版社 2000 年版。

61.(清)麟庆著文,汪春泉等绘图:《鸿雪因缘图记》,北京古籍出版社 1984 年版。

62.(清)陶澍:《陶澍全集》,岳麓书社 2010 年版。

63.(清)陈康祺:《郎潜纪闻》,《续修四库全书》第 1183 册,上海古籍出版社 2002 年版。

64.(清)周世澄:《淮军平捻记》,《近代中国史料丛刊》第 5 辑第 42 册,(台北)文海出版社 1967 年版。

65.(清)薛福成:《庸庵笔记》,《续修四库全书》第 1182 册,上海古籍出版社 2002 年版。

66.(清)黄钧宰:《金壶七墨》,《续修四库全书》第 1183 册,上海古籍出版社 2002 年版。

67.(清)沈起元:《敬亭文稿》,《四库未收书辑刊》第 8 辑第 26 册,北京出版社 2000 年版。

68.(清)左宗棠:《左文襄公集》,岳麓书社 1987 年版。

69.(清)百一居士:《壶天录》,《续修四库全书》第 1271 册,上海古籍出版社 2002 年版。

70.《清实录》,中华书局 2008 年版。

71.《世宗宪皇帝朱批谕旨》,景印文渊阁《四库全书》第 416 册,(台北)商务印书馆 1986 年版。

72.《钦定大清会典则例》,景印文渊阁《四库全书》第 622 册,(台北)商务印书馆 1986 年版。

73.(清)嵇璜等:《清通典》,景印文渊阁《四库全书》第 642 册,(台北)商务印书馆 1986 年版。

74.(清)高晋等编修:《钦定南巡盛典》,景印文渊阁《四库全书》第 658 册,(台北)商务印书馆 1986 年版。

75.(清)嵇璜等:《皇朝文献通考》,景印文渊阁《四库全书》第 634 册,(台北)商务印书馆 1986 年版。

76.(清)傅洪泽:《行水金鉴》,景印文渊阁《四库全书》第 580 册,(台北)商务印书馆 1986 年版。

77.(清)黄掌纶:《长芦盐法志》,《续修四库全书》第 840 册,上海古籍出版社 2002 年版。

78.(清)李奉翰编:《南工庙祠祀典》,《中国祠墓志丛刊》第 3 册,广陵书社 2004 年版。

79.(清)穆彰阿、(清)潘锡恩等纂修:《大清一统志》,《续修四库全书》第 614 册,上海古籍出版社 2002 年版。

80.(清)贺长龄:《清经世文编》,《清代经世文全编》第 7 册,学苑出版社 2010 年版。

81.(清)载龄等修,(清)福趾等纂:光绪《户部漕运全书》,《续修四库全书》第 836 册,上海古籍出版社 2002 年版。

82.(清)昆冈等修,(清)刘启端等纂:光绪《钦定大清会典事例》,《续修四库全书》第 805 册,上海古籍出版社 2002 年版。

83.中国第一历史档案馆编:《乾隆朝上谕档》,中国档案出版社 1998 年版。

84.中国第一历史档案馆编:《嘉庆道光两朝上谕档》,广西师范大学出版社 2000 年版。

85.中国第一历史档案馆编:《咸丰同治两朝上谕档》,广西师范大学出版社 1998 年版。

86.中国第一历史档案馆编:《光绪宣统两朝上谕档》,广西师范大学出版社 1996 年版。

87.《宋康惠公祠志》,《原国立北平图书馆甲库善本丛书》第 408 册,国家图书馆出版社 2014 年版。

88.(明)陈子龙等选辑:《明经世文编》,中华书局 1962 年版。

89.(清)陈梦雷等辑:《古今图书集成》,中华书局 1986 年版。

90.(清)仲学辂:《金龙四大王祠墓录》,《丛书集成续编·史部》第 59 册,上海书店出版社 1994 年版。

91.(清)朱寿镛编:《敕封大王将军纪略》,南京图书馆藏光绪七年(1881)刻本。

92.(清)朱起潮辑纂:《梅陇朱氏宗谱》,上海图书馆藏清光绪三十年(1904)刻本。

93.国家图书馆藏:《河神事迹纪略》,光绪三十三年(1907)山东河防总局重刊本。

94.东河总督白钟山、河南巡抚尹会一:《奏为俯顺舆情请敕赐河神封号事》,《宫中朱批奏折》,乾隆三年二月十七日,档号:04-01-05-0006-004。

95.两江总督百龄:《奏为遵旨查明淮安府惠济祠旧主持宰乘麟等盗当民供物件分别办理事》,《宫中朱批奏折》,嘉庆十六年七月二十九日,档号:04-01-01-0532-001。

96.漕运总督讷尔经额:《奏请颁发惠济祠御书匾额以便摹刊敬悬等事》,《宫中朱批奏折》,道光八年,档号:04-01-35-0257-017。

97.署理南河总督麟庆:《奏为里河厅运口地方惠济祠年久应修请拨款修葺事》,道光十五年正月初十日,档号:04-01-37-0096-001。

98.山东兖州总兵李建功:《奏为漳河神庙请赏给匾额事》,《宫中朱批奏折》,乾隆二年六月十六日,档号:04-01-14-0003。

99.山东巡抚同兴:《奏为卫河水势增长祈求河神显灵并办理漕船过境事》,《录副奏片》,嘉庆十八年六月二十二日,档号:03-2128-056。

100.漕运总督杨殿邦:《奏为临清闸外河神显佑请晋锡嘉号事》,《宫中朱批奏折》,道光二十八年正月初十日,档号:04-01-35-280-012。

101.漕运总督杨殿邦:《奏为临清闸外河神灵应请各加酬锡以答神庥事》,《宫中朱批奏折》,道光三十年十二月初六日,档号:04-01-35-0285-028。

102.漕运总督杨殿邦:《奏为河神显应恳请颁赐山东临清金龙四大王庙匾额酬锡神府事》,《宫中朱批奏折》,道光二十九年十一月初五日,档号:04-01-14-0064-011。

103.漕运总督文彬:《奏为杨庄庙河神显灵请颁发匾额事》,《录副奏折》,光绪二年五月二十一日,档号:03-7073-009。

104.直隶总督李鸿章:《奏为北运河河西务汛河神素著灵应请旨颁匾事》,《录副奏折》,光绪十三年十二月十三日,档号:03-5546-080。

105.直隶总督李鸿章:《奏为津郡河神庙风神庙辄著灵应请颁赐匾额各一方事》,《奏折附片》,光绪十三年,档号:04-01-15-003-1084。

二、地方志

1.(明)陆釴等纂修.嘉靖《山东通志》,《天一阁藏明代方志选刊续编》第51册,据明嘉靖年间刻本影印,上海书店1990年版。

2.(清)于成龙修,(清)郭棻纂:康熙《畿辅通志》,《中国地方志集成·省志辑·河北》第1册,凤凰出版社2010年版。

3.(清)于成龙等修,(清)张九徵等纂:康熙《江南通志》,《中国地方志集成·省志辑·江苏》第1册,凤凰出版社2011年版。

4.(清)赵祥星修,(清)钱江等纂:康熙《山东通志》,《中国地方志集成·省志辑·山东》第5册,凤凰出版社2010年版。

5.(清)王国安等修,(清)黄宗羲等纂:康熙《浙江通志》,《中国地方志集成·省志辑·浙江》第1册,凤凰出版社2010年版。

6.(清)嵇曾筠等修,(清)沈翼机等纂:雍正《浙江通志》,《中国地方志集成·省志辑·浙江》第7册,凤凰出版社2010年版。

7.(清)迈柱等监修,(清)夏力恕等编纂:雍正《湖广通志》,景印文渊阁《四库全书》第534册,(台北)商务印书馆1986年版。

8.(清)尹继善、(清)赵国麟等修纂:乾隆《江南通志》,《中国地方志集成·省志辑·江苏》第3册,凤凰出版社2011年版。

9.(清)王履泰:《畿辅安澜志》,《故宫珍本丛刊》第245册,海南出版社2001年版。

10.(清)李鸿章等修,(清)黄彭年等纂:同治《畿辅通志》,《中国地方志集成·省志辑·河北》第11册,凤凰出版社2010年版。

11.(清)杨士骧、(清)孙葆田等修纂:宣统《山东通志》,《中国地方志集成·省志辑·山东》第5册,凤凰出版社2010年版。

12.(明)沈应文等修:万历《顺天府志》,万历二十一年(1593)刻本。

13.(清)周家楣修,(清)缪荃孙等纂:光绪《顺天府志》,《中国地方志集成·北京府县志辑》第1册,上海书店出版社2002年版。

14.(清)吴存礼修,(清)陆茂腾纂:康熙《通州志》,《中国地方志集成·北京府县志辑》第6册,上海书店出版社2002年版。

15.(明)萧藩修,(明)郑孝纂:嘉靖《兴济县志书》,《河北大学图书馆藏稀见方志丛刊》第8册,国家图书馆出版社2011年版。

16.(清)吴惠元修,(清)蒋玉虹、(清)俞樾纂:同治《续天津府志》,《浙江图书馆藏稀见方志丛刊》第1册,国家图书馆出版社2011年版。

17.(清)蔡寿臻等纂修:光绪《武清县志》,《北京师范大学图书馆藏稀见方志丛刊》第2册,国家图书馆出版社2007年版。

18.(清)高天凤修,(清)金梅纂:乾隆《通州志》,《华东师范大学图书馆藏稀见方志丛刊》第18册,国家图书馆出版社2005年版。

19.(明)李梦熊修,(明)顾震宇等纂:万历《沧州志》,《北京大学图书馆藏稀见方志丛刊》第 24 册,国家图书馆出版社 2013 年版。

20.(清)张一魁纂修:康熙《景州志》,《北京大学图书馆藏稀见方志丛刊》第 29 册,国家图书馆出版社 2013 年版。

21.(清)沈家本等修,(清)徐宗亮等纂:光绪《重修天津府志》,《中国地方志集成·天津府县志辑》,上海书店出版社 2004 年版。

22.王守恂、高凌雯纂修:民国《天津县新志》,《中国地方志集成·天津府县志辑》第 3 册,上海书店出版社 2004 年版。

23.(清)阎甲胤修,(清)马方伸纂:康熙《静海县志》,《中国地方志集成·天津府县志辑》第 5 册,上海书店出版社 2004 年版。

24.白凤文修,高毓浵纂:民国《静海县志》,《中国地方志集成·天津府县志辑》第 5 册,上海书店出版社 2004 年版。

25.(清)蔡寿臻修,(清)钱锡寀纂:光绪《武清县志》,《中国地方志集成·天津府县志辑》第 6 册,上海书店出版社 2004 年版。

26.王葆安修,马文焕等纂:民国《香河县志》,《中国地方志集成·河北府县志辑》第 27 册,上海书店出版社 2006 年版。

27.张凤瑞、徐国桓修,张坪纂:民国《沧县志》,《中国地方志集成·河北府县志辑》第 42 册,上海书店出版社 2006 年版。

28.(清)杨苹纂:康熙《吴桥县志》,《中国地方志集成·河北府县志辑》第 44 册,上海书店出版社 2006 年版。

29.(清)倪昌燮修,(清)冯庆杨纂:光绪《吴桥县志》,《中国地方志集成·河北府县志辑》第 44 册,上海书店出版社 2006 年版。

30.(清)周植瀛修,(清)吴浔源纂:光绪《东光县志》,《中国地方志集成·河北府县志辑》第 45 册,上海书店出版社 2006 年版。

31.(清)杨霞修,(清)姚景图纂:康熙《青县志》,《中国地方志集成·河北府县志辑》第 46 册,上海书店出版社 2006 年版。

32.万震霄修,高遵章、姚维锦纂:民国《青县志》,《中国地方志集成·河北府县志辑》第 47 册,上海书店出版社 2006 年版。

33.王德乾、尹铭绩修,刘树鑫纂:民国《南皮县志》,《中国地方志集成·河北府县志辑》第 47 册,上海书店出版社 2006 年版。

34.耿兆栋、董大年修,张汝漪纂:民国《景县志》,《中国地方志集成·河北府县志辑》第 50 册,上海书店出版社 2006 年版。

35.(清)蔡维义修,(清)秦永清等纂:雍正《故城县志》,《中国地方志集成·河北府县志辑》第54册,上海书店出版社2006年版。

36.(清)丁灿修,(清)王堉德纂:光绪《续修故城县志》,《中国地方志集成·河北府县志辑》第54册,上海书店出版社2006年版。

37.张福谦修,赵鼎铭纂:民国《清河县志》,《中国地方志集成·河北府县志辑》第72册,上海书店出版社2006年版。

38.天津市地方志编修委员会编著:《天津通志·旧志点校卷》,南开大学出版社2001年版。

39.(明)易时中、(明)王琳纂修:嘉靖《夏津县志》,《天一阁藏明代方志选刊》第43册,据明嘉靖年间刻本影印,上海古籍书店1962年版。

40.(明)尤麒修,(明)陈露纂:嘉靖《武城志》,《天一阁藏明代方志选刊》第44册,据明嘉靖年间刻本影印,上海古籍书店1963年版。

41.(明)易登瀛、(明)卢学礼修,(明)于慎行纂:万历《兖州府志》,《天一阁藏明代方志选刊续编》第55册,上海书店1990年版。

42.(明)王命爵、(明)李士登修,(明)王汝训纂:万历《东昌府志》,《北京师范大学藏稀见方志丛刊续编》第5册,学苑出版社2009年版。

43.(清)倭什布纂修:乾隆《嘉祥县志》,《北京大学图书馆藏稀见方志丛刊》第88册,国家图书馆出版社2013年版。

44.(清)王天秀修,(清)孙巽纂:乾隆《金乡县志》,《北京大学图书馆藏稀见方志丛刊》第89册,国家图书馆出版社2013年版。

45.(清)于睿明修,(清)胡悉宁等纂:康熙《临清州志》,《稀见中国地方志汇刊》第9册,中国书店1992年版。

46.(清)王赠芳等修,(清)成瓘等纂:道光《济南府志》,《中国地方志集成·山东府县志辑》第1册,凤凰出版社2004年版。

47.(清)田显吉修,(清)褚光镆等纂:康熙《峄县志》,《南京图书馆藏稀见方志丛刊》第18册,国家图书馆出版社2012年版。

48.(清)王俊等修纂:乾隆《临清州志》,临清市人民政府编:《临清州志》,山东地图出版社2001年版。

49.(清)林芃重修:康熙《张秋志》,《中国地方志集成·乡镇志专辑》第29册,江苏古籍出版社1992年版。

50.(清)王振录等修,(清)王宝田等纂:光绪《峄县志》,《中国地方志集成·山东府县志辑》第9册,凤凰出版社2004年版。

51.(清)王道亨修,(清)张庆源纂:乾隆《德州志》,《中国地方志集成·山东府县志辑》第 10 册,凤凰出版社 2004 年版。

52.李树德修,董瑶林纂:民国《德县志》,《中国地方志集成·山东府县志辑》第 12 册,凤凰出版社 2004 年版。

53.(清)汪鸿孙修,(清)刘儒臣、(清)王金阶纂:宣统《重修恩县志》,《中国地方志集成·山东府县志辑》第 18 册,凤凰出版社 2004 年版。

54.(清)骆大俊纂修:乾隆《武城县志》,《中国地方志集成·山东府县志辑》第 18 册,凤凰出版社 2004 年版。

55.(清)万秀芳纂修:道光《武城县志续编》,《中国地方志集成·山东府县志辑》第 18 册,凤凰出版社 2004 年版。

56.(清)方学成修,(清)梁大鲲纂:乾隆《夏津县志》,《中国地方志集成·山东府县志辑》第 19 册,凤凰出版社 2004 年版。

57.谢锡文修,许宗海纂:民国《夏津县志续编》,《中国地方志集成·山东府县志辑》第 19 册,凤凰出版社 2004 年版。

58.(清)左宜似等修,(清)卢鋆等纂:光绪《东平州志》,《中国地方志集成·山东府县志辑》第 70 册,凤凰出版社 2004 年版。

59.(清)觉罗普尔泰修,(清)陈顾联纂:乾隆《兖州府志》,《中国地方志集成·山东府县志辑》第 71 册,凤凰出版社 2004 年版。

60.(清)王政修,(清)王庸立、(清)黄来麟纂:道光《滕县志》,《中国地方志集成·山东府县志辑》第 75 册,凤凰出版社 2004 年版。

61.(清)生克中纂:宣统《滕县续志》,《中国地方志集成·山东府县志辑》75 册,凤凰出版社 2004 年版。

62.崔公甫等修,高熙喆等纂:民国《续滕县志》,《中国地方志集成·山东府县志辑》第 75 册,凤凰出版社 2004 年版。

63.(清)徐宗幹修,(清)许瀚纂:道光《济宁直隶州志》,《中国地方志集成·山东府县志辑》第 76 册,凤凰出版社 2004 年版。

64.(清)卢朝安纂修:咸丰《济宁直隶州续志》,《中国地方志集成·山东府县志辑》第 77 册,凤凰出版社 2004 年版。

65.潘守廉修,袁绍昂、唐烜纂:民国《济宁直隶州续志》,《中国地方志集成·山东府县志辑》第 77 册,凤凰出版社 2004 年版。

66.潘守廉修,袁绍昂纂:民国《济宁县志》,《中国地方志集成·山东府县志辑》第 78 册,凤凰出版社 2004 年版。

67.(明)栗可仕修,(明)王命新纂:万历《汶上县志》,《中国地方志集成·山东府县志辑》第78册,凤凰出版社2004年版。

68.(清)闻元炅纂修:康熙《续修汶上县志》,《中国地方志集成·山东府县志辑》第78册,凤凰出版社2004年版。

69.(清)冯振鸿纂修:光绪《鱼台县志》,《中国地方志集成·山东府县志辑》第79册,凤凰出版社2004年版。

70.(清)章文华、(清)官擢午纂修:光绪《嘉祥县志》,《中国地方志集成·山东府县志辑》第79册,凤凰出版社2004年版。

71.(清)李垒纂修:咸丰《金乡县志略》,《中国地方志集成·山东府县志辑》第79册,凤凰出版社2004年版。

72.(清)陈庆藩修,(清)叶锡麟、(清)靳维熙纂:宣统《聊城县志》,《中国地方志集成·山东府县志辑》第82册,凤凰出版社2004年版。

73.(清)嵩山修,(清)谢香开等纂:嘉庆《东昌府志》,《中国地方志集成·山东府县志辑》第82册,凤凰出版社2004年版。

74.(清)杨祖宁修,(清)乌竹芳纂:《道光博平县志》,《中国地方志集成·山东府县志辑》第86册,凤凰出版社2004年版。

75.(清)李维诚纂修,(清)王用霖、(清)彭宝铭续纂:光绪《博平县续志》,《中国地方志集成·山东府县志辑》第86册,凤凰出版社2004年版。

76.(清)卢承琰修,(清)刘淇纂:康熙《堂邑县志》,《中国地方志集成·山东府县志辑》第89册,凤凰出版社2004年版。

77.梁钟亭、路大遵修,张树梅纂:民国《清平县志》,《中国地方志集成·山东府县志辑》第89册,凤凰出版社2004年版。

78.(清)李贤书修,(清)吴怡等纂:道光《东阿县志》,《中国地方志集成·山东府县志辑》第92册,凤凰出版社2004年版。

79.周竹生修,靳维熙纂:民国《续修东阿县志》,《中国地方志集成·山东府县志辑》第92册,凤凰出版社2004年版。

80.周竹生修,靳维熙纂:民国《东阿县志》,《中国地方志集成·山东府县志辑》第92册,凤凰出版社2004年版。

81.(清)王时来修,(清)杭云龙纂:康熙《阳谷县志》,《中国地方志集成·山东府县志辑》第93册,凤凰出版社2004年版。

82.(清)董政华修,(清)孔广海纂:光绪《阳谷县志》,《中国地方志集成·山东府县志辑》第93册,凤凰出版社2004年版。

83.(清)刘文煃修,(清)王守谦纂:光绪《寿张县志》,《中国地方志集成·山东府县志辑》第 93 册,凤凰出版社 2004 年版。

84.(清)张度、(清)邓希曾修,(清)朱镜纂:《乾隆临清直隶州志》,《中国地方志集成·山东府县志辑》第 94 册,凤凰出版社 2004 年版。

85.张自清修,张树梅、王贵笙纂:民国《临清县志》,《中国地方志集成·山东府县志辑》第 95 册,凤凰出版社 2004 年版。

86.(元)脱因修,(元)俞希鲁纂:至顺《镇江志》,《中国方志丛书·华中地方(171)》,(台北)成文出版社 1975 年版。

87.(明)宋骥纂修:正统《彭城志》,《原国立北平图书馆甲库善本丛书》第 325 册,国家图书馆出版社 2014 年版。

88.(明)吴宗吉修,(明)纪士范等纂:嘉靖《清河县志》,《原国立北平图书馆甲库善本丛书》第 294 册,国家图书馆出版社 2014 年版。

89.(清)朱元丰修,(清)吴治恕纂:乾隆《清河县志》,清乾隆十五年(1750)刻本。

90.张煦侯编,方宏伟、王信波整理:《淮阴风土记》,方志出版社 2008 年版。

91.(清)吴玉播纂:道光《山阳志遗》,《北京师范大学图书馆藏稀见方志丛刊续编》第 7 册,学苑出版社 2009 年版。

92.(清)陈祺寿纂:宣统《丹阳县志续志》,《北京师范大学图书馆藏稀见方志丛刊续编》第 7 册,学苑出版社 2009 年版。

93.(清)李苏纂:康熙《江都县志》,《华东师范大学图书馆藏稀见方志丛刊》第 10 册,国家图书馆出版社 2005 年版。

94.(清)曹镳纂:道光《淮城信今录》,《浙江图书馆藏稀见方志丛刊》第 9 册,国家图书馆出版社 2011 年版。

95.李丙荣纂修:民国《丹徒县征访册》,《北京大学图书馆藏稀见方志丛刊》第 108 册,国家图书馆出版社 2013 年版。

96.(清)陈玉璂纂修:康熙《武进县志》,《北京大学图书馆藏稀见方志丛刊》第 111 册,国家图书馆出版社 2013 年版。

97.(清)阮元修,(清)江藩、(清)焦循纂:嘉庆《扬州府图经》,《北京大学图书馆藏稀见方志丛刊》第 116 册,国家图书馆出版社 2013 年版。

98.(清)刘赞勋纂修:咸丰《重修宝应县志》,《北京大学图书馆藏稀见方志丛刊》第 118 册,国家图书馆出版社 2013 年版。

99.(清)姜焯等纂修:康熙《徐州志》,《上海图书馆藏稀见方志丛刊》第 37

册，国家图书馆出版社 2011 年版。

100.（清）张尚元纂：康熙《宿迁县志》，《上海图书馆藏稀见方志丛刊》第 41 册，国家图书馆出版社 2011 年版。

101.（清）丁堂修，（清）臧鲁高纂：嘉庆《宿迁县志》，《上海图书馆藏稀见方志丛刊》第 42 册，国家图书馆出版社 2011 年版。

102.（清）王祖肃、（清）杨宜仑修：乾隆《武进县志》，《上海图书馆藏稀见方志丛刊》第 52 册，国家图书馆出版社 2011 年版。

103.（明）莫旦纂：弘治《吴江志》，《上海图书馆藏稀见方志丛刊》第 64 册，国家图书馆出版社 2011 年版。

104.（清）董尔基纂修：顺治《续吴江县志》，《上海图书馆藏稀见方志丛刊》第 67 册，国家图书馆出版社 2011 年版。

105.（清）张德盛等修，（清）王曾禄等纂：雍正《高邮州志》，《河北大学图书馆藏稀见方志丛刊》第 11 册，国家图书馆出版社 2011 年版。

106.（清）吴秀之修，（清）曹允源等纂：宣统《吴长元三县合志》，《南京图书馆藏稀见方志丛刊》第 26 册，国家图书馆出版社 2012 年版。

107.（清）王前修，（清）钱霑纂：康熙《吴江县志续编》，《南京图书馆藏稀见方志丛刊》第 45 册，国家图书馆出版社 2012 年版。

108.（明）吴翀、（明）李庶撰：弘治《重修无锡县志》，《南京图书馆藏稀见方志丛刊》第 46 册，国家图书馆出版社 2012 年版。

109.（明）王应麟修，（明）王樵等纂：万历《重修镇江府志》，《南京图书馆藏稀见方志丛刊》第 47 册，国家图书馆出版社 2012 年版。

110.（清）佚名纂修：康熙《丹徒县志》，《南京图书馆藏稀见方志丛刊》第 50 册，国家图书馆出版社 2012 年版。

111.（明）马豸修，（明）丁华阳纂：隆庆《丹阳县志》，《南京图书馆藏稀见方志丛刊》第 50 册，国家图书馆出版社 2012 年版。

112.（明）刘广生修，（明）唐鹤徵纂：万历《重修常州府志》，《南京图书馆藏稀见方志丛刊》第 55 册，国家图书馆出版社 2012 年版。

113.（明）晏文辉修，（明）唐鹤徵纂：万历《武进县志》，《南京图书馆藏稀见方志丛刊》第 60 册，国家图书馆出版社 2012 年版。

114.（明）陈煃修，（明）吴敏道纂：万历《宝应县志》，《南京图书馆藏稀见方志丛刊》第 65 册，国家图书馆出版社 2012 年版。

115.（清）侯绍瀛纂修：光绪《沛县志》，《南京图书馆藏稀见方志丛刊》第 72

册，国家图书馆出版社 2012 年版。

116.(明)梅守德等修纂：嘉靖《徐州志》,《中国方志丛书·华中地方》第 430 号，(台北)成文出版社 1983 年版。

117.(明)朱怀干、(明)盛仪纂修：嘉靖《惟扬志》,《天一阁藏明代方志选刊》第 14 册，据明嘉靖年间刻本影印，上海古籍书店 1963 年版。

118.(明)申嘉瑞修，(明)李文纂：隆庆《仪真县志》,《天一阁藏明代方志选刊》第 15 册，据明隆庆年间刻本影印，上海古籍书店 1963 年版。

119.(明)王治等纂修：嘉靖《沛县志》,《天一阁藏明代方志选刊续编》第 9 册，据明嘉靖年间刻本影印，上海书店 1990 年版。

120.(明)汤一贤纂修：隆庆《宝应县志》,《天一阁藏明代方志选刊续编》第 9 册，据明隆庆年间刻本影印，上海书店 1990 年版。

121.(明)郭大纶等修：万历《淮安府志》,《天一阁藏明代方志选刊续编》第 8 册，据明万历年间刻本影印，上海书店 1990 年版。

122.(明)喻文伟等修：万历《宿迁县志》,《天一阁藏明代方志选刊续编》第 8 册，据明万历年间刻本影印，上海书店 1990 年版。

123.(明)王鏊等纂：正德《姑苏志》,《天一阁藏明代方志选刊续编》第 12 册，据明正德年间刻本影印，上海书店 1990 年版。

124.(明)何世学纂修：万历《丹徒县志》,《天一阁藏明代方志选刊续编》第 23 册，据明万历年间刻本影印，上海书店 1990 年版。

125.(明)张德夫修，(明)皇甫汸纂：隆庆《长洲县志》,《天一阁藏明代方志选刊续编》第 23 册，据明隆庆年间刻本影印，上海书店 1990 年版。

126.(明)张德夫修，(明)皇甫汸、(明)张凤翼等纂：万历《长洲县志》,《稀见中国地方志汇刊》第 11 册，中国书店 1992 年版。

127.(明)张宁修，(明)陆君弼纂：万历《江都县志》,《稀见中国地方志汇刊》第 12 册，中国书店 1992 年版。

128.(清)雷应元纂修：康熙《扬州府志》,《稀见中国地方志汇刊》第 13 册，中国书店 1992 年版。

129.(清)胡崇伦修，(清)汤有光等纂：康熙《仪真县志》,《稀见中国地方志汇刊》第 13 册，中国书店 1992 年版。

130.(清)孙居湜修，(清)孟安世纂：康熙《邳州志》,《稀见中国地方志汇刊》第 14 册，中国书店 1992 年版。

131.(明)宋祖舜修，(明)方尚祖等编纂，荀德麟、刘功昭、刘怀玉点校：天启

《淮安府志》,方志出版社 2009 年版。

132.(清)卫哲治等修,(清)叶长扬等纂,荀德麟等点校:乾隆《淮安府志》,方志出版社 2008 年版。

133.(清)尹会一等修纂:雍正《扬州府志》,《中国方志丛书·华中地方(146)》,(台北)成文出版社 1975 年版。

134.(清)李德溥、(清)方骏谟等:同治《宿迁县志》,《中国方志丛书·华中地方(141)》,(台北)成文出版社 1974 年版。

135.(清)李铭皖、(清)谭钧培等:同治《苏州府志》,《中国地方志集成·江苏府县志辑》第 7 册,凤凰出版社 2008 年版。

136.曹允源、李根源等修纂:民国《吴县志》,《中国地方志集成·江苏府县志辑》第 11 册,凤凰出版社 2008 年版。

137.(清)李光祚修,(清)顾诒禄等纂:乾隆《长洲县志》,《中国地方志集成·江苏府县志辑》第 13 册,凤凰出版社 2008 年版。

138.(清)许治修,(清)沈德潜、(清)顾诒禄纂:乾隆《元和县志》,《中国地方志集成·江苏府县志辑》第 14 册,凤凰出版社 2008 年版。

139.(清)倪师孟等修纂:乾隆《吴江县志》,《中国地方志集成·江苏府县志辑》第 20 册,凤凰出版社 2008 年版。

140.(清)陈和志修,(清)倪师孟、(清)沈彤纂:乾隆《震泽县志》,《中国地方志集成·江苏府县志辑》第 23 册,凤凰出版社 2008 年版。

141.(清)裴大中、(清)倪咸生修,(清)秦湘业等纂:光绪《无锡金匮县志》,《中国地方志集成·江苏府县志辑》第 24 册,凤凰出版社 2008 年版。

142.(清)高得贵修,(清)张九徵等纂:乾隆《镇江府志》,《中国地方志集成·江苏府县志辑》第 27 册,凤凰出版社 2008 年版。

143.(清)何绍章、(清)冯寿镜等修纂:光绪《丹徒县志》,《中国地方志集成·江苏府县志辑》第 29 册,凤凰出版社 2008 年版。

144.(清)刘诰、(清)凌焯等修,(清)徐锡麟、(清)姜璘纂:光绪《丹阳县志》,《中国地方志集成·江苏府县志辑》第 31 册,凤凰出版社 2008 年版。

145.张玉藻、翁有成修,高观昌等纂:民国《续丹徒县志》,《中国地方志集成·江苏府县志辑》第 30 册,凤凰出版社 2008 年版。

146.胡为和修,孙国钧纂:民国《续修丹阳县志》,《中国地方志集成·江苏府县志辑》第 31 册,凤凰出版社 2008 年版。

147.(清)于琨修,(清)陈玉璂纂:康熙《常州府志》,《中国地方志集成·江苏府县志辑》第 36 册,凤凰出版社 2008 年版。

148.(清)王具淦、(清)吴康寿等修纂:光绪《武进阳湖县志》,《中国地方志集成·江苏府县志辑》第 37 册,凤凰出版社 2008 年版。

149.(清)阿克当阿修,(清)姚文田等纂:嘉庆《重修扬州府志》,《中国地方志集成·江苏府县志辑》第 41、42 册,凤凰出版社 2008 年版。

150.(清)徐成敟等修纂:光绪《增修甘泉县志》,《中国地方志集成·江苏府县志辑》第 43 册,凤凰出版社 2008 年版。

151.(清)王检心修,(清)刘文淇、(清)张安保纂:道光《重修仪征县志》,《中国地方志集成·江苏府县志辑》第 45 册,凤凰出版社 2008 年版。

152.(清)杨宜仑修,(清)夏之蓉、(清)沈之本纂:嘉庆《高邮州志》,《中国地方志集成·江苏府县志辑》第 46 册,凤凰出版社 2008 年版。

153.(清)左辉春等纂修:道光《续增高邮州志》,《中国地方志集成·江苏府县志辑》第 46 册,凤凰出版社 2008 年版。

154.(清)金元烺、(清)龚定瀛修,(清)夏子阳纂:光绪《再续高邮州志》,《中国地方志集成·江苏府县志辑》第 47 册,凤凰出版社 2008 年版。

155.胡为和、卢鸿钧修,高树敏纂:民国《三续高邮州志》,《中国地方志集成·江苏府县志辑》第 47 册,凤凰出版社 2008 年版。

156.戴邦桢、赵世荣修,冯煦等纂:民国《宝应县志》,《中国地方志集成·江苏府县志辑》第 49 册,凤凰出版社 2008 年版。

157.(清)孙云锦修,(清)吴昆田、(清)高延第纂:光绪《淮安府志》,《中国地方志集成·江苏府县志辑》第 54 册,凤凰出版社 2008 年版。

158.(清)张兆栋、(清)孙云修,(清)何绍基等纂:同治《重修山阳县志》,《中国地方志集成·江苏府县志辑》第 55 册,凤凰出版社 2008 年版。

159.邱沅、王元章修,段朝瑞等纂:民国《续纂山阳县志》,《中国地方志集成·江苏府县志辑》第 55 册,凤凰出版社 2008 年版。

160.(清)胡裕燕、(清)吴昆田等修纂:光绪《清河县志》,《中国地方志集成·江苏府县志辑》第 55 册,凤凰出版社 2008 年版。

161.刘柼寿等修,范冕纂:民国《续纂清河县志》,《中国地方志集成·江苏府县志辑》第 55 册,凤凰出版社 2008 年版。

162.李佩恩修,张相文、王丰望纂:民国《泗阳县志》,《中国地方志集成·江苏府县志辑》第 56 册,凤凰出版社 2008 年版。

163.(清)眭文焕等修纂:乾隆《重修桃源县志》,《中国地方志集成·江苏府县志辑》第 57 册,凤凰出版社 2008 年版。

164. 徐钟令纂:民国《淮阴志征访稿》,《中国地方志集成·江苏府县志辑》第 57 册,凤凰出版社 2008 年版。

165. 严型、冯煦等修纂:民国《宿迁县志》,《中国地方志集成·江苏府县志辑》第 58 册,凤凰出版社 2008 年版。

166.(清)吴世熊、(清)朱忻等修纂:同治《徐州府志》,《中国地方志集成·江苏府县志辑》第 61 册,凤凰出版社 2008 年版。

167. 余家谟、章世嘉等修纂:民国《铜山县志》,《中国地方志集成·江苏府县志辑》第 62 册,凤凰出版社 2008 年版。

168. 于书云修,赵锡蕃纂:民国《沛县志》,《中国地方志集成·江苏府县志辑》第 63 册,凤凰出版社 2008 年版。

169.(清)董用威、(清)马轶群修,(清)鲁一周纂:咸丰《邳州志》,《中国地方志集成·江苏府县志辑》第 63 册,凤凰出版社 2008 年版。

170.(清)五格、(清)黄湘等修纂:乾隆《江都县志》,《中国地方志集成·江苏府县志辑》第 66 册,凤凰出版社 2008 年版。

171.(清)谢延庚修,(清)刘寿曾纂:光绪《江都县志》,《中国地方志集成·江苏府县志辑》第 67 册,凤凰出版社 2008 年版。

172. 钱祥保修,杜邦杰等纂:民国《江都县志》,《中国地方志集成·江苏府县志辑》第 67 册,凤凰出版社 2008 年版。

173.(明)陈让等修,(明)夏时正等纂:成化《杭州府志》,四库全书存目丛书史部·地理类第 175 册,齐鲁书社 1996 年版。

174.(清)郑澐修,(清)邵晋涵纂:乾隆《杭州府志》,《续修四库全书》第 701 册,上海古籍出版社 2002 年版。

175.(清)马如龙、(清)杨鼐等纂修:康熙《杭州府志》,《浙江图书馆藏稀见方志丛刊》第 12 册,国家图书馆出版社 2011 年版。

176. 金蓉镜等纂修:民国《重修秀水县志》,《浙江图书馆藏稀见方志丛刊》第 25 册,国家图书馆出版社 2011 年版。

177.(清)丁丙修,(清)王棻纂:光绪《杭州府志》,《上海图书馆藏稀见方志丛刊》第 77 册,国家图书馆出版社 2011 年版。

178. 屈映光修,陆懋勋纂:民国《新纂杭州府志别稿》,《上海图书馆藏稀见方志丛刊》第 78 册,国家图书馆出版社 2011 年版。

179.(清)龚嵘修,(清)孙应龙等纂:康熙《余杭县新志》,《上海图书馆藏稀见方志丛刊》第79册，国家图书馆出版社2011年版。

180.（明）柳琰修：弘治《嘉兴府志》，《上海图书馆藏稀见方志丛刊》第94册，国家图书馆出版社2011年版。

181.（明）任洛纂修：正德《桐乡县志》，《上海图书馆藏稀见方志丛刊》第99册，国家图书馆出版社2011年版。

182.（清）陈璚修，（清）王棻纂，屈映光续修：民国《杭州府志》，《中国地方志集成·浙江府县志辑》第1册，上海书店出版社1993年版。

183.（清）魏原修，（清）裘琏等纂：康熙《钱塘县志》，《中国地方志集成·浙江府县志辑》第4册，上海书店出版社1993年版。

184.（清）赵世安修，（清）顾豹文、（清）邵元平纂：康熙《仁和县志》，《中国地方志集成·浙江府县志辑》第5册，上海书店出版社1993年版。

185.（清）张吉安、（清）朱文藻纂修：嘉庆《余杭县志》，《中国地方志集成·浙江府县志辑》第5册，上海书店出版社1993年版。

186.（清）许瑶光修，（清）吴仰贤等纂：光绪《嘉兴府志》，《中国地方志集成·浙江府县志辑》第12册，上海书店出版社1993年版。

187.（清）严辰纂：光绪《桐乡县志》，《中国地方志集成·浙江府县志辑》第23册，上海书店出版社1993年版。

188.（清）余丽元等修纂：光绪《石门县志》，《中国地方志集成·浙江府县志辑》第26册，上海书店出版社1993年版。

三、著作及论文

1.江苏省博物馆编：《江苏省明清以来碑刻资料选集》，三联书店1959年版。

2.无锡地方志编纂委员会办公室、无锡县志编纂委员会办公室编：《无锡地方资料汇编》（第二辑），内部资料，1984年版。

3.宗力、刘群：《中国民间诸神》，河北人民出版社1986年版。

4.黄芝岗：《中国的水神》，上海文艺出版社1988年版。

5.董坤靖等编：《天津通览》，人民日报出版社1988年版。

6.章振华、工佩兴：《无锡传统风俗》，无锡市政协文史资料委员会，1991年。

7.顾文璧主编：《无锡胜迹》，上海人民出版社1992年版。

8.李志强：《中国北方俚曲俗情》，天津人民出版社1992年版。

9.汶上县政协文史资料委员会编:《汶上文史资料》(第6辑),山东出版总社济宁分社1993年版。

10.安作璋主编:《山东通史·明清卷》,山东人民出版社1994年版。

11.何其敏:《中国明代宗教史》,人民出版社1994年版。

12.李尚英:《中国清代宗教史》,人民出版社1994年版。

13.李文治、江太新:《清代漕运》,中华书局1995年版。

14.赵杰主编:《清河文史资料》,清河县政协文史资料委员会,1995年。

15.乌丙安:《中国民间信仰》,上海人民出版社1996年版。

16.成寅编:《中国神仙画像集》,上海古籍出版社1996年版。

17.姚汉源:《京杭运河史》,中国水利水电出版社1997年版。

18.李剑平主编:《中国神话人物辞典》,陕西人民出版社1998年版。

19.[美]韩森著,包伟民译:《变迁之神:南宋时期的民间信仰》,浙江人民出版社1999年版。

20.尚洁:《天津皇会》,山东教育出版社1999年版。

21.李洪贵、赵杰主编:《清河文史辑览》,中国文史出版社1999年版。

22.无锡市政协南长区委员会:《南长文史资料》第6辑,内部资料,1999年。

23.左慧元编:《黄河金石录》,黄河水利出版社1999年版。

24.李乔:《中国行业神崇拜》,中国文联出版社1990年版。

25.张荣明:《权力的谎言:中国传统的政治宗教》,浙江人民出版社2000年版。

26.中国戏曲志编辑委员会:《中国戏曲志·江苏卷》,中国ISBN中心出版社2000年版。

27.唐云俊主编:《江苏文物古迹通览》,上海古籍出版社2000年版。

28.安作璋主编:《中国运河文化史》,山东教育出版社2001年版。

29.范天平编注:《豫西水碑钩沉》,陕西人民出版社2001年版。

30.山东省济宁市政协文史委员会编:《济宁运河诗文集粹》,济宁市新闻出版局2001年版。

31.康沛竹:《灾荒与晚清政治》,北京大学出版社2002年版。

32.赵世瑜:《狂欢与日常:明清以来的庙会与民间社会》,三联书店2002年版。

33.[美]杜赞奇著,王福明译:《文化、权力与国家:1900—1942年的华北农村》,江苏人民出版社2003年版。

34. 刘迎祥主编:《邢台市地方志丛书:清河之最》,人民日报出版社 2003 年版。

35. 中国第一历史档案馆等编:《清代妈祖档案史料汇编》,中国档案出版社 2003 年版。

36.《洪泽湖志》编纂委员会编:《洪泽湖志》,方志出版社 2003 年版。

37. 曹永森主编:《古今扬州楹联选注》,苏州大学出版社 2004 年版。

38. 王树村编:《中国传统行业诸神》,外文出版社 2004 年版。

39. 山曼等编著:《山东黄河民俗》,济南出版社 2005 年版。

40. [美]黄仁宇:《明代的漕运》,新星出版社 2005 年版。

41. 王章伟:《在国家与社会之间—宋代巫觋信仰研究》,中华书局 2005 年版。

42. [英]斯当东著,叶笃义译:《英使谒见乾隆纪实》,上海书店 2005 年版。

43. 李泉、王云:《山东运河文化研究》,齐鲁书社 2006 年版.

44. 高建军:《山东运河风俗》,济南出版社 2006 年版。

45. 王云:《明清山东运河区域社会变迁》,人民出版社 2006 年版。

46. 荀德麟、周平、刘功昭:《运河之都—淮安》,方志出版社 2006 年版。

47. 姜燕:《中国古代戏剧探佚》,广陵书社 2006 年版。

48. 张崇旺:《明清时期江淮地区的自然灾害与社会经济》,福建人民出版社 2006 年版。

49. 高致华编:《探寻民间诸神与信仰文化》,黄山书社 2006 年版。

50. 徐晓望:《妈祖信仰史研究》,海风出版社 2007 年版。

51. 蒋维锬、刘福铸辑纂:《妈祖文献史料汇编》,中国档案出版社 2007 年版。

52. 周本民:《寺庙堂观》,三联书店 2007 年版。

53. 无锡市文化遗产局编著:《梁溪胜迹·无锡文物古迹通览》,凤凰出版社 2007 年版。

54. 无锡市园林管理局、无锡市史志办公室、无锡市图书馆编:《梁溪古园·无锡古典园林史料辑录》,方志出版社 2007 年版。

55. 朱海滨:《祭祀政策与民间信仰变迁—近世浙江民间信仰研究》,复旦大学出版社 2008 年版。

56. 蔡长奎:《天津天后宫的传说附碑文赏析》,天津古籍出版社 2006 年版。

57. 栾保群:《中国神谱》,天津人民出版社 2009 年版。

58. 沈锡良、邹百青主编:《无锡运河记忆》,古吴轩出版社 2009 年版。

59. 戴恩辰:《流经清河的大运河》,河北出版社 2010 年版。

60. 汪林编著:《分水龙王庙的传说》,中国水利水电出版社 2011 年版。

61. 徐炳顺编:《扬州运河》,广陵书社 2011 年版。

62. 淮安市政协文史委、洪泽县政协编:《百里文化长廊:洪泽湖大堤》,中国文史出版社 2011 年版。

63. 佚名:《绘图三教源流搜神大全(外二种)》,上海古籍出版社 2012 年版。

64. 刘玉平、高建军主编:《运河文化与济宁》,中国社会出版社 2012 年版。

65. 董季群:《天津天后宫》,天津人民出版社 2012 年版。

66. 政协邢台市委员会编:《邢台历史文化辞典》,中国文史出版社 2012 年版。

67. 段飞编著:《清河历代文选》,中国文联出版社 2012 年版。

68. 王贵祥主编:《中国建筑史论汇刊》(第 7 辑),中国建筑工业出版社 2013 年版。

69. 刘跃进、马燕编:《淮安民间传说》,南京大学出版社 2013 年版。

70. 谭景玉等:《齐鲁商贾传统·明清卷》,齐鲁书社 2014 年版。

71. 鲍国之主编:《妈祖文化与天津》,天津古籍出版社 2014 年版。

72. 天津市档案馆编:《天津运河故事》,天津人民出版社 2014 年版。

73. 林国良主编:《妈祖文化简明读本》,海风出版社 2014 年版。

74. 许更生:《妈祖研覃考辨》,西安出版社 2014 年版。

75. 汪曾祺著,汪朝选编:《随遇而安·汪曾祺散文》,浙江文艺出版社 2014 年版。

76. 潘明权、柴志光编:《上海道教碑刻资料集》,复旦大学出版社 2014 年版。

77. 潘君明:《笔底撷英》,苏州大学出版社 2014 年版。

78. 张国贤:《天津皇会》,天津社会科学院出版社 2015 年版。

79. 赵志毅、谢骏、沈阳主编:《中国民间故事丛书·江苏南通·如东卷》,知识产权出版社 2016 年版。

80. 沈志冲主编:《中国民间故事丛书·江苏南通·通州卷》,知识产权出版社 2016 年版。

81. 马新主编:《中国文化四季》(16 册),山东大学出版社 2017 年版。

82. 朱天顺:《妈祖信仰的起源及其在宋代的传播》,《厦门大学学报(社会科学版)》1986 年第 2 期。

83. 朱天顺:《元明时期促进妈祖信仰传播的主要社会因素》,《厦门大学学报(社会科学版)》1986 年第 4 期。

84. 张大任:《宋代妈祖信仰起源探究》,《福建论坛(文史哲版)》1988 年第 6 期。

85. 张桂林:《试论妈祖信仰的起源、传播及其特点》,《史学月刊》1991 年第 4 期。

86. 蔡泰彬:《明代漕河四险及其守护神—金龙四大王》,《明史研究专刊》(台北)1992 年第 10 期。

87. 向柏松:《中国水崇拜文化初探》,《中南民族学院学报(社会科学版)》1993 年第 6 期。

88. 李平:《神妙绝技、巧夺天工——治运专家宋礼、白英考评》,《济宁师范高等专科学校学报》1995 年第 1 期。

89. 向柏松:《中国水崇拜祈雨丰年意义的演变》,《中南民族学院学报(社会科学版)》1995 年第 3 期。

90. 干树德:《二郎神信仰的嬗变》,《文史知识》1995 年第 6 期。

91. 王兴亚:《宋礼〈墓志铭〉、〈墓铭〉的发现及其史料价值》,《中州学刊》1995 年第 6 期。

92. 张怀通:《先秦时期的山川崇拜》,《河北师范学院学报(社会科学版)》1997 年第 2 期。

93. 焦杰:《灌口二郎神的演变》,《四川师范大学学报(社会科学版)》1998 年第 3 期。

94. 潘志和:《河伯考索》,《中国文学研究》1998 年第 4 期。

95. 黄静:《天妃信仰的起源、属性、传播及其历史文化背景》,《广东史志》1999 年第 2 期。

96. 魏任子:《中国古代的水神崇拜》,《华夏文化》2002 年第 2 期。

97. 黄景春:《论我国民间神灵信仰的世俗性》,《南阳师范学院学报(社会科学版)》2003 年第 5 期。

98. 王大庆:《清乾隆朝黄淮下游地区的祭河与祀神》,《第二届淮河文化研讨会论文集》,2003 年。

99. 王云:《明清时期山东运河区域的金龙四大王崇拜》,《民俗研究》2005 年第 2 期。

100. 罗彩娟:《论汉族民间信仰的功利性》,《广西民族学院学报(哲学社会科学版)》2005 年第 3 期。

101. 薛世平:《华夏民族的水崇拜》,《福建农林大学学报(社会科学版)》2005 年月第 4 期。

102. 梅莉:《清代真武大帝信仰之流变》,《湖北大学学报(哲学社会科学版)》2005 年第 9 期。

103. 向柏松:《中国龙的形成与水神崇拜》,《长江大学学报(社会科学版)》2007 年第 4 期。

104. 申浩:《近世金龙四大王考—官民互动中民间信仰现象》,《社会科学》2008 年第 4 期。

105. 王元林、褚福楼:《国家祭祀视野下的金龙四大王信仰》,《暨南学报(社会科学版)》2009 年第 2 期。

106. 吴欣:《正祀与杂祀:明清运河区域的民间信仰研究——以张秋镇为中心的历史人类学考察》,《聊城大学学报(社会科学版)》2009 年第 3 期。

107. 刘兵:《明清运河区域人格神信仰成因探析——以白英为中心的研究》,《聊城大学学报(社会科学版)》2010 年第 2 期。

108. 张敏:《清代祠祭河道总督类型研究》,《聊城大学学报(社会科学版)》2010 年第 2 期。

109. 曾凡:《原始水神信仰与龙神崇拜源流》,《学理论》2010 年第 36 期。

110. 褚福楼:《明清时期金龙四大王信仰地理研究》,暨南大学 2010 年硕士学位论文。

111. 朱凤祥:《论清代祈雨禳灾的礼俗》,《农业考古》2011 年第 1 期。

112. 王曾瑜:《宋代妈祖起源考》,《中国社会经济史研究》2011 年第 4 期。

113. 牛建强:《明代黄河下游的河道治理与河神信仰》,《史学月刊》,2011 年第 9 期。

114. 王元林:《京杭大运河镇水神兽类民俗信仰及其遗迹调查》,《中国文物科学研究》2012 年第 1 期。

115. 袁博:《晚清时期民间水神崇拜与祭祀》,《沧桑》2013 年第 2 期。

116. 吴欣:《明清山东运河区域“水神”研究》,《社会科学战线》2013 年第 9 期。

117. 宋希芝:《水神晏公崇信考论》,《江西社会科学》2014 年第 11 期。

118. 周平平:《明清漕运与水神崇拜——以运河山东段为个案的考察》,山东大学2015年硕士学位论文。

119.胡梦飞:《明清时期聊城地区水神信仰述略》,《聊城大学学报(社会科学版)》2016年第1期。

120.胡梦飞:《明清时期山东地区的金龙四大王信仰》,《山东青年政治学院学报》2016年第3期。

121.胡梦飞:《漕运、治河与信仰:以明清时期张秋镇为中心的考察》,《江南大学学报(人文社会科学版)》2016年第6期。

122.胡梦飞:《漕运与信仰:清代临清济神庙的历史考察》,《聊城大学学报(社会科学版)》2016年第6期。

123.胡梦飞:《明清时期济宁地区水神信仰史考》,《浙江水利水电学院学报》2017年第1期。

124.胡梦飞:《保漕与祈雨:明清时期山东运河区域的龙神信仰》,《华北水利水电大学学报(社会科学版)》2017年第1期。

125.黄新华:《吴语太湖片区的金总管信仰考》,《苏州科技大学学报(社会科学版)》2017年第3期。

后 记

京杭大运河作为活态的、线性的、依然在发展变化着的特殊文化遗产廊道，在运河沿岸地区既留下了异常丰富的物质文化遗产，也留下了内涵深厚、外延广泛的非物质文化遗产。伴随着中国大运河成功申遗和国家“大运河文化带建设”战略的提出，我们有必要从历史、文化、经济、生态等方面重新审视运河非物质文化遗产的内涵和价值。既要倍加珍惜和爱护运河文化遗产，也要合理地开发和利用，力求发挥其应有的历史文化与社会经济价值，让运河文化在后申遗时代焕发新的生机和活力。本书力求通过对京杭运河沿线区域水神信仰的种类和构成、庙宇的分布和管理、信仰人群和祭祀活动、信仰的传承和演变等内容的介绍，深入挖掘运河水神信仰的特色和魅力，以此为当前运河文化遗产的保护提供参考和借鉴，增强沿岸社会传承和保护运河文化的观念和意识，更好地服务于沿岸社会发展。

本书是在自己博士毕业论文基础上修改而成的。书稿的完成不仅仅是自己的努力，同时也得到了很多人的支持与帮助。2009 年 9 月本科毕业后，我考入徐州师范大学(现名“江苏师范大学”)历史文化与旅游学院，跟随杨绪敏教授攻读中国古代史专业硕士学位。在杨老师的指导和帮助下，我选择明清时期徐州运河及其漕运作为自己硕士学位论文的研究对象，从此与运河结下了不解之缘。2012 年 9 月，我考入南京大学历史学院，跟随著名明清史专家范金民教授攻读博士学位。经过一年多的认真考虑，在与范老师仔细商讨之后，最终决定将明清时期京杭运河沿线区域水神信仰作为自己博士学位论文的研究对象，并于 2015 年初完成论文初稿的写作。同年 5 月，顺利通过论文答辩。从那时起，我逐渐产生了编写一本通俗性运河水神著作的想法，但当时忙于毕业和找工作，并没有时间和精力着手实施这一计划。

真正开始撰写本书，是我来聊城大学工作之后。2015 年 7 月，我来到聊城大学运河学研究院工作。在此，衷心地感谢吴欣院长、王云教授、李泉教授、丁延峰副院长、郑民德副院长、罗衍军教授等领导和同事对我的关心和支持。研究院办公条件优越，科研时间充沛，学术氛围浓厚，同事之间相处也极为融洽，为本书的写作提供了良好的条件，也使我可以有条不紊地从事自己感兴趣的学术研究。2016 年 6 月，我有幸跟随山东大学历史文化学院马新教授从事博士后研究工作。马老师平易近人、朴实无华的人格魅力和严谨扎实、精益求精的治学态度给我留下了深刻印象。本书从撰写、修改到出版，都得到了马老师的悉心指导和大力帮助，在此向马老师表示深深的谢意。2017 年 5 月，我获得第 61 批中国博士后科学基金面上资助，这为本书的写作和出版打下了坚实的基础，也坚定了我完成此书的决心和信心。此外，还要感谢山东大学出版社的编辑张瑞老师为此书所做的努力。本书部分章节参考和借鉴了王云、高建军、王元林、王晓风、褚福楼、周平平等学者的研究成果，在此一并致谢。

另外，还要感谢我的家人。首先要感谢我的岳父、岳母，他们任劳任怨，承担起做饭、照看孩子等家务，为我和妻子解决后顾之忧。其次要特别感谢的是我的妻子王双双博士，她与我同在聊城大学工作，为了让我能够安心写作，她牺牲了自己很多宝贵的时间和精力，主动承担起照顾女儿、操持家务的重任，为我创造了一个良好的写作环境。在感激她的同时，我的内心也充满了愧疚和自责。2017 年 7 月 25 日，女儿若楠出生，给我原本平静、枯燥的写作带来了许多惊喜和乐趣。开始写作此书时，她还未与我谋面，而当书稿完成时，她已开始蹒跚学步、咿呀学语，也将此书当作送给她的礼物，愿她能够健康、快乐地成长。

胡梦飞
2018 年 10 月于聊城